国民必知
中国古代史读本

向天/编著

中国书籍出版社
China Book Press

图书在版编目（CIP）数据

国民必知中国古代史读本/向天编著.—北京：中国书籍出版社，2010.8
ISBN 978-7-5068-2060-8

Ⅰ．①国…Ⅱ．①向…Ⅲ．①中国—古代史—通俗读物
Ⅳ．①K209

中国版本图书馆CIP数据核字（2010）第166542号

国民必知中国古代史读本

向天　编著

责任编辑	庞　元　王　芳　安玉霞
责任印制	孙马飞　马　芝
出版发行	中国书籍出版社
地　　址	北京市丰台区三路居路97号（邮编：100073）
电　　话	（010）52257143（总编室）　（010）52257140（发行部）
电子邮箱	chinabp@vip.sina.com
经　　销	全国新华书店
印　　刷	三河市华东印刷有限公司
开　　本	710毫米×1000毫米　1/16
字　　数	333千字
印　　张	20.75
版　　次	2010年10月第1版　2019年5月第3次印刷
书　　号	ISBN 978-7-5068-2060-8
定　　价	35.00元

版权所有　翻印必究

目　录
CONTENTS

第一章　原始社会时期／1

　　一、中华之祖——黄帝／1

　　二、汉字的创造者——仓颉／3

第二章　夏　　商／7

　　一、治水英雄大禹／7

　　二、"家天下"的鼻祖／10

　　三、残暴荒淫的夏桀／12

　　四、开国猛将商汤／14

　　五、商朝败类帝王帝辛／17

　　六、号称国神的比干／20

　　七、抱节守志的伯夷、叔齐／21

第三章　西　　周／24

　　一、周文王姬昌／24

　　二、周武王姬发／25

　　三、百家宗师姜太公／27

　　四、圣像周公姬旦／29

　　五、西周大昏君周幽王／31

　　六、玩转阴阳的《易经》／33

七、道家创始人老子 / 35

第四章　东　　周 / 37

一、赵武灵王赵雍 / 37

二、春秋第一相管仲 / 39

三、万世之师孔子 / 41

四、"亚圣"孟子 / 43

五、哲学家庄子 / 45

六、"人定胜天"的荀子 / 47

七、法家集大成者韩非子 / 49

八、兵家之祖孙子 / 51

九、爱国诗人屈原 / 53

十、木匠祖师公输般 / 56

十一、改革家商鞅 / 58

十二、传说商人吕不韦 / 59

十三、刺客荆轲 / 61

十四、合纵家苏秦 / 62

十五、神奇的都江堰 / 63

第五章　秦 / 67

一、统一天下的秦始皇 / 67

二、大一统的助手李斯 / 71

三、大将王翦 / 72

四、中华第一勇士蒙恬 / 74

五、开凿灵渠的史禄 / 77

第六章　西　　汉 / 78

一、布衣帝王刘邦 / 78

二、西汉开国名相萧何 / 81

三、雄才大略汉武帝 / 85

四、儒学宗师董仲舒/ 87

　　五、汉大将军卫青/ 90

　　六、英年早逝的霍去病/ 93

　　七、司马迁和《史记》/ 95

　　八、出使西域的张骞/ 99

　　九、匈奴牧羊的苏武/ 104

　　十、和亲的王昭君/ 109

第七章　东　　汉/ 112

　　一、东汉建立者刘秀/ 112

　　二、造纸祖师蔡伦/ 116

　　三、科学家张衡/ 118

　　四、史学巨匠班固/ 123

　　五、医圣张仲景/ 127

　　六、无神论者王充/ 129

第八章　三　　国/ 135

　　一、煮酒论英雄的刘备/ 135

　　二、千古良相诸葛亮/ 138

　　三、奸雄曹操/ 142

　　四、七步成诗的曹植/ 144

　　五、神医华佗/ 146

　　六、文人嵇康/ 149

　　七、三国隐雄司马懿/ 154

第九章　两晋南北朝/ 159

　　一、千古英雄魏孝文帝/ 159

　　二、田园诗人陶渊明/ 161

　　三、书圣王羲之/ 166

　　四、博学多才的祖冲之/ 168

五、农学家贾思勰／170

第十章　隋唐五代／173

　　一、隋文帝杨坚／173
　　二、隋炀帝杨广／177
　　三、唐太宗李世民／179
　　四、女皇帝武则天／183
　　五、贞观名相魏征／187
　　六、唐玄宗李隆基／190
　　七、诗仙李白／194
　　八、诗圣杜甫／197
　　九、百代文宗韩愈／199
　　十、宰相杜佑／202
　　十一、画圣吴道子／203
　　十二、纵情诗词的李后主／206

第十一章　宋／208

　　一、宋太祖赵匡胤／208
　　二、史学家司马光／212
　　三、青天包拯／214
　　四、变法名家王安石／216
　　五、文坛领袖欧阳修／221
　　六、豪放词人苏轼／225
　　七、天文学家沈括／229
　　八、毕昇与活字印刷术／234
　　九、宋徽宗赵佶／235
　　十、精忠报国的岳飞／238
　　十一、女词人李清照／241
　　十二、大儒朱熹／244
　　十三、爱国诗人陆游／248

十四、词人辛弃疾／250

十五、浩然正气文天祥／252

第十二章　元／256

一、一代天骄铁木真／256

二、忽必烈统一中国／258

三、关汉卿与《窦娥冤》／261

第十三章　明／264

一、和尚皇帝朱元璋／264

二、三宝太监下西洋／267

三、于谦智败瓦剌部／270

四、"一条鞭"法张居正／273

五、抗倭名将戚继光／276

六、魏忠贤、客氏乱政／279

七、刚正不阿海刚峰／282

八、徐弘祖心系山川／284

九、李时珍著书传名／285

十、罗贯中与《三国演义》／287

十一、东林浩气贯长虹／290

十二、李自成进军北京／293

十三、努尔哈赤初起兵／297

十四、拒不投降史可法／301

第十四章　清／305

一、清初权臣多尔衮／305

二、大义孝庄文皇后／308

三、郑成功收复台湾／311

四、清乾隆帝六下江南／314

五、民族英雄林则徐／316

六、李鸿章创办洋务／320

七、中日黄海大厮杀／322

八、风雨中溥仪登基／324

第一章 原始社会时期

一、中华之祖——黄帝

　　黄帝，中国神话人物，中国历代皇帝多通过为黄帝设庙祭陵来取得象征的统治正当性。黄帝是中国宗族文化的重要标志性人物，被称为汉民族的共同祖先。

　　黄帝是《史记》中的五帝之首。据《史记·五帝本纪》记载："黄帝者，少典之子，姓公孙，名轩辕。……黄帝居轩辕之丘。"据传黄帝姓公孙，后改为姬姓，居轩辕之丘故号轩辕氏。"炎黄后裔"、"炎黄子孙"也成为中国人自称的常见说法，而其中的黄帝又比炎帝更常被提及。

　　黄帝时代是洪水以前最兴盛的时代："自燧人氏以迄唐、虞洪水之时，其历年虽无确数，以意度之，最少当亦不下数千年。故合而观其制作，则惊古圣之多；分而按其时期，则见初民之陋。牺、农之时，虽有琴瑟、罔罟、耒耜、兵戈诸物，其生活之单简可想。至黄帝时，诸圣勃兴，而宫室、衣裳、舟车、弓矢、文书、图画、律历、算数始并作焉。故洪水以前，实以黄帝时为最盛之时。"黄帝和炎帝时期逐渐形成华夏族，因而他们都被后人视为华夏民族共同的祖先，故中国人（包括一些海外华人）自称"炎黄子孙"。

　　相传黄帝出生于夏历二月初二。黄帝在涿鹿之战擒杀了蚩尤，获得胜利，统一了中原各部落。战后，黄帝率兵进入九黎地区，随即在泰山之巅，会合天下诸部落，举行了隆重的封禅仪式，告祭天地。突然，天上显现大蚓大蝼，色尚黄，人们说他以土德为帝，故号称为黄帝。

　　关于蚩尤与黄帝之战，载籍所见，有三种说法：一说是黄帝胜炎帝之后，再胜蚩尤而巩固帝位，黄帝与蚩尤之战似为黄炎之战的余波；另一说是蚩尤驱逐赤帝（即炎帝），赤帝求诉于黄帝，二帝联手杀蚩尤于中冀；三说是蚩尤作兵攻黄帝，兵败被杀。

第一种说法如汉代《史记·五帝本纪》载："轩辕乃修德振兵，治五气，艺五种，抚万民，度四方，教熊、罴、貔、貅、虎，以与炎帝战于阪泉之野。三战然后得其志。蚩尤作乱，不用帝命。是黄帝乃征师诸侯，与蚩尤战于涿鹿之野，遂禽杀蚩尤。"太史公言黄帝名轩辕，国号有熊。轩辕本意为车，应是指因发明制作车的技术而得名的氏族及其首领的名称，如因发明制作农耕工具技术而得名的神农氏，发明制作捕捞工具技术而得名的伏羲氏，发明钻燧取火技术而得名的燧人氏等。有熊为国号。当时的"国"，实为部落。熊、罴、貔、貅、虎为兽名，应是有熊部落中氏族的名称，或谓图腾。阪泉，水名，在今北京市延庆县。涿鹿，山名，在今河北涿鹿县，与阪泉相距不远。

第二种说法见于周代《逸周书·尝麦解》，这也是至今发现的最早的有关黄帝的记载："蚩尤乃逐帝，争于涿鹿之阿，九隅无遗，赤帝大慑。乃说于黄帝，执蚩尤，杀之于中冀。"广平之地曰阿，争战发生在涿鹿山下的开阔地带。隅指角落，"九"意指多，并不限于具体数目。"九隅无遗"是说蚩尤驱逐赤帝（即炎帝）部落不留遗地。中冀指中原冀州。《尔雅·释地》："两河间曰冀州。"郭璞注："自东河至西河。"当时把黄河入海处称为东河，河套向南流处称为西河。《周礼·职方》记"正北曰并州"，今山西太原、河北正定保定皆属之；"东北曰幽州"，今北京市属之。上古冀州位于幽、并之南，在今山西南部及河北西南部。传说蚩尤被杀之处，在今山西运城解州。

第三种说法见于战国的《山海经·大荒北经》："蚩尤作兵伐黄帝。黄帝乃令应龙攻之冀州之野。应龙畜水。蚩尤请风伯雨师纵大风雨。黄帝乃下天女曰魃，雨止，遂杀蚩尤。"风伯雨师是农耕蚩尤部落专司气象的巫师，后为农业气象神，立有庙，岁时奉祠。《韩非子·十过》说"昔者黄帝合鬼神于泰山之上……蚩尤居前，风伯进扫，雨师洒道"，反映了风伯雨师与蚩尤部落之密切关系，因为农业部落生产的丰收是与风调雨顺分不开的。

黄帝与蚩尤的战争，不论原因是什么，它奠定了黄帝天下共主的地位。这之后，黄帝开始了一系列被现代人称之为改革的统治方法。

建立古国体制：划野分疆，八家为一井，三井为一邻，三邻为一朋，三朋为一里，五里为一邑，十邑为都，十都为一师，十师为州，全国共分九州；

设官司职，置左右大监，监于万国，设三公、三少、四辅、四史、六相、九德（官名）共120个官位管理国家。对各级官员提出"六禁重"，"重"是过分的意思，即"声禁重、色禁重、衣禁重、香禁重、味禁重、室禁重"，要求官员节俭朴素，反对奢靡。提出以德治国，"修德振兵"，以"德"施天下，以道修德，唯仁是行，修德立义，尤其是设立"九德之臣"，教养百姓九行，即担任法官、担任狱官，对犯罪重者判处流失，罪大恶极者判处斩首等。

此外，黄帝当共主（相当于王）的时候，去古未远，人民生活简陋朴素，故黄帝教人们生火做饭，吃熟食，又创制纺织技术，用以制作衣服冠冕，御寒护体。他又命大臣负责不同的技术创造，如羲和与常仪分别负责观测太阳和月亮，臾区观测行星，伶伦创制律吕，大挠创立甲子，隶首发明算数，容成综合以上六术，制作乐律和律历。黄帝还让伶伦和垂制造乐器磬和钟，仓颉造字，史皇作图，雍父造舂和杵臼，夷牟造矢，挥造弓，共鼓和货狄作舟。

黄帝有四妃十嫔。正妃为西陵氏，名嫘祖，她教人民养蚕缫丝，织出丝绸做衣裳，故有"先蚕"的称号。次妃名嫫母，长相丑陋，但德行高尚，深受黄帝敬重。

黄帝共有25个儿子，其中14人被分封得姓。这14人共得到12个姓，它们是：姬、酉、祁、己、滕、葴、任、荀、僖、姞、儇、衣。而少昊（己姓）、颛顼（次子昌意之子）、帝喾（长子之孙）、唐尧（长子玄孙）、虞舜（次子八代孙），以及夏朝、商朝（子姓）、周朝的君主都是黄帝的子孙。后来的五帝少昊、颛顼、尧、舜、禹以及夏禹、商族的祖先、周族的祖先等，都是黄帝的后裔，这些后裔都继承了姬姓。他的后代周武王（姬发）建立了周朝；在西周初年周武王（姬发）大封诸侯时，其中姬姓国就有53个，这些姬姓国的后代多数改以国名、封邑名以及祖父名、号为姓，姬姓反而不多了。

相传黄帝亦通晓医术，中医《黄帝内经》是以黄帝与岐伯讨论医学问题的问答体裁编著的，分成《素问》与《灵枢》两部；但实际上可能是后人假托黄帝之名的作品。

二、汉字的创造者——仓颉

传说中汉字的创造者是仓颉。仓颉生于炎帝神农氏政权帝承二十六年

（乙亥，公元前 4666 年），他的父系为伏羲氏，母系为史皇氏。仓颉的母亲是史皇氏部落的一位女首领，名侯冈，其祖为伏羲女娲后裔，其先祖为燧人莽兹氏。

史皇氏侯冈感天地之灵气，生仓颉于洛水衙邑（今陕西渭南市白水县东南）。仓颉为轩辕黄帝左史官，我国原始象形文字的创造者，我国官吏制度及姓氏的草创人之一。传说他仰观天象，俯察万物，首创了"鸟迹书"震惊尘寰，堪称人文始祖。黄帝感他功绩过人，乃赐以"仓"姓，意为君上一人，人下一君。由于仓颉造字功德感天，玉皇大帝也便赐给人间一场谷子雨，以慰劳圣功，这就是现在的"谷雨"节气。

史书上说："仓颉见鸟兽之迹，体类象形而制字。"（《通鉴外纪》）

又说："史皇（仓颉的别称）产而能书。"（《北堂书钞》卷七引《随巢子》）。这句话的意思是：仓颉是天生的神童，他生而知之，所以才发明了文字。

其实，这只是古人对仓颉的一种盲目崇拜，又经历代文人和史学家炒作，仓颉便成了中国文字发明的始祖。实际上中国的文字史早在仓颉以前数千年就已经诞生了。

在遥远的上古原始社会时代，人类的祖先和其他动物一样没有语言。相互间交流只是靠手和身体的动作来表示。人类最早的语言是单音叹词，如"咦"、"呀"、"哇"、"哈"等，继而发展成双音词，后来又经过数百万年的进化和发展，到有巢氏时代的后期（距今约 10 万年）才有了人类的初级语言。

到了燧人氏时代，人类的语言已经相当丰富。但是这时候还没有文字，如果有什么重大的事情需要记住，只能用摆放石块的方法来记事，我们称它为"堆石记事"。堆石记事的方法是以石块的大小、多少、堆放的不同方法和位置，分别代表不同的事物。这种方法既麻烦又不便于管理，而且很容易被破坏。后来，燧人莽兹氏的织女发明了搓绳技术，继而又发明了"结绳记事"。结绳记事是用柔软而有韧性的树皮搓成细绳，然后将数十条细绳排列整齐悬挂在一处，在上边打结记事。大事打大结，小事打小结，先发生的事打在里边，后发生的事打在外边。为了能够记录更多的事情，织女又利用植物的天然色彩，把细绳染成各种颜色，每种颜色分别代表一类事物，使所记之事更加清楚。由于"结绳记事"更方便，更易于保存，从而取代了"堆石记事"。

燧人氏晚期（约公元前一万年），燧人氏发明了最早的"符号文字"。

符号文字最初主要由"〇"、"△"、"米"三个符号构成，它的发明源于"结绳记事"的大结和小结。最初有人嫌结绳记事麻烦，便把结绳记事的"结"用符号刻在石头上，大结用"〇"来表示，小结用"△"来表示，重叠结用"米"来表示。人们发现用这种方法记事比结绳记事更高明，它避免了"结绳记事"容易被烧毁和腐烂等不利因素，可以永久性保存。于是人们逐渐改用"符号刻记"来代替"结绳记事"，并且陆续发明了数十种不同的符号来代替不同的事物，这种符号就是我国远古时代最初的文字。

符号文字虽然已经有了数千年的历史，但它属于密码性质的文字，只能在少数人中间流传，局外人根本无法破译，因此很难普及。于是民间便发明了图画文字，用简单的画面来表现具体事物，如画一个山形代表"山"，画几个水波代表"水"，画一个圆形代表"太阳"，画半个圆代表"月亮"等等，这种文字不用专门的学习和记忆便可掌握，深受大众欢迎。

仓颉的功绩就在于，他广泛搜集民间的图画文字加以整理，创造了有系统的象形文字。史书上说："仓帝史皇氏，名颉，姓侯冈……生而能书。及受河图录字，于是穷天地之变，仰观奎星圆曲之势，俯察龟纹鸟羽山川指掌而创文字。天为雨粟，鬼为夜哭，龙乃潜藏。"（《黄氏逸书考》辑《春秋元命苞》）。古文《河图玉版》也载文说："仓颉为帝南巡，蹬阳虚之山，临于元扈洛汭之水。灵龟负书，丹甲青文以授之。"洛汭在今洛阳市洛宁县境内，今洛宁县兴华乡西北仍留有仓颉造字台，是后人为纪念仓颉帝而建造。

关于"河图"、"洛书"，古史记载很多，其中大部分为夏、商、周历代开国君王假借天命托古而伪造。仓颉所见之洛书应该是燧人葊兹氏所创造的原始洛书。其书完全由上古文字符号"〇"、"●"构成。"〇"代表天，为阳；"●"代表地，为阴。该书以简单的符号融天文、地理、数学、玄学为一体，内涵丰富，高深莫测。

仓颉是一位极聪明的人，他根据洛书上的符号文字进行深入研究，吸纳从民间搜集来的部分图画文字，从而创立了独特的象形文字，并以象形文字作为本族的正统文字。炎帝神农氏的四任帝姜明听说后十分恼火，认为他违逆祖宗大逆不道，便派军队征讨。仓颉不服，亲率本族迎战，击败了炎帝神农氏的军队。仓颉继而率族众反击,一路东征,攻占了黄河以北的部分地区（今豫北地区）,旋即以阳武为都,自立为帝,号仓帝。

后北方的轩辕氏入侵仓颉氏的统治区域,仓颉被击败,率族人投降了轩辕氏。旋即去帝号,答应每年向轩辕氏进献粮食和财物。

轩辕氏建立黄帝政权后,封仓颉氏的后人为典史官,负责记录和整理历史典籍。

第二章 夏　　商

一、治水英雄大禹

禹，姓姒，名文命，夏后氏首领，传说为帝颛顼的曾孙，黄帝轩辕氏第九玄孙。他的父亲名鲧，母亲为有莘氏女修己。关于禹的出生地说法不一，近年来的考古研究表明，禹的故乡为现四川省绵阳市北川羌族自治县。因治水有功，后人称他为大禹，也就是伟大的禹的意思。后来，大禹创建了我国第一个奴隶制国家——夏朝，因此，后人也称他为夏禹。他是我国传说时代与尧、舜齐名的贤圣帝王，他最卓著的功绩，就是治理滔天洪水。

帝尧时，中原洪水为灾，百姓愁苦不堪。鲧受命治理水患，用了九年时间，洪水未平。舜巡视天下，发现鲧用堵截的办法治水，一点成绩也没有，最后在羽山将其处死。接着命鲧的儿子禹继任治水之事。禹接受任务以后，立即与益和后稷一起，召集百姓前来协助。他视察河道，并检讨鲧失败的原因，决定改革治水方法，变堵截为疏导，亲自翻山越岭，淌河过川，拿着工具，从西向东，一路测度地形的高低，树立标杆，规划水道。他带领治水的民工，走遍各地，根据标杆，逢山开山，遇洼筑堤，以疏通水道，引洪水入海。禹为了治水，费尽脑筋，不怕劳苦，从来不敢休息。他与涂山氏女新婚不久，就离开妻子，重又踏上治水的道路。后来，他路过家门口，听到妻子生产，儿子呱呱坠地的声音，都咬着牙没有进家门。第三次经过的时候，他的儿子启在母亲怀里已经懂得叫爸爸，儿子挥动小手，和禹打招呼，禹只是向妻儿挥了挥手，表示自己看到他们了，仍然没有停下来。禹三过家门不入，正是他劳心劳力治水的最好证明。

禹亦关心百姓的疾苦。有一次，禹看见一个人穷得把孩子卖了，就把孩子赎了回来。见有的百姓没有吃的，他就让后稷把仅有的粮食分给百姓。禹穿着破烂的衣服，吃粗劣的食物，住简陋的席篷，每天亲自手持耒锸，带头干最苦最脏的活。几年下来，他的腿上和胳膊上的汗毛都脱光了，手掌和脚掌结了厚厚的老茧，躯体干枯，脸庞黧黑。经过13年的努力，他们开辟了无数的山，疏浚了无数的河，修筑了无数的堤坝，使天下的河川都流向大海，终于治水成功，根治了水患。

在治水的过程中，禹走遍天下，对各地的地形、习俗、物产都了如指掌。禹重新将天下规划为九个州，并制定了各州的贡物品种。禹还规定：天子帝畿以外五百里的地区叫甸服，再外五百里叫侯服，再外五百里叫绥服，再外五百里叫要服，最外五百里叫荒服。甸、侯、绥三服，进纳不同的物品或负担不同的劳务。要服，不纳物服役，只要求接受管教、遵守法制政令。荒服，则根据其习俗进行管理，不强制推行中朝政教。

由于禹治水成功，帝舜在隆重的祭祀仪式上，将一块黑色的玉圭赐给禹，以表彰他的功绩，并向天地万民宣告治水成功和天下大治。不久，又封禹为伯，以夏（今河南万县）为其封国。禹在天下的威望达到顶点。万民称颂说："如果没有禹，我们早就变成鱼和鳖了。"帝舜称赞禹，说："禹啊禹！你是我的胳膊、大腿、耳朵和眼睛。我想为民造福，你辅佐我。我想观天象，知日月星辰、作文绣服饰，你谏明我。我想听六律五声八音来治乱，宣扬五德，你帮助我。你从来不当面阿谀背后诽谤我。你以自己的真诚、德行和榜样，使朝中清正无邪。你发扬了我的圣德，功劳太大了！"

帝舜在位33年时，正式将禹推荐给上天，把天子位禅让给禹。17年以后，舜在南巡中逝世。三年治丧结束，禹避居阳城，将帝位让给舜的儿子商均。但天下的诸侯都离开商均去朝见禹。在诸侯的拥戴下，禹正式即天子位，以安邑（今山西夏县）为都城，国号夏；分封丹朱于唐，分封商均于虞；改定历日，以建寅之月为正月；又收取天下的铜，铸成了九鼎，作为天下共主的象征。

当了天子的禹更加勤奋地为万民谋利，诚恳地招揽士人，广泛地听取民众的意见。有一次，他出门看见一个罪人，竟下车问候并哭了起来。随从说："罪人干了坏事，您何必可怜他！"禹说："尧舜的时候，人们都和尧舜同心同德。现在我当天子，人心却各不相同，我怎能不痛心？"仪狄造了些酒，禹喝了以后感到味道很醇美，就给仪狄下命令，要他停止造酒，说："后代一定会有因为酒而亡国的。"

禹继帝位不久，就推举皋陶当继承人，并让他全权处理政务。在皋陶不幸逝世以后又推举伯益为继承人，负责政务。

禹在位第十年南巡。禹到涂山，在那里大会天下诸侯，献上玉帛前来朝见的诸侯竟达万名之众。

禹在位15年后逝世，葬于会稽（今浙江绍兴），终年一百岁。大禹是古代一位具有雄才大略的政治家、伟人。他治水是与治国养民结合进行的。在治水害的同时，还指导人们恢复和发展农业生产，大兴水上运输，重建家园。每治理一个地方，都主动团结氏族部落酋长，完善政权建设，使百姓安居乐业。史书记载，洪水退去后，一块块平原露出水面，他带领人们在田间修起条条沟渠，引水灌溉，种植粟、黍、豆、麻等农作物，还让人们在地势低洼的地方种植水稻。这样，不仅治理水患获得巨大的成功，而且农业生产也取得了进步。孔子曾颂扬禹治水的功德说："我简直找不到他的一点缺点，他的宫室简陋却没有想到改善，而是尽全力平治水土，开沟渠，发展农耕，鼓励人民从事劳动。"（《论语·泰伯篇》）

禹在巩固统治的过程中，还特别重视恩威并济，加强教化。传说西部有个部族叫有扈氏，好战而不愿臣服。禹采取一边用兵征服，一边用德政教化的策略，收到良好效果，使有扈氏终于臣服于禹的统治。东南地区古称"九夷"，即九个较大的部落。禹为加强对其统治，几次出巡该地区，传播中原文化和礼教，受到当地百姓的尊敬和礼遇。他沿途向当地人询问习俗，鼓励农耕，告其农时，播种五谷，教育部族酋长们讲礼仪，知法度，不以强凌弱，和睦相处。同时又宣布，若有不听教化者，要以兵征讨，决不客气。当时，古越部落酋长防风氏，总想独霸一方，自称越人各部落之长，不听禹的命令。禹在苗山大会上当众命令将他处死，并暴尸三天。各地诸侯、方伯再不敢冒犯禹王。那些没有参加朝见禹王大会的氏族部落听说此事，也纷纷向禹王进贡称臣。

二、"家天下"的鼻祖

夏启，夏禹的儿子，姓姒氏，为夏朝君王。启，母涂山氏。屈原的《天问》中说，禹巡治洪水，走遍四方，一次，偶然与涂山氏相遇于台桑，旋即分别。怀孕的涂山氏女在伤念中生下启。禹死后，启破坏了禅让制，自行袭位，建立了我国历史上第一个朝代——夏。从此，原始社会宣告结束，开始了奴隶社会，启也成为我国历史上第一个帝王（有的史学家认为禹是第一个帝王）。他放弃阳翟，西迁到大夏（今汾浍流域），建都安邑（今山西省夏县西）。

自从大禹当上夏朝的国君后，没有忘记肩负的重任，没有忘记天下的长治久安，虽然身居高位，却不贪图享乐。为了治理天下，他还经常外出巡游，了解民情。

大禹在巡视期间，看到多数部落首领对他毕恭毕敬，可是也有的部落首领并不把他这个领袖放在眼里。他便下令各部落把所有的铜贡献出来，用这些铜铸成了九个大鼎，象征九州。每个鼎上铸着各州的地理出产、珍禽异兽，然后将九鼎运至宫中，号称是镇国之宝。各部落首领定期向禹王进贡时，都要向九鼎致礼。拥有九鼎的禹王，当然也就成了九州大地的主人。这九个鼎流传下来也就成了封建国家政权的象征。

夏禹开始在部落联盟中拥有无上的权力，九鼎的铸成，使他有机会把这权力强化和神圣化，使它更加巩固，以便把各部落统一在一起。

禹王去世前几年，想效仿尧舜，找一个贤能的人来接替自己。最初，人们推举在帝舜时就掌管刑法的皋陶，但是没等接任，皋陶就病死了。后来经过商议，又一致推举伯益做他的继承人。

伯益曾经是大禹治水的一名主要助手，发明过一种凿井的新方法。他擅长畜牧和狩猎，曾教会人们用火烧的办法来驱赶林中的野兽。所以在当时人们的心目中，伯益是仅次于大禹的一位英雄。

随着王位的巩固，夏禹越来越觉得自己好不容易得来的王权传给外人有点可惜，最好能由自己的儿子来接管，而不能让别的什么人来继承。可是伯益功劳卓著，威望极高，首领会议上人们都推举他做自己的继承人。禹感到众怒难犯，只好顺水推舟，答应下来。后来他想到："自己所以能顺利地继承舜位，一是当年治水有功得到了人们的尊敬和爱戴，二是舜选定自己做继承人之后，就让自己行使治理天下的大权。如果我也效法当年舜的做法，把治理天下的大权让儿子去执行，而只给伯益一个继承人的名义呢？"于是禹王让启参与治理国事。过了几年，由于他的儿子启把国事处理得很好，在人们心目中的地位也高了起来，而伯益作为继承人，却没有新的政绩，他过去办的好事，人们也渐渐淡忘了。禹死后，他的儿子夏启就开始行使起王权来了。而多数部族的首领，也都表示效忠于启，他们说："启是禹的儿子，我们愿意效忠于他。"

伯益看到事情变成这个样子，大怒。本是东夷人的他召集东夷部族率军向启杀来。而启早有防备，经过一场大战，打败了伯益的军队。夏启为了庆祝胜利，在钧台（今河南禹州）举行了大规模宴会，公开宣布自己是夏朝第二代国君。从此，父亡子继的家天下制度便取代了任人唯贤的公天下制度。

尽管启打败了伯益，但许多部族对他改变禅让传统的做法表示强烈的反对。有一个部族首领叫做有扈氏，站出来反对夏启的做法，要求他按照部落会议的决定，还位于伯益。于是，夏启就和有扈氏在甘泽地方（今陕西户县一带）发生了战斗。两军对垒，大战开始前，夏启激励将士们说："我要告诉大家，这个有扈氏对天帝不敬，王命不遵，是上天借我的手来消灭他！因此你们要服从我的命令，奋力出击，不可懈怠！"夏启训话完毕，六军兵士就挥舞刀枪，呐喊着冲向有扈氏的队伍。经过一场激烈的厮杀，有扈氏被打败了，有扈部落的成员被罚做奴隶。从此，夏启的王位终于坐稳了，父死子继的家天下制度正式开始了。

夏启实行王位世袭的继承制度，说明那时原始社会的氏族公社制度已经彻底瓦解，天下为公的氏族部落会议制度已经转化，开始出现了国家的雏形，"天下为家"的奴隶社会到来了。夏启继承王位，标志着奴隶社会取代原始社会，是人类历史上一次划时代的进步。夏启统治前期，农业和手工业有了分工，社会生产力得到很大提高，生产得到很大的发展，人们的生活也得到很大改善，为文化的繁荣创造了条件，所以说这是历史的进步。

三、残暴荒淫的夏桀

夏桀，又名癸、履癸，生卒年不详。商汤给他的谥号为桀（凶猛的意思）。桀是夏朝第16代君主发之子，他文武双全，赤手可以把铁钩拉直，但荒淫无度，暴虐无道，为历史上著名的暴君。他在位54年，国亡，被放逐而饿死。

夏朝当发在位时，各方诸侯已经不来朝贺了，夏王室内政不修，外患不断，阶级矛盾日趋尖锐，夏国已经开始衰落。至桀时，延续了400多年的夏朝，更是德政衰败，民不聊生，危机四伏。但夏桀不思改革，骄奢自恣。

夏桀时期的中国，整个社会分成三大阶级：奴隶主阶级、奴隶阶级和平民阶级。奴隶主大多是由父系氏族社会末期的氏族贵族和部落首领转化而来的。他们在交换中夺取了大量的财富，在战争中扩大了权力，最终转变为占有全部生产资料和完全占有生产者本身的奴隶主阶级，成为社会的统治者，上古文献中的"百姓"指的就是这一阶级。他们整天沉迷在饮酒、打猎和歌舞之中，而不管奴隶们的死活。

奴隶主要是由战争中得到的俘虏转化而来，也有一部分是氏族公社的贫苦社员沦为奴隶的。在夏代，奴隶名目繁多，从事农业生产的称"民"、"黎民"、"众人"、"众"；从事畜牧业的称"牧竖"或"隶圉"；奴隶主家内的奴隶则叫"臣"（男性）和"妾"（女性）。

在奴隶主眼里，奴隶只是"会说话的工具"。奴隶被奴隶主成批地赶到农田里去种地、放牧，从事各种繁重的体力劳动。奴隶主可以随意地把奴隶关进监狱，施以重刑杀害。

夏桀为政残暴，破坏农业生产，对外滥施征伐，勒索小邦。他即位后的第三十三年，自负勇武，便发兵征伐有施氏（今山东省滕县），有施氏抵抗不过，请求投降，便把多年来积攒的珍奇全部取出，又从民间挑选许多年轻美貌的姑娘，一起进贡给夏桀。在这许多美女中，有个叫妺喜的，因其美貌，令夏桀满心欢喜，便当即下令撤军回去。

夏桀听妺喜说，她原是有施国君的义女，主动要求来侍奉夏王的，心中更是欣喜若狂，第二天就把妹喜封为王后，宠爱无比。他觉得原来的那些宫室都不配给妹喜居住，就下令征集民夫，为妹喜重新造一座华丽的高大宫殿。远远望去，宫殿耸入云天，浮云游动，好像宫殿要倾倒一样，因此，这座宫殿就被称之为倾宫。宫内有琼室瑶台，象牙嵌的走廊，白玉雕的床榻，一切都奢华无比。夏桀每日陪着妹喜登倾宫，观风光，尽情享乐。

桀为妹喜造的琼室、象廊、瑶台和玉床，这一切的负担都落在百姓的身上，人民痛苦异常，敢怒而不敢言。桀重用佞臣，排斥忠良。有个名叫赵梁的小人，专门投桀所好，教桀如何享乐，如何勒索，残害百姓，得到了桀的宠信。

桀还从各地搜寻美女三千，藏于后宫，日夜与妹喜及宫女饮酒作乐。他据说酒池修造得很大，可以航船，醉而溺死的事情时常发生。他下令在庭院的树上挂上肉食，称作肉林；又在庭院中挖个大池，内中灌满美酒，称作酒池。每逢他与妹喜登上倾宫，就命令三千宫女一齐起舞。舞得累了，就让宫女们到肉林中摘取肉食，趴在池中痛饮。那妹喜还说："裂帛的声音，清脆无比，十分悦耳。"夏桀便命令人民每天进贡一百匹帛，叫力大的宫女天天撕裂给妹喜听。如此荒唐无稽之事，常使妹喜欢笑不已。而民众的生活则十分困苦，他们每年的收成难得温饱，更无兼年之食，每遇天灾则妻离子散。

桀即位后的第三十七年，东方商部落的首领汤将一个德才兼备的贤人伊尹引见给桀。伊尹以尧、舜的仁政来劝说桀，希望桀体谅百姓的疾苦，用心治理天下。桀听不进去，伊尹只得离去。（也有人说伊尹是商汤派来的内线）到了晚年，桀更加荒淫无度，竟命人造了一个大池，称为夜宫，他带着一大群男女杂处在池内，一个月不上朝。太史令终古哭着进谏，桀反而很不耐烦，斥责终古多管闲事，终古知夏桀已不可救药，就投奔了商汤。夏桀手下有个叫关龙逢的臣子，听到老百姓愤怒的声音，便对桀进谏说："天子谦恭而讲究信义，节俭又爱护贤才，天下才能安定，王朝才能稳固。现今陛下奢侈无度，嗜杀成性，弄得百姓都盼望你早些灭亡。陛下已经失去了民心，只有赶快改正过错，才能挽回人心。"桀听了又怒骂关龙逢，最后更下令将他杀死。

夏桀认为他的统治永远不会灭亡。他说："天上有太阳，正像我有百姓一样。太阳会灭亡吗？太阳灭亡，我才会灭亡。"而人民对他的暴政已达到忍无可忍的程度，因此都愤怒地说："时日曷丧，予及女偕亡！"（《史记·殷本纪》）。他还召集所属各部首领开会，准备发动讨伐其他部落的战争。桀日益失去人心，弄得众叛亲离。

这时候，商部落在汤的领导下日益兴旺了起来。桀担心商汤会危及自己，就借故将他囚禁在夏台（今河南省禹县境内）。不久，汤设计使桀释放了自己。

后来，商汤在名相伊尹谋划下，起兵伐桀。汤先攻灭了桀的党羽韦国、顾国，击败了昆吾国，然后直逼夏的重镇鸣条（今山西省安邑县西）。桀得到消息，带兵赶到鸣条。两军交战，夏军将士原来就不愿为桀卖命，乘机纷纷逃散。夏桀制止不住，只得仓皇逃入城内。商军在后紧追，桀匆忙携带妹喜和珍宝，渡江逃到南巢（今安徽省巢县）。后又被汤追上俘获。长达近500年的夏王朝结束。

四、开国猛将商汤

商汤，商朝的创建者（公元前1617年～公元前1588年在位），在位30年，其中17年为商国诸侯，13年为商朝国王。今人多称商汤，又称武汤、天乙、成汤、成唐、甲骨文称唐、大乙，又称高祖乙，商族部落首领。他与有莘氏通婚后，运用贤臣伊尹和仲虺为左右相，以亳地为前进据点，积极治国，准备灭夏。

商，是一个历史悠久的氏族部落，在漫长的发展过程中，它逐渐强盛起来，由夏的属国演变为足以与之抗衡的对手。商汤即位并迁徙部族统治中心到亳地（今河南商丘）后，即积极筹措攻夏立国的大计。当时，夏桀骄奢淫逸，宠用佞臣，对民众及所属方国部落进行残酷的压榨奴役，引起普遍的憎恨与反对。民众愤慨地诅咒他："时日曷丧，予及女偕亡"这表明夏的统治风雨飘摇，已经走到了历史的尽头。

商汤的灭夏战略方针，就是在这样的历史背景下制定的。他首先在政治上采取了争取民众和属国的政策，开展了揭露夏桀暴政罪行的政治攻势，为战争的胜利奠定了政治基础。在军事战略上，他在贤臣伊尹、仲虺的有力辅佐下，巧妙谋划，"先为不可胜"，逐一剪除夏桀的羽翼，孤立夏后氏，最后一举攻克夏邑。具体地说，他实施了以下几个主要步骤。

第一，创造性开展"用间"活动。为了彻底察明夏桀的内部情况，商汤大胆派遣伊尹数次打入夏桀内部，充当间谍，掌握了夏王朝"上下相疾，民心积怨"的混乱状况。做到知彼知己，然后有针对性地实施自己的战略方针。

第二，先弱后强，由近及远，剪除夏桀羽翼，完成对其战略包围。当时夏王朝总体力量仍然大于商部族。在这种情况下，商汤没有马上正面进攻夏王朝，而采取先弱后强、剪其羽翼的正确方针，为最后决战创造条件。他把第一个打击目标指向夏的属国葛，以替童子复仇的名义起兵灭葛。这不仅剪除了夏桀的一个羽翼，也大大提高了政治威望。继而他又集中兵力逐渐消灭了韦、顾，并攻灭夏桀最后一个支柱，即实力较强的昆吾。这样商汤就完成了对夏桀的战略包围，打通了灭桀的道路。

第三，正确选择和把握决战时机。在完成对夏桀的战略包围后，商汤对最后决战仍持十分慎重的态度，几经试探和权衡方才作出决定。

《易·革·彖辞》中有"汤武革命，顺乎天而应乎人"的名言。这里所说的"汤"，就是中国历史上第二个统治王朝的开创者——商汤。商汤开以武力夺得天下的先例，打破了天子是不可变的定律，史称"商汤革命"。

商汤的所作所为，客观上推动了历史的发展，合符人民的愿望，因此得到后人的肯定和赞扬。

五、商朝败类帝王帝辛

帝辛，即商朝最后一位君主商纣王。

"纣王"并不是帝号，而是后人加在他头上的恶谥，意思是"残又损善"。

据正史所载，商纣王博闻广见、思维敏捷、身材高大、膂力过人。《荀子·非相篇》说帝辛"长巨姣美，天下之杰也；筋力超劲，百人之敌也"。《史记·殷本纪》也说"帝纣资辨捷疾，闻见甚敏，材力过人，手格猛兽"。

帝辛继位后，重视农桑，社会生产力有所发展，国力强盛。

殷商末年，它有两个主要的敌手：西部的周方国及东部的夷人部族

（甲骨文里被称作人方）。由于周方国在西部行征伐之权，国势迅速强大，自周侯季历至西伯姬昌仅仅两代，周方国开辟的领土已"三分天下有其二"，只不过文王曾与纣王在山西黎城恶战一场，被打得大败，如果不是来自东夷的军师姜子牙在商王国东部策反东夷作乱，恐怕文王的统一大业将就此完结。击败周军以后，纣王略作休整，便兵发东夷，无暇西顾，使周方国得以重整旗鼓。

在对付东夷的战争中，纣王一方占尽优势。为了永绝后患，纣王甚至建起了一条通往东夷的大道，以便迅速调兵镇压夷人的反抗。

夷人尽管善弓，但商军的箭镞以青铜打造，精巧而锋利，其射程远、杀伤力大，而且商军作战部队中甚至出现了"象队"，古书上说："商人服象为虐于东夷。"大象象牙轻易地戳穿了东夷人的胸膛，然后把尸体抛向空中，东夷的军队一批批倒了下去。被纣王指挥的商军一阵冲杀，层层包围，东夷人的部队大部分做了俘虏。

据说，商军如秋风扫落叶一样，一直打到长江下游，降服了大多数东夷部落，俘虏了成千上万的东夷人，取得大胜。他继续对东夷用兵，打退了东夷向中原扩张的侵略计划，把商朝势力扩展到江淮一带。帝辛对东夷的用兵，保卫了商朝的安全。从此以后，中原和东南一带的交通得到开发，中部和东南部的关系密切了。帝辛统一东南以后，把中原先进的生产技术和文化向东南传播，推动了社会进步和经济发展，促进了民族融合。郭沫若在一首诗里说："但缘东夷已克服，殷人南下集江湖，南方因之惭开化，国焉有宋荆与舒。"

实事求是地说，这个历史贡献，应该记到纣王身上。毛泽东在评价帝辛时说："其实纣王是个很有本事、能文能武的人。他经营东南，把东夷和中原的统一巩固起来，在历史上是有功的。"从《左传》记载的时间看，他很可能是在这次征伐东夷的战争中，路过有苏氏部落掳获了妲己。

但这场旷日持久的征战却几乎拖垮了大商王朝。西陲的周武王得知纣王大军尽出，指向东方，都城内防御力甚弱，便在一部分叛商部族的带领之下，奇兵突袭，于牧野一战功成，而这时商王的大军远在东南，无力援手。牧野之战的商军，并非商王朝的精锐之师，而是临时武装起来的奴隶和囚徒。

即便如此，牧野之战也打得惨烈非常，而不是像史书上所说的那样，奴隶与囚徒们临阵倒戈，周武王几乎是兵不血刃地赢得了胜利。关于牧野之战的另一种版本描述如下：

公元前1046年正月，周武王统率兵车300乘，虎贲3000人，甲士45000人，浩浩荡荡东进伐商。同月下旬，周军进抵孟津（今河南孟县南），在那里与反商的庸、卢、彭、濮、蜀（均居今汉水流域）、羌、微（均居今渭水流域）、髳（居今山西省平陆南）等部落的部队会合。武王利用商地人心归周的有利形势，率本部及协同自己作战的部落军队，于正月二十八日由孟津冒雨迅速东进。从氾地（今河南荥阳氾水镇）渡过黄河后，兼程北上，至百泉（今河南辉县西北）折而东行，直指朝歌。周师沿途没有遇到商军的抵抗，故开进顺利，仅经过六天的行程，便于二月初四拂晓抵达牧野。周军进攻的消息传至朝歌，商朝上下一片惊恐。商纣王无奈之中只好仓促部署防御。但此时商军主力还远在东南地区，无法立即调回。于是只好武装大批奴隶，连同守卫国都的商军共约17万人（一说70万，殊难相信），由自己率领，开赴牧野迎战周师。

二月初五凌晨，周军布阵完毕，庄严誓师，史称"牧誓"。周武王在誓师中开列了纣王六条罪状：第一是酗酒；第二是不用贵戚旧臣；第三是重用小人；第四是听信妇言；第五是信有命在天；第六是不留心祭祀。如此多的罪行，激发起从征将士的斗志。接着，武王又郑重宣布了作战中的行动要求和军事纪律：每前进六步、七步，就要停止取齐，以保持队形；每击刺四、五次或六、七次，也要停止取齐，以稳住阵脚。严申不准杀害降者，以瓦解商军。誓师后，武王下令向商军发起总攻击。他先使"师尚父与百夫致师"，即让吕尚率领一部分精锐突击部队向商军挑战，以牵制迷惑敌人，并打乱其阵脚。商军中的奴隶和战俘心向武王，这时便纷纷起义，掉转戈矛，帮助周师作战。"皆倒兵以战，以开武王。"武王乘势以"大卒（主力）冲驰帝纣师"，猛烈冲杀敌军。于是商军十几万之众顷刻土崩瓦解。纣王见大势尽去，于当天晚上仓皇逃回朝歌，登上鹿台自焚而死。周军乘胜进击，攻占朝歌。尔后，武王分兵四出，征伐商朝各地诸侯，肃清殷商残余势力。从此，站立了数百年的商朝灭亡。

牧野之战是我国古代的著名战例，它终止了殷商王朝的六百年统治，确立了周王朝对中原地区的统治秩序，为西周奴隶制礼乐文明的全面兴盛开辟了道路，对后世历史的发展产生了深远的影响。而其所体现的谋略和作战艺术，也对古代军事思想的发展具有不可低估的意义。

提到纣王，就不得不提他的宠妃妲己。妲己，传说姓苏，不过有关苏的来源有不同说法：一种说法认为其父亲乃是诸侯苏护；另外一种说法是，妲己来自一个叫苏的部落。

根据《史记》的记载，妲己是有苏氏诸侯之女，乃一个美若天仙、能歌善舞的美人，被好酒贪色的纣王掳入宫中，尊为贵妃。

在中国历代的"红颜祸水"里，最恶毒的恐怕莫过于妲己了。如果按《史记·殷本纪》里的说法，纣王可谓残暴之极；若按民间《封神演义》里的演绎，他简直就是变态，有着严重的"施虐狂"倾向。按《封神演义》的说法，妲己是千年狐精附体，受女娲之命来祸乱殷商，所以纣王才变得如此乖戾，做出那些残忍的事来。

当然，这是迷信的说法，不足为信。这位美女自然不是狐狸精变的。据《晋语》记载："殷辛伐有苏，有苏氏以妲己女焉。"这就是说妲己是纣王征战得胜的"战利品"。据说有苏氏是以九尾狐为图腾的部落，所以才会有《封神演义》这般附会。虽然妲己不是狐狸精变的，可照样把纣王迷得唯"妲己之言是从"。

根据正史记载，纣王不但投妲己所好，作"新淫之声、北鄙之舞、靡靡之乐"，还搜刮百姓钱财，最过分的是，他耳根子特别软，最听妲己的话，甚至到了"妲己之所誉贵之，妲己之所憎诛之"的地步。这样一来，天下就无法太平起来，老百姓埋怨，各诸侯反叛。这时，据说妲己又给纣王出了一个"狠"招，发明了一种惩治犯人的刑法，曰"炮烙之法"。就是把一根粗大的铜柱横放，下面架起炭火炙烤，然后命"有罪者行其上"，没走几步，犯人就纷纷掉进火红的炭火里，活活烧死。每次看到犯人在炭火里挣扎的惨状，妲己"乃笑"。如何笑，是大笑，还是冷笑，就不得而知了。对于这种冷酷而变态的做法，纣王的叔叔比干实在看不下去，就向他进谏说："不修先王之典法，而用妇言，祸至无日。"这话戳到纣王的痛处，纣王非常生气，觉得他这是"妖言"惑众，给他难堪。这时，妲己又在一旁添油加醋，樱桃小口一开，吐出一句血淋淋的话来："我听说圣人心有七窍……"纣王一听，既然爱妃想看圣人的心，那就打开看看吧。于是，"剖心而观之"。

史书还记载，纣王还将九侯、鄂侯两位臣工醢之、脯之，就是一个剁成肉酱，另一个做成肉干；而另一位西伯侯（即周文王姬昌）本也要受"炮烙"，但姬昌很聪明，马上献给纣王"美女奇物善马"，以及自己的洛西领地，纣王这才松口，把他放了。后来，有点头脑的大臣，装疯的装疯，卖傻的卖傻，投敌的投敌，流放的流放，这样一来，自然人民愤怒，诸侯离心。很快，西伯昌的儿子周武王起兵造反，将他击败。他不愿投降受辱，便穿上最漂亮的衣服，戴上最好的宝物，一把火把自己烧死了。而他的美人妲己，结果更惨，被反绑、砍了头不算，头还被挂在小白旗上给天下人看，说要让天下的女子都引以为鉴。

此外，关于妲己是一个蛇蝎美人、千古淫恶的罪魁祸首的具体的事实还有这么几条：

第一，纣王为了讨好妲己，派人搜集天下奇珍异宝，珍禽奇兽，放在鹿台和鹿苑之中，每天饮酒作乐，通宵达旦。

第二，严冬之际，妲己遥见有人赤脚走在冰上，认为其生理构造特殊，就将他双脚砍下，研究其不怕寒冷的原因。

第三，妲己目睹一孕妇大腹便便，为了好奇，不惜剖开孕妇肚皮，看看腹内究竟，枉送了母子二人的性命。

以上的种种记载及传说，久已家喻户晓，深植人心。妲己真有这么坏吗？19世纪末、20世纪初，考古学家在河南省安阳县小屯村，挖掘出土许多殷商时期的遗物，其中的玉器、铜器，尤其是龟甲与兽骨上所刻的大量文字与"卜辞"，使得我们对妲己和纣王的真实面貌，有了接近事实的评估。

帝辛暮年热衷于声色之娱与酒食之乐是事实，虐杀比干也有确切的记载，然而砍掉赤脚在冰上行走的人的脚，以及剖开孕妇的肚皮就有些难以令人置信了。特别是"唯妇人之言是听"这一条罪状，根本不切实际，因为商人颇重迷信，任何重大举措，都要求神问卜来决定吉凶，这些在出土的甲骨文中是有确切记载的，妲己能够影响的，实在微乎其微。

再说帝辛性情刚猛，好自用，不喜听人摆布，妲己只能算是他晚年生活的伴侣，谈不上言听计从，更别说干涉到商朝的政治策略；倘若妲己在被帝辛宠幸的那些年月之中，具有政治权力，何以有苏氏的一族人，始终就没有能够得势呢？所以说妲己的恶名是周人宣传的结果。

妲己进入帝辛的生活领域时，正是商朝国力如日中天的时候。那时新的都城正在风光明媚、气候宜人的朝歌（今河南湛县）建造起来，四方的才智之士与工匠，也纷纷向朝歌集中，空前热闹与繁荣。离宫别馆，次第兴筑；狗马奇物，充盈宫室；以酒为池，悬肉为林；丝竹管弦漫天乐音，奇兽俊鸟遍植园中。从此戎马一生的商纣王帝辛，终于在妲己的导引下，寄情于声色之中。

后来商朝被周武王所灭，司马迁的记载是：纣王自焚而死，妲己为周武王所杀。而《世说新语》中引孔融的话说，周师进入朝歌以后，妲己为周公所得，后来成为周公的侍姬，这可以从周师进入朝歌以后，再也没有贬抑妲己的话语，得到一些侧面的证实。

周文王和周武王立誓要灭掉商朝，是基于政治发展与私人仇恨所产生的态度，丑化妲己只是一种政治手段。硬是把商朝的亡国，推到一个女人身上，就常识的观点看，也是很难使人苟同的。

六、号称国神的比干

比干，商朝沫邑人（今河南省卫辉市北），中国古代著名忠臣，被誉为"亘古第一忠臣"。相传国神比干也是林氏的祖先。

比干生于殷帝乙丙子之七祀（公元前1092年），卒于公元前1029年。为商朝贵族商王太丁之子，纣王的叔父。比干幼年聪慧，勤奋好学，20岁就以太师高位辅佐帝乙，又受托孤继辅帝辛。因直谏纣王丧风败德而开罪纣王的妃子妲己，遭妲己设计杀害，命比干剖心以示忠诚。

比干从政40多年，主张减轻赋税徭役，鼓励发展农牧业生产，提倡冶炼铸造，富国强兵。商末帝辛暴虐荒淫，横征暴敛，比干叹曰："主过不谏非忠也，畏死不言非勇也，过则谏不用则死，忠之至也"。遂至摘星楼强谏三日不去。纣问何以自恃，比干曰："恃善行仁义所以自恃"。纣怒曰："吾闻圣人心有七窍，信有诸乎？"遂杀比干剖视其心，终年63岁。比干夫人妫氏甫孕三月，恐祸及，逃出朝歌，于长林石室之中而生男，名坚（林姓始祖），所以认为比干为林氏之太始祖。

周武王灭商后,为了收服巩固新建的政权,在政治上采取了许多政策和措施。其中之一就是修整商朝贤臣比干的坟墓,封比干国神,并留下铜盘铭:"封轩辕王子比干垄,上报天神,下报地神。"命为宗祀,历朝致祭。赐后代林姓。比干的精神被后人发扬光大,魏孝文帝拓跋宏为比干立庙宇,唐太宗下诏封谥"忠烈公"、"太师",宋仁宗为《林氏家谱》题诗,元仁宗为比干立碑塑像,清高宗祭文题诗,清宣宗修复比干庙正殿。

小说《封神演义》中是这样描写比干之死的。据说比干有一颗"七窍玲珑心",也就是一颗天生有七个洞的珍奇心脏,被妲己要求剖出来供纣王观赏。比干因姜子牙的法术保护,服食神符后可以保护五脏六腑,剖出心脏后仍然不死。但剖心后若在路上遇见人卖无心菜,比干必须问他"人若是无心如何?",若卖菜人回答"人无心还活",则比干可保不死;若卖菜人回答"人无心即死",比干就会立即毙命。

结果比干剖心后遇见卖菜妇人,询问后妇人回答"人无心即死",比干登时血流如注,大叫一声一命呜呼。后来周武王灭商成功,姜子牙追封比干为"文曲星"。

七、抱节守志的伯夷、叔齐

《春秋·少阳篇》:"伯夷姓墨,名允,字公信。伯,长也;夷,谥。叔齐名智,字公达,伯夷之弟,齐亦谥也。"《论语·公冶长》:"伯夷叔齐不念旧恶,怨是用希。"

伯夷和叔齐是孤竹国君的儿子。老孤竹国君死前留下遗言,命少君叔齐继位,继承他的事业。按照当时的规矩,长子应该继位。但伯夷却说:"应该尊重父亲的遗愿,国君的位置应由叔齐来坐。"于是他放弃王位,逃出孤竹国。大家又推举叔齐做国君。叔齐说:"我如果当了国君,于兄弟不义,于礼制不合。"他也逃出孤竹国,和伯夷一块儿过起了流亡生活。

在逃亡的日子里,为躲避商纣王的残暴统治,伯夷、叔齐居住在北海之滨,和东夷人一起生活。后来,他俩听说周文王在西方兴起,国势稳定,经济发展很快,就相约到周国去,但刚刚走到半路,就遇见了周武王的大军。

原来，这时周文王刚刚死去，周武王率领着大军奔袭商纣王。看到这种情形，他俩大失所望，于是扣马而谏："父死不埋葬，就动起武来，这能算孝吗？以臣子身份讨伐君主，这能算仁吗？"

当时，武王和其他诸侯的军队士气正旺，在孟津集结后，浩浩荡荡地向前挺进，突然被他俩拦住，武王的卫兵非常气愤，要杀掉他们。这时，军师姜尚（即姜太公）过来劝解："这是讲义气的人呀，不要杀害他们！"好说歹说地把他俩劝走了。

周武王很快取得了决定性胜利，灭掉了商朝，建立了新的王朝——周朝。伯夷、叔齐听说后，认为这种做法太可耻了，发誓再也不吃周朝的粮食。他俩就相携来到首阳山上采集薇菜吃。

一日，山下有一农妇上山，看见两个瘦骨嶙峋的老人在那里挖野菜，举止斯文，看样子不像本地人，于是询问起来。得知了缘由，农妇觉得奇怪，就问："你们两人倒是有骨气呀，不吃周朝的粮食。但你们也不想想，普天下都是周朝的呀！这山，这山上的野菜，也是周朝的，你俩为啥还吃呀？"伯夷、叔齐一想这话有理，于是连野菜也不吃了，从此开始绝食，双双饿死在首阳山上。

伯夷、叔齐独行其志，耻食周粟，饿死首阳山以后，许多名人，包括著名思想家、政治家、史学家、艺术家、文人学者、帝王将相纷纷以各种形式歌颂、褒扬伯夷、叔齐。孔子、孟子、墨子、管子、韩非子、庄子、屈原、司马迁、韩愈等等，对伯夷、叔齐都有著述。陶渊明、李白、杜甫、白居易、范仲淹、司马光、文天祥、顾炎武等都有传世佳作赞美夷齐。南宋著名画家李唐以伯夷、叔齐耻食周粟，采薇而食，最后饿死首阳山为题材，画了一幅《采薇图》。此画系国家一级文物，现收藏于故宫博物院。除此之外，一些帝王还以庙宇的形式祭祀伯夷、叔齐。

后人还认为，伯夷叔齐与儒家思想也有一定的渊源关系。伯夷、叔齐死后，至今发现的见于文献记载的，最早赞美伯夷、叔齐的人就是孔子。孔子在《论语》中多次赞扬伯夷、叔齐。因此，伯夷、叔齐的思想行为对孔子儒家思想的形成有一定的影响，我们可以从以下几个方面进行分析。

第一，"仁"。伯夷、叔齐兄弟让国，充分体现了"仁"的道德标准。孔子也赞扬他们"求仁得仁"。孔子儒家思想的核心和最高道德标准也是"仁"。

第二,"义"。让国,首先就是"义"字当先的,行为是无比高尚的。

第三,"礼"。伯夷、叔齐"耻食周粟",宁死全仁,用孔子的话说就是"不降其志,不辱其身"。这就是儒家提倡的"礼"。

第四,"孝";伯夷以父命为尊,宁可不作君王,也不违背父亲的遗愿,这就是"孝"。兄弟让国,体现的是"悌"。不难看出,孔子儒家思想的主要精髓,都能从伯夷、叔齐的思想行为中找到源头。

另外,伯夷、叔齐的故事广泛传播,在周边国家如朝鲜、日本、越南也产生了一定影响。

第三章 西　周

一、周文王姬昌

周文王，姬姓，名昌。周太王之孙，季历之子。商纣时为西伯，即西部诸侯（方国）之长。亦称西伯昌。相传西伯在位50年，已为翦商大业作好充分准备，但未及出师便先期死去。周人谥西伯为文王。

《史记·周本纪》说他能继承后稷、公刘开创的事业，仿效祖父古公亶父和父亲季历制定的法度，实行仁政，敬老爱幼，礼贤下士，治理岐山下的周族根据地。在治岐期间，对内奉行德治，提倡"怀保小民"，大力发展农业生产，采用"九一而助"的政策，即划分田地，让农民助耕公田，纳九分之一的税。商人往来不收关税，有人犯罪妻子不连坐。实行着封建制度初期的政治，即裕民政治，就是征收租税有节制，让农民有所积蓄，以刺激劳动兴趣。对外招贤纳士，许多外部落的人才以及从商纣王朝来投奔的贤士，他都以礼相待，予以任用。姬昌自己生活勤俭，穿普通人的衣服，还到田间劳动，兢兢业业治理自己的国家。周在他的治理下，国力日渐强大。

西周国力增强壮大，引起商王朝的不安。商纣王的亲信谗臣崇侯虎，暗中向纣王进言说，西伯侯到处行善，树立自己的威信，诸侯都向往他，恐怕不利于商王。纣王于是将姬昌拘于羑里（今河南汤阴县）。《史记》记载"文王拘而演周易"，他在被商王囚禁期间在狱中写了《周易》，精心致力"演易之六十四卦，各为彖。"周臣闳夭等人为营救文王出狱，搜求美女、宝马、珠玉献给纣王。纣王见了大喜："仅此一物（指美女）就足够了，何况宝物如此之多！"于是下令赦免文王出狱，并赏给他弓、矢、斧、钺，授权他讨伐不听命的诸侯。这就是史书中说的文王"羑里之厄"。

文王出狱后下决心灭商。他一面向纣王献地，取得信任，一面访贤任能，壮大国力。他出猎时在渭水河边巧遇年已垂老、怀才不遇的姜尚在水边钓鱼。文王同他谈话，相互谈得很投机。文王了解姜尚确有真才，便让姜尚与他同车而归，立以为师，共同筹划灭商策略。

据《尚书大传》说，文王在其在位的最后七年中干了六件大事。头一年调解虞、芮两国纠纷。虞（今山西平陆县）、芮（今山西芮城）都是商王朝西方属国；可是他们不找商王裁决，都慕周文王的威名，求文王审断。虞、芮两国看到周国是"耕者让其畔，行者让路"，"男女异路，斑白不提携"，"士让为大夫，大夫让为卿"，一派君子之风。两相对比，内心羞愧，回国之后虞、芮两国都主动将所争之地做了闲田处理，纠纷从此解决。第二年文王出兵伐犬戎，战败西戎诸夷，灭了几个小国。第三年攻打密须（在今甘肃灵台县），解除了北边和西边后顾之忧。第四年攻黎（在今山西黎城县），第五年伐邗（在今河南沁阳县）。攻黎、伐邗实际上是构成了对商都朝歌的直接威胁。第六年灭崇国（在今陕西户县境）。将周的都城由岐山周原东迁渭水平原，建立沣京（在今陕西长安县沣河西岸）。《诗经·大雅》载："既伐于崇，作邑于沣。"接着又向南扩展势力到长江、汉江、汝水流域，形成了"三分天下有其二"的形势，而殷商已处于极端孤立的境地。

就在这大功垂成之际，姬昌不幸死去。《尚书·无逸》和《吕氏春秋·制乐》都说他享国50年，称王前立国43年。死后葬于毕（指陕西长安县与咸阳之间渭水南北岸，境域较广）。

周文王在中国历史上是一位名君圣人，被后世历代所称颂敬仰，《诗经·大雅》中多有颂诗。

二、周武王姬发

周武王姬发，姬姓，名发，谥号武王，周文王姬昌次子，西周的创建者，西周时代青铜器铭文常称其为斌王。他继承父亲遗志，于公元前11世纪消灭殷商王朝，夺取全国政权，建立了西周王朝，表现出卓越的军事、政治才能，成为中国历史上一代名君。

周文王逝世后，姬发继位。他继续以吕尚为师，周公旦为辅，召公、毕公等人为主要助手，继续文王未竟的事业，积极作灭商的准备。武王初即位时，商朝在暴君纣王统治下，政治上已十分腐败，但军事上仍有较强实力。武王审时度势，积极为灭商准备条件，等待时机。他即位九年后，为便于进攻商都朝歌，将都城由沣迁至镐（今陕西西安西南沣水东岸），举行了历史上有名的"孟津观兵"。

这次观兵实际上是一次为灭商做准备的军事演习和检阅。他率大军先西行至毕原文王陵墓祭奠，然后转而东行向朝歌前进。在中军竖起写有父亲西伯昌名字的大木牌，自己只称太子发，意为仍由文王任统帅。大军抵达黄河南岸的孟津（今河南孟津县东北），有800诸侯闻讯赶来参加。人心向周，商纣王孤立无援的形势已形成，诸侯均力劝武王立即向朝歌进军。武王和姜太公则认为时机还不成熟，在军队渡过黄河后又下令全军返回，并以"诸位不知天命"告诫大家不要操之过急。

又二年，武王探知纣王更加昏庸暴虐。良臣比干、箕子忠言进谏，一个被杀，一个被囚。太师疵、少师强见纣王已不可救药，抱着商朝宗庙祭器出逃。百姓皆侧目而视，缄口不言。武王同姜尚研究，认为灭商条件已完全成熟，遵照文王"时至而勿疑"的遗嘱，果断决定发兵伐商，通告各诸侯国向朝歌进军。出发前，太史卜了一卦，得兆象大凶。见此不吉之兆，百官大惊失色。武王决心已定，毅然率大军进发。武王在战前向全军发表誓词，历数商纣的罪恶，说明伐纣的正义性，动员将士们英勇杀敌。决战开始后，周军士气高涨，奋勇冲杀。商纣的军队在周军凌厉攻势下一触即溃。此即历史上著名的牧野之战。纣王见大势已去，登上鹿台，自焚身死。商朝由此灭亡。

武王灭商后，为了收服人心，巩固新建的政权，在政治上采取了许多政策和措施。

首先，采取了以殷治殷、分而治之的办法，安抚殷商遗民。他封纣王之子武庚为殷侯，继续治理殷民。同时，将殷商王畿（京城周围千里）内之地分为卫、庸、邶三个小国，封自己的三个弟弟分别治理，负责监视武庚，号称"三监"。他下令释放被纣王囚禁的百姓，修整商朝贤臣比干的坟墓，放出贤臣箕子并恢复其原职。又散发供纣王淫乐奢侈之用的财物、粮食，赈济饥民和贫弱的百姓。通过采取这些措施，商地很快稳定下来。

其次，采取封邦建国的方略，实行对全国的统治。为了吸取商朝灭亡的教训，治理好国家，武王专门把箕子接来镐京，虚心请教安邦治国之道。根据箕子讲述的道理，他同姜太公、周公旦等商议，决定将古时已有但还未完全形成的宗法制度进一步完善和确定下来。即把全国分成若干个侯国，由周天子分封给在灭商大业中作出了贡献的姬姓亲族和有功之臣；各诸侯可以拥兵，但必须随时听从天子调遣，定期向天子纳贡、朝贺；允许封侯世代承袭，并可在封国内分封卿、大夫；天子对诸侯有赏罚予夺之权，对封国中分封卿、大夫之事也有权过问。毫无疑问，武王实行的封邦建国方略，相对于商朝那种原始小邦林立的现象来说，显然是一个进步。它确有统天下于一尊的意义，在当时起到了巩固和加强全国统治的作用。

武王为了巩固全国政权，日夜思虑，睡不好觉。他还同周公旦讨论过在当时被认为地处天下之中的洛邑（今河南洛阳市内）营建东都之事，以便于加强对东方的控制。可惜他未能实现这个计划，在灭商后不久逝世。

周武王有着广阔的心胸和长远的眼光，同时有着果断的处事能力。看到商朝的无道，他打出了为民请命、替天行道的旗号来获得广大人民群众的拥护，从而大大扩大了自己的实力和影响力；在伐纣的过程中，他以大无畏的精神亲自带领兵马直捣朝歌，打了纣王一个措手不及。周武王还有着很杰出的个人魅力，他也因此受到人们的爱戴，这也是他获得人们支持的一个重要原因。

三、百家宗师姜太公

姜太公为炎帝神农氏54世孙。周文王称太公为"太公望"，到武王执政时，又以"师尚父"相称，尊宠权贵无以复加。文王所命太公之"师"即"太师"，是西周王朝"三公"中的最高长官，既主军，也问政。时有"天下三分，其二归周者，太公之谋计居多"之言，足见太公在周朝中的地位之重。

姜子牙出生时，家境已经败落了，所以姜子牙年轻的时候当过宰牛卖肉的屠夫，也开过酒店卖过酒，聊补无米之炊。但姜子牙人穷志不短，无论宰牛也好，还是做生意也好，始终勤奋刻苦地学习天文地理、军事谋略，研究治国安邦之道，期望能有一天为国家施展才华。后被文王赏识，而成就一番事业，后来武王在分封有功之臣时，将齐地分封于他。

姜太公是周文王、周武王的首席谋士、最高军事统帅与西周的开国元勋，齐国的缔造者，齐文化的创始人，亦是中国古代的一位影响久远的杰出的韬略家、军事家与政治家。历代典籍都公认他的历史地位，儒、道、法、兵、纵横诸家皆追他为本家人物，被尊为"百家宗师"。其中尤以军事最高，所以太史公言"后世之言兵及周之阴权皆宗太公为本谋"，称得上兵家之鼻祖，军事之渊薮。

在唐宋以前，姜太公被历代皇帝封为武圣。唐肃宗封姜太公为武成王。宋真宗又封姜太公为昭烈武成王。到了元朝时期，民间对姜太公增加了一些神话传说。到明代万历年间，许仲琳创作了《封神演义》小说，从此，姜太公由人变成了神，并且为民间广为信奉。

姜太公的文韬武略影响深远。他不仅是开创西周的功臣，而且是辅佐文王、武王、成王、康王四朝之元老，积累了丰富的治国经验，推动了社会的发展和进步。他的思想博大精深。

第一，韬略鼻祖，千古武圣。《六韬》是姜太公的著作，以太公答周文王、周武王之问的形式写作，其书包括文韬、武韬、龙韬、虎韬、豹韬、犬韬六个部分，共60篇。他不是单纯地就军事而论军事，而是从哲人的高度，以政治家的眼光，将政治与军事、治国与治军紧密地结合起来，融为一体加以论述。这就使他的军事韬略颇具全面性、深刻性，因而为历代的哲学家、政治家、军事家所推重，产生了巨大的影响。《六韬》作为中国古代伟大的军事著作，在宋代被列为《武经七书》之一，作为武学教本，成为武将们必读的兵书。从先秦至现代，不断有人注释、讲解、校勘、阐扬，挖掘其思想宏旨奥义，吸取其思想精华我们应当珍惜这份宝贵的历史文化遗产，使之在新时代更加辉煌。

第二，权谋思想。《六韬·文韬·文师》最后有一段姜太公的话："太公曰：天下非一人之天下，乃天下人之天下也。同天下之利者则得天下。"这是太公灭商兴周的最大的也是最根本的权谋思想。因为，最大的权谋莫过于推翻商朝、建立周朝，夺取和建立国家政权是军事谋略的根本。这一思想，除《文师》外，在《发启》《文启》《顺启》等篇中也都反复论述。太公被封齐，建立齐国之后，推行的根本方针也是"天下非一人之天下，乃天下人之天下也"的思想。可以看出，姜太公认为，人的本性是恶死而乐生，好德而归利，能给予人以生利的是道义，能行仁义道德者，则能使天下人归服。因此，国君应当以天下之利为利，以天下之害为害，以天下之乐为乐，以天下之生为务。只有以仁义道德为天下兴利除害，使天下人与之共利害，同生死，共忧患，共苦乐，这样才可以收揽、固结民心，使万民归心、欢心。基于这种认识，《六韬》强调国君要行仁修德，泽及百姓，不可暴民、虐民，为己而害民。只有这样，人民才能与国君同舟共济，拥戴国君。

第三，爱民思想。爱民之道，就是以仁义之道，修德惠民，使民和服。如太公所言："敬其众，合其亲。敬其众则合，合其亲则喜，是谓仁义之纪。无使人夺汝威，因其明，顺其常。顺者任之以德，逆者绝之以力。敬之无疑，天下和服。"就是说，要尊重民意，敬爱民众，聚合宗亲，行仁举义，就会受到民众的拥护爱戴，这样使天下和服，就可以守土、固国而王天下。因此，威服天下者，不必专任武力，不可横暴百姓，而要以仁义为本，修德禁暴。这就是姜太公和《六韬》重视文韬而不轻武略，把经国与治军作为整体而论的高明之处。他治国安民用仁道，施仁政，重教化，因民俗，顺民情。这就充分表现了姜太公治政的出发点和归宿地都是为了爱民。

第四，举贤思想。《六韬·文韬》中《上贤》《举贤》两篇，集中表现了姜太公的重贤、上贤、选贤、举贤的圣贤治国论及其思想内容。所谓"上贤"，就是尊重、崇尚有道德、有才能的人。尊贤尚功是姜太公"国本"的主要内容之一。姜太公认为，作为君主治理国家，必须尊崇德才兼备的贤人，抑制无才无德的庸人；任用忠实诚信的人，除去奸诈虚伪的人；严禁暴乱的行为，禁止奢侈的风俗。《六韬·文韬·上贤》云："太公曰：'得贤将者兵强国昌，不得贤将者，兵弱国亡。'"举贤思想，在姜太公建立齐国之后，又被正式列入建国方针之一，即"举贤而上功"。

四、圣像周公姬旦

周公姬旦（生卒年不详），又名叔旦，因谥号为文，又称为周文公。周文王姬昌第四子，周武王姬发的母弟。因封地在周（今陕西岐山北），史称周公，是西周初期杰出的政治家和军事家。

周公在周灭商之战中，"常辅翼武王，用事居多"。灭商两年后，武王病死，其子成王年幼，由周公摄政。武王的另外两个弟弟管叔和蔡叔心中不服，他们散布流言飞语，说周公有野心，有可能谋害成王，篡夺王位。周公闻言，便对太公望和召公奭说："我所以不顾个人得失而承担摄政重任，是怕天下不稳。如果江山变乱，生灵涂炭，我怎么能对得起列祖列宗，和武王对我的重托呢？"周公又对将要袭其爵、而到鲁国封地居住的儿子伯禽说："我是文王之子、武王之弟、成王之叔父，论身份地位，在国中是很高的了。但是我时刻注意勤奋俭朴，谦诚待士，唯恐失去天下的贤人。你到鲁国去，千万不要骄狂无忌。"

不久，管叔、蔡叔勾结纣王的儿子武庚，并联合东夷部族反叛周朝。周公奉成王命，率师东征。经三年的艰苦作战，终于讨平了叛乱，征服了东方诸国，收降了大批商朝贵族，同时斩杀了管叔、武庚，放逐了蔡叔，巩固了周朝的统治。

周公平叛以后，为了加强对东方的控制，正式建议成王把国都迁到洛邑（今洛阳）。同时把在战争中俘获的大批商朝贵族即"殷顽民"迁居洛邑，派召公奭在洛邑驻兵，对他们加强监督。另外，周公封小弟康叔为卫君，令其驻守故商墟，以管理那里的商朝遗民。他告诫年幼的康叔：商朝之所以灭亡，是由于纣王酗于酒，淫于妇，以至于朝纲混乱，诸侯举义。他嘱咐说："你到殷墟后，首先要求访那里的贤人长者，向他们讨教商朝前兴后亡的原因；其次务必要爱民。"周公又把上述嘱言，写成《康诰》《酒诰》《梓材》三篇，作为法则送给康叔。康叔到殷墟后，牢记周公的叮嘱，生活俭朴，爱护百姓，使当地吏民安居乐业。

建都洛邑后，周公开始实行封邦建国的方针。他先后建置71个封国，把武王15个兄弟和16个功臣，封到封国去做诸侯，以作为捍卫王室的屏藩。另外在封国内普遍推行井田制，将土地统一规划，巩固和加强了周王朝的经济基础。

为了进一步巩固周朝政权，周公还"制礼作乐"，制定和推行了一套维护君臣宗法和上下等级的典章制度。主要有"畿服"制、"爵谥"制、"法"

制、"嫡长子继承"制和"乐"制等。其中最重要的是嫡长子继承制和贵贱等级制。在殷商时，君位的继承多半是兄终弟及，传位不定。周公确立的嫡长子继承制，即以血缘为纽带，规定周天子的王位由长子继承。同时把其他庶子分封为诸侯卿大夫。他们与天子的关系是地方与中央、小宗与大宗的关系。周公还制定了一系列严格的君臣、父子、兄弟、亲疏、尊卑、贵贱的礼仪制度，以调整中央和地方、王侯与臣民的关系，加强中央政权的统治。

周公无微不至地关怀年幼的成王，有一次，成王病得厉害，周公很焦急，就剪了自己的指甲沉到大河里，对河神祈祷说："今成王还不懂事，有什么错都是我的。如果要死，就让我死吧。"成王果然病好了。

后来，有人在周成王面前进谗言，周公就逃到楚地躲避。不久，成王翻阅库府中收藏的文书，发现在自己生病时周公的祷辞，被周公忠心为国的品质感动得流下眼泪，立即派人将周公迎回来。周公回周以后，仍忠心为政务操劳。周公辅佐武王、成王，为周王朝的建立和巩固作出了重大贡献。特别是他在受成王冤屈以后，仍忠心耿耿，为周王朝的发展呕心沥血，直至逝世，终天下大治。周公临终时要求把他葬在成周，以明不离开成王的意思。成王心怀谦让，把他葬在文王墓的旁边，以示对周公的无比尊重。

周公受孔子推崇，被儒家尊为圣人。周公思想对儒家的形成起了奠基性的作用，汉代儒家将周公、孔子并称。

五、西周大昏君周幽王

周幽王，中国西周末代君主。姬姓，名宫涅（涅一作湦、湟），周宣王之子。出生于周宣王三十三年（公元前795年，据干宝《搜神记》记载）。宣王四十六年（公元前782年）即位。

周幽王在位时，沉湎酒色，不理国事，导致西周内部各种社会矛盾急剧尖锐化，政局不稳，地震、旱灾屡屡发生。幽王还变本加厉地加重剥削，任用贪财好利善于逢迎的虢石父主持朝政，引起国人怨愤。又听信宠妃褒姒的谗言，废掉王后申后及太子宜臼（申后之子），立褒姒为后，立褒姒之子伯服为太子。申后与宜臼逃回申国。褒姒因为过不惯宫中生活，加之养父被太子宜臼所杀，心中忧恨，平时很少露出笑容，偶露笑容，更加艳丽迷人。为博取褒姒一笑，幽王下令，宫内宫外人等，能让褒姒一笑者，赏赐一千两金子。虢石父随即献上烽火戏诸侯的计策，在骊山烽火台上把烽火点了起来。有个叫郑伯友的大臣劝阻周幽王说，烽火台是为了战时救急用的，这个玩笑开不得。大王现在这样戏弄诸侯，失信于他们，到了真有急事时，诸侯就会以为大王在戏弄他们，不派兵相救，那如何是好啊。周幽王不听劝告。

临近的诸侯看到烽火台上起了狼烟，以为犬戎打过来了，赶快带领兵马来救。没想到赶到那儿，连一个犬戎兵的影儿也没有，只听到山上一阵阵奏乐和唱歌的声音，大伙儿都愣了。幽王派人告诉他们说，大家辛苦了，这儿没什么事，不过是大王和王妃放烟火玩玩儿，你们回去吧。诸侯知道上了当，憋了一肚子气回去了。褒姒看见一队队兵马，像走马灯一样来来往往，不觉启唇而笑，幽王大喜，就赏给虢石父一千两金子。

公元前772年，申侯联合缯国和犬戎举兵入攻西周，周幽王听到犬戎进攻镐京的消息，惊慌失措，连忙下令把骊山的烽火点起来。烽火倒是燃起来了，可是诸侯因为上次上了当，谁也不来理会他们。各地诸侯拒不救援，幽王惨败，带着褒姒、伯服等人和王室珍宝逃至骊山，幽王被杀，褒姒被掳（一说被杀）。司马迁说："褒姒不好笑，幽王欲其笑万方，故不笑。"（《史记·周本纪》）意思是说，褒姒不喜笑，周幽王为了她一人的笑，使天下百姓再也笑不起来了。

犬戎攻破镐京，西周遂亡。前后共三百五十余年。

周幽王烽火戏诸侯的故事如今已被当做笑话。这个爱美人的故事早已超出了个人行为，为了博美人一笑，竟以江山社稷的保护伞——军队为代价，最终只能留下千古骂名。

幽王死后，各地诸侯才知道犬戎真的打进镐京了，于是联合起来，带着大队人马来救。诸侯们打退了犬戎，立原来的太子宜臼为天子，就是周平王，然后诸侯们就回各自的封地去了。

周平王迁都洛阳。而诸侯们各霸一方，展开了长达五百多年的残杀。

六、玩转阴阳的《易经》

历史传说中，有伏羲画八卦、周文王作《周易》、孔子修《易》之说，神话传说中又有连山易祖作《易》、九天玄女传《易》等说法。因其年代久远，道、儒、术三教理解有所不同，至今关于《易》如何产生及发展说法不一。从继承较好的道教及术数派来看，基本有天书神授之意。

综合来说，《易经》是远古众多圣人（或神人）根据大自然（或天道、生命）的发展变化规律经过很长的年代创作并不断修改而成的。到周文王时，文王对《易经》进行了演绎发展，而名《周易》。到孔子时，其所增修《易》偏重于义理（哲学）。目前，对《周易》成书的时代，学术界尚有争论，但成于西周前期之说为大多数人所接受。

至于《周易》的"周"字，历来说法颇多，如有人认为周是"易道周普无所不备"的意思；也有人认为周是指周朝。周朝为一般人所接受，很多人认为《周易》的"周"字是朝代的名称。

而对《周易》的"易"字，解释则更为纷繁：

一说："易之为字，从日从月，阴阳具矣。""易者，日月也。""日月为易，刚柔相当。"

一说："易，飞鸟形象也。"

一说："易，即蜴。蜥蜴因环境而改变自身颜色，曰之易，取其变化之义。"

清代陈则震著《周易浅述》，将"易"的定义归之为二：

曰：交易，阴阳寒暑，上下四方之对待是也；

曰：变易，春夏秋冬，循环往来是也。

无论何种解释，说《周易》是讲阴阳两种势力相互作用，产生万物，"刚柔相推，变在其中"，则是不会错的。

到了西汉，儒家学派将《周易》与《诗》《书》《礼》《乐》《春秋》等奉为经典，称为"六经"。于是《周易》又被称为《易经》。

《易经》一书有三大原则。首先，变易。万事万物都是随时变化的，没有不变的人、事、物，今天晴空万里，说不定明天就倾盆大雨。三十年河东，三十年河西，成功不要得意忘形，失败也不要垂头丧气。所以说《易经》从不讲宿命论，从不宣传迷信思想，人的命运是自己创造的，命运也是随时变化的，卜卦算命看风水只是《易经》的一个基本成分。其次，简易。万事万物都是非常简单的，大道至简。当遇到解决不了的问题时，就向简单的方面考虑，不能想得太多，越想越复杂。最后，不易。万事万物的变化都有一定的规律可循，像四时交替，花开花落，地球永远绕太阳转，月球永远绕地球转等。

《易经》对中国文化的影响，可以说是无处不在。《易经》不但是最早的文明典籍，同时也对中国的道教、儒家、中医、文字、数术、哲学、民俗文化等产生了重要影响。

《易经》编码的阴阳学说及其极变规律、先后天八卦思想对道家影响深远，是道家学说的思想根基，被道家崇为"三玄之一"。

《易经》也是儒家中庸之道、仁义礼智信、三纲五常等思想的重要来源，被儒家尊为"群经之首"。

《易经》阴阳学说是中医阴阳学说的基础。《易经》的实时定位思想、与时偕行等思想对中医有着至为重要的影响，一人一方、因病成方的治疗原则皆源于此。同时对子午流注、八纲辩证、风寒暑湿燥火六邪等学说的形成都有重要影响。中医经典著作《黄帝内经》受《易经》的影响很大。东汉时期的《神农本草经》运用八卦取象的观念，明确了中医用药原则。张仲景《伤寒论》把阴阳学说和太极含三为一发展为六经学说，创立了六经辩证的原则，奠定了临床医学的基础。

《易经》对军事理论有直接影响。宋代王应麟在《通鉴答问》中称："盖易之为书，兵法尽备。"《易经》的六十四卦，适合战争机动战略的选择，历史上著名的军事家孙膑、吴起、诸葛亮等，都根据《易经》原理排兵布阵。

《易经》对武术发展也有很大启发。《易经》中有"君子以除戎器，戒不虞"的语句，还有"君子应整治兵器，以防不测"，对习武健身、防身观念的形成有直接影响。

《易经》对建筑学的影响主要和"风水"学说紧密相关。古代的城建布局、建筑设置等都要以《易经》理论为指导，四合院就是阴阳平衡、和谐观念建筑的典型。传统建筑中的"九梁十八柱"等都是从《易经》中获得灵感，故宫角楼就是这种风格的典型。

《易经》强调与时偕行的变易思想，是和谐文化、与时俱进等国学传统思想的主要来源。

《易经》编码的序结构思想，是已知最早研究事物序结构的典范，比现在的基因排序早了五千多年。同样的卦符，由于序结构不同而有《连山》《归藏》《周易》《邵氏易》之别。

《易经》回答了诸多哲学、天文、预测等方面问题，是真正的一分为二观点，比马克思学说早了几千年。它注重推理和条件约束，没有任何宗教色彩，通过象、数、理的推演，展示了独特的宇宙观，回答了物质、能量、信息、质量转换、辩证法则（主次要矛盾、普遍和特殊）、整体运动变化、人的意志等纯哲学命题，具有世界观和方法论方面的重要意义，独树一帜。其辩证观念是唯物辩证法的先驱。《易经》预测所利用的偶合律，最早找到偶然性和必然性的完美结合点，是探讨偶然和必然哲学范畴的先声；其二元世界统一论思想，揭示了我们目前所处的宇宙空间的真相，暗示了二元世界解决一切问题的不二法门。

《易经》中的很多词语至今仍在我们口头应用，如"突如其来"、"夫妻反目"、"谦谦君子"、"虎视眈眈"等。

七、道家创始人老子

李耳，字伯阳，又称老聃，后人称其为"老子"，河南周口鹿邑人，我国古代伟大的哲学家和思想家，是道家学派创始人。

相传他母亲怀了九九八十一天身孕，从腋下将他产出，老子一生下来就是白眉毛白胡子，所以被称为老子。老子生活在春秋时期，曾在周国都洛邑任藏室史。他博学多才，孔子周游列国时曾到洛邑向老子问礼。老子晚年乘青牛西去，在函谷关（位于今河南灵宝）写成了五千言的《道德经》（又称《道德真经》，或直称《老子》或《老子五千文》）。在道教中，老子是太上老君的第十八个化身。

《道德经》含有丰富的辩证法思想，老子也因其深邃的哲学思想而被尊为"中国哲学之父"。老子的思想被庄子所传承，并与儒家和后来的佛家思想一起构成了中国传统思想文化的内核。道教出现后，老子被尊为"太上老君"；从《列仙传》开始，老子就被尊为神仙。《道德经》的国外版本很多，是被翻译语言最多的中国书籍。

老子的思想主张是"无为"，老子的理想政治境界是"邻国相望，鸡犬之声相闻，民至老死不相往来"。《老子》以"道"解释宇宙万物的演变，"道"为客观自然规律，同时又具有"独立不改，周行而不殆"的永恒意义。《老子》书中包括大量朴素辩证法观点，如认为一切事物均具有正反两面，"反者道之动"，并能由对立而转化，"正复为奇，反复为妖"，"祸兮福之所倚，福兮祸之所伏"。又以为世间事物均为"有"与"无"之统一，"有、无相生"，而"无"为基础，"天下万物生于有，有生于无"。老子把其自然无为的思想运用到政治方面，对统治者的苛政极为不满，认为"天之道，损有余而补不足，人之道则不然，损不足以奉有余"；"民之饥，以其上食税之多"；"民之轻死，以其上求生之厚"；"民不畏死，奈何以死惧之？"。他希望统治者"处无为之事，行不言之教"，认为"我无事，而民自富，我无欲，而民自朴"。其学说对中国哲学发展具有深刻影响，对我国古代思想文化的发展作出了重要贡献。

第四章 东　　周

一、赵武灵王赵雍

赵武灵王（约公元前340年～公元前295年），嬴姓，赵氏，名雍，其名赵雍（按照先秦贵族礼制，男子用氏不用姓，故其名为赵雍，不叫嬴雍），战国时期赵国国君，赵肃侯之子。公元前325～前299年在位。他所推行的"胡服骑射"政策使赵国的实力大幅提升，成为最后与秦国逐鹿天下最大的竞争者。"赵武灵王"这一称号是后人给予的。

赵肃侯二十四年（公元前326年），赵肃侯去世，魏、楚、秦、燕、齐各派锐师万人来参加会葬。赵肃侯生前英雄一世，与魏、楚、秦、燕、齐等国连年恶战而不处下风，赵国俨然是北方的新霸主。此次五国以会葬为名，各派精兵，实际是想趁赵国新君年幼之际，伺机图赵。

对于15岁的少年赵武灵王来说，父亲的葬礼实在是凶险，搞不好赵国就会被五国联军灭掉。在赵肃侯的托孤重臣肥义的帮助下，赵武灵王决定采取针锋相对的强硬应对措施，抱着鱼死网破的态度，摆开决战的架势来迎接这些居心叵测的吊唁使者。

赵武灵王命令赵国全境处于戒严状态，代郡、太原郡、上党郡和邯郸的赵军一级戒备，准备随时战斗。联合韩国和宋国这两个位于秦、魏、楚、齐之间的国家，使赵、韩、宋三国形成品字形结构，将秦、魏、楚、齐四个国家置于两面受敌或者三面受敌的被动局面。又重赂越王无疆，使之攻楚，先把与赵国不搭界的楚国的注意力转移到它的老对手越国身上去。重赂楼烦王击燕和中山。燕国是五国中比较弱的一个，在楼烦的强力攻击下，燕易王比较紧张，十分担心赵国与楼烦夹击燕国。中山虽然不是一流的强国，但由于楔入赵国的版图内，经常受齐国的指使从背后攻击赵国的都城邯郸，对赵国的威胁比外部的强敌更大。中山在楼烦的攻击下，也无暇顾及对赵国的趁火打劫了。在去掉了燕、楚两个强敌后，魏、秦、齐集团对赵、韩、宋集团就没有什么优势了。

赵武灵王命令来会葬的五国军队不得进入赵国边境，只许五国使者携带各国国君的吊唁之物入境，由赵国负责接待的大臣将他们直接送往邯郸。魏、秦、齐见赵国重兵待客，戒备森严，而且赵、韩、宋联盟已成，不得不打消了要占赵国便宜的念头。五国使者入赵后，见赵国精锐云集邯郸，战争一触即发，不敢有任何的差错，在与赵武灵王厚葬赵肃侯后，便匆匆离去。此次五国图赵的阴谋被赵武灵王挫败了。年少的赵武灵王初涉君位就经受住了如此严峻的考验。

赵武灵王即位后，对本国的军事进行整顿。赵国在军事上使用骑兵、采用适应骑射的胡服在很早以前就存在了，但那时只是战士们一种自发的行为，是根据军事斗争的实际需要，很自然地采用的更容易获胜的斗争手段而已。在早期，骑兵在数量、质量和战术使用上都很原始，起不了左右战争胜负的主要作用。赵武灵王通过把赵国将士直接培养成骑兵与招募胡人骑兵相结合的办法，想要建立一支能被国君牢牢控制的国家骑兵。

赵武灵王把自己训练的精锐骑兵作为军官教导团，开始培训骑兵军官。原来的步兵和步兵将领要想转为骑兵，必须要经过严格的培训和考试。同时，赵武灵王还招募大量的胡人，充实到骑兵队伍中。由于赵武灵王控制了骑兵的军官，这支新组建的骑兵队伍不同于以往的骑兵雇佣军，而是被赵武灵王牢牢地控制着指挥权。赵武灵王借组建骑兵、选拔骑兵的机会，对赵国的步兵系统也进行了一次从上到下的大整顿，亲自选拔步兵将领。赵武灵王选拔军事将领严格遵循能力原则。这样，国民中许多有能力的人得到了任用，而大批的赵国宗室贵族遭到了裁撤。赵武灵王通过对军队系统的调整、改建，更稳固地控制了赵国的军权。

邯郸与代郡分居赵国的南北，分别是赵国进军中原的基地和制约戎狄的据点。邯郸与代郡之间隔着中山国，邯郸要与代郡交往就得绕很大的圈子，需要经过太行山西侧的上党郡和太原郡才能进入本来处于邯郸北面的代郡，很不方便。邯郸与代郡的联系远不如与它们临近的中原和戎狄之间紧密。两个重镇本来在民族和文化上就存在很大的差异，交通的不便利更加大了这种差别。

赵武灵王实行胡服骑射除了为适应同周边国家的军事竞争外，更重要的是为了解决以代郡和邯郸为代表的两种文化、两种政治势力造成的南北分裂局面。赵国的这两种文化、两大政治势力处于不断的争斗状态，需要赵武灵王铁腕整合，将其整合为一个依赖重于排斥的整体。

赵武灵王从赵国游牧文化重于农耕文化的实际出发，通过以胡服骑射为代表的一系列措施，对赵国的政治、军事、经济、文化领域进行了一次大改革，使赵国消除了分裂的内在隐患，在人力、物力上得以优化配置。赵武灵王在位期间消灭了长期为赵国心腹大患的中山国，消除了赵国分裂的外在威胁，使赵国从地域到精神真正统一起来。赵国一跃成为当时的超级强国。

二、春秋第一相管仲

管仲，齐国颍上（今安徽颍上）人。名夷吾，又名敬仲，字仲，谥号敬，史称管子。春秋时期齐国著名的政治家、军事家。管仲少时丧父，老母在堂，生活贫苦，不得不过早地挑起家庭重担。为维持生计，与鲍叔牙合伙经商后从军，到齐国，几经曲折，经鲍叔牙力荐，为齐国上卿（即丞相），被称为"春秋第一相"，辅佐齐桓公成为春秋时期的第一霸主，所以又说"管夷吾举于士"。管仲的言论见于《国语·齐语》，另有《管子》一书传世。

管仲之所以能相齐成霸，是与鲍叔牙的知才善荐分不开的。管仲晚年曾感动地说："我与鲍叔牙经商而多取财利，他不认为我贪心；同鲍叔牙谋事，我把事情办糟了，他不认为我愚蠢；我三次从阵地上逃跑，他不认为我胆小怕死；我做官被驱逐，他不认为我不肖；我辅佐公子纠败而被囚忍辱，他不认为我不知羞耻……生我者父母，知我者鲍子也！"

管仲为齐相后，根据当时形势，对齐国进行了一系列改革。

在行政方面：划分和整顿行政区划和机构，把国都划分为六个工商乡和十五个士乡，共二十一个乡。十五个士乡是齐国的主要兵源。齐桓公自己管理五个乡，上卿国子和高子各管五个乡。把国政分为三个部门，制订三官制度。官吏有三宰。工业立三族，商业立三乡，川泽业立三虞，山林业立三衡。郊外三十家为一邑，每邑设一司官。十邑为一卒，每卒设一卒师。十卒为一乡，每乡设一乡师。三乡为一县，每县设一县师。十县为一属，每属设大夫。全国共有五属，设五大夫。每年初，由五属大夫把属内情况向齐桓公汇报，督察其功过。于是全国形成统一的整体。

军队方面，管仲强调寓兵于农，规定国都中五家为一轨，每轨设一轨长。十轨为一里，每里设里有司。四里为一连，每连设一连长。十连为一乡，每乡设一乡良人，主管乡的军令。战时组成军队，每户出一人，一轨五人，五人为一伍，由轨长带领。轨中的五家，因世代居处在一起，因为利害祸福相同，所以，"守则同固，战则同强"。（见《国语·齐语》）一里五十人，五十人为一小戎，由里有司带领。

管仲规定一连两百人，两百人为一卒，由连长带领。一乡两千人，两千人为一旅，由乡良人带领。五乡一万人，立一元帅，一万人为一军，由五乡元帅率领。齐桓公、国子、高子三人就是元帅。这样把保甲制和军队组织紧密结合在一起，每年春秋以狩猎来训练军队，提高了军队的战斗力。同时又规定全国百姓不准随意迁徙。人们之间团结居住，做到夜间作战，只要听到声音就能辨别出敌我；白天作战，只要看见容貌，大家就能认识。为了解决军队的武器问题，规定犯罪可以用盔甲和武器来赎罪。犯重罪，可用甲与车戟赎罪；犯轻罪，可以用盾与车戟赎罪；犯小罪，可以用铜铁赎罪。这样可补充军队的装备之不足。

管仲相齐的经济政策是"遂滋民，与无财"（《国语·齐语》)，他的办法乃是"轻重鱼盐之利，以赡贫穷"（《史记·齐太公世家》），或言"通轻重之权，徼山海之业"（《史记·平准书》），以至"通货积财，富国强兵"（《史记·管晏列传》），实行统治盐铁的经济政策。

管仲实行了粮食"准平"的政策，即"民有余则轻之，故人君敛之以轻；民不足则重之，故人君散之以重。凡轻重敛散之以时，则准平。……故大贾富家不得豪夺吾民矣"（《汉书·食货志》下）。这种"准平"制，不但是一种平衡粮价的政策，而且间接承认了农民自由买卖粮食的权利及自由种植私田的合法性，并且还保障了私田农的生产利润。这种经济政策，亦为经济层面的国君集权。

管仲提出"相地而衰"的土地税收政策，即根据土地的好坏不同，来征收多少不等的赋税。这样使赋税负担趋于合理，提高了人民的生产积极性。又提倡发展经济，积财通货，设"轻重九府"，观察年景丰歉和人民的需求，来收散粮食和物品。又规定国家铸造钱币，发展渔业、盐业，鼓励与境外的贸易，齐国经济开始繁荣起来。

　　由于管仲推行改革，齐国出现了民足国富、社会安定的繁荣局面，齐桓公对管仲说："现在咱们国富民强，可以会盟诸侯了吧？"管仲谏阻道："当今诸侯，强于齐者甚众，南有荆楚，西有秦晋，然而他们自逞其雄，不知尊奉周王，所以不能称霸。周王室虽已衰微，但仍是天下共主。东迁以来，诸侯不去朝拜，不知君父。您要是以尊王攘夷相号召，海内诸侯必然望风归附。"管仲说的"尊王攘夷"，就是尊重周朝王室，承认周天子的共同领袖的地位；联合各诸侯国，共同抵御戎、狄等部族对中原的侵扰。攘夷于外，必须尊王。尊王成为当时一面正义旗帜。

　　齐桓公听从管仲的建议，适时打出了"尊王攘夷"的旗帜，以诸侯长的身份，挟天子以伐不服，使其霸业更加合法合理，同时也保护了中原经济和文化的发展。

三、万世之师孔子

　　孔子，名丘，字仲尼，春秋时期鲁国人。孔子是我国古代伟大的教育家、政治家和思想家，儒家学派创始人。编撰了我国第一部编年体史书《春秋》。据有关记载，孔子出生于鲁国陬邑昌平乡（今山东省曲阜市东南的南辛镇鲁源村）；孔子逝世时，享年73岁，葬于曲阜城北泗水之上，即今日孔林所在地。孔子的言行思想主要载于语录体散文集《论语》司马迁的《史记·孔子世家》。

　　孔子幼年丧父，家境相当贫寒。他聪敏好学，20岁时，学识就已经非常渊博，被当时人赞为"博学好礼"。由于种种原因，孔子在政治上没有过大的作为，但在治理鲁国的期间，足见孔子无愧于杰出政治家的称号。政治上的不得意，使孔子可将很大一部分精力用在教育事业上。孔子曾任鲁国司寇，后携弟子周游列国，最终返回鲁国，专心执教。孔子打破了教育垄断，开创了私学。其弟子多达三千人，其中贤人七十二，有很多为各国高官栋梁。

孔子对后世影响深远，虽说他"述而不作"，但他在世时已被誉为"天纵之圣"、"天之木铎"、"千古圣人"，是当时社会上最博学者之一。后世尊称他为"至圣"（圣人之中的圣人）、"万世师表"，认为他曾修《诗》《书》，定《礼》《乐》，序《周易》，作《春秋》。

《论语》是儒家学派的经典著作之一，由孔子的弟子及其再传弟子编撰而成。它以语录体和对话文体为主，记录了孔子及其弟子言行，集中体现了孔子的政治主张、伦理思想、道德观念及教育原则等。与《大学》《中庸》《孟子》并称"四书"。《论语》的语言简洁精炼，含义深刻，其中有许多言论至今仍被世人视为至理。

孔子一生都坚持着自己的政治理想和生活原则。他62岁时曾这样形容自己："发愤忘食，乐以忘忧，不知老之将至云尔。"当时孔子已带领弟子周游列国九个年头，历尽艰辛，不仅未得到诸侯的任用，还险些丧命，但孔子并不灰心，仍然乐观向上，坚持自己的理想，甚至是明知其不可为而为之。

孔子说："不义而富且贵，于我如浮云。"在孔子心目中，行义是人生的最高价值，在富贵与道义发生矛盾时，他宁可受穷也不会放弃道义。但他的安贫乐道并不是不求富贵，只求维护道，这并不符合历史事实。孔子也曾说："富与贵，人之所欲也；不以其道得之，不处也。贫与贱，人之所恶也；不以其道得之，不去也。""富而可求也，虽执鞭之士，吾亦为之。如不可求，从吾所好。"

孔子以好学著称，对于各种知识都表现出浓厚的兴趣，因此他多才多艺，知识渊博，在当时是出了名的，几乎被当成无所不知的圣人，但孔子自己不这样认为，他说："圣则吾不能，吾学不厌，而教不倦也。"孔子学无常师，谁有知识，谁那里有他所不知道的东西，他就拜谁为师，因此说"三人行，必有我师焉"。

孔子生性正直，又主张直道而行，他曾说："吾之于人也，谁毁谁誉？如有所誉者，其有所试矣。斯民也，三代之所以直道而行也。"《史记》载孔子三十多岁时曾问礼于老子，临别时老子赠言曰："聪明深察而近于死者，好议人者也。博辩广大危其身者，发人之恶者也。为人子者毋以有己，为人臣者毋以有己。"这是老子对孔子善意的提醒，也指出了孔子的一些毛病，就是看问题太深刻，讲话太尖锐，伤害了一些有地位的人，会给自己带来很大的危险。与人为善让孔子创立了以仁为核心的道德学说，他自己也是一个很善良的人，富有同情心，乐于助人，待人真诚、宽厚。"己所不欲，勿施于人"、"君子成人之美，不成人之恶"、"躬自厚而薄责于人"等等，都是他的做人准则。

同孔子的仁说和礼说相联系，在治国的方略上，他主张"为政以德"，用道德和礼教来治理国家是最高尚的治国之道。这种治国方略也叫"德治"或"礼治"。这种方略把德、礼施之于民，实际上已打破了传统的礼不下庶人的信条，打破了贵族和庶民间原有的一条重要界限。

孔子的仁说，体现了人道精神；孔子的礼说，则体现了礼制精神，即现代意义上的秩序和制度。人道主义是人类永恒的主题，对于任何社会、任何时代、任何一个政府都是适用的；而秩序和制度则是建立人类文明社会的基本要求。孔子的这种人道主义和秩序精神是中国古代社会政治思想的精华。

四、"亚圣"孟子

孟子（公元前372年~公元前289年）。战国时期鲁国人（今山东邹城人），名轲。生卒年月因史传未记载而有多种说法，其中又以《孟氏宗谱》上所记载之生于周烈王四年（公元前372年），卒于周赧王二十六年（公元前289年）较为多数学者所采用。

孟子是中国古代著名思想家、教育家，战国时期儒家代表人物。著有《孟子》一书。继承并发扬了孔子的思想，成为仅次于孔子的一代儒家宗师，有"亚圣"之称，与孔子合称为"孔孟"。

孟子远祖是鲁国贵族孟孙氏，后家道衰微，从鲁国迁居邹国。孟子三岁丧父，孟母艰辛地将他抚养成人。孟母管束甚严，其"孟母三迁"、"孟母断织"等故事，成为千古美谈，是后世母教之典范。

《孟子》一书是孟子的言论汇编，由孟子及其弟子共同编写而成，记录了孟子的语言、政治观点和政治行动。孟子曾仿效孔子，带领门徒游说各国，但不被当时各国所接受遂,退隐与弟子一起著书。其学说出发点为性善论,提出"仁政"、"王道",主张德治。南宋时朱熹将《孟子》与《论语》《大学》《中庸》合在一起称"四书"。从此直到清末,"四书"一直是科举必考内容。

孟子把道德规范概括为四种,即仁、义、礼、智。同时把人伦关系概括为五种,即"父子有亲,君臣有义,夫妇有别,长幼有序,朋友有信"。孟子认为,仁、义、礼、智四者之中,仁、义最为重要。仁、义的基础是孝、悌,孝、悌是处理父子和兄弟血缘关系的基本的道德规范。他认为如果每个社会成员都用仁义来处理各种人与人的关系,封建秩序的稳定和天下的统一就有了可靠保证。

为了说明这些道德规范的起源,孟子提出了性善论的思想。他认为,尽管各个社会成员之间有分工的不同和阶级的差别,但是他们的人性却是同一的。他说:"故凡同类者,举相似也,何独至于人而疑之?圣人与我同类者。"这里,孟子把统治者和被统治者摆在平等的地位,探讨他们所具有的普遍的人性。这种探讨适应于当时奴隶解放和社会变革的历史潮流,标志着人类认识的深化,对伦理思想的发展是一个巨大的推进。

孟子继承和发展了孔子的德治思想,把德治思想发展为仁政学说,成为其政治思想的核心。他把"亲亲"、"长长"的原则运用于政治,以缓和阶级矛盾,维护封建统治阶级的长远利益。孟子一方面严格区分了统治者与被统治者的阶级地位,认为"劳心者治人,劳力者治于人",并且模仿周制拟定了一套从天子到庶人的等级制度;另一方面,又把统治者和被统治者的关系比作父母和子女的关系,主张统治者应该像父母一样关心人民的疾苦,人民应该像对待父母一样去亲近、服侍统治者。孟子认为,这是一种最理想的政治,如果统治者实行仁政,可以得到人民的衷心拥护;反之,如果不顾人民死活,推行虐政,将会失去民心而变成独夫民贼,被人民推翻。仁政的具体内容很广泛,包括政治、经济、教育以及统一天下的途径等,其中贯穿着一条民本思想的线索。这种思想是从春秋时期重民轻神的思想发展而来的。

孟子根据战国时期的经验,总结各国治乱兴亡的规律,提出了一个富有民主性精华的著名命题:"民为贵,社稷次之,君为轻。"认为如何对待人民这一问题,对于国家的治乱兴亡,具有极大的重要性。孟子十分重视民心的向背,通过大量历史事例反复阐述这是关乎得天下与失天下的关键问题。孟子说:"夫仁政,必自经界始。"所谓"经界",就是划分整理田界,实行井田制。孟子所设想的井田制,是一种封建性的自然经济,以一家一户的小农为基础,采取劳役地租的剥削形式。每家农户有五亩之宅,百亩之田,吃穿自给自足。孟子认为,"民之为道也,有恒产者有恒心,无恒产者无恒心",只有使人民拥有"恒产",固定在土地上,安居乐业,他们才不去触犯刑律,为非作歹。孟子认为,人民的物质生活有了保障,统治者再兴办学校,用孝悌的道理进行教化,引导他们向善,这就可以造成一种"亲亲"、"长长"的良好道德风尚,即"人人亲其亲、长其长,而天下平"。孟子认为统治者实行仁政,可以得到天下人民的衷心拥护,这样便可以无敌于天下。孟子所说的仁政要建立在统治者的"不忍人之心"的基础上。他说:"先王有不忍人之心,斯有不忍人之政矣。""不忍人之心"是一种同情仁爱之心。但是,这种同情仁爱之心不同于墨子的"兼爱",而是从血缘的感情出发的。孟子主张,"亲亲而仁民","老吾老以及人之老,幼吾幼以及人之幼"。仁政就是这种不忍人之心在政治上的体现。

孟子把伦理和政治紧密结合起来,强调道德修养是搞好政治的根本。他说:"天下之本在国,国之本在家,家之本在身。"后来《大学》提出的"修齐治平"就是根据孟子的这种思想发展而来的。

五、哲学家庄子

庄子(约公元前369年~公元前286年),名周,字子休(一说子沐),后人称之为"南华真人",战国时期宋国蒙(今安徽省蒙城县,又说今河南省商丘县东北民权县境内)人。著名的思想家、哲学家、文学家,是道家学派的代表人物,老子哲学思想的继承者和发展者,先秦庄子学派的创始人。后世将他与老子并称为"老庄",他们的哲学为"老庄哲学"。

庄周和他的门人以及后学著有《庄子》(被道教奉为《南华经》),道家经典之一。《庄子》在哲学、文学上都有较高研究价值。原有52篇,现存33篇,分"内篇"、"外篇"、"杂篇"三个部分。一般认为"内篇"的七篇文字肯定是庄子所写的,"外篇"和"杂篇"中的有些作品出自其门人和后学之手。内篇中最集中表现庄子哲学的是《齐物论》《逍遥游》《大宗师》等。

庄子是主张精神上的逍遥自在的，所以在形体上，他也试图达到一种不需要依赖外力而能成就的一种逍遥自在的境界。庄子主张宇宙中的万事万物都具有平等的性质，人融于万物之中，从而与宇宙相终始。庄子提倡护养生命的主宰亦即人的精神要顺从自然的法则，要安时而处顺。庄子要求重视内在德性的修养，德性充足，生命自然流注出一种自足的精神的力量。

庄子所持的宇宙与人的关系是"天人合一"的，是物我两忘的，所以他有着通达的生死观。庄子认为是道给了我们形貌，天给予了我们形体，我们要做的是不要因为好恶而损害自己的本性。他以人的完整生命为起点来思考人应当度过一个怎样的生活旅程。

庄子超越了任何知识体系和意识形态的限制，站在天道的环中和人生边缘来反思人生，他的哲学是一种生命的哲学，他的思考也具有终极的意义。而且他还有很多思想十分超前，比如"一尺之捶，日截其半，万世不竭"，就是数学里的极限思想。

"仁义"二字被视为儒家思想的标志，"道德"一词却是道家思想的精华。庄子的"道"是天道，是效法自然的"道"，而不是人为的残生伤性的"道"。

庄子认为"道"是超越时空的无限本体，它生于天地万物之中，而又无所不包，无所不在，表现在一切事物之中。然而它又是自然无为的，在本质上是虚无的。

庄子主张顺从天道，而摒弃"人为"。"人为"两字合起来，就是一个"伪"字。摒弃人性中那些"伪"的杂质，顺从"天道"，从而与天地相通，就是庄子所提倡的"德"。

庄子认为人活在世上，犹如"游于羿之彀中"，到处充满危险。羿指君主，彀指君主的刑罚和统治手段。对于君主的残暴，庄子是一再强调的，"回闻卫君，其年壮，其行独；轻用其国，而不见其过；轻用民死，死者以国量乎泽若蕉，民其无如矣"。庄子不愿去做官，因为他认为伴君如伴虎，只能"顺"。"汝不知夫养虎者乎！不敢以生物与之，为其杀之之怒也；不敢以全物与之，为其决之之怒也；时其饥饱，达其怒心。虎之与人异类而媚养己者，顺也；故其杀者，逆也。"还要防止马屁拍到马脚上，"夫爱马者，以筐盛矢，以蜃盛溺。适有蚊虻仆缘，而拊之不时，则缺衔毁首碎胸"。伴君之难，可见一斑。庄子认为人生应是追求自由。

与佛教相类似的，庄子也认为人生有悲的一面。《齐物论》中有这样一段话："一受其成形，不亡以待尽。与物相刃相靡，其行尽如驰，而莫之能止，不亦悲乎！终身役役而不见其成功，苶然疲役而不知其所归，可不哀邪！人谓之不死，奚益！其形化，其心与之然，可不谓大哀乎？人之生也，固若是芒乎？其我独芒，而人亦有不芒者乎？"庄子认为如果能做到"齐物"，那么人便能达到"逍遥"的境界。这是庄子哲学中一个重要概念，这是个体精神解放的境界，即无矛盾地生存于世界之中。庄子并不否认矛盾，只是强调主观上对矛盾的摆脱。庄子用"无为"来解释这一术语，与老子不同，这里的"无为"是指心灵不被外物所拖累的自由自在、无拘无束的状态。这种状态，也被称为"无待"，意为没有相对的东西。这时，人们抛弃了功名利禄，"乘天地之正，而御六气之辩，以游无穷。"这句话被普遍认为是《逍遥游》一篇的主旨，同时也是《庄子》一书的主旨。这是一种心与"道"合一的境界。

庄子认为一般人很虚伪，"人心险于山川，难于知天。天犹有春秋冬夏旦暮之期，人者厚貌深情"。他批评儒家"以仁义撄人之心"，这样会导致"天下脊脊大乱"。而君主的专制统治，只会使人心更加败坏，"民之于利甚勤，子有杀父，臣有杀君，正昼为盗，日中穴阫"。

庄子对后世的影响，不仅表现在他独特的哲学思想上，而且表现在文学上。他的政治主张、哲学思想不是干巴巴的说教，相反，都是通过一个个生动形象、幽默机智的寓言故事，通过汪洋恣肆、仪态万方的语言文字，巧妙活泼、引人入胜地表达出来的。全书仿佛是一部寓言故事集，这些寓言表现出超常的想像力，构成了奇特的形象，具有石破天惊、振聋发聩的艺术感染力。后人在思想、文学风格、文章体制、写作技巧上受《庄子》影响的，可以开出很长的名单。即以第一流作家而论，就有阮籍、陶渊明、李白、苏轼、辛弃疾、曹雪芹等，由此可见其影响之大。

六、"人定胜天"的荀子

荀子（约公元前 313 年～公元前 238 年），名况，字卿，因避西汉宣帝刘询讳，因"荀"与"孙"二字古音相通，故又称孙卿。中国战国时期赵国猗氏（今山西安泽）人，著名思想家、文学家、政治家，儒家代表人物之一，时人尊称"荀卿"。

《史记·荀卿列传》记录了他的生平。荀子于五十年始来游学于齐，至襄王时代"最为老师"，"三为祭酒"。后来适楚，楚相春申君以为兰陵令。春申君死而荀卿废，家居兰陵。韩非、李斯都是他的入室弟子，亦因为这两名弟子为法家代表人物，历代有部分学者怀疑荀子是否属于儒家学者，荀子也因其弟子而在中国历史上受到许多学者猛烈抨击。

荀况的学问渊博，在继承前期儒家学说的基础上，又吸收了各家的长处加以综合、改造，建立起自己的思想体系，发展了古代唯物主义传统。现存的《荀子》32篇，大部分是荀子自己的著作，涉及哲学、逻辑、政治、道德许多方面的内容。在自然观方面，他反对信仰天命鬼神，肯定了"天行有常，不为尧存，不为桀亡"，即自然运行法则是不以人们的意识为转移的，主张"明于天人之分"，认为天有"天职"，人有"人分"，提出"制天命而用之"的人定胜天思想；在人性问题上，他提出"性恶论"，主张人性有恶，否认天赋的道德观念，强调后天环境和教育对人的影响；在政治思想上，他坚持儒家的礼治原则，同时重视人的物质需求，主张发展经济和礼治法治相结合；在认识论上，他承认人的思维能反映现实，但有轻视感官作用的倾向；另外，荀子在经济上提出强本节用、开源节流和"省工贾、众农夫"等主张。《史记》记载李斯"乃从荀卿学帝王之术"，荀子的"帝王之术"，通过李斯后来的实践，体现出来。北宋苏轼在《荀卿论》中说："荀卿明王道，述礼乐，而李斯以其学乱天下。"

在有名的《劝学》篇中，荀子集中论述了关于学习的见解。文中强调"学"的重要性，认为只有博学才能"知助而无过"；同时指出学习必须联系实际，学以致用，学习态度应当精诚专一，坚持不懈。他非常重视教师在教学中的地位和作用，认为国家要兴旺，就必须看重教师；同时对教师提出严格要求，认为教师如果不给学生做出榜样，学生是不能躬行实践的。

《荀子》文章论题鲜明，结构严谨，说理透彻，有很强的逻辑性。语言丰富多彩，善于比喻，排比偶句很多，有其特有的风格，对后世说理文章有一定影响。《荀子》中的五篇短赋，开创了以赋为名的文学体裁；他采用当时民歌形式写的《成相篇》，文字通俗易懂，运用说唱形式来表达自己的政治、学术思想，对后世也有一定影响。荀况不愧为我国古代一位伟大的思想家和杰出的文学家、教育家。

七、法家集大成者韩非子

韩非生于周赧王三十五年，卒于秦王政十四年（约公元前281年～公元前233年），为韩国公子（即国君之子），战国时韩国人（今河南省新郑），出生于韩国宗室。是中国古代著名的哲学家、思想家、政论家和散文家，法家思想的集大成者，后世称"韩子"或"韩非子"。

韩非口吃，不善言谈，而善于著述。韩非与李斯同是荀卿的学生，他博学多能，才学超人，思维敏捷，李斯自以为不如。他写起文章来气势逼人，堪称当时的大手笔。凡是读过他的文章的人，几乎没有不佩服他的才学的。

韩非师从荀卿，但思想观念却与荀卿大不相同。他没有承袭儒家的思想，却"喜刑名法术之学"（申不害主张君主当执术无刑，因循以督责臣下，其责深刻，所以申不害的理论称为"术"。商鞅的理论称为"法"。这两种理论统称"刑名"，所以称为"刑名法术之学"），"归本于黄老"（指韩非的理论与黄老之法相似，都不尚繁华，清简无为，君臣自正），继承并发展了法家思想，成为战国末期法家之集大成者。

韩国在战国七雄中是最弱小的国家，韩非身为韩国公子，目睹韩国日趋衰弱，曾多次向韩王上书进谏，希望韩王励精图治，变法图强，但韩王置若罔闻，始终都未采纳。这使他非常悲愤和失望。他从"观往者得失之变"之中探索变弱为强的道路，写了《孤愤》《五蠹》《内外储》《说林》《说难》等十余万言的著作，全面、系统地阐述了他的法治思想，抒发了忧愤孤直而不容于时的愤懑。

后来这些著作流传到秦国，秦王嬴政读了《孤愤》《五蠹》之后，大加赞赏，发出"嗟乎！寡人得见此人与之游，死不恨矣"的感叹。可谓推崇备至，仰慕已极。嬴政不知这两篇文章是谁所写，便问李斯，李斯告诉他是韩非的著作。秦王嬴政为了见到韩非，便马上下令攻打韩国。韩王原本不重用韩非，但此时形势紧迫，于是便派韩非出使秦国。嬴政见到韩非，非常高兴，然而却未信任和重用他。韩非曾上书劝秦王先伐赵缓伐韩，由此遭到李斯和姚贾的谗害，他们诋毁说："韩非，韩之诸公子也。今王欲并诸侯，非终为韩不为秦，此人之情也。今王不用，久留而归之，此自遗患也，不如以过法诛之。"秦王嬴政认可了他们的说法，下令将韩非入狱审讯。韩非想向秦王自陈心迹，却又不能进见。李斯派人给韩非送去毒药，将其害死。秦王嬴政在韩非入狱之后后悔了，便下令赦免韩非，然而为时已晚。（见《史记·老子韩非列传》）

韩非注意研究历史，认为历史是不断发展进步的。他认为如果当今之世还赞美"尧、舜、汤、武之道"，"必为新圣笑矣"。因此他主张"不期修古，不法常可"，"世异则事异"，"事异则备变"（《韩非子·五蠹》），要根据今天的实际来制定政策。他的历史观，为当时地主阶级的改革提供了理论根据。

韩非继承和总结了战国时期法家的思想和实践，提出了君主专制中央集权的理论。他主张"事在四方，要在中央；圣人执要，四方来效"（《韩非子·物权》），国家的大权，要集中在君主（"圣人"）一人手里，君主必须有权有势，才能治理天下，"万乘之主，千乘之君，所以制天下而征诸侯者，以其威势也"（《韩非子·人主》）。为此，君主应该使用各种手段清除世袭的奴隶主贵族，"散其党"、"夺其辅"（《韩非子·主道》）；同时，选拔一批经过实践锻炼的封建官吏来取代他们，"宰相必起于州部，猛将必发于卒伍"（《韩非子·显学》）。韩非还主张改革和实行法治，要求"废先王之教"（《韩非子·问田》），"以法为教"（《韩非子·五蠹》）。他强调制定了"法"，就要严格执行，任何人也不能例外，做到"法不阿贵"，"刑过不避大臣，赏善不遗匹夫"（《韩非子·有度》）。他还认为只有实行严刑重罚，人民才会顺从，社会才能安定，封建统治才能巩固。

《韩非子》一书现存55篇，约十余万言，大部分为韩非自己的作品。这部书重点宣扬了韩非法、术、势相结合的法治理论，达到了先秦法家理论的最高峰，为秦统一六国提供了理论武器，同时，也为以后的封建专制制度提供了理论根据。

韩非的朴素辩证法思想也比较突出，他首先提出了矛盾学说，用矛和盾的寓言故事，说明"不可陷之盾与无不陷之矛不可同世而立"的道理。值得一提的是，《韩非子》书中记载了大量脍炙人口的寓言故事，最著名的有"自相矛盾"、"守株待兔"、"讳疾忌医"、"滥竽充数"、"老马识途"等等。这些生动的寓言故事，蕴含着深隽的哲理，凭着它们思想性和艺术性的完美结合，给人们以智慧的启迪，具有较高的文学价值。韩非的文章说理精密，文锋犀利，议论透辟；推证事理，切中要害。比如《亡征》一篇，分析国家可亡之道达47条之多，实属罕见。《难言》《说难》二篇，无微不至地揣摩所说者的心理，以及如何趋避投合，周密细致，无以复加。

八、兵家之祖孙子

孙武（约公元前535年~约公元前470年），名武，字长卿，春秋末期军事家，齐国乐安（今山东惠民或广饶）人。后人尊称其为孙子、孙武子、兵圣、百世兵家之师、东方兵学的鼻祖。

孙武出身贵族家庭，有优越的学习环境，得以阅读古代军事典籍《军政》，了解黄帝战胜四帝的作战经验以及伊尹、姜太公、管仲的用兵史实，加上当时战乱频繁，兼并激烈，他的祖父、父亲都是善于带兵作战的将领，他从小也耳闻目睹了一些战争，这些对少年孙武的军事方面的培养是非常重要的。

公元前532年，齐国发生内乱（史称"四姓之乱"），齐国公室同田、鲍、栾、高四大家族的矛盾，四大家族相互之间争权夺利的斗争，愈演愈烈。孙武对这种内部斗争极其反感，不愿纠缠其中，便离开齐国，到了南方的吴国，在吴国的都城姑苏（今江苏省苏州市）过起了隐居生活，潜心研究兵法。

孙武在吴都郊外结识了从楚国而来的伍子胥。伍子胥原是楚国的名臣，公元前522年因父亲伍奢和兄长伍尚被楚平王杀害而潜逃到吴国。他立志兴兵伐楚，为父兄报仇。孙武结识伍子胥后，十分投机，结为密友。这时吴国的局势也在动荡不安之中，两人便避隐深居，待机而发。

公元前515年，吴王阖闾即位，就礼贤下士，任用伍子胥等一批贤臣。他又体恤民情，发展生产，积蓄粮食，建筑城垣，训练军队，因而大得民心，吴国呈现出一派欣欣向荣的景象。阖闾注重搜求各种人才，立志要使吴国更加强盛,然后向长江中游发展,灭楚称雄。隐居吴都郊外的孙武由此更加看清自己的前途,他在隐居之地,一边灌园耕种,一边写作兵法,并请伍子胥引荐自己。终于,孙武写了传世名篇《孙子兵法》,现仅存13篇。这仅存的13篇兵法,讲的全部都是如何克敌制胜的战略战术,全书构成了一个严密的体系。

伍子胥先后七次向吴王推荐孙武,吴王便让伍子胥拜请孙子出山。孙子晋见吴王,呈上所著兵书。吴王看后,赞不绝口。据有关资料记载,为考察孙子的统兵能力,吴王挑选了180名宫女由孙子操练。这就是人们所传说的孙子"吴宫教战斩美姬"的故事。吴宫操练之后,吴王任命孙子为将军。从此,孙子与伍子胥共同辅佐吴王,安邦治国,发展军力。公元前506年冬,吴国以孙子、伍子胥为将,出兵伐楚。孙子采取"迂回奔袭、出奇制胜"的战法,溯淮河西上,从淮河平原越过大别山,长驱深入楚境千里,直奔汉水,在柏举(今湖北汉川北)重创楚军。接着五战五胜,一举攻陷楚国国都郢。"柏举之战"后,楚国元气大伤,而吴国则声威大震,成为春秋五霸之一。吴国不仅成为南方的强国,而且北方的齐、晋等大国也畏惧吴国。对于孙子的历史功绩,司马迁在《史记·孙子吴起列传》中写道:"西破强楚,入郢,北威齐、晋,显名诸侯,孙子与有力焉。"

后来吴王大败越军,迫使越国臣服,并让越王勾践到吴为奴三年。随着吴国霸业的蒸蒸日上,吴王夫差渐渐自以为是,不纳忠言。伍子胥认为:勾践被迫求和,一定还会想办法在以后报复,故必须彻底灭掉越国,以免留下后患。但夫差听了奸臣的挑拨,不仅不理睬伍子胥的苦谏,反而制造借口,逼其自尽,甚至命人将伍子胥的尸体装在一只皮袋里,扔到江中,不给安葬。孙武深知"飞鸟绝,良弓藏;狡兔尽,走狗烹"的道理,对伍子胥惨死的一幕十分寒心,于是悄然归隐,息影深山,根据自己训练军队、指挥作战的经验,修订其兵法,使其更臻完善。

事情不出伍子胥所料,越王勾践屈辱求和后,卧薪尝胆,立志报复,后终灭掉吴国。孙武的由吴王统一华夏的梦想,也就成为泡影。

孙武的一生,除了其赫赫战功以外,更主要的是他给后人留下了不少珍贵的论兵、论政的篇章,其中尤以流传下来的《孙子兵法》最为著名。这短短的十三篇五千字,体现了孙武完整的军事思想体系。

孙武的军事思想具有朴素的唯物论和辩证法观点。他强调战争的胜负不取决于鬼神，而是与政治清明、经济发展、外交努力、军事实力、自然条件诸因素有联系，预测战争胜负主要就是分析以上这些条件如何，这就体现了他朴素的唯物论观点。孙武不仅相信世界是客观存在的，而且认为世界上的事物都在不停地运动变化着，强调在战争中应积极创造条件，发挥人的主观能动性，促成对立面朝着有利于自己的方向转化，表明孙武掌握了生动活泼的辩证法。正是因为孙武在军事科学这门具体科学中概括和总结出了异常丰富、多方面的哲学道理，确立了他在春秋末期思想界中与孔子、老子的并列地位，被并称为春秋末期思想界上空的三颗明亮的星体。

孙武的军事理论并非没有缺点，但远远超出了同时代的兵法著作，以其卓越的见识深深影响了后世，受到古今中外军事家的广泛推崇。例如，孙武主张"慎战"。在《孙子兵法》中开宗明义便指出："战争是国家的大事，关系到人民的生死，社稷的存亡，是不可不慎重研究悉心考虑的。"孙武警告国君不可因愤怒而兴兵，将帅也不可因恼火而交战，一定要瞻前顾后，以国家利益为尺度作出决策。再例如，孙武提出了"知彼知己，百战不殆"这个著名论断，认为一定要对自己的实力和对方的情况了如指掌，随时随地掌握对方的动态变化，采取相应的应变措施，才能取得战争的胜利。孙武还提出了集中优势兵力打歼灭战的主张，认为不管敌我总体力量对比的强弱如何，一定要创造机会，造成我在局部兵力上的优势，以十攻一，以众击寡，全歼敌方。……这些光辉的军事思想和军事论断都备受军事家们的推崇，孙武被古今中外的军事家一致尊崇为"兵家之祖"。

九、爱国诗人屈原

屈原，（约公元前340年～公元前278年），名平，又名正则，字灵均，战国时楚国人。贵族出身，曾做左徒、三闾大夫。怀王时，主张联齐抗秦，选用贤能，但受贵族排挤，遭靳尚等人毁谤，被放逐于汉北，于是作《离骚》表明忠心。顷襄王时被召回，又遭上官大夫谮言而流放至江南，终因不忍见国家沦亡，怀石自沉汨罗江而死。其忌日成为后人纪念他的传统节日——端午节。其重要著作有《离骚》《九章》《天问》等,对后代文学影响极大。

《离骚》是屈原的代表作,是我国古代最长的一首抒情诗,全诗共两千四百多字。这首诗比喻生动,语言瑰丽,夸张大胆,诗中融入大量的神话传说及历史人物故事,使诗篇波澜起伏,千变万化。这首诗突出了诗人崇高的理想和伟大的爱国主义精神。屈原创造了骚体,即"楚辞",为后世诗人的创作开辟了无限的空间。

屈原一生经历了楚威王、楚怀王、顷襄王三个时期,而主要活动于楚怀王时期。这个时期正是中国即将实现大一统的前夕,"横则秦帝,纵则楚王"。屈原因出身贵族,又明于治乱,娴于辞令,故而早年深受楚怀王的宠信,屈原为实现楚国的统一大业,对内积极辅佐怀王变法图强,对外坚决主张联齐抗秦,六国联盟,使楚国一度出现了国富兵强、威震诸侯的局面。屈原更加得到了怀王的重用,很多内政、外交大事,都凭屈原做主。

因而,楚国以公子子兰为首的一班贵族,对屈原非常嫉妒和忌恨,他们常在怀王面前说屈原的坏话。说他夺断专权,根本不把怀王放在眼里。挑拨的人多了,怀王对屈原渐渐不满起来。秦国的间谍把这一情况报告给秦王。秦王派张仪趁楚国内部不和的机会,去离间齐楚两国,拆散六国联盟。

张仪到了郢都,先来拜访屈原,说起了秦国的强大和秦楚联合对双方的好处,屈原说:"楚国不能改变六国联盟的主张。"

张仪告诉子兰:"有了六国联盟,怀王才信任屈原;拆散了联盟,屈原就没有什么可怕的。"子兰听了,十分高兴。楚国的贵族就和张仪连成一气。子兰又引见张仪拜见了怀王最宠爱的王后郑袖,张仪把一双价值万金的白璧,献给了郑袖。那白璧的宝光,把楚国王后的眼睛都照花了。郑袖欣然表示,愿意帮助他们促成秦楚联盟。大家认为,要秦楚联合,先要拆散六国联盟;要拆散联盟,先要使怀王不信任屈原。

子兰想了一条计策:就说屈原向张仪索取贿赂,由郑袖在怀王面前透出这个风声。张仪大喜说:"王后肯出力,真是秦楚两国的福分了!"张仪布置停当,就托子兰引见怀王。他劝怀王绝齐联秦,并列举了很多好处。最后道:"只要大王愿意,秦王已经准备了商於地方的六百里土地献给楚国。"怀王是个贪心的人,听说不费一兵一卒,白得六百里土地,如何不喜?回到宫中,把此事高兴地告诉了郑袖。郑袖向他道喜,可又皱起眉头:"听说屈原向张仪要一双白璧未成，怕要反对这事呢！"怀王听了，半信半疑。

第二天，怀王摆下酒席，招待张仪。席间讨论起秦楚友好，屈原果然猛烈反对，与子兰、靳尚进行了激烈争论。他认为："放弃了六国联盟，就给秦国以可乘之机，这是楚国生死存亡的事情呵！"他痛斥张仪、子兰、靳尚，走到怀王面前大声说："大王，不能相信呀！张仪是秦国派来拆散联盟、孤立楚国的，万万相信不得！"怀王想起郑袖所说，果然屈原竭力反对秦楚和好，不禁怒道："难道楚国的六百里土地抵不上你一双白璧！"就叫武士把他拉出宫门。

屈原痛心极了，站在宫门外面不忍离开，盼着怀王能醒悟过来，改变主意，以免给国家带来灾难。他从午站到晚，看见张仪、子兰、靳尚等人欢欢喜喜、高高兴兴走出宫门，绝望了。他叹着气喃喃地说："楚国啊，你又要受难啦……"屈原回到家中，闷闷不乐，想到亲手结成的联盟一经破坏，楚国就保不住眼前的兴旺，不禁顿脚长叹。

替他管家的姐姐女嬃问明情由，就知他遭到了小人的陷害，劝他不要再发议论了。屈原道："我是楚国人，死也不能看到楚国遇到危险啊！"他认为怀王会醒悟，定会分清是非的。只要怀王回心转意，楚国就有办法了。但是怀王不再召见他，他越来越忧愁，常常整夜不眠。他于是作《离骚》，把对楚国的忧愁和自己的怨愤都写了进去。"离骚"就是"离忧"，人在遭遇忧愁的时候，怎不呼叫上天和父母，以抒发自己的怨愤呢！

怀王十五年（前304年），张仪由秦至楚，以重金收买靳尚、子兰、郑袖等人充当内奸，同时以"献商於之地六百里"诱骗怀王，致使齐楚断交。怀王受骗后恼羞成怒，二度向秦出兵，均遭惨败。于是屈原奉命出使齐国重修齐楚旧好。此间张仪又一次由秦至楚，进行瓦解齐楚联盟的活动，使齐楚联盟未能成功。怀王二十四年，秦楚黄棘之盟，楚国彻底投入了秦的怀抱。屈原亦被逐出郢都，到了汉北。

怀王三十年，屈原回到郢都。同年，秦约怀王武关相会，怀王遂被秦扣留，最终客死秦国。顷襄王即位后继续实施投降政策，屈原再次被逐出郢都，流放江南，辗转流离于沅、湘二水之间。顷襄王二十一年（公元前278年），秦将白起攻破郢都，屈原悲愤难捱，遂自沉汨罗江，以身殉了自己的政治理想。

十、木匠祖师公输般

鲁班，姓公输，名般。又称公输子、公输盘、班输、鲁般。因是鲁国人（今山东曲阜，另说山东滕州），"般"和"班"同音，古时通用，故人们常称他为鲁班。

鲁班大约生于周敬王十三年（公元前507年），卒于周贞定王二十五年（公元前444年）以后，生活在春秋末期到战国初期，出生于世代工匠的家庭，从小就跟随家里人参加过许多土木建筑工程劳动，逐渐掌握了生产劳动的技能，积累了丰富的实践经验。春秋和战国之交，社会变动使工匠获得某些自由和施展才能的机会。在此情况下，鲁班在机械、土木、手工工艺等方面都有所发明。

据说有一年夏天，鲁班家乡鲁国国王要鲁班监工营造一座宫殿，期限为三年。但是这座宫殿所需的木料，鲁班等工匠们到山上砍上三年也完不成。这可急坏了鲁班，因为国王的话就是圣旨，是不允许随便更改的，如果真的是耽误了工程进度，杀头是不可避免的。鲁班愁得连觉也睡不踏实。为了加快砍伐木料的进度，鲁班每天都要提前上山选择好要砍的树木。这天，天刚蒙蒙亮，鲁班便迎着晨曦，踏着夜露，提前出发了。为了节省时间，鲁班便抄小路走。从小路上山近，可是坡陡路滑，而且横七竖八地长满了小树、杂草，行走非常不便。鲁班只好扶着树木、拽着茅草往上爬。忽然，脚底一滑，身体便顺着山坡往下滚去，鲁班急中生智，急忙抓住一把茅草，由于没有抓牢，反而感到手掌心疼痛无比。滑到山脚，鲁班狼狈地爬起，伸开手掌一看，掌心已是鲜血淋漓。鲁班非常惊奇，为何一把茅草能够划破人的手掌。鲁班顾不得疼痛，沿着滑下来的山坡，爬上去一看，这丛茅草与别的草没两样。鲁班不甘心，便揪下一根茅草仔细地观察起来。这茅草的叶子很怪，叶子两边都长着锋利的小细齿，人手握紧它一拽，手掌就会被划破。鲁班又试着用茅草在他的手指上拉了一下，果然又划开一道血口。鲁班正想俯身探究其中的道理，忽然看到近处有一只大蝗虫，两枚大板牙一开一合，快速吃着草叶。鲁班把蝗虫捉住细看，发现蝗虫的大板牙上也排列着许多小细齿。鲁班从这两件事中得到启发：如果仿照茅草和蝗虫的细齿，来做一件边缘带有细齿的工具，用它来锯树，岂不比斧砍更快、更好吗？鲁班忘记疼痛，转身下山，做起试验来。在金属工匠的帮助下，鲁班做了一把带有许多细齿的铁条。鲁班将这件工具拿去锯树，果然又快又省力。锯子就这样发明了。这个故事虽说是传说，但是，我们从中却可以得到这样的启发：实践出真知，钻研出智慧。

传说鲁班的母亲和妻子对鲁班的发明创造有很大的帮助。例如，鲁班做木工活，用墨斗放线的时候，原来是由他母亲拉住墨线头的。后来，母亲在线头上拴一个小钩，这样，一个人操作就可以了。后世木工把这个小钩叫做"班母"，以纪念这个创作。又如，木工刨木料的时候，前面顶住木头的卡口叫做"班妻"，这是因为传说鲁班刨木料起初是由妻子扶住木料，后来才改用卡口的缘故。鲁班的妻子云氏也是一位出色的工匠，根据《玉屑》上的记述，伞是她发明的。直到今天，伞仍然是人们日常生活中不可缺少的用具。

鲁班的发明创造很多。不少古籍记载，木工使用的很多木工器械都是他发明的。像木工使用的曲尺，叫鲁班尺。又如墨斗、刨子、钻子等，传说均是鲁班发明的。这些木工工具的发明，使当时工匠们从原始、繁重的劳动中解放出来，劳动效率成倍提高，土木工艺出现了崭新的面貌。这里面都包含着原始的物理科学知识。

鲁班还是一个很高明的机械发明家。他制造的锁，机关设在里面，外面不露痕迹，必须借助配合好的钥匙才能打开。《墨子》一书中有这样的记载："公输子削竹木以为鹊，成而飞之，三日不下。"就是说鲁班制作的木鸟，能乘风力飞上高空，三天不降落。这可不可以认为，是原始航空科学的先头兵？

在兵器制造方面，鲁班曾为楚国制造攻城用的器械，在战争中发挥过巨大作用。后来在墨子的影响下，不再制作这类战争工具，专门从事生产和生活上的创造发明，以造福于劳动人民。

两千多年来，人们为了表达对鲁班的热爱和敬仰，把许多古代劳动人民的集体创造和发明也都集中到他的身上。因此，他的发明和创造的故事，实际上也是我国古代劳动人民发明创造的故事。

十一、改革家商鞅

商鞅（约公元前390年~公元前338年），卫国（今河南安阳市内黄梁庄镇一带）人。战国时期政治家，思想家，著名法家代表人物。姬姓，卫氏，全名为卫鞅。因卫鞅本为卫国公族之后，故又称公孙鞅。后封于商，后人称之商鞅。应秦孝公求贤令入秦，说服秦孝公变法图强。孝公死后，受到贵族诬害以及秦惠文王的猜忌，车裂而死。其在秦执政十年，秦国大治，史称"商鞅变法"，使秦国长期凌驾于六国之上。

商鞅"少好刑名之学"，钻研以法治国，受李悝、吴起等人的影响很大。后为魏国宰相公叔痤家臣。公叔痤病重时对魏惠王说："公孙鞅年少有奇才，可任用为相。"又对惠王说："王既不用公孙鞅，必杀之，勿令出境。"公叔痤死后，魏惠王对其嘱托不以为然，就没有照做。公孙鞅听说秦孝公下令国中求贤者，欲收复秦之失地，便携同李悝的《法经》到秦国去。通过秦孝公宠臣景监，商鞅三见秦孝公，提出了帝道、王道、霸道三种君主之策。只有霸道得到秦王的赞许，并成为秦国强盛的根基。前359年任左庶长，后升大良造。于是，商鞅果断颁布变法之道。他想测试一下民众对变法的态度，更为了取信于民，以便新法能顺利地贯彻、实施下去，便想了一个办法。

商鞅派人把一根三丈长的木头放在闹市中，下令说："谁能把木头搬到北门去，就奖赏十金。"老百姓纷纷来看，但都抱怀疑的态度，无人去搬。商鞅把赏金加到五十金，大家更加猜疑：秦国可是从来没有出过这么重的奖赏的。有一人不信邪，心想：虽然没有这么多的奖金，但总有一些吧。他扛起木头，搬到北门，跟随的观众很多。商鞅如数地兑现了奖金，大家这才相信：商鞅令出必行！

商鞅于周显王十三年（前356年）和十九年（前350年）先后两次实行变法，变法内容为"废井田、开阡陌，实行郡县制，奖励耕织和战斗，实行连坐之法"。变法日久，秦民大悦。秦国道不拾遗，山无盗贼。

这样大规模的改革，当然要引起激烈的斗争。许多贵族、大臣都反对新法。有一次，秦国的太子犯了法。商鞅对秦孝公说："国家的法令必须上下一律遵守。要是上头的人不能遵守，下面的人就不信任朝廷了。太子犯法，他的师傅应当受罚。"

结果，商鞅把太子的两个师傅公子虔和公孙贾都办了罪，一个割掉了鼻子，一个在脸上刺上字。这样一来，一些贵族、大臣都不敢触犯新法了。

商鞅之法有太过刻薄寡恩的一面，如设连坐之法，增加肉刑、大辟等刑罚等。不过其历史功绩是不能抹杀的。后人对商鞅毁誉不一。在现代，大多数人都承认商鞅是一个敢于触动旧势力、敢于改革的英雄。

十二、传说商人吕不韦

吕不韦（？~公元前235年），战国末年著名商人、政治家、思想家，卫国濮阳（今河南濮阳滑县）人，秦国大臣。吕不韦是阳翟（今河南省禹州市）的大商人，故里在城南大吕街，他往来各地，以低价买进，高价卖出，以"奇货可居"闻名于世，积累起千金的家产。他曾辅佐秦始皇登上王位，任秦朝相邦，并组织门客编写了著名的《吕氏春秋》，即《吕览》。其门客有三千人。吕不韦也是杂家思想的代表人物。

秦昭王四十年（前267年），太子悼死在魏国。到了昭王四十二年（前265年），秦昭王把他的第二个儿子安国君立为太子。而安国君有二十多个儿子。安国君有个非常宠爱的妃子，他立她为正夫人，称之为华阳夫人。华阳夫人没有儿子。安国君有个排行居中的儿子名叫子楚，子楚的母亲叫夏姬，不受宠爱。子楚作为秦国的人质被派到赵国。秦国多次攻打赵国，赵国对子楚也不以礼相待。

子楚是秦王庶出的孙子，在赵国当人质，他日常的财用不富足，生活困窘，很不得意。吕不韦到邯郸去做生意，见到子楚后非常高兴，说："子楚就像一件奇货，可以囤积居奇，以待高价售出。"于是他就前去拜访子楚，对他游说道："我能光大你的门庭。"子楚笑着说："你姑且先光大自己的门庭，然后再来光大我的门庭吧！"吕不韦说："你不懂啊，我的门庭要等待你的门庭光大了才能光大。"子楚心知吕不韦所言之意，就拉他坐在一起深谈。吕不韦说："秦王已经老了，安国君被立为太子。我私下听说安国君非常宠爱华阳夫人，华阳夫人没有儿子，能够选立太子的只有华阳夫人一个。现在你的兄弟有二十多人，你又排行中间，不受秦王宠幸，长期被留在诸侯国当人质。即使是秦王死去，安国君继位为王，你也不要指望同你长兄和早晚都在秦王身边的其他兄弟们争太子之位啦。"子楚说："是这样，但该怎么办呢？"吕不韦说："你很困窘，又客居在此，也拿不出什么来献给亲长，结交宾客。我吕不韦虽然不富有，但愿意拿出千金来为你西去秦国游说，侍奉安国君和华阳夫人，让他们立你为太子。"子楚于是叩头拜谢道："如果实现了您的计划，我愿意分秦国的土地和您共享。"

吕不韦于是拿出五百金送给子楚，作为日常生活和交结宾客之用；又拿出五百金买珍奇玩物，自己带着西去秦国游说。先拜见了华阳夫人的弟弟阳泉君和姐姐，又把带来的东西统统献给了华阳夫人，顺便谈及子楚聪明贤能，所结交的诸侯宾客遍及天下，常常说："我子楚把夫人看成天一般，日夜哭泣思念太子和夫人"。夫人非常高兴。吕不韦乘机又让华阳夫人的姐姐劝说华阳夫人道："我听说用美色来侍奉别人的，一旦色衰，宠爱也就随之减少。现在夫人您侍奉太子，甚被宠爱，却没有儿子，不如趁这时早一点在太子的儿子中结交一个有才能而孝顺的人，立他为继承人而又像亲生儿子一样对待他，那么，丈夫在世时您受到尊重，丈夫死后，自己立的儿子继位为王，最终也不会失势，这就是人们所说的一句话能得到万世的好处啊。不在容貌美丽之时树立根本，假使等到容貌衰竭、宠爱失去后，虽然想和太子说上一句话，还有可能吗？现在子楚贤能，而他自己也知道排行居中，按次序是不能被立为继承人的，而他的生母又不受宠爱，自己就会主动依附于夫人，夫人若真能在此时提拔他为继承人，那么夫人您一生在秦国都要受到尊宠啦。"华阳夫人听了深以为是，就趁太子方便的时候，委婉地谈到在赵国做人质的子楚非常有才能，来往的人都称赞他。接着就哭着说："我有幸能填充后宫，但非常遗憾的是没有儿子，我希望能立子楚为继承人，以便我日后有个依靠。"安国君答应了，就和夫人刻下玉符，决定立子楚为继承人，安国君和华阳夫人都送好多礼物给子楚，而请吕不韦当他的老师，因此子楚的名声在诸侯中越来越大。

昭王去世后，太子安国君继位为王，华阳夫人为王后，子楚为太子。

安国君继秦王位，守孝一年后，加冕才三天就突发疾病去世了，谥号为孝文王。子楚继位，他就是秦庄襄王。庄襄王尊奉为母的华阳王后为华阳太后，生母夏姬被尊称为夏太后。庄襄王元年（前249年），任命吕不韦为丞相，封为文信侯，河南洛阳十万户作为他的食邑。

庄襄王即位三年之后死去，太子赵政继立为王，尊奉吕不韦为相邦，称他为"仲父"，专断朝政。门下有食客3000人，家僮万人。曾命食客编著《吕氏春秋》，又名《吕览》。有"八览"、"六论"、"十二纪"共17余万言，汇合了先秦各派学说，"兼儒墨，合名法"，故史称"杂家"。书成之日，悬于国门，声称能改动一字者赏千金。

后来吕不韦因事免官，自杀于流放蜀地途中。

十三、刺客荆轲

荆轲（？～公元前227年），战国末期卫国人，战国时期著名刺客。也称庆卿、荆卿、庆轲，是春秋时期齐国大夫庆封的后代，受燕太子丹之托入刺秦王，因种种原因，行刺失败被杀。

荆轲喜好读书击剑，为人慷慨侠义，后游历到燕国，被称为"荆卿"（或荆叔），随之由燕国智勇深沉的"节侠"田光推荐给太子丹，拜为上卿。秦国灭赵后，兵锋直指燕国南界，太子丹震惧，与田光密谋，决定派荆轲入秦行刺秦王。荆轲献计太子丹，拟以秦国叛将樊於期之头及燕督亢（今河北涿县、易县、固安一带，是一块肥沃的土地）地图进献秦王，相机行刺。太子丹不忍杀樊於期，荆轲只好私见樊於期，告以实情，樊於期为成全荆轲而自刎。公元前227年，荆轲带燕督亢地图和樊於期首级，前往秦国刺杀秦王。临行前，许多人在易水边为荆轲送行，场面十分悲壮。"风萧萧兮易水寒，壮士一去兮不复还"，这是荆轲在告别时所吟唱的诗句。荆轲来到秦国后，秦王在咸阳宫隆重召见了他。荆轲在献燕督亢地图时，图穷匕首见，刺秦王不中，被杀。

荆轲在后世一直是作为反抗强暴的壮士形象出现的，后人多有吟咏。晋陶渊明有《咏荆轲》："燕丹善养士，志在报强嬴。招集百夫良，岁暮得荆卿。君子死知己，提剑出燕京。素骥鸣广陌，慷慨送我行。雄发指危冠，猛气充长缨。饮饯易水上，四座列群英。渐离击悲筑，宋意唱高声。萧萧哀风逝，淡淡寒波生。商音更流涕，羽奏壮士惊。心知去不归，且有后世名。登车何时顾，飞盖入秦庭。凌厉越万里，逶迤过千城。图穷事自至，豪主正怔营。惜哉剑术疏，奇功遂不成。其人虽已没，千载有余情。"唐骆宾王有《于易水送人》："此地别燕丹，壮士发冲冠。昔时人已没，今日水犹寒。"

荆轲身上体现的以弱小的个体反抗强暴的勇气和为理想献身的牺牲精神值得千古流芳。然而燕太子丹"至丹以荆卿为计，始速祸焉"的政治决策不能不让后人反思，就像北宋文豪苏洵在《六国论》中所写："向使三国各爱其地，齐人勿附于秦，刺客不行，良将犹在，则胜负之数，存亡之理，当与秦相较，或未易量。"

十四、合纵家苏秦

苏秦（公元前340年～公元前284年），字季子，东周洛阳轩里人（今洛阳东郊太平庄一带），战国时期韩国人，是与张仪齐名的纵横家。可谓"一怒而天下惧，安居而天下熄"。他出身农家，素有大志，曾随鬼谷子学习纵横捭阖之术多年。《汉书·艺文志》著录有《苏子》31篇，今佚。帛书《战国策》残卷中，存有其游说辞及书信16篇，与《史记》所载有出入。

苏秦很想有所作为，曾求见周天子，却没有引见之路，一气之下，变卖了家产到别的国家找出路去了。但是他东奔西跑了好几年，也没做成官。后来钱用光了，衣服也穿破了，只好回家。家里人看到他趿拉着草鞋，挑副破担子，一付狼狈样。父母狠狠地骂了他一顿；妻子坐在织机上织帛，连看也没看他一眼；求嫂子给他做饭吃，嫂子不理他扭身走开了。苏秦受了很大刺激，决心争一口气。从此以后，他发愤读书，钻研"周书阴符"，天天到深夜。有时候读书读到半夜，又累又困，他就用锥子扎自己的大腿，虽然很疼，但精神却来了，他就接着读下去。就这样用了一年多的功夫，他的知识比以前丰富多了。在有所收获后，他重新出游。至秦，不被用。正好遇见燕昭王广招贤士，苏秦入燕，深受燕昭王信任。苏秦认为，燕国欲报齐之仇，必须先向齐表示屈服顺从，将复仇的愿望掩饰，赢得振兴燕国所需的时间。其次，要鼓动齐国不断进攻其他国家，以防止齐国攻燕，并消耗其国力。为此，他劝说齐王伐宋，合纵攻秦。

公元前285年，苏秦到齐国，挑拨齐赵关系，取得齐愍王的信任，被任为齐相，暗地却仍在为燕国谋划。齐愍王不明真相，依然任命苏秦率兵抗御燕军。齐燕之军交战时，苏秦有意使齐军失败，五万人死亡。他使齐国群臣不和，百姓离心，为乐毅五国联军攻破齐国奠定了基础。之后，苏秦又说服赵国联合韩、魏、齐、楚、燕攻打秦，赵国国君很高兴，赏给苏秦很多宝物。苏秦得到赵国的帮助，又到韩，游说韩宣王；到魏，游说魏襄王；至齐，游说齐宣王；又往楚，游说楚威王。诸侯都赞同苏秦之计划，于是六国达成联合的盟约，苏秦为纵约长，并任六国相。回到赵国后，赵王封他为武安君。秦知道这个消息后大吃一惊。此后十五年，秦兵不敢图谋向函谷关内进攻。后来苏秦与燕谋齐的活动败露，齐处以车裂之刑，这在战国晚期是轰动一时的事件，在许多当时人的著述中都有反映。如山东银雀山出土的竹简本《孙子兵法·用间》，里面有"燕之兴也，苏秦在齐"的话，又如《吕氏春秋·知度》说"齐用苏秦而天下知其亡"。这些记载表明，战国时人都知道苏秦为燕而仕齐，最后使齐亡而兴燕，但他自己也为燕作出了牺牲。

苏秦在战国晚期名声颇大，《荀子·臣道》把"齐之苏秦"和"楚之州侯"、"秦之张仪"相提并论。西汉时，苏秦仍受人称道，如《史记·邹阳传》赞扬他能成为燕的忠臣。《淮南子》也多处提到他，并肯定他有知权谋的长处。司马迁以为苏秦在"连六国从亲"的过程中，显示出他的过人才智。

十五、神奇的都江堰

都江堰的设计者李冰是今山西运城人，战国时期的水利工程学家，对天文地理也有研究。秦昭襄王末年（约公元前256年～公元前251年）为蜀郡守，在今四川省都江堰市（原灌县）岷江出山口处主持兴建了中国早期的灌溉工程都江堰，因而使成都平原富庶起来。

都江堰位于四川省中部岷江中游，整个工程是由分水堰、飞沙堰和宝瓶口三个主要工程组成的。它的规模宏大，地点适宜，布局合理，兼有防洪、灌溉、航行三种作用，在世界水利工程史上也是罕见的奇迹。两千多年来，一直发挥着巨大的排灌作用，确保了当地农业生产。

李冰到蜀郡后，亲眼看到当地严重的灾情：发源于成都平原北部岷山的岷江，沿江两岸山高谷深，水流湍急；到灌县附近，进入一马平川，水势浩大，往往冲决堤岸，泛滥成灾；从上游挟带来的大量泥沙也容易淤积在这里，抬高河床，加剧水患；特别是在灌县城西南面，有一座玉垒山，阻碍江水东流，每年夏秋洪水季节，常造成东旱西涝。因此，李冰到任不久，便开始着手进行大规模的治水工作。

李冰和他的儿子二郎沿岷江岸进行实地考察，了解水情、地势等情况，制定了治理岷江的规划方案。为了使岷江的水能够东流，首先把玉垒山凿开了一个二十米宽的口子，叫它"宝瓶口"。被分开的玉垒山的末端，状如大石堆，就是后人称作的"离堆"。此外，还采取了在江心中构筑分水堰的办法，把江水分做两支，逼使其中一支流进宝瓶口。在修筑分水堰的过程中，采用江心抛石筑堰失败后，李冰另辟新路，让竹工编成长三丈、宽二尺的大竹笼，装满鹅卵石，然后一个一个地沉入江底，终于战胜了急流的江水，筑成了分水大堤。唐李吉甫《元和郡县志》载："犍尾堰（都江堰唐代之名）在县西南二十五里，李冰作之以防江决。破竹为笼，圆径三尺，长十丈，以石实之。累而壅水。"此法就地取材，施工、维修都简单易行。而且，笼石层层累筑，既可免除堤埂断裂，又可利用卵石间空隙减少洪水的直接压力，从而降低堤堰崩溃的危险。

大堤前端开头犹如鱼头，所以取名叫"鱼嘴"。它迎向岷江上游，把汹涌而来的江水分成东西两股。西股的叫外江，是岷江的正流；东股的叫内江，是灌溉渠系的总干渠，渠首就是宝瓶口，流经宝瓶口再分成许多大小沟渠河道，组成一个纵横交错的扇形水网，灌溉成都平原的千里农田。分水堰两侧垒砌大卵石护堤，内江一侧的叫内金刚堤，外江一侧叫外金刚堤，也称"金堤"。分水堰建成以后，内江灌溉的成都平原就很少有水旱灾了。

以后，为了进一步控制流入宝瓶口的水量，在鱼嘴分水堤的尾部，又修建了分洪用的平水槽和"飞沙堰"溢洪道。飞沙堰也用竹笼装卵石堆筑，堰顶做到适宜的高度。当内江水位过高的时候，洪水就经由平水槽漫过飞沙堰流入外江，以保障内江灌区免遭水淹。同时，由于漫过飞沙堰流入外江的水流的漩涡作用，有效地冲了泥沙在宝瓶口前后的沉积。鱼嘴的分水量有一定的比例。春耕季节，内江水量大约占六成，外江水量大约占四成。洪水季节，内江超过灌溉所需的水量，由飞沙堰自行溢出。宝瓶口是节制内江水量的口门。为了控制内江流量，李冰父子作石人立在江中，《华阳国志·蜀志》载：李冰"作三石人，立三水中，与江神要"。作为观测水位的标尺，要求水位"竭不至足，盛不没肩"。

李冰还作石犀，埋在内江中，作为岁修时候淘挖泥沙的深度标准。岁修的原则是"深淘滩，低作堰"。"深淘滩"是说淘挖淤积在江底的泥沙要深些，以免内江水量过小，不敷灌溉用；"低作堰"是说飞沙堰堰顶不可修筑太高，以免洪水季节泄洪不畅，危害成都平原。岁修的方法是：每年水量最小的霜降时节，在鱼嘴西侧，用杩槎（就是马扎）在外江截流，使江水全部流入内江，然后淘挖外江和外江各灌溉渠道淤积的泥沙。到第二年立春前后，外江岁修完毕，把杩槎移到内江，让江水流入外江，然后再淘挖内江河槽，进行平水槽和飞沙堰的岁修工程。清明节前，内江岁修完毕，撤除杩槎，开始放水灌溉。杩槎是一种简单、有效的临时性截流装置，是由三根大木桩用竹索绑成的三脚架，中设平台，平台上用竹笼装卵石压稳。把适当数量的杩槎横列在江中，迎水面加系横、竖木头，围上竹席，外面再培上黏土，就可以挡住水流，不致渗漏。

除都江堰外，李冰还主持修建了岷江流域的其他水利工程。如"导洛通山，洛水或出瀑布，经什邡、郫，别江"；"穿石犀溪于江南"；"冰又通笮汶井江，经临邛与蒙溪分水白木江"；"自湔堤上分羊摩江"等等。上述水利工程，史籍均无专门记叙，详情多不可考。不过这一切均说明李冰是一位颇有建树的水利工程专家。

李冰任蜀守期间，还对蜀地其他经济建设也作出了贡献。李冰"识察水脉，穿广都（今成都双流）盐井诸陂地，蜀地于是盛有养生之饶"。在此之前，川盐开采处于非常原始的状态，多依赖天然咸泉、咸石。李冰创造凿井汲卤煮盐法，结束了巴蜀盐业生产的原始状况。这也是中国史籍所载最早的凿井煮盐的记录。李冰还在成都修了七座桥："直西门郫江中冲治桥；西南石牛门曰市桥，下石犀所潜渊中也；城南曰江桥；南渡流曰万里桥；西上曰夷里桥，上（亦）曰笮桥；桥从冲治桥而西出折曰长升桥；郫江上西有永平桥。"这七座桥是大干渠上的便民设施。

李冰所作的这一切，尤其是都江堰水利工程，对蜀地社会产生了深远的影响。都江堰等水利工程建成后，蜀地发生了天翻地覆的变化，千百年来危害人民的岷江水患被彻底根除。唐代杜甫云："君不见秦时蜀太守，刻石立作五犀牛。自古虽有厌胜法，天生江水向东流。蜀人矜夸一千载，泛滥不近张仪楼。"从此，蜀地"旱则引水浸润，雨则杜塞水门，故水旱从人，不知饥饿，则无荒年，天下谓之天府"。水利的开发，使蜀地农业生产迅猛发展，成为闻名全国的鱼米之乡。西汉时，江南水灾，"下巴蜀之粟致之江南"，唐代"剑南（治今成都）之米，以实京师"。渠道开通，使岷山梓柏大竹"颓随水流，坐致材木，功省用饶"。而且有名的蜀锦等当地特产亦通过这些渠道运往各地。

李冰修建的都江堰水利工程，不仅在中国水利史上，而且在世界水利史上也占有光辉的一页。它悠久的历史举世闻名，它设计之完备令人惊叹！我国古代兴修了许多水利工程，其中颇为著名的还有芍陂、漳水渠、郑国渠等，但都先后废弃了。唯独李冰创建的都江堰经久不衰，至今仍发挥着防洪灌溉和运输等多种功能。

第五章 秦

一、统一天下的秦始皇

秦始皇（公元前 259 年~公元前 210 年），中国历史上第一个大一统王朝——秦王朝的开国皇帝。姓赵氏，名政，秦庄襄王之子，出生于赵国首都邯郸（今河北省邯郸市）。公元前 247 年，秦王政 13 岁时即王位，因年幼，朝政由太后和相邦吕不韦及嫪毐掌管。

公元前 238 年（秦王政九年），秦王政 22 岁时，在故都雍城举行了国君成人加冕仪式，开始"亲理朝政"。他除掉吕不韦、嫪毐等人，重用李斯、尉缭。

自前 230 年至前 221 年，秦王政采取远交近攻、分化离间、合纵连横的策略，发动秦灭六国之战。其总的战略方针是由近及远，集中力量，各个击破；先北取赵，中取魏，南取韩，然后再进取燕、楚、齐。先后于秦王政十七年（前 230 年）灭韩、十九年（前 228 年）灭赵、二十二年（前 225 年）灭魏、二十四年（前 223 年）灭楚、二十五年（前 222 年）灭燕、二十六年（前 221 年）灭齐。终于建立了中国历史上第一个大一统、多民族、中央集权的专制主义国家——秦朝。

秦王政在他登上秦国王位的第二十六个年头，终于统一了中国。天下初定，39 岁的秦王政第一件急着想做的事，就是要重新给自己确定一个称号。

春秋战国，各国诸侯都被称为"君"或"王"。战国后期，秦国与齐国曾一度称"帝"，不过这一称号在当时并不通行。已经一统天下的秦王政，以为过去的这些称号都不足以显示自己的尊崇，"今名号不更，无以称成功，传后世"。他下令左右大臣们议称号。

经过一番商议，丞相王绾、御史大夫冯劫、廷尉李斯等人认为，秦王政"兴义兵，诛残贼，平定天下"，功绩"自上古以来未尝有，五帝所不及"。他们援引传统的尊称，说"古有天皇，有地皇，有泰皇，泰皇最贵"，建议秦王政采用"泰皇"头衔。然而，秦王政对此并不满意。他只采用一个"皇"字，因有"三皇五帝"而在其下加一"帝"字，创造出"皇帝"这个新头衔授予自己。从此以后，"皇帝"就成为中国国家最高统治者的称谓。

"皇帝"称谓的出现，不仅仅是简单的名号变更，还反映了一种新的统治观念的产生。在古代，"皇"有"大"的意思，人们对祖先神和其他一些神明，有时就称"皇"。"帝"是上古人们想象中的主宰万物的最高天神。秦始皇将"皇"和"帝"两个字结合起来，第一，说明了他想表示其至高无上的地位和权威，是上天给予的，即"君权神授"；第二，反映了他觉得仅仅是做人间的统治者还不满足，还要当神。可见，"皇帝"的称号，乃是秦王政神化君权的一个产物。

秦王政做了中国历史上第一个皇帝，自称"始皇帝"。他又规定：自己死后皇位传给子孙时，后继者沿称二世皇帝、三世皇帝，以至万世。秦始皇梦想皇位永远由他一家继承下去，"传之无穷"（《史记·秦始皇本纪》）。

为了使皇帝的地位神圣化，秦始皇又采取了一系列"尊君"的措施：

取消谥法。谥法起于周初，是在君王死后，依其生平事迹，给予带有评价性质的称号。但秦始皇认为，像这样"子议父，臣议君"，太不像话，更没意义。他宣布废除谥法，不准后代臣子评价自己。

天子自称为"朕"。"朕"字的意义与"我"相同，以前一般人均可使用，但秦始皇限定只有皇帝才能自称为"朕"。

皇帝的命令叫做"制"或"诏"。

文字中不准提及皇帝的名字，要避讳。文件上逢"皇帝""始皇帝"等字句时，都要另起一行顶格书写。

只限皇帝使用的、以玉质雕刻的大印才能称为"玺"。

以上这些规定，目的在于突出天子的特殊地位，强调皇帝与众不同，强化皇权在人们心目中的神秘感。秦始皇幻想借助这些措施，使他的皇位千秋万代地在其子孙后代中传续下去。

为了有效地管理国家，也为了替子孙万代奠定基业，秦始皇吸取了战国时期设置官职的具体经验，建立了一套相当完整的中央集权制度和政权机构。

（1）中央机构：中央设丞相、太尉、御史大夫。丞相有左右二员，掌政事。太尉掌军事，不常置。御史大夫是丞相的副手，掌图籍秘书，监察百官。

丞相、太尉、御史大夫以下，是分掌具体政务的诸卿，其中有掌宫殿掖门户的郎中令，掌宫门卫屯兵的卫尉，掌京畿警卫的中尉，掌刑辟的廷尉，掌谷货的治粟内史，掌山海池泽之税和官府手工业制造以供应皇室的少府，掌治宫室的称作少府，掌国内民族事务和外事的典客，掌宗庙礼仪的奉常，掌皇室属籍的宗正，掌舆马的太仆等。丞相、太尉、御史大夫与诸卿议论政务，皇帝作裁决。

在此之外，秦代还有一些比较重要的官职，比如博士——"掌通古今"，即通晓古今以备皇帝咨询，同时负责图书收藏；典属国——与典客一样主管少数民族事务，不同的是典客掌管与秦友好的少数民族的交往，而典属国则负责已投降秦朝的少数民族；詹事——管理皇后和太子的事务；将作少府——负责宫殿建造。秦王朝建立的这套中央集权机构中的政权机构，以后一直被历代王朝所仿效。其中汉代的"三公九卿"，基本上是照搬秦制。

（2）地方机构：秦始皇统一六国后，采纳李斯的建议，废除分封制，改行郡县制。地方行政机构分郡、县两级。郡县主要官吏由中央任免。

郡设守、尉、监（监御史）。郡守掌治其郡。郡尉辅佐郡守，并典兵事。郡监司监察。秦始皇把全国分成三十六郡，以后又陆续增设至四十一郡。

县，万户以上者设令，万户以下者设长。县令、长领有丞、尉及其他属员。县令、长主要管政务，县尉掌握军事，县丞掌管司法。

县以下有乡，其主要职能有四：摊派徭役；征收田赋；查证本乡被告案情；参与对国家仓库粮食的保管工作。乡设三老掌教化，啬夫掌诉讼和赋税，游徼掌治安。

乡下有里，是最基层的行政单位。里有里典，后代称里正、里魁，以"豪帅"即强有力者为之。里中设置严密的什伍户籍组织，以便支派差役，收纳赋税。并规定互相监督告奸，一人犯罪，邻里连坐。此外还有司治安、禁盗贼的专门机构，叫做亭，亭有长。亭除了主要管理治安，还负责接待往来的官吏，掌管为政府输送、采购、传递（文书）等事。两亭之间，相距大约十里。

（3）书同文：殷商以来，文字逐渐普及。作为官方文字的金文，形制比较一致。但是春秋战国时期的兵器、陶文、帛书、简书等上的民间文字，则存在着区域中的差异。这种状况妨碍了各地经济、文化的交流，也影响了中央政府政策法令的有效推行。于是，秦统一中原后，秦始皇下令李斯等人进行文字的整理、统一工作。

李斯以战国时期秦人通用的大篆为基础，吸取齐鲁等地通行的蝌蚪文笔画简省的优点，创造出一种形体匀圆齐整、笔画简略的新文字，称为"秦篆"，又称"小篆"，作为官方规范文字，同时废除其他异体字。此外，一位叫程邈的衙吏因犯罪被关进云阳的监狱，在坐牢的十年时间里，他对当时字体的演变中已出现的一种变化（后世称为"隶变"），进行总结。此举受到秦始皇的赏识，遂将他释放，还提升为御史，命其"定书"，制定出一种新字体，这便是"隶书"。隶书打破了古体汉字的传统，奠定了楷书的基础，提高了书写效率。

秦始皇下令统一和简化文字，是对我国古代文字发展、演变做了一次总结，也是一次大的文字改革，对我国文化的发展起了重大作用。

（4）度同制：战国时期，各国的度量衡制度和货币制度很不一致。秦统一后，规定货币分金和铜两种：黄金称上币，以镒（秦制20两为一镒）为单位；铜钱称下币，统一为圆形方孔，以半两为单位。金币主要供皇帝赏赐，铜币才是主要的流通媒介。

秦始皇以原秦国的度、量、衡为单位标准，淘汰与此不合的制度。秦廷在原商鞅颁布的标准器上再加刻诏书铭文，或另行制作相同的标准器刻上铭文，发到全国。与标准器不同的度、量、衡一律禁止使用。

在田制上，秦王朝规定6尺（合今230厘米）为一步，240步为一亩。这一亩制以后沿用千年而不变。

（5）车同轨，行同伦：战国时期，各国车辆形制不一。秦始皇统一全国后，定车宽以六尺为制，一车可通行全国。"行同伦"就是端正风俗，建立起统一的伦理道德和行为规范。在这方面，秦王朝也给予相当的重视。比如公元前219年，秦始皇来到泰山下。这里原是齐国故地，号称"礼仪之邦"。始皇就令人在泰山的石上刻下"男女礼顺，慎遵职事，昭隔内外，糜不清净，施于后嗣"（意谓男女之间界限分明，以礼相待，女治内，男治外，各尽其责，从而给后代树立好的榜样），予以表彰。而公元前210年在会稽刻石上留的铭文，则对当地盛行的淫逸之风，大加鞭笞，以杀奸夫无罪的条文来矫正吴越地区男女之大防不严的习俗。

二、大一统的助手李斯

李斯（公元前280年～公元前208年），姓李，名斯，字通古。秦代著名的政治家、文学家和书法家。战国末年楚国上蔡（今河南上蔡西南）人。

李斯早年为郡小吏，后从荀子学帝王之术，学成入秦。公元前247年，李斯来到秦国，先在秦相吕不韦手下做门客，取得吕的信任后，当上了秦王政的近侍。李斯利用经常接近秦王的机会，给秦王上了《论统一书》，劝说秦王抓紧"万世之一时"的良机，"灭诸侯成帝业"，实现"天下一统"。秦王政欣然接受了李斯的建议，先任命他为长史，后又拜为客卿，命其制定吞并六国、统一天下的策略和部署。

公元前237年，秦国宗室贵族借口韩国水工郑国在秦搞间谍活动事件，即利用修水利工程（郑国渠）削弱秦国国力，要求秦王下令驱逐六国客卿，李斯也在被逐之列。李斯在被逐离秦途中，写了《谏逐客书》，劝秦王收回成命。他在《谏逐客书》中，列举大量历史事实，说明客卿辅秦之功，力陈逐客之失，劝秦王为成就统一大业，要不讲国别，不分地域，广集人才。秦王看了《谏逐客书》深受感动，立即取消了逐客令，并恢复了李斯的官职，不久又提升了他当廷尉。《谏逐客书》不仅是具有重要价值的历史文献，而且也是一篇脍炙人口的文章。鲁迅先生曾说："秦之文章，李斯一人而已。"

李斯重新受到秦王政的重用后，他以卓越的政治才能和远见，顺应历史发展的趋势，佐助秦王政制定了吞并六国、实现统一的策略和部署，并努力组织实施。结果秦国仅仅用了十年的时间，就先后灭了六个国家，于公元前221年建立了我国历史上第一个统一的、中央集权制的封建国家，第一次完成了统一大业。

秦朝建立以后，李斯升任丞相。他继续辅佐秦始皇，在巩固秦朝政权、维护国家统一、促进经济和文化的发展等方面屡建奇功。他建议秦始皇废除了造成诸侯分裂割据、长期混战的分封制，实行郡县制。把全国分为36郡

(后增加到41郡），郡下设县、乡，归中央直接统辖，官吏由中央任免。在中央设三公、九卿，分职国家大事。这一整套封建中央集权制度，从根本上铲除了诸侯王国分裂割据的祸根，对巩固国家统一、促进社会发展起了积极作用。所以，这一制度在秦以后的封建社会里一直沿用了近两千年。

秦统一后，由于过去各诸侯国长期分裂割据，语言、文字有很大差异，对于国家的统一和经济、文化的发展极为不利。李斯及时地向秦始皇提出了统一文字的建议。他以秦国文字为基础，废除异体字，简化字形，整理部首，形成了笔画比较简单、形体较为规范，而且便于书写的小篆（也称秦篆和斯篆），作为标准文字。他还亲自用小篆书写了一部《仓颉篇》，作为范本，推行全国。小篆的出现是汉字发展史上的一大进步。李斯还在统一法律、货币、度量衡和车轨等方面付出了巨大努力，作出了重大贡献。

此外，人们所熟知的"焚书坑儒"也是李斯建议的。这是为打击儒生以古非今、诽谤朝政，为巩固中央集权所采取的非常措施。这在当时历史条件下，不无积极作用，但它毕竟是我国文化史上的一次大浩劫，对我国秦以前文化典籍的破坏是极其严重的。

公元前210年，秦始皇死后，李斯为保全自己的既得利益，附和赵高伪造遗诏，立少子胡亥为帝。赵高篡权后又施展阴谋，诬陷李斯"谋反"，将其处以五种酷刑——黥刑（在脸上刺字）、劓刑（割掉鼻子）、断舌、砍趾后腰斩于市，并夷灭三族。

三、大将王翦

王翦，与白起、廉颇、李牧并称战国四大名将。生卒年不详，频阳东乡（今陕西省富平县东北）人，秦代杰出的军事家，是继白起之后秦国的又一位名将。与其子王贲在辅助秦始皇统一六国的战争中立有大功，除韩之外，其余五国均为王翦父子所灭。主要战绩：破赵国都城邯郸，消灭燕、赵；以秦国绝大部分兵力消灭楚国。

王翦少年时期就喜爱兵法，侍奉秦王政征战。秦王政十一年（前236年），王翦领兵攻破赵国阏与（今山西和顺），拔九城，夺取赵漳水流域。十八年又打赵国，历时一年，攻陷赵都，虏赵王迁，赵王降，赵成了秦的一个郡。次年，燕王派荆轲刺杀秦王。秦王于是派王翦将兵攻打燕国，击破燕军主力于易水西，燕王逃到了辽东，王翦平定了燕蓟，得胜而归。

秦国横扫六国，势如破竹。秦王政欲灭楚，倾心于年少壮勇的秦将李信，认为他贤能果敢。李信曾领兵数千，追击燕太子丹至衍水，终破燕军虏获太子丹。秦王政曾问李信欲破楚，须多少人马？李信表示20万即可。秦王政又问王翦，王翦道："非六十万不可。"秦王政说："王将军老矣，何怯也！李将军果势壮勇，其言是也。"（《史记·王翦白起列传》）于是派李信及蒙武将兵20万南伐楚。王翦因秦王不用其话，就托病辞官，归频阳养老。这时的秦军在李信的率领下攻平与（今河南平与北），蒙武攻寝丘（今河南临泉），大破楚军。李信又乘胜攻鄢、郢，均破之。于是引兵向西与蒙武军会师城父（今河南平顶山市北）。项燕率领的楚军乘机积蓄力量，尾随秦军三天三夜，终于大破李信军队，攻下两个营垒，杀死七名都尉，秦兵败逃。

秦王政闻秦军失败，大怒。使他知道王翦确有远见，于是亲自到频阳向王翦谢罪，说："我没有听从将军的话，李信终使秦军受辱，如今楚军逐日西进，将军虽有病在身，怎能忍心背弃寡人？"王翦辞谢说："老臣疲弱多病，狂暴悖乱，希望大王另择良将。"秦王政坚持要王翦领兵，王翦说："若非要用老臣，必给我六十万大军。"秦王政允诺。于是王翦率60万秦军伐楚，秦王政亲自送将军至灞上。王翦行前多求良田屋宅园地，秦王政说："将军既已出兵，何患贫穷？"王翦说："为大王部将，虽立战功却终不得封侯，所以趁大王亲近臣下之时，多求良田屋宅园地，为子孙置业。"秦王政大笑。王翦的军队行至关口后，又五度派使者回朝求良田。有人认为将军求赏太过分，王翦却说："秦王粗暴又不信任人，如今倾尽全国兵力，交付给我，我只有以多请田宅作为子孙基业的方法来稳固自家，打消秦王对我的怀疑。"

秦王政二十三年（公元前224年）王翦领兵伐楚，楚军听说王翦集60万大军前来，也尽发国中兵力以抗秦。王翦大军抵达楚国国境之后整整一年坚壁不出，60万士兵都囤积起来休养生息，坚壁而守，不肯出战。楚军屡次挑战，秦军始终不出。王翦每日要求士兵休息洗沐，安排美好饭食安抚他们，同时与士卒同饭同食，意在养精蓄锐，消耗敌军，以待最后殊死一战。不久，王翦打听士兵以什么来娱乐，有人回答说："投掷石头，跳远比赛。"于是王

第五章 秦

翦发令出兵。楚军数次挑战而秦军不出，楚军引兵向东，王翦趁此遣兵击，大破楚军，追至蕲南（今安徽宿州东南），斩杀将军项燕（一说项燕自杀），楚兵败逃。秦借胜势，一年就平定了楚国城邑，俘虏楚王负刍，楚地终成秦的一个郡县。王翦于是又率兵南征百越，取得胜利。他因功著而晋封武成侯。

四、中华第一勇士蒙恬

蒙恬，秦始皇时期的著名将领，被誉为"中华第一勇士"。祖籍齐国，山东人。传说他曾改良过毛笔，是祖国西北最早的开发者，也是古代开发宁夏第一人。

蒙恬出生于一个世代名将之家。祖父蒙骜为秦国名将，事秦昭王，官至上卿。庄襄王二年（公元前248），曾经伐韩、攻赵、取魏国城，为秦立下了战功。其父蒙武曾为秦裨将军，与王翦一起灭楚，亦屡立战功。蒙恬少年习刑狱法，担任过审理狱讼的文书。

秦王政二十六年（公元前221年），蒙恬被封为将军，攻齐，因破齐有功被拜为内史（秦朝京城的最高行政长官），其弟蒙毅也位至上卿。蒙氏兄弟深得秦始皇的尊宠，蒙恬担任外事，蒙毅常为内谋，当时号称"忠信"。

在秦统一中原的同时，中国的北方一直活跃着一个善于骑射凶悍无比的民族——匈奴，他们利用中原战乱之机，不断骚扰北方各国。在中原混战的同时，他们乘机跨过黄河，占领了河套以南的大片土地，直接威胁着秦都咸阳的安全，成为整个帝国最后的心腹之患。就在此时，秦始皇派出一名大将北击匈奴，这就是名将蒙恬。

这时，秦国刚刚统一，人心思定，军民厌战。蒙恬不顾连年征战的辛劳，接受命令"北逐戎狄"，收复河套一带。秦始皇选择蒙恬领兵出征，这里的原因大概有二：其一，青年时代的蒙恬长年在北方边境守卫，对匈奴的战法极其熟悉，这是那些长年征战中原的老将们所不能比的；其二，蒙恬是秦军里最富有进攻精神和野战能力的将领，秦朝其他将领打的多是中原地区的攻坚战，对于塞北草原上与匈奴的野战并无多少经验。

公元前215年，蒙恬率领30万能征善战的大军，日夜兼程赶赴边关。扎下大营后，他一边派人侦察敌情，一边亲自翻山越岭察看地形。第一次交战，就杀得匈奴人仰马翻，溃散草原。

公元前214年的春天，又爆发了最具决定性的战争。蒙恬跟匈奴人在黄河以北进行了几场战争，匈奴主力受重创。蒙恬以锐不可当的破竹之势，一举收复河套、阳山、北假等（今内蒙古）地区。使匈奴望风而逃，远遁大漠。汉代贾谊就评价当时匈奴的状态说："不敢南下而牧马。"蒙恬仅一战就将彪悍勇猛的匈奴重创，使其溃不成军，四处狼奔。匈奴几十年不敢进汉地，蒙恬功至高也。

在蒙恬打败匈奴、拒敌千里之后，他带兵继续坚守边陲。蒙恬又根据"用险制塞"以城墙来制骑兵的战术，调动几十万军队和百姓筑长城，把战国时秦、赵、燕三国北边的防护城墙连接起来，并重新加以整修和加固。建起了西起临洮，东到辽东的长达五千多公里的万里长城，用来保卫北方农业区域，免遭游牧匈奴骑兵的侵袭。

同时，蒙恬沿黄河河套一带设置了44个县，统属九原郡。还建立了一套治理边防的行政机构。又于公元前211年，发遣三万多名罪犯到兆河、榆中一带垦殖，发展经济，加强军事后备力量。这些措施对于边防的加强，起到了积极的作用。

另外，蒙恬又派人马，从秦国都城咸阳到九原，修筑了宽阔的直道，克服了九原交通闭塞的困境。这不但加强了北方各族人民经济、文化的交流和融合，更重要的是对于调动军队，运送粮草器械物资等具有重要战略意义。风风雨雨，烈日寒霜，蒙恬将军驻守九原郡十余年，威震匈奴，受到始皇的推崇和信任。

公元前210年冬，秦始皇游会稽途中患病，派身边的蒙毅去祭祀山川祈福，不久秦始皇在沙丘病死，死讯被封锁。中车府令赵高这时得宠于公子胡亥，他想立公子胡亥，于是就同丞相李斯、公子胡亥暗中谋划政变，立胡亥为太子。因早先赵高犯法，蒙毅受命公正执法，引起赵高对蒙氏的怨恨。胡亥即位，便遣使者以捏造的罪名赐公子扶苏、蒙恬死。扶苏自杀，蒙恬内心疑虑，请求复诉。使者把蒙恬交给了官吏，派李斯舍人来代替蒙恬掌兵，囚禁蒙恬于阳周。胡亥杀死扶苏后，便想释放蒙恬。但赵高深恐蒙氏再次贵宠用事，对己不利，执意要消灭蒙氏。便散布在立太子问题上，蒙毅曾在始皇面前毁谤胡亥，胡亥于是又囚禁了蒙毅。子婴力谏，认为不可诛杀蒙氏兄弟。胡亥不听，杀蒙毅。又派人前往阳周去杀蒙恬。

使者对蒙恬说："你罪过太多，况且蒙毅当死，连坐于你。"蒙恬说："自我先人直到子孙，为秦国出生入死已有三代。我统领着30万大军，虽然身遭囚禁，可我的势力足以背叛。但我知道，我应守义而死。我之所以这样做是不敢辱没先人的教诲，不敢忘记先主的恩情。昔日周成王初立年幼，周公旦背负成王上朝，曾断指起誓忠心为主，终于平定了天下。及成王长大，却听信谣言，周公旦被诬逃往楚国。后来成王终于反悟，杀了进谗言的人，请回了周公旦。所以《周书》上说：'君王办事要反复考虑。'我蒙氏一家对君王忠心无贰而反遭斩杀，这一定是有邪臣作逆谋乱、内部倾轧的缘故。周成王犯了错误而能改过自新，终于使周朝昌盛；夏桀诛杀关龙逢，商纣诛杀比干而不后悔，最终身死国亡。所以我认为犯了过错可以改正，听从劝谏可以觉醒。反复考虑是圣君治国的法则。我的这些话，并不是求得免罪，而是准备为忠谏而牺牲，希望陛下为天下万民着想，考虑遵从正确的治道。"使者说："我只是受诏来处死你，不敢把将军的话传报皇上。"蒙恬喟然长叹道："我怎么得罪了上天？竟无罪而被处死？"沉默良久又说："我的罪过本该受死啦，起临洮，到辽东筑长城，挖沟渠一万余里，这其间不可能没挖断地脉，这便是我的罪过呀！"于是吞药自杀。

司马迁在《史记》中叹道："蒙氏秦将，内史忠贤。长城首筑，万里安边。""夫秦之初灭诸侯，天下之心未定，痍伤者未瘳，而恬为名将，不以此时强谏，振百姓之急，养老存孤，务修众庶之和，而阿意兴功。"蒙恬之于秦朝的赫赫战功，之于长城的是非功过，让人感慨万千。

唐太宗也曾对臣僚说："朕欲上比尧舜，不使冤案现于本朝。各位不妨说说，古代哪一将相死得最冤？"当时在场的有丞相房玄龄、谏议大夫魏征等人，或答"白起"（战国时秦将），或说"伍子胥"（春秋时吴将）。听罢臣僚们的议论，太宗摇摇头说："朕观最冤的是蒙恬。"

五、开凿灵渠的史禄

史禄（生卒年代不详，活动期为公元前3世纪），中国秦代的工匠。秦始皇统一六国后（公元前221年），发动了统一百越的战争。南岭山脉阻隔，湖南和广西之间道路崎岖，给运送粮草给养造成了困难。秦始皇于公元前215年前后命令史禄开凿灵渠。

灵渠位于广西兴安县境，故又名兴安运河。灵渠连接湘水和漓江，它是我国古代著名的水利工程，也是世界上开凿最早的运河之一。在广西兴安县东南海阳山附近，地势较高，湘江和漓江都在这里发源。但是，湘江北去，漓江南流，中间隔山并不相通。史禄科学地运用地学和水力学知识，在湘江上游海阳河上构成一个分水塘。分水塘的拦河石呈"人"字形结构，前端尖锐如犁，故称铧嘴。其位置靠近海阳河左岸，把海阳河水分为南北两渠。南渠接漓江。北渠一侧长380米，叫"大天平"；南渠一侧长120米，叫"小天平"。枯水期，石堤可以拦截全部江水入渠；如遇山洪，水可越过堤顶，泄入湘江故道。在南北渠上设有陡门（相当于现代的船闸）。据记载，全渠共有陡门36道，其作用是拦渠蓄水、提高水位，以便于水运。船只来往，进一道陡门，便关闭下一道陡门，等水积满后，船再前进一级，这样就可利用水力使船逐级向上坡航行。整个灵渠从南陡口到大榕江，全长34千米。其中人工开凿的约5千米，其余则利用原有水道修整连接而成。渠深数尺，宽约丈余。它是世界上最早的运河通航工程。对促进中原和岭南地区经济文化的交流发挥了重要作用。在工程技术上，于两千多年前的古代，能达到如此高的水平，也是中华民族的骄傲。

第六章 西　　汉

一、布衣帝王刘邦

汉太祖高皇帝刘邦（公元前256年～公元前195年），字季（一说原名季），沛县丰邑中阳里（今江苏丰县）人，起兵于沛县（今江苏沛县）。其父刘煓（刘太公），字执嘉，生有四个儿子（刘伯，刘仲，刘邦，刘交），刘邦在兄弟四人中排行第三。秦朝时曾担任泗水亭长，在秦末农民战争中起义，登高一呼，天下英雄云集于麾下，称"沛公"。公元前206年被义军盟主项羽封为汉王，封地为汉中、巴蜀（因此在战胜项羽后建国时，国号定为"汉"）。公元前202年，刘邦在定陶城边的汜水北岸称帝，7月建都长安（今陕西省西安市）。

刘邦性格豪爽，不太喜欢读书，但对人很宽容。他也不喜欢下地劳动，所以常被父亲训斥为"无赖"，说他不如自己的哥哥会经营，但刘邦依然我行我素。刘邦长大后，经考试做了泗水的亭长（亭长是管十里以内的小官），时间长了，和县里的官吏们混得很熟，在当地也小有名气。刘邦的心胸很大，在一次送服役的人去咸阳的路上，碰到秦始皇大队人马出巡，远远看去，秦始皇坐在装饰精美华丽的车上威风八面，羡慕得他脱口而出："大丈夫就应该像这样啊！"在统一天下之后，刘邦还拿这个事情和太公开玩笑："您看我和刘仲（刘邦的哥哥）到底谁创下的基业大？"

刘邦年轻时放荡不羁，鄙视儒生。称帝以后，他认为自己是马上得天下，《诗》《书》没有用处。陆贾说："马上得之，宁可以马上治乎？"刘邦于是幡然醒悟。

国家制度方面。刘邦当了皇帝之后，对秦亡的教训极为重视。刘邦命陆贾著书论述秦失天下的原因，以资借鉴。刘邦认为实行分封制，对于消除对立情绪，稳定群臣名将，依然是一个重要手段。同时，刘邦也并不希望再出现诸侯割据、群雄争霸的分割局面，而秦始皇所创立的郡县制，却是克服这一弊端的有效措施。因此，刘邦采取了郡县制与分封制并行的办法，人们称之为"郡国并行"制。

为了维护尊卑等级，高祖还沿用了秦的20级爵位制度。在秦朝法律的基础上，高祖也改制了新的法律，就是汉代著名的《九章律》。在制定法律的同时，高祖又仿效秦朝建立起一套礼仪制度。归结起来，汉承秦制集中体现在礼法制度方面。汉高祖刘邦的统治政策与秦王朝有许多不同之处，这种不同之处，正是借鉴秦朝灭亡的教训而总结、制定、推行的。总之，通过以上一系列措施，统一的中央集权封建大帝国又重新建立起来。

政治方面，刘邦虽然做了皇帝，但他也没有敢对自己的皇位掉以轻心。在享受的同时他也积极采取措施对皇权进行了巩固。他日夜放心不下的首先就是各地的异姓王。这些异姓王手里都有兵将，有的与刘邦不是一条心。其次就是其他将领，他们为功劳大小和赏赐的多少争斗不休，如果安抚不当，就会投奔那些异姓王作乱。还有原先六国的后代也不能掉以轻心。在中央，丞相的权力对他这个皇帝也构成了威胁。

正是因为刘邦的政权依然存在威胁，所以他要着手杀掉一些对自己不利的人物。短短7年之内，刘邦就利用各种借口，将除偏守南方而又势力弱小的长沙王吴芮以外的所有异姓诸侯王相继铲除。刘邦消灭异姓诸侯王的政策，在当时的条件下，对巩固新生的政权，维护中国的大一统，在客观上无疑起了积极的作用。除了引导、整肃，刘邦也采取铁腕手段打击权臣，巩固皇权，通过整治萧何，刘邦打击了相权，进一步提高了皇帝的权威。

经济方面，刘邦即位之初，由于秦王朝严重的赋税、暴政，加上三年农民起义和五年楚汉战争，给社会带来了严重创伤。人口散亡，经济凋敝，物价上涨，民不聊生。米至一万钱一石，马一百金一匹，"人相食，死者过半"。连刘邦所乘坐的马车，也配不齐四匹一样颜色的马，将相们只能坐着牛车上朝，整个社会呈现一片残破凄凉的景象。

大臣陆贾曾对刘邦说："过去骑马打天下，现在不能骑马治天下了，只有用文和武两手，才能得到长治久安。我认为对农民应该采取宽松的政策，让大家有时间从事农业生产。"因此，刘邦就采用了"重农抑商"的经济政策，其主要内容如下：

一是增加劳动力。战乱造成劳动力不足，是当时农业生产中一个十分突出的问题。为了尽快解决劳动力不足的问题，刘邦采取了一系列的有效措施：兵卒复员，"兵皆罢归家"；招还流散人口；释放奴婢；释放非死刑的犯人；鼓励生育。

二是调整土地政策。要发展农业经济，除了劳动力，还必须有土地。刘邦早在楚汉战争中，就注意到了土地问题。他把过去秦朝围禁的"苑囿园池"，分给农民耕种，暂时解决了部分贫苦农民的需要。

三是轻徭薄赋。薄收赋税，是刘邦采取的又一种措施。他让中央财政有关官吏，根据政府的各项开支，制定征收赋税的总额，额度不能超过人民群众的承受能力。

在法律思想上，以儒家思想为主，以法家思想为辅，取消秦朝"严刑峻法"的做法，废除连坐法及夷三族，提出了"德主刑辅"。即以教化为主，刑罚为辅，达到刚柔相济、严松相当的统治效果。

在发展文化事业方面，刘邦建立规模宏大的"国家图书馆"天禄阁、石渠阁等。"天下既定，命萧何次律令，韩信申军法，张苍定章程，叔孙通制礼仪，陆贾造《新语》。又与功臣剖符作誓，丹书铁契，金匮石室，藏之宗庙。虽日不暇给，规摹弘远矣。"刘邦采取的宽松无为的政策，不仅安抚了人民、凝聚了人心，也促成了汉代雍容大度的文化基础。可以说刘邦使四分五裂的中国真正的统一起来，而且还逐渐把分崩离析的民心凝集起来。他对汉民族的形成、中国的统一强大、汉文化的保护发扬有决定性的贡献。

到高祖刘邦末年时，经济已经明显好转，天下新定，人民小安，未可复兴兵。刘邦是中国历史上少有的杰出政治家，是真正统一中国的人，可以说他是汉始皇，创造汉民族的人。他在汉初制订的英明国政，不仅使饱受战乱的中国得以休养生息，还为以后"文景之治"的富裕与汉武帝反击匈奴奠定了坚实的基础。

刘邦高瞻远瞩，深谋远虑，他的政治制度和对后世的安排使大汉延续了长达四百余年的时间，是中国历史上最长的统一王朝。他的一套政治体制和经济制度为后世统治者所沿用。高祖十二年，刘邦因讨伐英布叛乱，被流矢射中，其后病重不起而逝世。庙号为太祖，谥号为高皇帝，后世多称为汉高祖。

二、西汉开国名相萧何

萧何（公元前 257 年～公元前 193 年），徐州小沛（今江苏省沛县）人。是汉朝初年丞相。谥号"文终侯"，汉初三杰之首。辅助汉高祖刘邦建立汉政权。西汉初年政治家。

萧何本是秦末沛县人，年轻时任沛县功曹，这是负责县里某项事务的主要吏员。他平时勤奋好学，思想机敏，对历代律令颇有研究。他性格随和，很善于识人，结交了许多好朋友。其中泗水亭长刘邦，捕役樊哙，书吏曹参，刽子手夏侯婴，还有吹鼓手周勃（名将周亚夫的父亲），由于他们年龄相近，不久便成了莫逆之交。尤其是对刘邦，感情更不一般。他见刘邦器宇轩昂，风骨不凡，谈吐也有别于众人，是大贵之相，所以对他格外佩服，并曾多次利用职权暗中袒护他。

秦二世元年（公元前 209 年）七月，陈胜、吴广在大泽乡揭竿而起，举起了反秦的大旗，各地豪杰云集响应，天下大乱。此时的萧何仍在沛县当功曹，他和曹参、樊哙、夏侯婴、周勃等人时常聚会，密切注视着局势的发展，并暗中与在芒砀山中的刘邦保持着联系。

在陈胜、吴广起义的威慑下，许多地方官吏也感到秦的暴政不能长久，于是也想反叛朝廷，归附义军，保全自己。萧何所在的沛县与蕲州相近，沛县县令眼看烽火遍地，生怕丢了脑袋，于是找来萧何、曹参等人，秘商起兵之事。萧何建议道："你是秦朝官吏，沛县百姓恐难听你的话。欲图大事，非把逃亡的豪杰请回来不可。如此一来，沛县自可安如泰山了。"县令听罢，觉得有理。萧何就保举刘邦，请县令赦罪录用。于是，县令便派樊哙去芒砀山找回刘邦，共同起义。刘邦欣然应允，立即率众奔沛县而来。不料，县令反悔，将刘邦拒之城外。刘邦兵临城下，见城门紧闭，便知城中有变。于是，下令将城池团团围住，准备攻城。正在这时，萧何、曹参越城逃到刘邦处，刘邦大喜。三人商议一番后，刘邦在帛上写了一封告沛县父老书，用箭射入城内。书中说："天下百姓共同忍受秦苛政之苦已经很久了，如今父老兄弟们却在为县令守城。天下诸侯并起，马上就要攻破沛县城池了。如果沛城的百姓现在起来诛杀县令，响应诸侯，则家室能得以保全。否则，都将白白地惨遭杀戮。"沛县百姓看了刘邦的信，就聚集起来攻入县衙，杀了县令，打开城门迎接刘邦。

秦二世二年（公元前208年）九月，项梁叔侄杀了会稽郡守殷通，举起义旗。不久，便召集了20余万兵马，拥立楚王第十二皇孙13岁的熊心为王，并与刘邦所部会于薛城。众将约定：项羽北向救赵，解巨鹿之围后，从北路向西攻秦，刘邦从南路西进向关中进发。两路人马在击败秦军后，谁先入秦都咸阳，谁当关中王。

刘邦率军勇往直前，凭靠张良等人的谋划，避实就虚，剿抚并用，一路夺关斩将，直抵关中。萧何身为丞督，坐镇地方，督办军队的后勤供应。公元前206年十月，刘邦率大军兵临咸阳城。秦王子婴设计杀了奸相赵高，献出玉玺，向刘邦投降。将士们见秦都宫殿巍峨，街市繁华，顿时忘乎所以，纷纷乘乱抢掠金银财物，连沛公也忍不住，趁着空闲，跑到秦宫去东张西望。唯独萧何，进入咸阳后，一不贪恋金银财物，二不迷恋美女，却急如星火地赶往秦丞相御史府，并派士兵迅速包围丞相御史府不准任何人出入。然后让忠实可靠的人将秦朝有关国家户籍、地形、法令等图书档案一一进行清查，分门别类，登记造册，统统收藏起来，留待日后查用。因为，依据秦朝的典制，丞相辅佐天子，处理国家大事；御史大夫对外监督各郡御史，对内接受公卿奏事。除了军权外，丞相和御史大夫几乎总揽一切internal 政。萧何做官多年，当然知道这些。对此，全军上下无不佩服，刘邦在惭愧之余，说："萧何确是异才，不枉我提拔他一场。"萧何收藏的这些秦朝的律令图书档案，使刘邦对天下的关塞险要、户口多寡、强弱形势、风俗民情等等了如指掌，为制定正确的方针政策和律令制度找到了可靠的根据，对日后西汉政权的建立和巩固，起到了巨大的作用，功不可没。这也足见萧何的深谋远虑。

沛公刘邦率先攻入咸阳后不久，项羽也率军入关，并在同年二月自封为西楚霸王，占有梁楚东部九郡之地，建都彭城（今江苏徐州）。并背弃原来的约定，改立刘邦为汉王，辖治荒远偏僻的巴、蜀、汉中之地，建都南郑。为了阻止刘邦东进，项羽又把关中地区一分为三，分封给了三个秦朝降将——

雍王章邯、翟王董翳、塞王司马欣。刘邦看出了项羽的险恶用心，憋了一肚子气，有心与项羽决一死战，怎奈势单力薄，实难取胜。只好采纳萧何、张良等人的建议，隐忍入蜀，休兵养士，广招人才，待机再与项羽争个高低。

四月，各路诸侯各自领兵回到自己的封地。刘邦按张良的计谋，偃旗息鼓，人不解甲，马不停蹄，急匆匆地向巴蜀进发。一路上，许多来自其他诸侯王军中的兵士自愿投到刘邦的旗下，韩信就是在这个时候从楚营中逃出，投奔刘邦的。

韩信原是项羽的部下，他有勇有谋，是天下无双的军事家。但在项羽手下却得不到重用，于是就投到刘邦麾下。起初，刘邦让他当了一个管理粮草的小官，韩信大失所望。一次偶然的机会，萧何结识了韩信。在接触过程中，萧丞相发现韩信有胆有识，是个不可多得的人才，于是多次向刘邦推荐，但并没有引起刘邦的重视。

转眼间两个多月过去了。汉军将士不愿在蜀中久驻，整天思念家乡，念叨东归，开小差的人也越来越多。一天，韩信见久在汉营仍不受重用，一气之下离开了汉营。萧何得知后，马上放下尚没处理完的紧急公务，亲自策马追赶韩信，连个招呼也来不及向刘邦打。刘邦正为军中开小差的人日益增多而焦急，忽然有军吏来报告说："萧丞相也跑了。"刘邦一听大惊失色，说："这还了得！我正要与他商议军中大事，怎么他也逃走了！"当下派人去找萧何。萧何去见刘邦，刘邦见到萧何又惊又怒，说道："你为什么也想逃跑？"萧何说："我不敢逃跑，我是去追逃跑的人去了。"刘邦问他："你追的是谁？"萧何答道："韩信。"刘邦听后，很不以为然地说："逃走的将军有十多个了，也没听说你去追过谁，怎么偏要去追韩信？这明明是在骗我！"萧何说："那些将军都容易得到，可韩信却是当今数一数二的杰出人才，跑了就再也没有第二个了。大王如果只想当个汉中王，没有韩信也就算了；如果要准备打天下，那就非用韩信不可。您到底准备怎么样？"刘邦说："我当然想打出去，怎么能老困闷在这里呢？"萧何说："大王若决定出汉中，能重用韩信，他自然会留下；如果不重用他，他终究会离开的。""那么，"刘邦下决心说，"就依着丞相，让他做个将军，怎么样？"萧何说："叫他做将军，他还得走。""那拜他为大将军怎么样？"萧何说："很好。"后来刘邦就在萧何的建议下，斋戒沐浴拜韩信为大将军，并在将军台上亲自将将印授予韩信。

后来，韩信果然没有令刘邦失望，没有辜负萧何的良苦用心。在楚汉战争中，韩信率汉军渡陈仓，战荥阳，破魏平赵，收燕伐齐，连战连胜，在垓下设十面埋伏，一举将项羽全军歼灭，为刘邦平定了天下。很显然，在楚汉战争中，韩信军事才能的充分发挥和运用，乃至汉王刘邦能够最终夺取天下，从一定程度上说，同萧何的慧眼识才、倾力荐贤是密不可分的。

汉元年（公元前206年）八月，刘邦率军悄悄离开南郑，采纳了张良、韩信所献的"明修栈道，暗度陈仓"之计，挥师东进，留下萧何负责征收巴蜀之税，供给军粮。汉军将士入蜀后，思念家乡，东归之心甚切，一旦东归，个个如猛虎下山，奋勇争先，直杀得雍王章邯的兵马丢盔卸甲，落荒而逃。汉军一路势如破竹，不到一个月便占据了三秦之地。刘邦令萧何坐镇关中，安抚百姓，同时负责兵员和粮饷的筹措与补给，自己则率大队人马浩浩荡荡地向彭城进发。

萧何留守关中后，马上安抚百姓，恢复生产，全力收拾关中的残破局面。他一方面重新建立已经散乱的统治秩序，另一方面对百姓施以恩惠，以定民心。他不仅颁布实施新法，重新建立汉的统治秩序和统治机构，修建宫廷、县城等等，另外又开放了原来秦朝的皇家苑囿园地，让百姓耕种，减免租税。他还让百姓自行推举年龄在50岁以上、有德行、能做表率的人，任命他们为"三老"，每乡一人；再选各乡里的三老为县三老，辅佐县令，教化民众，同时免去他们的徭役，并在每年的年末赐给他们酒肉。由于萧何办事精明，施政有方，颁布利民法令，农业生产迅速得到恢复，建立了稳固的后方，保障了前线的需要。

公元前203年，项羽也由于连年战争，陷入了兵尽粮绝的困境。而刘邦的部队，却由于萧何坐镇关中，不断地向前方输送粮食和兵力，形成了兵强粮多的好形势。后来，刘邦越战越强，终于逼得项羽兵败垓下，自刎乌江。

汉代建立后，以萧何功最高封为"酂侯"，位次第一，被称为"开国第一侯"，食邑八千户。萧何采用秦六法，重新制定律令制度，作为《九章律》（《盗律》《贼律》《囚律》《捕律》《杂律》《具律》，增加《户律》《兴律》《厩律》）。在法律思想上，主张"无为"、"喜好"、"黄老之术"。高帝十一年（前196年）又协助高祖消灭韩信、英布等异姓诸侯王，被拜为相国。为了避免高祖的诛杀，他以"自毁其名"的方法，以逃避被杀的危机。

高祖死后，太子刘盈即位，是为惠帝。他继任丞相辅佐惠帝。不过这时，萧何年事已高。公元前193年，年迈的相国萧何，由于常年为汉室操劳，终于卧病不起。病危之际，汉惠帝亲自前往探望，并趁机询问："丞相百年之后，谁可代之？"接着惠帝又问："曹参如何？"萧何听了，竟挣扎起病体，向惠帝叩头，道："陛下能得到曹参为相，我萧何即使死了，也没有什么遗恨了！"

三、雄才大略汉武帝

汉武帝刘彻（公元前156年~公元前87年），汉朝第七位皇帝，中国历史上杰出的政治家、军事家。

汉武帝是汉景帝刘启的第十个儿子，4岁时被册立为胶东王，7岁时被册立为太子，16岁登基，在位54年（公元前140年~公元前87年）。武帝承文景之治而即位，为巩固统一的封建国家和加强专制主义中央集权，进行了多方面的活动。

元朔二年（公元前127年），武帝下推恩令。随后，又制订左官律和附益之法，严惩仕于诸侯王的犯罪官吏，严禁朝臣外附诸侯王，限制诸侯王结党营私。诸侯惟得衣食租税，不得参与政事。元鼎五年（公元前112年），汉武帝借口列侯所献酎金分量和成色不足，夺爵106人。诸侯王、列侯的势力日益衰落。为了加强皇权，武帝于北军置八校尉，又设期门、羽林军。他在裁抑丞相职权的同时，提拔许多贤良文士或上书言事的士人，让他们参与国家大事的决策。又把京畿七郡之外的郡国划分为13州部，每州派部刺史一人，按六条问事，考察吏治。此外，还任用一批酷吏，打击各地的不法豪强，以维护封建统治秩序。

武帝即位不久，就着手准备对匈奴发动大规模的军事进攻。元朔二年，卫青击败匈奴，收复了河南地（今内蒙古河套地区）。汉置朔方郡、五原郡，并从内地移民10万到那里定居。元狩二年（公元前121年）春，霍去病获匈奴休屠王祭天金人。同年夏，攻至祁连山。汉政府在河西地区，先后置武威、酒泉、张掖、敦煌四郡。匈奴经过汉军几次打击，被迫远徙漠北，此后再无

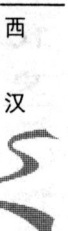

力进行严重骚扰。为了对匈奴发动攻势,汉武帝还派张骞出使西域,沟通了汉与西域各族之间的经常联系。对闽越、东瓯和南越的少数民族政权,武帝利用其内部矛盾,分别加以征服,置于汉政府的直接管辖之下。与此同时,又在西南夷地区设置郡县。汉武帝还派兵从海陆两道攻入朝鲜,设置真番、临屯、乐浪、玄菟四郡。

由于对边境各族用兵,使得国家长期积累的财富趋于枯竭,许多富商大贾囤积居奇,牟取暴利。为了解决国家财政困难,武帝除了卖武功爵和募民入粟入奴婢拜官以增加收入外,又实行盐铁官营和均输、平准等经济统制措施,并法定货币官铸,府库岁入因而大大充实。他颁布算缗、告缗令,以打击积货逐利的商贾。武帝又着力治理黄河,使其几十年不再为患。由于武帝的重视,各地的水利事业也有比较大的发展,关中地区的漕渠、龙首渠、六辅渠和白渠等著名水利工程,对促进农业生产都起了重要作用。

在思想文化领域,武帝独尊儒术而罢黜百家。中国皇帝有年号,始于武帝。他还立太学,置博士弟子,令州郡举茂才、孝廉,培养和提拔了大批儒生充任各级官吏。但他真正重用和依靠的大臣,却多是熟习儒术而又深谙刑法的人。他因为幻想长生不死,又尊礼方士,迷信鬼神。

武帝晚年,各地频繁发生农民起义。征和二年(公元前91年)巫蛊事件引起戾太子的武装叛乱,与政府军在长安城内混战多日,死者数万人。次年,远征匈奴的军队又几乎全军覆没。这一系列打击,使年老的武帝深悔自己过去劳民伤财。当桑弘羊建议募民屯田轮台时,他下诏拒绝,表示不再扰劳天下。后元二年(公元前87年),武帝病死。

汉武帝在中华民族发展史上创造了数个第一:

一是独尊儒术。听取董仲舒的建议,"罢黜百家,独尊儒术",开创中国传统主流文化之正统,在中华传统文化舞台上独领风骚两千余年,受到历代统治者推崇。这里要说明的是,汉武帝并非限制其他各家的发展,而是大力提倡儒家的发展,儒法结合。例如夏侯始昌既研习儒家又通晓阴阳五行家;宰相公孙弘兼治儒法两家;主父偃以纵横家起家;耿直的汲黯、司马谈、司马迁以黄老学说起家。

二是设立中朝,抑制外朝。在惠、文、景帝期间,丞相大多是随刘邦打天下的功臣。武帝和丞相多有不合,为贯彻自己的命令,于是设立中朝,尚书台也是这一时期出现的。

三是建立年号。中国历史上第一位使用年号的皇帝，公元前 113 年武帝以当年为元鼎四年，并追改以前为建元、元光、元朔、元狩，每一年号六年。

四是太初改历。太初元年（前 104 年）改太初历，以正月为岁首，色上黄。

五是盐铁官营。盐铁官营自汉代延续至今，今天盐铁茶主要仍由政府及国企控制。

六是通西域。中国传出了冶铁、凿井、丝绸制造、漆器制造等技术，西方（域）传入胡（黄）瓜、胡萝卜、葡萄、汗血马、核桃、天马等，历史意义重大。

七是开疆拓土。西北：经霍去病、卫青、李广利、张骞以及细君、解忧等人的前赴后继的努力，西域首次与中国联系紧密，为后来把西域并入中国版图奠定基础。西南：使者军队的接连出现使西南边陲第一次并入中国版图。北方：卫青霍去病的出击使北疆长时间稳定，保护了京师的安全。

汉武帝是雄才大略的封建政治家，在他统治期间，以汉族为主体的统一的多民族的封建国家得到了巩固，中国开始以一个高度文明和富强的国家闻名于世。汉武帝也成了和秦始皇并列的千古一帝，后人常用"秦皇汉武"并称。

四、儒学宗师董仲舒

董仲舒（公元前 179 年~公元前 104 年），广川（今河北衡水）人。西汉时期一位与时俱进的思想家，著名的唯心主义哲学家和经学大师。

董仲舒一生经历了文景之治，汉武盛世，是西汉王朝的极盛时期，政治稳定，经济繁荣，国力空前强盛，人民安居乐业。在思想文化方面，汉初社会也是宽舒自如的。孝惠帝除"挟书之律"，置写书之官；武帝时又广开献书之路。很多因秦始皇焚书坑儒而秘藏起来的儒家典籍，纷纷再现于人间；很多退避于草野的儒学之士，也渐渐走出了山林。民安于太平，士乐于学业，于是讲学通经之士，再聚徒众，复兴儒业，儒学阵营，陡然大具。经师们为了经世致用，取悦当道，解经说义，绘声绘色。家有家风，师有师法，形形色色，粲然明备。董仲舒，就是在这样一个社会安定、学术自由的背景下，走上事学之路的。董仲舒的老家——广川，东南两面，邻近齐鲁，北靠燕代，西界三晋。自古齐鲁多儒生，燕代出方士，三晋产法家，仲舒自幼便在多种文化熏陶中成长，与其后来形成多内涵的思想体系不无关系。

景帝时董仲舒任博士，讲授《公羊春秋》。董仲舒在此期间亦韬光养晦，广招生徒，私相传授，为汉朝培养了一批推行儒学的合格人才。《史记》说董仲舒弟子通经学者"以百数"，而且都很出色，褚大为梁相，嬴公为谏大夫，吕步舒为丞相长史，吾丘寿王则官至光禄大夫侍中。大史学家司马迁也曾师从董仲舒。董仲舒还谨慎地观察现实，潜心地研讨百家学说，特别是深研汉初以来一直占统治地位的黄老之学。他要构建一个前所未有、兼容诸子百家的新儒学体系，以适应西汉社会大一统之局，以求积极有为之效。

公元前134年，汉武帝下诏征求治国方略。儒生董仲舒在著名的《举贤良对策》中系统地提出了"天人感应"、"大一统"学说和"罢黜百家，独尊儒术"的主张。汉武帝连问三策，董仲舒亦连答三章，其中心议题是天人关系问题，史称《天人三策》（或《贤良对策》），后被班固全文收在《汉书·董仲书传》之中。董仲舒认为，"道之大原出于天"，自然、人事都受制于天命，因此反映天命的政治秩序和政治思想都应该是统一的。他把儒家的伦理思想概括为"三纲五常"。汉武帝采纳了董仲舒的建议，儒学开始成为官方哲学，经学研究开始在汉代盛行。

其后，董仲舒任江都易王刘非的国相十年；元朔四年（前125年），任胶西王刘端的国相，四年后辞职回家。此后，居家著书。朝廷每有大议，武帝令使者及廷尉就其家而问之，仍受武帝尊重。董仲舒以《公羊春秋》为依据，将周代以来的宗教天道观和阴阳、五行学说结合起来，吸收法家、道家、阴阳家思想，建立了一个新的思想体系，成为汉代的官方统治哲学，对当时社会所提出的一系列哲学、政治、社会、历史问题，给予了较为系统的回答。

董仲舒在新的历史条件下复兴了被扼杀达百余年之久的儒家文化，而且融会贯通了中国古典文化中各家各派的思想，把它们整合为一个崭新的思想体系。他的著作后来大都汇集在《春秋繁露》一书中。

董仲舒的哲学基础是"天人感应"学说。他认为天是至高无上的人格神，不仅创造了万物，也创造了人。因此，他认为天是有意志的，和人一样"有喜怒之气，哀乐之心"。人与天是相合的。这种"天人合一"的思想，继承了思孟学派和阴阳家邹衍的学说，而且将它发展得十分精致。

董仲舒认为，天生万物是有目的的。天意要大一统，汉皇朝的皇帝是受命于天来进行统治的。各封国的王侯又受命于皇帝，大臣受命于国君；家庭关系上，儿子受命于父亲，妻子受命于丈夫。这一层层的统治关系，都是按照天的意志办的。董仲舒精心构筑的"天人感应"的神学目的论，正是把一切都秩序化、合理化，正是为汉皇朝统治者巩固其中央集权专制制度服务的。

董仲舒利用阴阳五行学说来体现天的意志，用阴阳的流转，与四时相配合，推论出东南西北中的方位和金木水火土五行的关系。而且突出土居中央，为五行之主的地位，认为五行是天道的表现，并进而把这种阳尊阴卑的理论用于社会，从此而推论出"三纲五常"的道德哲学。这里所说的三纲是"君为臣纲，父为子纲，夫为妻纲"。三纲五常为董仲舒所提倡之后，成为我国古代历代封建王朝维护统治的工具。

他认为"道"是源出于天的，"天不变，道亦不变"。即是说"三纲五常"、"大一统"等维护统治秩序的"道"是永远不变的。那么，如何解释皇位的更换和改朝换代呢？为此，他提出了"谴告"与"改制"之说。他认为统治者为政有过失，天就出现灾害，以表示谴责与警告。如果还不知悔改，就出现怪异来惊骇。若是还不知畏惧，就将大祸临头了。

他认为人的认识活动受命于天，而认识的目的是了解天意。通过内省的途径就能判断是非，达到"知天"的目的。另外还必须通过对阴阳五行的观察，才能达到对天意、天道的了解。正是按照"尽心"、"知性"、"知天"的模式，达到"天人合一"。他还认为通过祭祀能与神相沟通，使之能看见一般人所看不见的东西，这样就能知道天命鬼神了。这种认识论达到了神秘的程度。

在人性论上，董仲舒异于孟子的性善论，也不同于荀子的性恶论，而是主张性三品说。他认为性是由天决定的，性是天生的质朴，虽可以为善，但并非就是善，只有"待外教然后能善"，即人性善是教育的结果。君王要顺天之意来完成对人民的教化。他着重教化，并提出"防欲"，比先秦思想家只讲"节欲"、"寡欲"更为深刻。

董仲舒的思想，是西汉皇朝总结历史经验，经历了几十年的选择而定下来的官方哲学，对巩固其统治秩序与维护大一统的局面起了积极的作用。董仲舒不仅是正宗神学的奠基者，又是著名的经学家。他是一位承前启后、继往开来的思想家，为以后的封建统治者提供了如何进行统治的理论基础。

五、汉大将军卫青

卫青是卫媪（平阳侯府中婢女）与平阳县吏郑季的私生子，少年时被送至生父家寄养，但于郑季家中被歧视、虐待，被迫放羊，后离开郑家回去与母亲一起生活，并改姓卫，在平阳侯府做骑奴（马夫）。后来由于他同母异父的歌女姐姐卫子夫被汉武帝相中，得以随着入宫当差。

后来因为卫子夫怀孕，导致陈皇后妒忌，陈皇后之母馆陶长公主便派人绑架卫青，企图杀害他以报复卫子夫，但是被卫青的朋友公孙敖带人劫狱救出。汉武帝得知后借题发挥，当着皇后和长公主的面提拔卫青为建章监（禁卫队长）、侍中、太中大夫，封卫子夫为夫人（地位仅次于皇后的嫔妃），并大肆封赏卫家人及公孙敖等人。卫青开始被汉武帝重用，卫氏一家也从此开始发迹。

传说卫青年轻时随从主人入宫办事，在甘泉宫前碰见一位带着枷锁的犯人为他相面，说他"贵人也，官至封侯"。而卫青则回复："人奴之生，得无笞骂即足矣，安得封侯事乎（作为奴隶，不挨打挨骂就心满意足了，还提什么封侯）？"

卫青和首任妻子育有三子（卫伉、卫不疑、卫登）。后改娶汉武帝姊平阳公主（其前夫为平阳侯曹寿，是卫青以前的主人）为妻。平阳公主与卫青结伴终生，没有为他生儿育女，死后与他同葬。

元光六年（公元前129年），匈奴举兵南下直指上谷地区（今河北省怀来县）。汉武帝出兵四万，兵分四路，果断地任命了初出茅庐的卫青为车骑将军，同李广、公孙敖、公孙贺一起迎击匈奴。这次虽然是卫青的首次出征，但他骁勇善战，直捣龙城（匈奴人祭扫祖先的地方），杀敌七百后得胜而回。汉武帝见四路大军除卫青凯旋外非败即退，对他赏识有加，封他为关内侯。

元朔元年（公元前128年）秋，卫青率三万骑兵出击雁门郡（治善无，今山西右玉境），斩杀匈奴数千。次年春，领兵出征云中（今呼和浩特西南），围歼匈奴白羊王、楼烦王两部，俘虏匈奴数千、牛羊百万计，收复河套地区，卫青所部全甲而还。此战消除了匈奴人长期对京城长安的威胁，汉武帝随后在河朔地区移民屯田，建立朔方郡，为将来对匈奴作战打好了根据地。卫青因此被封为长平侯，加封三千八百户侯。

匈奴人不甘心失败，一心想夺回失地。为了先发制人，元朔五年（公元前124年）春，汉武帝命卫青率领骑兵三万出高阙。卫青部出塞急行军六七百里，趁黑夜突袭右贤王部，右贤王携爱妾独自逃跑，汉军俘获匈奴一万五千人、贵族十余人、牛羊数百万。汉武帝拜其为大将军，统领全部汉军，并加封八千七百户侯。卫青三个尚在襁褓中的儿子也被封侯，但是被卫青婉拒，要求转而奖赏其部下。卫青部下因此共11人被封侯。

元朔六年（公元前123年）春、夏，卫青两次率领十余万骑兵出击漠南伊稚斜单于大本营，歼敌过万人。但因部下苏建、赵信部三千人遭遇单于主力全军覆没（赵信带八百随从投降，苏建独身逃出），所部诸将都没有得到封赏。卫青的外甥霍去病此战自领八百骑出击，俘虏匈奴单于的叔父和国相，斩敌2028人，其中包括单于的祖父。霍去病从此开始被汉武帝提拔重用。

元狩四年（公元前119年）春，汉武帝以14万匹马及50万步卒作为后勤补给兵团，授予卫青与霍去病各率领五万骑兵，兵分两路，出击匈奴，跨漠长征。卫青所率部队出定襄，目标扫荡单于王庭，却与单于本部相遇。单于主力试图以逸待劳兵分两路伏击汉军，但是被卫青识破。随后卫青以李广为前锋将军，率领三千骑兵制造对正面匈奴大军的轮番攻击，以换取时间包抄由伊稚斜大单于所率之三万隐伏于红树林之中的大军。此战击溃单于本部，伊稚斜大单于也于此战中中箭阵亡，匈奴军队大败，汉军并追袭二百余里至赵信城，将其彻底捣毁。这一次战役卫青所部斩获近两万人，给匈奴以沉重打击，他也因此与霍去病同时被拜为大司马。这次战役后，匈奴的军队已完全被打垮，从此以后，匈奴逐渐向更远、更贫瘠的地方迁徙，元气大伤，匈奴人对汉朝的军事威胁彻底解除了，此次战役史称漠北之战。这也是卫青的最后一次出征，自此之后他不再被汉武帝重用。

卫青的一生共七次率兵出击匈奴，本部无一败绩。他治军严明，能与士卒同甘共苦，作战骁勇，深受将士爱戴。其中淮南王刘安的谋士对卫青的评价尤其之高，以至于淮南王谋反计划的第一步就是要刺杀卫青。

尽管卫青品德高尚，却很少得到他人赞扬（"天下未有称也"）。部下苏建曾建议卫青："大将军至尊重，而天下之贤士大夫无称焉，愿将军观古名将所招选者，勉之哉！（大将军你功高位重，但天下的士子文人却无人称赞你。希望将军你能像古代名将那样招集门客，来夸奖你！）"劝他巴结文人、收买门客以在社会上制造有利于自己的舆论。而卫青拒绝："自魏其、武安之厚宾客，天子常切齿。彼亲待士大夫，招贤黜不肖者，人主之柄也。人臣奉法遵职而已，何与招士！（窦婴、田蚡大肆厚养门客，皇帝恨得咬牙切齿。如果结交文人、招揽高贤亲信，那是主公眼里的把柄。作为臣子做好本职就行了，招什么门客！）"尽管功勋卓著，卫青为人谦逊低调，从不仗势跋扈，《史记》中评价他"为人仁善退让，以和柔自媚于上"。汉臣汲黯从不对卫青礼拜，而卫青不但不生气，反倒更加敬重汲黯。漠北之战后，功高盖主的卫青被汉武帝冷落，昔日的部下都改投奔了皇宠日高的霍去病，只有任安一人不肯离开他，卫青也无怨无悔，平淡地过了余生。元封五年（公元前106年），卫青去世，坟墓按照卢山的形状修筑，葬于茂陵东北侧。

司马迁《史记》中对卫青的评价十分微妙。一方面，司马迁在《卫将军骠骑列传》中强调卫青的外戚身份，着重描写卫青低调怀柔的处世作风，对其战功的叙述却远不如李广的事迹详细，以至于后世的黄淳耀（明）评论："太史公以孤愤之故，叙广不啻出口，而传卫青若不值一钱，然随文读之，广与青之优劣终不掩。"认为司马迁对李广和卫青的评价不公。黄震（宋）在《史记评林》中则认为："凡看卫霍传，须合李广看。卫霍深入二千里，声振华夷，今看其传，不值一钱。李广每战辄北，困踬终身，今看其传，英风如在。史氏抑扬予夺之妙，岂常手可望哉？"另一方面，司马迁又在《史记·淮南衡山列传》中借淮南王谋士伍被之口间接赞誉卫青"大将军遇士大夫有礼，于士卒有恩，众皆乐为之用"、"骑上下山若蜚，材干绝人"、"号令明，当敌勇敢，常为士卒先"、"休舍，穿井未通，须士卒尽得水，乃敢饮。军罢，卒尽已度河，乃度。皇太后所赐金帛，尽以赐军吏"、"虽古名将弗过也"，赞扬卫青谦逊知礼、才能出众、爱护将士，是古来少有的良将。后世有人认为，司马迁之所以如此矛盾，是因为他忌讳卫青的出身背景（贱民出身、私生子、外戚身份），加上卫青的低调性格不符合他的欣赏品位（司马迁对项羽、李广、郭解一类个性飞扬的人物往往赞誉很多），因此不愿意直接公开地赞赏卫青。

六、英年早逝的霍去病

霍去病（公元前140年～公元前117年），河东郡平阳县（今山西临汾西南）人。中国西汉武帝时期名将，杰出的军事家。汉代名将卫青的外甥，好骑射，善于长途奔袭。

霍去病出生在一个传奇性的家庭。他是平阳公主府的女奴卫少儿与平阳县小吏霍仲孺的儿子，这位小吏不敢承认自己跟公主的女奴私通，于是霍去病只能以私生子的身份降世。父亲不敢承认的私生子，母亲又是个女奴，照理来说，霍去病是永无出头之日的，然而奇迹却降临在他身上。

大约在霍去病刚满周岁的时候，他的姨母卫子夫进入了汉武帝的后宫，并且很快被封为夫人，仅次于皇后。霍去病的舅舅卫长君、卫青也随即晋为侍中，卫氏家族从此改变了命运。

当时的汉王朝，边境不稳，时常遭受匈奴人的侵扰。而面对这样的局面，长城内的国家却从秦以来就无力从根本上改变，胜利的时候极少，秦只能寄希望于修筑长城进行消极防御，而汉朝却以和亲以及大量的"陪嫁"财物买来暂时的相对平安。到了汉武帝时，国家的经济已经得到一定的恢复，府库丰盈，可以与匈奴抗衡。

因此，在元光五年（公元前130年），卫青拜车骑将军，和另三员将领各率一支军队出塞。在这一次出兵过程中，四路大军出塞三路大败，尤其离谱的是老将李广竟然被匈奴所虏，好不容易才逃归。反而是第一次出塞领兵的"骑奴"卫青，出上谷直捣龙城，斩敌七百。卫青的军事天才使汉武帝刮目相看，他从此屡屡出征，战果累累。

元狩二年（公元前121年）的春天，霍去病被任命为骠骑将军，独自率领精兵一万出征匈奴。这就是河西大战。

19岁的统帅霍去病不负众望，在千里大漠中闪电奔袭，打了一场漂亮的大迂回战。六天中他转战匈奴五部落，一路猛进，并在皋兰山与匈奴卢侯王、折兰王打了一场硬碰硬的生死战。在此战中，霍去病惨胜，一万精兵仅余三千人。而匈奴更是损失惨重——卢侯王和折兰王都战死，浑邪王子及相国、都尉被俘虏，斩敌8960，匈奴休屠祭天金人也成了汉军的战利品。在这一场血与火的对战之后，汉王朝中再也没有人质疑少年霍去病的统军能力，他成为汉军中的一代军人楷模、尚武精神的化身。

同年夏天，汉武帝决定乘胜追击，展开收复河西之战。

此战，霍去病成为汉军的统帅，而老将李广等人只作为他的策应部队。令人哭笑不得的是，配合作战的公孙敖等常跑大漠的"老马"还不如霍去病，居然在大漠中迷了路，没有起到应有的助攻作用。而老将李广所部则被匈奴左贤王包围。霍去病遂再次孤军深入，并再次大胜。就在祁连山，霍去病所部斩敌三万余人，俘虏匈奴王爷五人以及匈奴大小阏氏、匈奴王子59人、相国将军当户都尉共计63人。

经此一役，匈奴不得不退到焉支山北，汉王朝收复了河西平原。从此，汉军军威大振，而19岁的霍去病更成了令匈奴人闻风丧胆的战神。

两场河西大战后，匈奴单于想狠狠地处理一再败阵的浑邪王，消息走漏后浑邪王和休屠王便想要投降汉朝。汉武帝不知匈奴二王投降的真假，遂派霍去病前往黄河边受降。当霍去病率部度过黄河的时候，果然匈奴降部中发生了哗变。面对这样的情形，霍去病竟然只带着数名亲兵就亲自冲进了匈奴营中，直面浑邪王，下令他诛杀哗变士卒。浑邪王在那一刻完全有机会把霍去病扣为人质或杀之报仇，只要他这样做了，单于不但不会杀他反而要奖赏他。然而最终浑邪王放弃了，这名敢于孤身犯险不惧生死的少年的气势镇住了他。霍去病的气势不但镇住了浑邪王，同时也镇住了四万多名匈奴人，他们最终没有将哗变继续扩大。

河西受降顺利结束，汉王朝的版图上，从此多了武威、张掖、酒泉、敦煌四郡。河西走廊正式并入汉王朝。这是中国历史上第一次面对外虏的受降，为饱受匈奴侵扰之苦的汉朝人扬眉吐气

元狩四年（公元前119年），为了彻底消灭匈奴主力，汉武帝发起了规模空前的"漠北大战"。

这场大战完全可以算是霍去病的巅峰之作。在深入漠北寻找匈奴主力的

过程中，霍去病率部奔袭两千多里，以一万五千人的损失数量，歼敌七万多人，俘虏匈奴王爷三人，以及将军相国当户都尉83人。大约是渴望碰上匈奴单于，"独孤求败"的霍去病一路追杀，来到了今蒙古肯特山一带。就在这里，霍去病暂作停顿，率大军进行了祭天地的典礼——祭天封礼于狼居胥山举行，祭地禅礼于姑衍山举行。这是一个仪式，也是一种决心。

封狼居胥之后，霍去病继续率军深入追击匈奴，一直打到翰海（今俄罗斯贝加尔湖），方才回兵。从长安出发，一直奔袭至贝加尔湖，在一个几乎完全陌生的环境里沿路大胜，这是怎样的成就！

经此一役，"匈奴远遁，漠南无王庭"。霍去病和他的"封狼居胥"，从此成为中国历代兵家人生的最高追求，终生奋斗的梦想。而这一年的霍去病，年仅22岁。在完成了这样的不世功勋之后，霍去病也登上了他人生的顶峰：大司马骠骑将军。然而仅仅过了两年，元狩六年（公元前117年），24岁的骠骑将军霍去病去世了。褚少孙在《史记》卷二十建元以来侯者年表第八中补记："光未死时上书曰：'臣兄骠骑将军去病从军有功，病死，赐谥景桓侯，绝无后，臣光愿以所封东武阳邑三千五百户分与山。'"这是史书中对霍去病死因的唯一记载。霍去病死后，谥封景桓侯。

七、司马迁和《史记》

司马迁，字子长，西汉夏阳龙门人。夏阳，县名，今韩城，靠近龙门。所以司马迁自称"迁生龙门"（太史公自序）。龙门，龙门山，很有名气。传说大禹曾在龙门开山治水。龙门山的南面是黄河。司马迁的家正好在黄河、龙门之间。当地名胜古迹很多。司马迁从小在饱览山河名胜的同时，也有机会听到许多历史传说和故事。

司马迁生卒年代，史无明文。近人王国维《太史公行年考》认为司马迁生于汉景帝中元五年（公元前145年），大约卒于汉昭帝始元元年（公元前86年），享年60岁。据说司马迁家自唐虞至周，都是世代相传的历史学家和天文学家。司马错是秦惠王时伐蜀的名将，司马昌是秦始皇的铁官，到了司马迁的父亲司马谈，又做汉武帝的太史令，恢复了祖传的史官恒业。

司马迁的少年时代，"耕牧河山之阳"。司马迁在这"山环水带"（《韩城县志序》）的自然环境里成长，既被山川的清淑之气所陶冶，又对民间生活有一定体验。

10岁，司马迁随父亲至京师长安，得向老博士伏生、大儒孔安国学习。家学渊源既深，复从名师受业，启发诱导，获益匪浅。这个时候，正当汉王朝国势强大，经济繁荣，文化兴盛的时候，张骞奉使通西域，卫青、霍去病大破匈奴，汉武帝设立乐府……也是司马迁在京城里丰富见闻，热情迸发的时候。

大约20岁，司马迁开始外出游历——"南游江、淮，上会稽，探禹穴，窥九疑，浮于沅、湘，北涉汶、泗，讲业齐、鲁之都，观孔子之遗风，乡射邹、峄，厄困鄱、薛、彭城，过梁楚以归。"回到长安以后，做了皇帝的近侍郎中，随汉武帝到过平凉、崆峒，又奉使巴蜀，最南到了昆明。

元封元年（公元前110年），汉武帝举行大规模的巡行封禅，步骑18万，旌旗千余里，浩浩荡荡。司马迁的父亲司马谈是史官，本应从行，但病死在洛阳。司马迁接受了父亲的遗志，赶到泰山，参加封禅，随后沿着东海，绕道长城塞外回到长安。

司马迁元封三年（公元前108年），司马迁38岁时，正式做了太史令，有机会阅览汉朝宫廷所藏的一切图书、档案以及各种史料，他一边整理史料，一边参加改历。等到太初元年（前104年），中国第一部历书《太初历》完成，他就动手编写《史记》。

天汉二年（公元前99年），李陵出塞攻打匈奴战败被俘，司马迁替李陵说了几句解释的话，触怒了汉武帝，把他投下监狱，第二年汉武帝杀了李陵全家，处司马迁以宫刑。宫刑是个大辱，污及先人，见笑亲友。司马迁在狱中，又备受凌辱，"交手足，受木索，暴肌肤，受榜箠，幽于圜墙之中，当此之时，见狱吏则头枪地，视徒隶则心惕息"（司马迁《报任安书》），几乎断送了性命。但他为了完成《史记》的写作，忍辱负重，苟且偷生，希图出现一线转机。

太始元年（公元前96年），汉武帝改元大赦天下。这时司马迁50岁，出狱后当了中书令，在别人看来，也许是"尊宠任职"，但是，他还是专心致志写他的书。直到征和二年（公元前91年）全书完成，共得130篇，52万余言。

司马迁从元封三年（公元前108年）为太史令后开始阅读、整理史料，准备写作，到太始四年（公元前91年）基本完成全部写作计划，共经过13年。这是他用一生的精力、艰苦的劳动，并忍受了肉体上和精神上的巨大痛苦，拿整个生命写成的一部永远闪耀着光辉的伟大著作。

《史记》是中国第一部纪传体通史，司马迁撰。全书包括12篇"本纪"，30篇"世家"，70篇"列传"，10篇"表"，8篇"书"，共五个部分。记述了从传说中的黄帝至汉武帝太初年间上下三千年的历史。它同时也是一部文学名著，是中国传记文学的开创性著作。鲁迅先生曾说，《史记》是"史家之绝唱，无韵之《离骚》"。它的主体部分是本纪、世家和列传，其中列传是全书的精华。

在司马迁的笔下，篇幅不多的文字就能非常生动地刻画出一个历史事件或一个历史人物。例如，在《田单列传》中对田单防守即墨城的描写。田单用了六条妙计大胜燕国，使齐国得以恢复。"火牛阵"便是其中最重要的一条计策。晚上，田单将紫红色的带有龙纹的布帛披在一千多头大牛身上，又在其角上绑上锋利的刀剑，用油浸透它们的尾巴，再用火点着。于是，一千多头牛带着熊熊火焰，像怪兽一样冲进了燕兵的阵地。而齐国士兵也拿着武器冲向了敌人，还有一些人敲锣打鼓，高声喊叫，以壮声势。摸不着头脑的燕兵吓得争相而逃，被杀得丢盔弃甲，燕兵的尸体遍布于战场上，齐国大获全胜。司马迁虽着墨不多，可"火牛阵"就如一幅图画一般出现于读者的脑海中。

司马迁还栩栩如生地刻画了不同类型的历史人物。他对西楚霸王项羽的描写非常精彩。巨鹿战役中，项羽率领大军渡河，然后沉掉所有的船只，并下令只允许带三天的粮食，这便形象而又具体地刻画了项羽破釜沉舟、与秦军决一死战的决心和气概。项羽的军队一个抵十个，消灭了数量上远远超过自己的秦军，在推翻强秦统治的战争中，发挥了举足轻重的作用。项羽在战斗结束之后，召见各路将领，当他们进入项羽的辕门时，没有一个人敢抬起头走路。这是对项羽威风的描写。对项羽被围的场景，司马迁描绘得更是感人。项羽慷慨而歌："力拔山兮气盖世，时不利兮骓不逝。"司马迁通过这歌声，完全刻画出了这位英雄在失败以后慷慨悲壮，而又无力挽回失败命运的复杂心情。接下来，司马迁又对项羽突围后，在东城决战时的勇猛作了描绘。当时项羽只剩下二十八个骑兵，当几千名追兵迫近时，项羽圆睁双目，怒喝一声，把汉军吓得后退了好几里。看到这样的描写，不禁使人觉得这位失败的英雄似乎就在眼前。

再如，司马迁描写汉高祖入关时与民众约法三章，充分表现出了汉高祖作为政治家的风度。而汉高祖也具有好谩骂的流氓习气和随机应变的性格。有一回，韩信给汉高祖写信，要求封自己为假齐王。汉高祖非常生气，刚想发作，张良却在一旁暗示他别发作，他立即转过口风说："大丈夫平定诸侯，要做就做真王，做什么假王呢？"这里用字也不多，却活灵活现地刻画出了汉高祖善于随机应变和玩弄权术的性格。

司马迁在书中的叙述语言非常生动，人物形象鲜明。他广泛采用口头流传的谚语、成语和歌谣，而且不回避方言土语。他的语言是一种接近口语的"方言"，通常叙述和人物对话和谐一致，虽明快但含蓄，话外有音，值得玩味；繁复而简洁，不拘一格，各得其所，一般都为人物特征的描写服务。他刻画人物说话口吻的描写最令人玩味，充分表现了人物的精神态度。为了突出人物形象，他还常常适当地强调、夸张。比如，《高祖本纪》："（五年）正月，诸侯及将相共请尊汉王为皇帝。……汉王三让，不得已，曰：诸君必以为便，便国家。"这一段汉高祖让帝位的话，是直接模拟当时的口语，生动形象地反映了汉高祖惺惺作态的样子，读完不禁觉得汉高祖说话的情景仿佛就在眼前。再者，司马迁使用古史资料时，一般以当时通用语翻译古语。如《五帝本纪》写尧舜的事迹，取材于今文《尚书·尧典》，把书中的"百姓如丧考妣，三载四海遏密八音"、"允厘百工，庶绩咸熙"等语，翻译为"百姓如丧父母，三年四方莫举乐"、"信伤百官，众功皆兴"等，译文与原文相比较，就会发现司马迁的译文更容易读懂。《史记》的人物传记之所以这么出色，是与司马迁驾驭语言的高超能力分不开的。

司马迁的《史记》在中国散文发展史上起着承前启后的作用，它既开创了中国纪传体史学，也开创了中国的传记文学。司马迁具有进步的历史观和对社会现实公正的批判精神。他的进步思想在《史记》中从四个方面得以体现：对封建统治阶级，特别是对汉代最高统治集团的揭露和讽刺；反映了广大人民对封建暴政的反抗；热情赞扬和肯定了一系列下层人物；描写了一系列的爱国英雄。

《史记》既是历史的"实录"，同时也具有相当高的文学价值。它的艺术性首先表现在运用真实的历史材料成功地塑造出众多的性格鲜明的人物形象。在人物塑造上，司马迁竭力做到将历史、人物和主题统一起来，这样既写活了历史，人物也栩栩如生；他还非常善于把人物置于尖锐的矛盾冲突中，通过人物的言行来完成人物性格的刻画。《史记》的叙事简明生动，尤其是富有戏剧性场景的描写，更增加了作品的吸引力。

司马迁极少用排比铺张的骈文，而形成了自己朴素简练、通俗流畅、舒缓从容、庄谐有致、富于变化的语言风格。《史记》的语言历来被奉为"古文"的最高成就。

八、出使西域的张骞

张骞，字子文，汉中郡城固（今陕西省城固县）人，生年及早期经历不详。中国汉代卓越的探险家、旅行家与外交家，对丝绸之路的开拓有重大的贡献。他开拓了汉朝通往西域的道路，并从西域诸国引进了汗血马、葡萄、苜蓿、石榴、胡桃、胡麻等等。

在汉武帝刘彻即位时，张骞已在朝廷担任名为"郎"的侍从官。据史书记载，他"为人强力，宽大信人"。即具有坚韧不拔、心胸开阔，并能以信义待人的优良品质。这正是张骞能战胜各种难以想象的危难，获取事业成功的一个重要因素。

春秋战国以后，匈奴跨进了阶级社会的门槛，各部分别形成奴隶制小国，其国王称"单于"。楚汉战争时期，冒顿单于乘机扩张势力，相继征服周围的部落，灭东胡、破月氏，控制了中国东北部、北部和西部广大地区，建立起统一的奴隶主政权和强大的军事机器。匈奴奴隶主贵族经常率领强悍的骑兵，侵占汉朝的领土，骚扰和掠夺中原居民。汉高祖七年（公元前200年）冬，冒顿单于率骑兵围攻晋阳（今山西太原）。刘邦亲领32万大军迎战，企图一举击溃匈奴主力。结果，刘邦反被冒顿围困于白登（今山西大同东），七日不得食，只得采用陈平的"奇计"，暗中遣人纳贿单于冒顿的阏氏夫人，始得解围。从此，刘邦再不敢用兵于北方。后来的惠帝、吕后，和文景二帝，考虑到物力、财力的不足，对匈奴也都只好采取"和亲"、馈赠及消极防御的政策。但匈奴贵族仍寇边不已。文帝时代，匈奴骑兵甚至深入甘泉，进逼长安，严重威胁着西汉王朝的安全。

汉武帝刘彻建元元年（公元前140年）即位时，年仅16岁。此时，汉王朝已建立60余年，历经汉初几代皇帝奉行轻徭薄赋和"与民休息"的政策，特别是"文景之治"，使政治的统一和中央集权进一步加强，社会经济得到恢复和发展，并进入了繁荣时代，国力已相当充沛。据史书记载，政府方面，是"都鄙庾廪尽满，而府库余财"，甚至"京师之钱，累百巨万，贯朽而不可校；太仓之粟，陈陈相因，充溢露积于外，腐败不可食"。在民间，是"非遇水旱，则民人给家足"，以至"众庶街巷有马，阡陌之间成群，乘牸牝者摈而不得会聚，守闾阎者食粱肉"。汉武帝正是凭借这种雄厚的物力财力，及时地把反击匈奴的侵扰、从根本上解除来自北方威胁的历史任务，提上了日程。

汉武帝即位不久，从来降的匈奴人口中得知，在敦煌、祁连一带曾住着一个游牧民族大月氏，中国古书上称"禺氏"。秦汉之际，月氏的势力强大起来，攻占邻国乌孙的土地，同匈奴发生冲突。汉初，月氏多次为匈奴冒顿单于所败，国势日衰。至老上单于时，彻底征服了月氏。老上单于杀掉月氏国王，还把他的头颅割下来拿去做成酒器。月氏人经过这次国难以后，被迫西迁。在现今新疆西北伊犁一带，赶走原来的"塞人"，重新建立了国家。但他们不忘故土，时刻准备对匈奴复仇，并很想有人相助，共击匈奴。汉武帝根据这一情况，决定联合大月氏，共同夹击匈奴。于是下令选拔人才，出使西域。汉代的所谓"西域"，有广义和狭义之分。广义地讲，包括今天我国新疆天山南北及葱岭（即帕米尔）以西的中亚、西亚、印度、高加索、黑海沿岸，甚至达东欧、南欧。狭义地讲，则仅指敦煌、祁连以西，葱岭以东，天山南北，即今天的新疆地区。天山北路，是天然的优良的牧场，当时已为匈奴所有，属匈奴右部，归右贤王和右将军管辖。西北部伊犁河一带原住着一支"塞人"，后被迁来的月氏人所驱逐。而大月氏后又为乌孙赶走。

天山南路，因北阻天山，南障昆仑，气候特别干燥，仅少数水草地宜于种植，缺少牧场，汉初形成36国，多以农业为生，兼营牧畜，有城廓庐舍，故称"城廓诸国"。从其地理分布来看，由甘肃出玉门、阳关南行，傍昆仑山北麓向西，经且未（今且未县）、于阗（今于田县），至莎车（今莎车县），为南道诸国。出玉门、阳关后北行，由姑师（今吐鲁番）沿天山南麓向西，经焉耆（今焉耆县）、轮台（今轮台县）、龟兹（今库车县），至疏勒，为北道诸国。南北道之间，横亘着一望无际的塔里木沙漠。这些国家包括氐、羌、突厥、匈奴、塞人等各种民族，人口总计约三十余万。张骞通西域前，天山南路诸国也已被匈奴所征服，并设"僮仆都尉"，常驻焉耆，对往来诸国征收粮食、羊马。南路诸国实际已成为匈奴侵略势力的一个重要补给线；三十多万各族人民遭受着匈奴贵族的压迫和剥削。

葱岭以西，当时有大宛、乌孙、大月氏、康居、大夏诸国。由于距匈奴较远，尚未直接沦为匈奴的属国。但在张骞出使之前，东方的汉朝和西方的罗马对它们都还没有什么影响，故匈奴成了唯一有影响的强大力量，它们或多或少也间接地受制于匈奴。

从整个形势来看，联合大月氏，沟通西域，在葱岭东西打破匈奴的控制局面，建立起汉朝的威信和影响，确实是孤立和削弱匈奴，配合军事行动，最后彻底战胜匈奴的一个具有战略意义的重大步骤。当汉武帝下达诏令后，满怀抱负的年轻的张骞，挺身应募，毅然挑起国家和民族的重任，勇敢地走上了征途。

武帝建元二年（公元前139年），张骞奉命率领一百多人，从陇西（今甘肃临洮）出发。一个归顺的"胡人"，堂邑氏的家奴堂邑父，自愿充当张骞的向导和翻译。他们西行进入河西走廊。这一地区自月氏人西迁后，已完全为匈奴人所控制。正当张骞一行匆匆穿过河西走廊时，不幸碰上匈奴的骑兵队，全部被抓获。匈奴的右部诸王将立即把张骞等人押送到匈奴王庭（今内蒙古呼和浩特附近），见当时的军臣单于（老上单于之子）。

军臣单于得知张骞欲出使月氏后，对张骞说："月氏在吾北，汉何以得往？使吾欲使越，汉肯听我乎？"这就是说，站在匈奴人的立场，无论如何也不容许汉使通过匈奴人地区，去出使月氏。就像汉朝不会让匈奴使者穿过汉区，到南方的越国去一样。张骞一行被扣留和软禁起来。

匈奴单于为软化、拉拢张骞，打消其出使月氏的念头，进行了种种威逼利诱，还给张骞娶了匈奴的女子为妻，生了孩子。但均未达到目的。他"不辱君命"、"持汉节不失"。即始终没有忘记汉武帝所交给自己的神圣使命，没有动摇为汉朝通使月氏的意志和决心。张骞等人在匈奴一直留居了十年之久。

至元光六年（公元前129年），敌人的监视渐渐有所松弛。一天，张骞趁匈奴人不备，果断地离开妻儿，带领其随从，逃出了匈奴王庭。

这种逃亡是十分危险和艰难的。幸运的是，在匈奴的十年留居，使张骞等人详细了解了通往西域的道路，并学会了匈奴人的语言，他们穿上胡服，很难被匈奴人查获。因而他们较顺利地穿过了匈奴人的控制区。

但在留居匈奴期间，西域的形势已发生了变化。月氏的敌国乌孙，在匈奴的支持和唆使下，西攻月氏。月氏人被迫又从伊犁河流域，继续西迁，进入咸海附近的妫水地区，征服大夏，在新的土地上另建家园。张骞大概了解到这一情况。他们经车师后没有向西北伊犁河流域进发，而是折向西南，进入焉耆，再溯塔里木河西行，过库车、疏勒等地，翻越葱岭，直达大宛（今乌兹别克斯坦费尔干纳盆地），路上经过了数十日的跋涉。

这是一次极为艰苦的行军。大戈壁滩上，飞沙走石，热浪滚滚；葱岭高如屋脊，冰雪皑皑，寒风刺骨。沿途人烟稀少，水源奇缺。加之匆匆出逃，物资准备又不足。张骞一行，风餐露宿，备尝艰辛。干粮吃尽了，就靠善射的堂邑父射杀禽兽聊以充饥。不少随从或因饥渴倒毙途中，或葬身黄沙、冰窟，献出了生命。

张骞到大宛后，向大宛国王说明了自己出使月氏的使命和沿途种种遭遇，希望大宛能派人相送，并表示今后如能返回汉朝，一定奏明汉皇，送他很多财物，重重酬谢。大宛王本来早就风闻东方汉朝的富庶，很想与汉朝通使往来，但苦于匈奴的阻碍，未能实现。汉使的意外到来，使他非常高兴。张骞的一席话，更使他动心。于是满口答应了张骞的要求，热情款待后，派了向导和译员，将张骞等人送到康居（约在今巴尔喀什湖和咸海之间）。康居王又遣人将他们送至大月氏。

不料，这时大月氏人由于新的国土十分肥沃，物产丰富，并且距匈奴和乌孙很远，外敌寇扰的危险已大大减少，就改变了态度。当张骞向他们提出建议时，他们已无意向匈奴复仇了。加之，他们又以为汉朝离月氏太远，如果联合攻击匈奴，遇到危险恐难以相助。张骞等人在月氏逗留了一年多，但始终未能说服月氏人与汉朝联盟，夹击匈奴。在此期间，张骞曾越过妫水南下，抵达大夏的蓝氏城。元朔元年（公元前128年），动身返国。

归途中，张骞为避开匈奴控制区，改变了行军路线，计划通过青海羌人地区回国。于是重越葱岭后，他们不走来时沿塔里木盆地北部的"北道"，而改行沿塔里木盆地南部，循昆仑山北麓的"南道"。从莎车，经于阗、鄯善（今若羌），进入羌人地区。但出乎意料，羌人地区也已沦为匈奴的附庸，张骞等人再次被匈奴骑兵所俘，又扣留了一年多。

元朔三年（公元前126年）初，军臣单于死了，匈奴发生内乱。张骞便趁匈奴内乱之机，带着自己的匈奴族妻子和堂邑父，逃回长安。这是张骞第一次出使西域。从武帝建元二年（公元前139年）出发，至元朔三年（公元前126年）归汉，共历13年。出发时是一百多人，回来时仅剩下张骞和堂邑父二人。

张骞这次远征，仅就预定出使西域的任务而论，他没有完成。因为他未能达到同大月氏建立联盟，以夹攻匈奴的目的。但是从其产生的实际影响和所起的历史作用而言，这次远征无疑是很大的成功。自春秋以来，戎狄杂居泾渭之北。至秦始皇北却戎狄，筑长城，以护中原，但其西界不过临洮，玉门之外的广阔的西域，尚为我国政治文化势力所未及。张骞第一次通使西域，使中国的影响直达葱岭东西。自此，不仅现今我国新疆一带同内地的联系日益加强，而且中国同中亚、西亚，以至南欧的直接交往也建立和密切起来。后人正是沿着张骞的足迹，走出了誉满全球的"丝绸之路"。

张骞第一次出使西域，既是一次极为艰险的外交旅行，也是一次卓有成效的科学考察。张骞第一次对广阔的西域进行了实地的调查研究工作。他不仅亲自访问了位处新疆的各小国和中亚的大宛、康居、大月氏和大夏诸国，而且从这些地方又初步了解到乌孙（巴尔喀什湖以南和伊犁河流域）、奄蔡（里海、咸海以北）、安息（即波斯，今伊朗）、条支（又称大食，今伊拉克一带）、身毒（又名天竺，即印度）等国的许多情况。回长安后，张骞将其见闻，向汉武帝作了详细报告，对葱岭东西、中亚、西亚，以至安息、印度诸国的位置、特产、人口、城市、兵力等，都作了说明。这个报告的基本内容被司马迁在《史记·大宛传》中保存下来。这是我国对于这些地区所作的第一次最翔实可靠的记载。至今仍是世界上研究上述地区和国家的古地理和历史的最珍贵的资料。

汉武帝对张骞这次出使西域的成果，非常满意，特封张骞为太中大夫，授堂邑父为"奉使君",以表彰他们的功绩。

张骞第一次出使西域所获得的关于中原外部世界的丰富知识,在以后西汉王朝的政治、军事、外交活动和对匈奴战争中,发挥了积极的作用,并产生了深远的影响。

在张骞通使西域返回长安后,汉朝抗击匈奴侵扰的战争,已进入了一个新的阶段。元朔六年(公元前123年)二月和四月,大将军卫青两次出兵进攻匈奴。汉武帝命张骞以校尉,从大将军出击漠北。当时,汉朝军队行进于千里塞外,在茫茫黄沙和无际草原中,给养相当困难。张骞发挥他熟悉匈奴军队特点,具有沙漠行军经验和地理知识丰富的优势,为汉朝军队作向导,指点行军路线和扎营布阵的方案。由于他"知水草处,军得以不乏",保证了战争的胜利。事后论功行赏,汉武帝封张骞为"博望侯"。颜师古在《汉书》注中认为,"博望"是"取其能广博瞻望"。这是汉武帝对张骞博闻多见,才广识远的恰当肯定。

元狩二年(公元前121年),张骞又奉命与"飞将军"李广率军出右北平(今河北东北部地区),进击匈奴。李广率四千骑作先头部队,张骞将万骑殿后。结果李广孤军冒进,陷入匈奴左贤王四万骑兵的重围。李广率领部下苦战一昼夜,张骞兼程赶到,匈奴始解围而去。此战虽杀伤众多敌人,但李广所率士兵大部分牺牲,张骞的部队亦因过分疲劳,未能追击。朝廷论罪,李广功过两抵,张骞却以"后期"罪贬为庶人。从此,张骞离开了军队生活。但张骞所开始的事业并未结束。不久,他又第二次踏上了通使西域的征途。

九、匈奴牧羊的苏武

苏武(公元前140年~公元前60年),中国西汉大臣,字子卿,杜陵(今陕西西安西南)人,代郡太守,苏建之子。

年轻时凭着父亲的职位,苏武兄弟三人都做了皇帝的侍从,并逐渐被提升为掌管皇帝鞍马鹰犬射猎工具的官。当时汉朝不断讨伐匈奴,多次互派使节彼此暗中侦察。匈奴扣留了汉使节郭吉、路充国等前后十余批人。匈奴使节前来,汉朝也扣留他们以相抵。

公元前100年，且鞮单于刚刚即位，唯恐受到汉的袭击，于是说："汉皇帝，是我的长辈。"全部送还了汉廷使节路充国等人。汉武帝赞许他这种通晓情理的做法，于是派遣苏武以中郎将的身份出使，持旄节护送扣留在汉的匈奴使者回国，顺便送给单于很丰厚的礼物，以答谢他的好意。苏武同副中郎将张胜以及临时委派的使臣属官常惠等，加上招募来的士卒、侦察人员百多人一同前往。到了匈奴那里，摆列财物赠给单于。单于越发傲慢，不是汉所期望的那样。

单于正要派使者护送苏武等人归汉，适逢缑王与长水人虞常等人在匈奴内部谋反。缑王是浑邪王姐姐的儿子，与昆邪王一起降汉，后来又跟随浞野侯赵破奴重新陷胡地，在卫律统率的那些投降者中，暗中共同策划绑架单于的母亲阏氏归汉。正好碰上苏武等人到匈奴。虞常在汉的时候，一向与副使张胜有交往，私下拜访张胜，说："听说汉天子很怨恨卫律，我虞常能为汉廷埋伏弩弓将他射死。我的母亲与弟弟都在汉，希望受到汉廷的照顾。"张胜许诺了他，把财物送给了虞常。

一个多月后，单于外出打猎，只有阏氏和单于的子弟在家。虞常等70余人将要起事，其中一人夜晚逃走，把他们的计划报告了阏氏及其子弟。单于子弟发兵与他们交战，缑王等都战死；虞常被活捉。单于派卫律审处这一案件。张胜听到这个消息，担心他和虞常私下所说的那些话被揭发，便把事情经过告诉了苏武。苏武说："事情到了如此地步，这样一定会牵连到我们。受到侮辱才去死，更对不起国家！"因此想自杀。张胜、常惠一起制止了他。虞常果然供出了张胜。单于大怒，召集许多贵族前来商议，想杀掉汉使者。左伊秩訾说："假如是谋杀单于，又用什么更严的刑法呢？应当都叫他们投降。"单于派卫律召唤苏武来受审讯。苏武对常惠说："丧失气节，玷辱使命，即使活着，又有什么脸面回到汉廷去呢！"说着拔出佩刀自刎。卫律大吃一惊，自己抱住、扶好苏武，派人骑快马去找医生。医生在地上挖了一个坑，在坑中点燃微火，然后把苏武脸朝下放在坑上，轻轻地敲打他的背部，让淤血流出来。苏武本来已经断了气，这样过了好半天才重新呼吸。常惠等人哭泣着，用车子把苏武拉回营帐。单于钦佩苏武的节操，早晚派人探望、询问苏武，而把张胜逮捕监禁起来。

苏武的伤势逐渐好转。单于派使者通知苏武一起来审处虞常，想借这个机会使苏武投降。剑斩虞常后,卫律说:"汉使张胜,你谋杀单于亲近的大臣,应当处死。单于招降的人,赦免他们的罪。"举剑要击杀张胜,张胜请求投降。卫律对苏武说:"副使有罪,应该连坐到你。"苏武说:"我本来就没有参与谋划,又不是他的亲属,怎么谈得上连坐?"卫律又举剑对准苏武,苏武岿然不动。卫律说:"苏君!我卫律以前背弃汉廷,归顺匈奴,幸运地受到单于的大恩,赐我爵号,让我称王;拥有奴隶数万,马和其他牲畜满山,如此富贵!苏君你今日投降,明日也是这样。白白地用身体给草地做肥料,又有谁知道你呢!"苏武毫无反应。卫律说:"你顺着我而投降,我与你结为兄弟;今天不听我的安排,以后再想见我,还能得到机会吗?"

苏武痛骂卫律说:"你做人家的臣下和儿子,不顾及恩德义理,背叛皇上,抛弃亲人,在异族那里做投降的奴隶,我为什么要见你!况且单于信任你,让你决定别人的死活,而你却居心不平,不主持公道,反而想要使汉皇帝和匈奴单于二主相斗,旁观两国的灾祸和损失!南越王杀汉使者,结果九郡被平定。宛王杀汉使者,自己头颅被悬挂在宫殿的北门。朝鲜王杀汉使者,随即被讨平。唯独匈奴未受惩罚。你明知道我决不会投降,想要使汉和匈奴互相攻打。匈奴灭亡的灾祸,将从我开始了!"卫律知道苏武终究不可胁迫投降,就报告了单于。单于却越发想要使他投降,就把苏武囚禁起来,放在大地窖里面,不给他喝的吃的。天下雪,苏武卧着嚼雪,同毡毛一起吞下充饥,几日不死。匈奴以为他是神仙,就把苏武迁移到北海边没有人的地方,让他放牧公羊,说等到公羊生了小羊才得归汉。同时把他的部下及其随从人员常惠等分别安置到别的地方。

苏武迁移到北海后,粮食运不到,只能掘取野鼠所储藏的野生果实来吃。他拄着汉廷的符节牧羊,睡觉、起来都拿着,以至系在节上的牦牛尾毛全部脱尽。一共过了五六年,单于的弟弟於靬王到北海上打猎。苏武会编结打猎的网,矫正弓弩,於靬王颇器重他,供给他衣服、食品。三年多过后,於靬王得病,仍不忘关照苏武,赐给苏武马匹、牲畜、盛酒酪的瓦器、圆顶的毡帐篷。王死后,他的部下也都迁离。这年冬天,丁令人盗去了苏武的牛羊,苏武又陷入了穷困。

当初,苏武与李陵都为侍中。苏武出使匈奴的第二年,李陵投降匈奴,不敢访求苏武。时间一久,单于派遣李陵去北海,为苏武安排了酒宴和歌舞。

李陵趁机对苏武说:"单于听说我与你交情一向深厚,所以派我来劝说足下,愿谦诚地相待你。你终究不能回归本朝了,白白地在荒无人烟的地方受苦,你对汉廷的信义又怎能有所表现呢?以前你的大哥苏嘉做奉车都尉,跟随皇上到雍城的棫阳宫,扶着皇帝的车驾下殿阶,碰到柱子,折断了车辕,被定为大不敬的罪,用剑自杀了,只不过赐钱二百万用以下葬。你弟弟孺卿跟随皇上去祭祀河东土神,那个宦官与驸马争船,把驸马推下去掉到河中淹死了。那个宦官逃走了。皇上命令孺卿去追捕,他抓不到,因害怕而服毒自杀。我离开长安的时候,你的母亲已去世,我送葬到阳陵。你的夫人年纪还轻,听说已改嫁了,家中只有两个妹妹,两个女儿和一个男孩。如今又过了十多年,生死不知。人生像早晨的露水,何必长久地像这样折磨自己!我刚投降时,终日若有所失,几乎要发狂,自己痛心对不起汉廷,加上老母拘禁在汉宫,你不想投降的心情,怎能超过当时我李陵呢!并且皇上年纪大了,法令随时变更,大臣无罪而全家被杀的有十几家,安危不可预料。你还打算为谁守节呢?希望你听从我的劝告,不要再说什么了!"

苏武说:"我苏武父子无功劳和恩德,都是皇帝栽培提拔起来的,官职升到列将,爵位封为通侯,兄弟三人都是皇帝的亲近之臣,愿意为朝廷牺牲一切。现在得到牺牲自己以效忠国家的机会,即使受到斧钺和汤镬这样的极刑,我也心甘情愿。大臣效忠君王,就像儿子效忠父亲,儿子为父亲而死,没有什么可恨,希望你不要再说了!"

李陵与苏武共饮了几天,又说:"你一定要听从我的话。"苏武说:"我料定自己已经是死去的人了!单于一定要逼迫我投降,那么就请结束今天的欢乐,让我死在你的面前!"李陵见苏武对朝廷如此真诚,慨然长叹道:"啊,义士!我李陵与卫律的罪恶,上能达天!"说着眼泪直流,浸湿了衣襟,告别苏武而去。李陵不好意思亲自送礼物给苏武,让他的妻子送给苏武几十头牛羊。

后来李陵又到北海,对苏武说:"边界上抓住了云中郡的一个俘虏,说太守以下的官吏百姓都穿白的丧服,说是皇上死了。"苏武听到这个消息,面向南放声大哭,吐血。他每天早晚哭吊,达几月之久。

汉昭帝登位,几年后,匈奴和汉达成和议。汉廷寻求苏武等人,匈奴撒谎说苏武已死。后来汉使者又到匈奴,见到常惠。常惠原原本本地述说了几年来在匈奴的情况。常惠告诉汉使者要他对单于说："天子在上林苑中射猎，射得一只大雁，脚上系着帛书，上面说苏武等人在北海。"汉使者万分高兴，按照常惠所教的话去责问单于。单于十分惊讶，向汉使道歉说："苏武等人的确还活着。"于是李陵安排酒筵向苏武祝贺，说："今天你还归，在匈奴中扬名，在汉皇族中功绩显赫。即使古代史书所记载的事迹，图画所绘的人物，又怎能超过你！我李陵虽然无能和胆怯，假如汉廷姑且宽恕我的罪过，不杀我的老母，使我能实现在奇耻大辱下积蓄已久的志愿，这就同曹沫在柯邑订盟可能差不多，这是以前所一直不能忘记的！逮捕杀戮我的全家，成为当世的奇耻大辱，我还再顾念什么呢？算了吧，让你了解我的心罢了！我已成异国之人，这一别就永远隔绝了！"李陵起舞，唱道："走过万里行程啊穿过了沙漠，为君王带兵啊奋战匈奴。归路断绝啊刀箭毁坏，兵士们全部死亡啊我的名声已败坏。老母已死，虽想报恩何处归！"李陵泪下纵横，于是同苏武永别。单于召集苏武的部下，除了以前已经投降和死亡的，总共跟随苏武回来的有九人。

苏武于汉昭帝始元六年（公元前81年）春回到长安。昭帝下令叫苏武带一份祭品去拜谒武帝的陵墓和祠庙。任命苏武做典属国，俸禄中二千石，赐钱二百万，官田二顷，住宅一处。常惠、徐圣、赵终根都任命为皇帝的侍卫官，赐给丝绸各二百匹。其余六人，年纪大了，回家，赐钱每人十万，终身免除徭役。常惠后来做到右将军，封为列侯。苏武被扣在匈奴共19年，当初壮年出使，等到回来，胡须头发全都白了。

苏武归汉第二年，上官桀、儿子上官安与桑弘羊及燕王、盖主谋反，苏武的儿子苏元因参与上官安的阴谋，被处死。起初，上官桀、上官安与大将军霍光争权，上官桀父子屡次把霍光的过失记下交给燕王，使燕王上书给皇帝，告发霍光。又说苏武出使匈奴20年，不投降，回到汉廷后，只做典属国；而大将军属下的长史官并无功劳，却被提升为搜粟都尉，霍光专权放肆。等到燕王等人谋反，被杀，追查处治同谋的人，苏武一向与上官桀、桑弘羊有旧交，燕王又因苏武功高而官小数次上书，替他抱不平，苏武的儿子又参与了谋反，主管刑狱的官员上书请求逮捕苏武。霍光把刑狱官的奏章搁置起来，只免去了苏武的官职。

过了几年，昭帝死了。苏武以从前任二千石官的身份，参与了谋立汉宣帝的计划，赐封爵位关内侯，食邑三百户。过了很久，卫将军张安世推荐说苏武通达熟悉朝章典故，出使不辱君命，昭帝遗言曾讲到苏武的这两点长处。宣帝召来苏武在宦者令的衙门听候宣召。苏武又做了右曹典属国。因苏武是节操显著的老臣，只令他每月的初一和十五两日入朝，尊称他为德高望重的"祭酒"，非常优宠他。苏武把所得的赏赐，全部送给弟弟苏贤和过去的邻里朋友，自己家中不留一点财物。皇后的父亲平恩侯、宣帝的舅舅平昌侯和乐昌侯、车骑将军韩增、丞相魏相、御史大夫邴吉，都很敬重苏武。

苏武年老了，他的儿子以前被处死，皇帝怜悯他，问左右的人："苏武在匈奴很久，有儿子吗？"苏武通过平恩侯向宣帝陈述："以前在匈奴发配时，娶的匈奴妇人正好生了一个儿子，名字叫苏通国，有消息传来，想通过汉使者送去金银、丝绸，把男孩赎回来。"皇帝答应了。后来通国随汉使者回到了汉朝，皇帝让他做了郎官。又让苏武弟弟的儿子做了右曹。

苏武活到 80 多岁，汉宣帝神爵二年（公元前 60 年）病亡。

十、和亲的王昭君

王昭君，姓王，名嫱，字昭君，乳名皓月。约于公元前 52 年出生于南郡秭归（今湖北省宜昌兴山县）。其父王穰老来得女，视为掌上明珠，兄嫂也对她宠爱有加。王昭君天生丽质，聪慧异常，琴棋书画，无所不精，"娥眉绝世不可寻，能使花羞在上林"。昭君的绝世才貌，顺着香溪水传遍南郡，传至京城。公元前 36 年，汉元帝昭示天下，遍选秀女。王昭君为南郡首选。元帝下诏，命其择吉日进京。其父王穰云："小女年纪尚幼，难以应命。"无奈圣命难违。

公元前 36 年仲春，王昭君泪别父母乡亲，登上雕花龙凤官船顺香溪，入长江，逆汉水，过秦岭，历时三月之久，于同年初夏到达京城长安，为掖庭待诏。传说王昭君进宫后，因自恃貌美，不肯贿赂画师毛延寿，毛延寿便在她的画像上点上丧夫落泪痣。昭君便被贬入冷宫三年，无缘面君。

公元前 33 年，北方匈奴首领呼韩邪单于主动来汉朝，对汉称臣，并请求和亲，以结永久之好。"和亲"的建议原本是汉高祖时娄敬德提出的，当时的形势是匈奴强汉弱，吕后只有一女，不忍心将她远嫁番邦，因此和亲一直都是挑一个宗室的女儿假做公主嫁出去的。不过这回，汉元帝决定挑一个宫女给他。原因可能是汉元帝时已经汉强匈奴弱，没必要一定挑皇亲国戚的女儿，皇亲国戚的女儿们毕竟不多，宫女则多的是；再者，呼韩邪单于此时就在长安，让宗亲的女儿冒充公主，这么大的事情怎么可能瞒过他。

话说汉元帝派人到后宫传话，宫女们在皇宫犹如鸟儿在樊笼，都争着想出去，但一听是去荒漠遥远的匈奴，一个个起劲的劲头顿时就没了。不甘心做白头宫女的王昭君毅然请命，自愿去匈奴。呼韩邪临辞大会，昭君丰容靓饰，元帝大惊，不知后宫竟有如此美貌之人，意欲留之，而难于失信，便赏给她锦帛两万八千匹，絮一万六千斤及黄金美玉等贵重物品，并亲自送出长安十余里。王昭君在车毡细马的簇拥下，肩负着汉匈和亲之重任，别长安、出潼关、渡黄河、过雁门，历时一年多，于第二年初夏到达漠北，受到匈奴人民的盛大欢迎，并被封为"宁胡阏氏"，意为匈奴有了汉女作"阏氏"（王妻），安宁始得保障。

"昭君出塞"是汉匈交往上的大事，《汉书·匈奴传》和《后汉书·南匈奴传》都记载了这件事，尤以《后汉书》中的记载绘声绘色："昭君字嫱，南郡人也。初，元帝时，以良家子选入掖庭。时，呼韩邪来朝，帝敕以宫女五人以赐之。昭君入宫数岁，不得见御，积悲怨，乃请掖庭令求行。呼韩邪临辞大会，帝召五女以示之，昭君丰容靓饰，光明汉宫，顾景斐回，竦动左右。帝见大惊，意欲留之，然难于失信，遂与匈奴。生二子。及呼韩邪死，阏氏子代立，欲妻之，昭君上书求归，成帝敕令从胡俗，遂复为后单于阏氏焉。"文中昭君自动求行和元帝为昭君的美丽所动"意欲留之"等故事性情节非常传神，昭君之美跃然纸上。

昭君出塞后，汉匈两族团结和睦，国泰民安，"边城晏闭，牛马布野，三世无犬吠之警，黎庶忘干戈之役"，展现出欣欣向荣的和平景象。王昭君与呼韩邪单于非常恩爱，为呼韩邪单于生下一子，取名伊督智牙师（也写作伊屠牙斯），封为右日逐王。婚后三年，公元前31年，呼韩邪单于逝世，大阏氏的长子雕提模皋继位，号为复株累若鞮单于。依照匈奴的礼俗，嫡子可以娶庶母做妻子。雕提模皋想按照匈奴的风俗"子娶其母"娶王昭君为妻。这跟封建的伦理道德相抵触，所以王昭君给汉成帝上书要求返回汉朝。但汉成帝回书敕令王昭君遵从匈奴的风俗。于是，王昭君成了雕提模皋的妻子。

王昭君与复株累若鞮单于年龄相当，与呼韩邪单于相比，复株累若鞮单于更加爱慕王昭君，与王昭君共同生活了11年，王昭君又生了两女，长女名叫须卜居次，次女为当于居次（居次就是公主的意思）。王昭君做了两代单于的阏氏，胡汉60年没有战争，这在那个时代是罕见的，她对于匈奴与汉廷的友好关系，着实产生了不少沟通与调和的作用。王昭君去世后，厚葬于今呼和浩特市南郊，墓依大青山，傍黄河水。后人称之为"青冢"。到了晋朝，为避晋太祖司马昭的讳，改称明君，史称"明妃"。

王昭君的历史功绩，不仅仅是她主动出塞和亲，更主要的是她出塞之后，使汉朝与匈奴和好，边塞的烽烟熄灭了60年，增强了汉族与匈奴民族之间的民族团结，是符合汉族和匈奴族人民的利益的。她与她的子女后孙以及姻亲们对胡汉两族人民和睦亲善与团结作出了巨大贡献，因此，她得到历史的好评。元代诗人赵介认为，王昭君的功劳不亚于汉朝名将霍去病。昭君的故事，成为我国历史上流传不衰的民族团结的佳话。

第七章 东 汉

一、东汉建立者刘秀

汉光武帝（公元前6年～公元57年）刘秀，东汉王朝的建立者。公元25年～57年在位，谥号光武，即光绍前业之意，庙号世祖。字文叔，南阳蔡阳（今河南南阳南）人，汉景帝后裔，汉高祖九世孙。新朝王莽末年，起兵反对王莽，昆阳之战，光武挽狂澜于既倒，王寻等百万之众，一时土崩瓦解。王莽政权的丧钟，由此而敲响。光武以偏师徇河北，平王郎，降铜马，艰难奠定中兴之基。统一天下，定都洛阳，重新恢复汉室政权，为汉朝中兴之主。政治措施皆以清静俭约为原则，兴建太学，提倡儒术，尊崇节义，为一贤明的君王。

刘秀九岁丧父，寄养于叔父刘良家。早年从事农业生产。王莽天凤年间（公元14年～19年），刘秀到长安求学，受教于中大夫许子威，攻读《尚书》。他只求弄通大义，不拘字句。由于家境并不宽裕，学费不足，刘秀还曾与同学合资买条驴，让仆人赶驴拉脚挣钱。王莽地皇三年（公元23年），南阳饥荒。

刘家的宾客徒附等有很多人投奔了王匡、王凤的义军。刘秀本无心参加起义（刘秀并非无心起义），而是韬光养晦，遇小挫而怯（刘縯遇害），临大敌而勇（昆阳之役），是其证也。便躲到新野（今河南省新野县）去当了谷商。其兄刘縯先自起兵，自称拄天都部。刘秀在新野遇到宛县人（今河南省南阳市）李通，并成为好友。编造一条谶"刘氏复起，李氏为辅"，劝说刘秀起兵。十月，和李通及其弟李轶等在宛起兵。这时刘秀28岁，开始了推翻新朝，重兴汉室天下的戎马生涯。

刘縯、刘秀为了保护自家利益，主动派人与新市兵、平林兵联合。进攻宛县失利后，刘縯、刘秀便到下江兵营中，说服了下江兵首领王常，合兵攻击莽军。这年二月辛巳（公元23年），三支义军拥立刘玄为天子，以刘縯为大司徒，刘秀为太常偏将军，派刘縯攻取宛城。三月刘秀随诸将攻克昆阳（今河南叶县）、定陵（昆阳东）、郾县（河南省郾城县）。起义军的声势越来越大，王莽感到威胁到了他的统治，便率莽军将昆阳团团围住，刘秀各处求援援兵赶到，城内义军勇气倍增，里应外合，大败莽军。昆阳之战，以少胜多，敲响了王莽新朝灭亡的丧钟。

在昆阳之战和五天后的攻克宛城的战斗中，刘縯和刘秀都起了决定性的作用，从而扩大了自己的势力和影响，在绿林军中深入人心，地位更加显赫。刘縯没当上皇帝，心中十分不服，刘玄本人也怕帝位被夺，于是就杀了刘縯等人。那时刘秀正在外地巡视，获悉后估计自己的力量不足，不敢公开对抗，心中十分不安，便立即赶回宛城，向刘玄请罪，取得了刘玄的信任，刘玄加封刘秀为武信侯，拜他做破虏大将军。

公元23年，义军攻破长安，王莽败亡。更始帝刘玄迁都洛阳，拜刘秀为司录校尉。刘秀持节出巡黄河以北，此时官拜破虏将军行大司马事。为了与在邯郸称帝的王郎争夺河北，刘秀自行招兵买马，招降纳叛，依靠地方官僚集团，并利用和联络一部分农民军，终于夺取邯郸，消灭了王郎，在河北站稳了脚跟，有了立足之地。刘玄看出刘秀的势力越来越大，便命令他停止作战回洛阳。刘秀以黄河以北尚未平定为由，第一次公开违抗刘玄的命令。

此时的长安政坛十分混乱，赤眉军各自为政。形势对刘秀扩展势力、扩大地盘很有利。刘秀先征发铜马，逼降铜马、高湖等义军，兵力由数千人发展到十余万人，人们便鼓动刘秀称帝。建武元年（公元25年），六月己未日，刘秀称帝，国号汉。几乎同时，赤眉军拥立刘盆子为帝，与刘玄开战，不久刘玄被绞死，更始王朝至此结束。而刘秀在赤眉与绿林余部厮杀削弱时坐收渔利。

建武元年（公元25年）六月，刘秀即位不久，大军直下，包围洛阳。固守洛阳的朱鲔曾参与谋划杀害刘縯，在刘秀以黄河水起誓保证不记仇的情况下，朱鲔率全体守城将士向刘秀投降。刘秀兵不血刃，占领洛阳城，拜朱鲔为平狄将军，扶沟侯。刘秀定都洛阳。

第七章 东汉

建武二年（公元 26 年），刘秀又在洛阳建起宗庙，在宗庙右边建立稷坛，以表示自己建立政权，拥有国土。刘秀认为赤眉军是心腹大患，派邓禹、冯异与赤眉作战，逼迫刘盆子率百万之众请降。解决了卧榻之侧的赤眉主力，又先后讨伐刘永，定河北，灭掉朝秦暮楚的隗嚣，夷平得陇望蜀的公孙述，于建武十三年（公元 37 年）统一中国。

刘秀建立东汉政权后，在政治上改革官制，加强对官吏的监察，强化对军队的控制。在经济上，实行度田，把公田借给农民耕种，提倡垦荒，发展屯田，安置流民，赈济贫民。在思想上提倡经学，表彰名节。这一切措施，使当时社会安定，生产发展，东汉王朝得以兴盛，史称"光武中兴"。

刘秀建立东汉政权后，首先集权于尚书台。以优待功臣贵戚为名，赐以爵位田宅，高官厚禄，而摘除其军政大权。光武鉴于西汉前期三公权重，权柄下移，虽设三公之位，而把一切行政大权归之于设在中朝由皇帝直接指挥的尚书台。尚书台设尚书令一人，秩千石，尚书仆射一人，六曹尚书各一人，秩皆为六百石，分掌各项政务。以下设有丞、郎、令史等官，所有一切政令都由尚书台直接禀陈皇帝，由皇帝裁决。从此，"天下事皆上尚书，与人主参决，乃下三（公）府"；"虽置三公，事归台阁"，"三公之职，备员而已"。但是到了东汉后期，有权势的大臣多加"录尚书事"的职衔，从而权柄再度下移，尚书台又蜕变为权臣专政的工具。

其次，简化机构，裁减冗员。建武六年（公元 30 年）下诏令司隶州牧各实所部，省减吏员，县国不足置长吏可合并者，上大司徒、大司空二府。于是"条奏并有四百余县，吏职省减，十置其一"。同时，废除西汉时的地方兵制，撤销内地各郡的地方兵，裁撤郡都尉之职，也取消了郡内每年征兵训练时的都试，地方防务改由招募而来的职业军队担任。但是，到了东汉后期，州牧刺史逐渐权重，兼有军政财大权，地方兵力又逐渐兴起。

再次，注意民生，与民休息。

第一，释放奴婢、刑徒。自西汉后期以来，农民之沦为奴婢、刑徒者日益增多，成为西汉末年阶级矛盾日益尖锐化中的一个重要问题。王莽末年，不少的奴婢、刑徒参加起义；同时在一些割据势力的军队中也有不少的奴婢、刑徒。光武在重建刘汉封建政权的过程中，为了瓦解敌军，壮大自己的力量，也为了安定社会秩序，缓和阶级矛盾，曾多次下诏释放奴婢，并规定凡虐待杀伤奴婢者皆处罪。诏令免奴婢为庶人的范围，主要是，王莽代汉期间吏民被非法没收为奴的，或因贫困嫁妻卖子被卖为奴婢的；在王莽末年因饥荒或战乱被卖为奴婢的；在战乱中被掠为人下妻的。另外，还规定不许任意杀伤奴婢以及废除"奴婢射伤人弃市律"，说明奴婢的身份地位较之过去有所提高。同时，在省减刑罚的诏令中，还多次宣布释放刑徒，即"见徒免为庶民"。

第二，整顿吏治，提倡节俭。光武鉴于西汉后期吏治败坏、官僚奢侈腐化的积弊，即位以后，注意整顿吏治，躬行节俭，奖励廉洁，选拔贤能以为地方官吏；并对地方官吏严格要求，赏罚从严。因而经过整顿之后，官场风气为之一变。故《后汉书·循吏传》有"内外匪懈，百姓宽息"之誉。

第三，薄赋敛，省刑法，偃武修文，不尚边功，与民休息。东汉初年，针对战乱之后生产凋敝、人口锐减的情况，光武注意实行与民休养生息的政策，首先是薄赋敛。建武六年（公元30年），下诏恢复西汉前期三十税一的赋制。其次是省刑法。再次是偃武修文，不尚边功。光武"知天下疲耗，思乐息肩，自陇蜀平后，未尝复言军旅"。建武二十一年（公元45年），西域鄯善、东师等十六国"皆遣子入侍奉献，愿请都护。……帝以中国初定，未遑外事，乃还其侍子，厚加赏赐"。建武二十七年（公元51年），功臣朗陵侯臧宫、扬虚侯马武上书：请乘匈奴分裂、北匈奴衰弱之际发兵击灭之，立"万世刻石之功"。光武下诏说："今国无善政，灾变不息，人不自保，而复欲远事边外乎！……不如息民。"

第四，欲抑制豪强势力，实行度田政策。东汉政权本是在豪强势力支持下建立起来的。但豪强势力的发展，土地兼并的逐渐严重，既威胁皇权，也影响百姓生活，以及为了加强朝廷对全国垦田和劳动人手的控制，平均赋税徭役负担，光武于建武十五年（公元39年）下诏"州郡检核垦田顷亩及户口年纪，又考察二千石长吏阿枉不平者"。就是令各郡县丈量土地，核实户口，作为纠正垦田、人口和赋税的根据。诏下之后，遇到豪强势力的抵制。光武下令将度田不实的河南尹张伋及其他诸郡太守十余人处死，表示要严厉追查下去。结果引起各地豪强大姓的反抗，有的地区甚而爆发武装叛乱，"青、徐、幽、冀四州尤甚"。光武只得不了了之。于是，度田以失败告终。

因各项政策措施都不同程度地实行，为恢复发展社会生产创造了有利的条件，使得垦田、人口都有大幅度的增加，从而奠定了东汉前期八十年间国家强盛的物质基础。

最后，提倡儒学，表彰气节。

建国后，光武在洛阳修建太学，设立五经博士，恢复西汉时期的十四博士之学。他还常到太学巡视，和学生交谈。在他的提倡下，许多郡县都兴办学校，民间也出现很多私学。

光武继承了西汉时期独尊儒术的传统，巡幸鲁地时，曾遣大司空祭祀孔子，后来又封孔子后裔孔志为褒成侯，用以表示尊孔崇儒。特别是对儒家今文学派制造的谶纬迷信更是崇拜备至。同时，光武鉴于西汉末年一些官僚、名士醉心利禄，依附王莽，乃表彰气节，对于王莽代汉时期隐居不仕的官僚、名士加以表彰、礼聘，表扬他们忠于汉室、不仕二姓的"高风亮节"，颁布诏书，明告天下，广泛寻访隐居的学者，提拔渊博的儒士，如逄萌，周党，王霸，严光等，史称"光武侧席幽人，求之若不及，旌帛蒲车之所征贲，相望于岩中矣"，"举逸民天下归心"。后来东汉末年"党锢之祸"时涌现了许多如李膺、陈蕃、范滂这样蹈仁践义、视死如归的刚烈士大夫。东汉末年，对高士的钦慕往往胜过王公贵族，可以说与这种对气节的倡导有关。

中元二年（公元57年），光武病逝于洛阳南宫，终年63岁，在位33年，葬于洛阳城北之原陵。光武死后，其子汉明帝刘庄将统一战争中功劳最大的28人的影像画在云台阁，称"云台二十八将"。并继续维持父亲在内政与制度上的施政方针，开创了东汉的"明章之治"。

二、造纸祖师蔡伦

蔡伦约东汉永平四年（公元61年）生，建光元年（公元121年）卒。出生于普通农民家庭的蔡伦，从小便随父辈种田，由于他聪明伶俐，因此很讨人喜欢。

汉章帝刘炟即位后，常到各郡县挑选幼童入宫。永平十八年（公元75年）蔡伦被选入洛阳宫内为太监，当时他约15岁。他读书识字，成绩优异，于建初元年（公元76年）任小黄门（宦官中职务较低者）。

此后，蔡伦任黄门侍郎，掌管宫内外公事传达及引导诸王朝见、安排就座等事。当时正宫窦皇后无子，在窦皇后的指使下，蔡伦诬陷章帝妃子宋贵人"挟邪媚道"，通令她自杀，而宋贵人所生太子刘庆被贬为清河王。窦后又指使人投"飞书"（匿名信）诬陷章帝妃梁贵人，强夺其子刘肇为养子并立为太子。

公元88年，章帝驾崩，十岁的刘肇登基，为和帝，由窦太后听政。蔡伦因功被提拔为中常侍，随侍幼帝左右，参与国家机密大事，秩俸二千石，地位与九卿等同。永平九年（公元97年），窦太后卒，和帝亲政。永元十四年（公元102年），和帝立邓绥为皇后，蔡伦立即投靠邓皇后。

由于邓绥喜欢舞文弄墨，蔡伦便投其所好兼任尚方令，主管宫内御用器物和宫廷御用手工作坊。在此期间，他总结西汉以来造纸经验，改进造纸工艺，利用树皮、碎布（麻布）、麻头、渔网等原料精制出优质纸张，于元兴元年（公元105年），奏报朝廷，受到和帝称赞，造纸术也因此而得到推广。

同年，和帝卒，邓后所生百日婴儿即位，不到二年又卒。邓后再立13岁皇侄刘祜嗣位，是为安帝。刘祜是清河王刘庆之子，但由于他即位初期仍由邓太后把持朝政，蔡伦继续受到重用，被封为"龙亭侯"（封地在今陕西洋县），从此进入贵族行列。由他监制的纸被称为"蔡侯纸"。

之后，蔡伦又被提升为长乐太仆，相当于大千秋，成为邓太后的首席近侍官，受到满朝文武的奉承。正当他权位处于顶峰之际，建光元年（公元121年），邓太后卒，安帝亲政。蔡伦因为当初受窦后指使参与迫害安帝皇祖母宋贵人致死，剥夺皇父刘庆的皇位继承权而被审讯查办。蔡伦自知死罪难免，于是自尽而亡。

蔡伦一生在内廷为官，先后侍奉4个幼帝，投靠两个皇后，节节上升，身居列候，位尊九卿，却以惨死告终。但他在兼管尚方时，推动了手工业工艺的发展，被称为东汉时期的科学家。因而留名后世，得到史学家的首肯。

西汉（公元前206~公元8年）初，也就是在蔡伦发明造纸术之前，当时就已有了用废旧麻绳头和破布为原料制成的麻类植物纤维纸。1986年甘肃天水市放马滩西汉墓中出土绘有地图的麻纸，年代为文帝、景帝（公元前179年~公元前141年）之时。1957年西安市灞桥也出土不晚于武帝（公元前141年~公元前87年）时的麻纸。

东汉定都洛阳后，西汉麻纸技术得以继续发展。邓皇后因喜欢文史及纸墨，曾令各州郡勿贡珍品，"但岁贡纸墨而已"，说明公元102年前各地已生产麻纸进贡。凡帝、后喜欢的，蔡伦都在尚方精制。他掌管宫内文书档案时也深感"帛贵而简重，并不便于人"，于是他决定造出比西汉纸更好的纸。

为此，蔡伦总结了前代及同时代造麻纸的技术经验，组织生产优质麻纸。邓太后嘉其能，从此造麻纸技术在各地进一步推广。蔡伦在主持研制楮皮纸时，完成了以木本韧皮纤维造纸的技术突破，并扩充原料来源、革新造纸工艺。皮纸的出现是一项重大技术创新，蔡伦正是这项创新的倡导者。

元初元年（公元117年）邓太后鉴于内廷所藏经传抄多误，乃诏儒者刘珍及五经博士等人于东观校订，令蔡伦监典此事。东观是洛阳宫内藏书及著述之所，蔡伦领衔率这批学者校订，是为了向全国提供经书的标准文本。这次校订经书的工作，是朝廷提供钦定经传纸写本的开端。因完成后要将所抄副本颁发各地方官，从而形成大规模用纸抄写儒家经典的高潮，使纸本书籍成为传播文化最有力的工具。

中国造纸术起始于西汉，在东汉时期打下坚实基础，至魏晋南北朝获得发展，且开始向国外传播。东汉在造纸史中是承上启下的阶段，而蔡伦就是在这个历史阶段成为促进造纸术发展的关键人物。

蔡伦是中国古代伟大的发明家，造纸术的发明者。在中国，他的名字家喻户晓，妇孺皆知。

三、科学家张衡

张衡（公元78年~公元139年），字平子，南阳西鄂（今河南南阳市石桥镇）人，他是我国东汉时期伟大的天文学家、数学家、发明家、地理学家、制图学家、诗人、汉朝官员，为我国天文学、机械技术、地震学的发展作出了不可磨灭的贡献；在数学、地理、绘画和文学等方面，张衡也表现出了非凡的才能和广博的学识。

张衡祖父张堪是地方官吏，曾任蜀郡太守和渔阳太守。张衡幼年时候，家境已经衰落，有时还要靠亲友的接济。正是这种贫困的生活使他能够接触到社会下层的劳动群众和一些生产、生活实际，从而给他后来的科学创造事业带来了积极的影响。

张衡是东汉中期浑天说的代表人物之一。他指出月球本身并不发光，月光其实是日光的反射；他还正确地解释了月食的成因，并且认识到宇宙的无限性，认识到行星运动的快慢与距离地球远近的关系。

张衡观测记录了两千五百颗恒星，创制了世界上第一架能比较准确地表演天象的漏水转浑天仪，第一架测试地震的仪器——候风地动仪，还制造出了指南车、自动记里鼓车、飞行数里的木鸟，等等。

张衡为后人留下的科学、哲学和文学著作32篇，其中天文著作有《灵宪》和《灵宪图》等。为了纪念张衡的功绩，人们将月球背面的一个环形山命名为"张衡环形山"，将小行星1802命名为"张衡小行星"。

张衡所做的浑天仪是一种演示天球星象运动用的表演仪器。它的外部轮廓有球的形象，合于张衡所主张的浑天说，故名之为浑天仪。这架浑天仪在《晋书·天文志》中有三处记载。一处是在"天体"节中，其中引到晋代科学家葛洪的话说："张平子既作铜浑天仪，于密室中以漏水转之，令伺之者闭户而唱之。其伺之者以告灵台之观天者曰：璇玑所加，某星始见，某星已中，某星今没，皆如合符也。"在"仪象"一节中又有一段更具体的细节描写："张衡又制浑象。具内外规，南北极，黄赤道。列二十四气，二十八宿，中外星官及日、月、五纬。以漏水转之于殿上室内。星中、出、没与天相应。因其关戾，又转瑞轮于阶下，随月盈虚，依历开落。"这里又称为浑象，这是早期对仪器定名不规范的反映，并不表示与浑天仪是两件不同的仪器。第三处则在"仪象"体之末，说到张衡浑天仪的大小："古旧浑象以二分为一度，凡周七尺三寸半分也。张衡更制，以四分为一度，凡周一丈四尺六寸一分。"

从这三段记载可知，张衡的浑天仪，其主体与现今的天球仪相仿。不过张衡的天球上画的是他所定名的444官2500颗星。浑天仪的黄、赤道上都画上了二十四气。贯穿浑天仪的南、北极，有一根可转动的极轴。在天球外围正中，应当有一条水平的环，表示地平。还应有一对夹着南、北极轴而又与水平环相垂直的子午双环，双环正中就是观测地的子午线。天球转动时，球上星体有的露出地平环之上，就是星出；有的正过子午线，就是星中；而没入地平环之下的星就是星没。天球上有一部分星星永远在地平环上转动而不

第七章 东汉

会落入其下。这部分天区的极限是一个以北极为圆心,当地纬度为半径的小圆,当时称之为内规。仿此,有一以南极为中心,当地纬度为半径的小圆,称之为外规。外规以内的天区永远不会升到地平之上。

张衡的另一个有杰出贡献的科学领域是地震学。他的代表作就是震烁古今的候风地动仪的发明。不过,现在中国所见到的地动仪,并不是张衡发明的地动仪,而是后人复原的。张衡发明的地动仪早就毁于战火了。地动仪发明于阳嘉元年(公元132年)。这是他在太史令任上的最后一件大工作。《后汉书·张衡传》对这件事有较详细的记载。

张衡这台仪器性能良好,曾预报过洛阳的一次地震,据当时记载:"验之以事,合契若神。"甚至可以测到发生在数千里外而在洛阳并无人有震感的地震。这台仪器不仅博得当时人的叹服,就是在今天的科学家看来也无不赞叹。他的朋友崔瑗在为他写的墓碑中赞道:"数术穷天地,制作侔造化。"前一句是道他数学天文学知识之渊博,后一句则是赞他制造的各种器物之神奇。其实,神奇是由于他巧妙地运用各种机械技术的结果。

传说他当时还制作过两件神奇的器物。一件是有三个轮子的机械,可以自转;一件是一只木雕,能在天上飞翔。

关于木雕,《墨子·鲁问》就有记载:"公输子削竹木以为鹊。成而飞之,三日不下。"《列子·汤问》和《韩非子·外储说》都记载说,墨子本人也造过能飞的木鸢。这些木鹊或木鸢大概是一种鸟状的风筝,不可能是其他装有动力机的,如今日飞机之类的飞行器。因为当时还不可能有连续运行一日乃至三日之久的动力机。张衡的木雕,大概也是一种风筝。不过,北宋类书《太平御览·工艺部九》引《文士传》中一段记载说:"张衡尝作木鸟,假以羽翮,腹中施机,能飞数里。"这里说到"腹中施机",而且"能飞数里",所以,张衡的木雕即使真的"腹中施机",那么,这种机也不会是动力机,而是一种装在风筝上用线控制飞行的操纵机构。

关于三个轮子可以自转的机械,古来就有不同意见。南宋学者王应麟认为是一种记里鼓车。这种车利用一组齿轮系把大车转动时车轴的运动传递到一个木人的手臂上,使它过一里路时敲一下鼓。另一种意见则认为是一种指南车。清代王先谦《后汉书集解·张衡传》中引《宋书·礼志》:"指南车,其始周公作,张衡始复创造"。看来,指南车的形象更符合于"自转"的用词，因为不管下面轮子怎么转，车上的人只见到指南车木人的手指在自动地转向南方。

总之，张衡在机械技术方面是非常高明的。《太平御览·工艺部九》引晋代葛洪《抱朴子》曰："木圣：张衡、马钧是也。"现在的中国科技史家都公认马钧是我国三国时代一位杰出的机械发明家，而在葛洪看来，张衡、马钧都是一代木圣。

《后汉书·张衡传》中提到，张衡写过一部书叫《算罔论》。此书至迟到唐代已经失传，以至唐代的章怀太子李贤怀疑张衡没写过这部书，而是因为《灵宪》是网络天地而算之，故称《灵宪算罔论》。从《九章算术·少广》章第二十四题的刘徽注文中得知有所谓"张衡算"，因此，张衡写过一部数学著作是应该肯定的。从刘徽的这篇注文中可以知道，张衡给立方体定名为质，给球体定名为浑。他研究过球的外切立方体积和内接立方体积，研究过球的体积，其中还定圆周率值为10的开方，这个值比较粗略，但却是我国第一个理论求得π的值。另外，如果按照钱宝琮先生对《灵宪》的校勘："（日月）其径当天周七百三十分之一，地广二百三十二分之一"，则当时π值等于 $730/232 = 3.1466$，较10的开方又精密了。

张衡曾被唐代人看做是东汉时代的大画家。张彦远的《历代名画记》卷三记有："张衡作《地形图》，至唐犹存。"这幅《地形图》中是否还有地理科学上的意义，现已无可考了。当时还流传有他用脚画一只神兽的故事。故事虽然被神化了，但也反映出张衡有很高的画技。

张衡当过太史令，因而对史学也有许多研究。他曾对《史记》《汉书》提出过批评，并上书朝廷，请求修订。他又对东汉皇朝的历史档案作过研究，曾上表请求专门从事档案整理工作，补缀汉皇朝的史书。但这些上书均无下文。

张衡还研究文字训诂的学问，著有《周官训诂》一书。当时崔瑗评价说：广大学者都对它提不出异议来。

张衡又是个大文学家，他的《二京赋》曾花了10年的创作功夫，可见其创作态度之严肃。这篇赋不但文辞优美，脍炙人口，而且讽刺批评了当时统治集团的奢侈生活，其思想性也是比较高的。他在河间相任期时创作的《四愁诗》受到文学史家郑振铎先生的高度评价，称之为"不易得见的杰作"。他的《思玄赋》中有大段文字描述自己升上了天空，遨游于众星之间，可说是一篇优雅的科学幻想诗。除了上述诸文外，遗留至今的还有《温泉赋》《归田赋》等20多篇，都是辞、义俱佳的力作。

张衡虽然在年轻时就已才闻于世，但他却从无骄傲之心，他的性格从容淡静，不好交接俗人，也不追求名利。大将军邓骘是当时炙手可热的权势人物，多次召他，他都不去。后来他当了官，因为这种性格，使他很长时间不得升迁。他对此毫不在意，而是孜孜于钻研科学技术，并写了《应闲》一文以表明自己的志向。文中说到，有的人劝他不要去钻研那些难而无用的技术，应该"卑体屈己，美言"以求多福。他回答说："君子不患位之不尊，而患德之不崇；不耻禄之不夥，而耻知之不博。"这两句掷地有声的话，表明了他不慕势利而追求德智的高尚情操。张衡认为对高位"求之无益"，智者是不去追求它的。反之，叫他去"卑体屈己"以求升官，他说这是"贪夫之所为"，自己是羞于为此的。

张衡虽然淡于名利，却不是一味清高、不问政治、不讲原则的人。恰恰相反，他一生中有许多事迹表明了他有他的政治理想和抱负。他更坚持作为一个科学家的实事求是原则。张衡的政治抱负也很简单，就是八个字：佐国理民，立德立功。而佐国理民的具体目标和方法则是改革时弊，加强礼制，剔除奸佞，巩固中央。

张衡所处的时代政治日渐腐败，宦官在和外戚的斗争中权力越来越大，而地方豪强也趁中央衰落之际猖獗起来，人民所受的剥削压榨越加残酷。由于黑暗势力的强大，张衡晚年有消极避世的思想，因而有《归田赋》之作。这是封建制度下的时代悲剧，不足以减损张衡这位伟大科学家为人民所作的贡献。他在诗中开始指摘"天道之微昧"，表露出对统治者的失望；他仍然讽刺热衷利禄的人，说他们是"贪饵吞钩"。这些都说明，张衡的是非观念仍然是十分清晰的。

20世纪中国著名文学家、历史学家郭沫若对张衡的评价是："如此全面发展之人物，在世界史中亦所罕见，万祀千龄，令人景仰。"

四、史学巨匠班固

班固（公元 32 年~92 年），东汉史学家班彪之子，字孟坚，扶风安陵（今陕西咸阳人）。东汉史学家、文学家。9 岁能诵读诗赋，13 岁时得到当时学者王充的赏识，建武二十三年（公元 47 年）前后入洛阳太学，所学无常师，不死守章句，只求通晓大义。及长，博览群书，贯通群书，诸子百家之言无不穷究。建武三十年，其父班彪卒，自太学返回乡里。居忧时，在班彪续补《史记》之作《后传》的基础上开始编写《汉书》。

东汉明帝水平年间，有人告班固私改国史，被捕入狱。赖其弟班超奔走上书，其书稿遂送至京师。明帝阅后，很赏识班固的才学，召为兰台令史。后与陈宗、尹敏、孟异共同撰成《世祖本纪》，又迁为郎，典校秘书。至汉章帝建初七年（82 年）完成《汉书》。

章帝时，班固职位很低，先任郎官。建初三年（公元 78 年）升为玄武司马，是守卫玄武门的郎官中的下级官吏。由于章帝喜好儒术文学，赏识班固的才能，因此多次召他入宫廷侍读。章帝出巡，常随侍左右。奉献所作赋颂。对于朝廷大事，也常奉命发表意见，与公卿大臣讨论，曾参加论议对西域和匈奴的政策。

建初四年，章帝效法西汉宣帝石渠阁故事，在白虎观召集当代名儒讨论五经同异，并亲自裁决。其目的是广泛动员经今古文学派的力量，促进儒家思想与谶纬神学紧密结合，加强儒家思想在思想领域的统治地位。在这次会议上，班固以史官兼任记录，奉命把讨论结果整理成《白虎通德论》，又称《白虎通义》。

汉和帝永元元年（公元 89 年），大将军窦宪奉旨远征匈奴，班固被任为中护军随行，参与谋议。窦宪大败北单于，登上燕然山（今蒙古境内的杭爱山），命班固撰写了著名的燕然山铭文，刻石记功而还。班固与窦宪本有世交之谊，入窦宪幕府后，主持笔墨之事，关系更为亲密。永元四年，窦宪在政争中失败自杀，洛阳令对班固积有宿怨，借机罗织罪名，捕班固入狱。同年死于狱中。

《汉书》是班固继司马迁之后，补齐了纪传体支书的形式，并开创了"包举一代"的断代史体例，为后世"正史"之楷模。

一是开创了正史地理志的先例。在正史中专列《地理志》是从班固的《汉书·地理志》开始的。班固生活的时代是汉朝已建立了200多年之际，王朝空前统一和强盛，经济发达，版图辽阔，陆海交通发达。地理知识的积累远非《山经》和《禹贡》时代可比，社会生活和管理对地理知识的需要也空前迫切。地理撰述不再近则凭证实，远则凭传闻，而是国家掌握的各地方当局的直接见闻，乃至相当准确的测绘和统计了。记录大量实际地理资料的地理著作的出现虽是那个时代的要求，但是，在正史中专列《地理志》却是班固对后世的重大贡献。封建时代，一般的地理著作很难流传到今天，但正史中的《地理志》，在后世王朝的保护下，较易流传下来。班固在正史中专列《地理志》的作法，被后世大部分正史及大量的地方志所遵奉。这样就为我们今天保留了丰富的地理资料，为研究中国古代地理学史及封建时代的社会、文化史提供了重要条件。班固对正史《地理志》的开创之功不可忽视。

二是开创了政区地理志的体例。班固《汉书·地理志》的结构内容共分三部分：卷首（从"昔在黄帝"至"下及战国、秦、汉焉"）全录《禹贡》和《周礼·职方》这两篇，并依汉代语言作了文字上的修改；卷末（从"凡民函五常之性"至卷终）辑录了以《史记·货殖列传》为基础的刘向《域分》和朱赣《风俗》；正文（从"京兆尹"至"汉极盛矣"）主要写西汉政区，以郡为纲，以县为目，详述西汉地理概况。这部分是以汉平帝元始二年（公元2年）的全国疆域、行政区划为基础，叙述了103个郡国及所辖1578个县的建置沿革、户口统计、山川泽薮、水利设施、古迹名胜、要邑关隘、物产、工矿、垦地等内容，篇幅占了《汉书·地理志》的三分之二。正文这种以疆域政区为框架，将西汉一代各种自然地理和人文地理现象分系于相关的政区之下，从政区角度来了解各种地理现象的分布及其相互关系的编写体例，可以称之为政区地理志。这种体例创自班固，表现了他以人文地理为中心的新地理观。在班固以前，地理著作一般都以山川为主体，如《山海经》《职方》等，将地理现象分列于作者所拟定的地理区域中，而不注重疆域政区的现实情况。《禹贡》虽然有了地域观念，以山川的自然界线来划分九州，分州叙述各地的地理；但"九州"仅是个理想的制度，并没有实现过。所以

《禹贡》还不是以疆域、政区为主体、为纲领的地理著作。班固之所以形成以人文地理为中心的新地理观，除了他本人的原因之外，还因为他生活在东汉这个具体的历史时代。自汉朝建立到班固生活的东汉，已经有了200多年长期稳定的历史，在疆域广袤的封建大帝国内，建置并完善了一套郡（王国）—县（邑、道、侯国）二级行政区划。长期实施的社会制度，促成了新地理观念的产生。班固的这种新地理观随着大一统观念的加强，随着重人文、轻自然、强调天人合一的中国传统文化精神的巩固而一起被长期继承下去。不但各正史地理志都以《汉书·地理志》为蓝本，而且自唐《元和郡县志》以下的历代全国地理总志也无不仿效其体例。班固的地理观及其《汉书·地理志》对中国古代地理学的发展产生了深远影响。一方面是为我国保留了一大批极有价值的人文地理资料，另一方面也妨碍了自然地理观念的发展。直到明末《徐霞客游记》问世之前，我国始终缺乏对自然地理现象进行科学描述和研究的专著，至多只有记录自然地理现象分布和简单描述的作品，往往还是像《水经注》那样以人文地理资料的记录为主。之所以出现这种情况，班固的地理观及其《汉书·地理志》模式的影响不能不说是其重要原因之一。

三是开沿革地理之始。班固不仅在《汉书·地理志》中首创了政区地理志的模式，而且也完成了首例沿革地理著作。《汉书》虽然是西汉一朝的断代史，但《汉书·地理志》记述的内容超出西汉一朝。它"因先王之迹既远，地名又数改易，是以采获旧闻，考迹诗书，推表山川，以缀《禹贡》《周官》《春秋》，下及战国、秦、汉"。它是一部西汉的地理著作，又涉及各郡国的古代历史、政区沿革等。比如，卷首写汉前历代疆域沿革，除全录《禹贡》《职方》两篇外，班固还在《禹贡》前增以黄帝至大禹、《禹贡》与《职方》间加以大禹至周、《职方》后缀以周至秦汉的简略沿革，保持了汉以前区域沿革的连续性。又比如，卷末辑录了刘向的《域分》和朱赣的《风俗》，分述以秦、魏、周、韩、郑、陈、赵、燕、齐、鲁、宋、卫、楚、吴、粤（越）等故国划分的各地区概况，其中沿革是重要内容之一。再比如，班固在正文中于政区地理的框架中纳入其他门类的地理现象，将其分系于各有关的郡国和县道之下，并主要采取注的形式叙述各郡国从秦代到王莽时的建置沿革。县一级政区并载明王莽的改名。班固在《汉书·地理志》中注重地理沿革的做法被以后的正史地理志、全国地理总志和大量的地方志所沿用，使后世的沿革地理著作成为中国古代地理学的重要部分。

四是记录了大量的自然和人文地理资料。班固的《汉书》是我国西汉的断代史，其中记载了当时大量的自然和人文地理资料，尤其集中在其中的《地理志》《沟洫志》和《西域列传》等篇目中。例如，仅《汉书·地理志》的正文中就记载川渠480个，泽薮59个，描述了全国300多条水道的源头、流向、归宿和长度，是《水经注》出现以前内容最丰富的水文地理著作。正文中还记载有153个重要山岳和139处工矿、物产位置分布情况；有屯田的记录；有水利渠道的建设；有各郡国及首都长安、少数重要郡国治所及县的户数和人口数统计资料113个，是我国最早的人口分布记录，也是当时世界上最完善的人口统计资料。书中有陵邑、祖宗庙、神祠的分布；有具有历史意义的古国、古城及其他古迹记录；有重要的关、塞、亭、障的分布以及通塞外道路的内容等。总之，《汉书》中所记载的自然地理、经济地理、人口地理、文化地理、军事交通地理等内容为今天研究汉代的社会提供了宝贵的资料。

五是保存了宝贵的边疆地理资料。班固的《汉书》在《地理志》《西域列传》等篇中记载了大量的边疆地理资料。西汉是我国历史上最强盛的王朝之一，幅员辽阔，交通、文化、经济发达。经过武帝时张骞的几次出使西域和汉军的几次出征，开通了丝绸之路；经过张骞等人的"通西南夷"，对当时西南地区有了一定了解。此外，西汉时对东南沿海、南海及印度洋的地理也有一定认识。这些在《汉书》中有丰富的记载。如《汉书·地理志》最早记载了一条从今徐闻西出发到印度南部和斯里兰卡的航海线，对沿途各地的地理现象做了记录。又如，《汉书·严助传》记载淮南王说闽越（即福建）的情况是"以地图察其山川要塞，相去不过数寸，而间独数百千里，阻险林丛弗能尽著。视之若易，行之甚难"。再如，《汉书·匈奴传》记载汉元帝时候：匈奴"外有阴山，东西千余里，草木茂盛，多禽兽"；又说"幕北地平，少草木，多大沙"。这些内容说明汉代人们对边疆地理已有相当程度的认识，给我们今天留下了丰富的研究材料。

班固还是东汉前期最著名的辞赋家，著有《两都赋》《答宾戏》《幽通赋》等。东汉建都洛阳，"西土耆老，咸怀怨思"（《两都赋序》），仍希望复都长安，而班固持异议，因此作《两都赋》。赋中以主客问答方式，假托西都宾向东都主人夸说西都长安的关山之险、宫苑之大、物产之盛。东都之人则责备他但知"矜夸馆室，保界河山"，而不知大汉开国奠基的根本，更不知光武迁都洛邑、中兴汉室的功绩，于是宣扬光武帝修文德、来远人的教化之盛，最后归于节俭，"以折西宾淫侈之论"。《两都赋》体制宏大，完全模仿司马相如、扬雄之作，是西汉大赋的继续。但在宫室游猎之外，又开拓了写京都的题材，后来张衡写《二京赋》、左思写《三都赋》，都受他的影响。《幽通赋》为述志之作，表示他守身弘道的志向。写法仿《楚辞》，先述自己家世，后写遇神人预卜吉凶，再写他誓从圣贤的决心。所谓幽通，即因卜筮谋鬼神以通古今之幽微的意思。另有《答宾戏》，仿东方朔《答客难》、扬雄《解嘲》，表现自己"笃志于儒学，以著述为业"的志趣。此外，他为窦宪出征匈奴纪功而作的《封燕然山铭》，典重华美，历来传诵，并成为常用的典故。

班固在《汉书》和《两都赋序》中表达了自己对辞赋的看法。他认为汉赋源于古诗，是"雅颂之亚"，"炳焉与三代同风"。他不仅肯定汉赋"抒下情而通讽谕"的一面，而且肯定它"宣上德而尽忠孝"的一面，实际上也肯定了汉赋歌功颂德的内容。在《离骚序》中，班固对屈原作了不正确的评价，他认为屈原"露才扬己"，虽有"妙才"，"非明智之器"。这些都表现了他囿于儒家正统思想的局限性。班固另有《咏史诗》，为完整五言体，虽质木无文，却是最早文人五言诗之一。

《隋书·经籍志》有《班固集》17卷，已散佚。明代张溥辑有《班兰台集》。

五、医圣张仲景

张仲景，东汉末年著名医学家，被人称为"医圣"。《后汉书》无其传，其事迹始见于《宋校伤寒论序》引唐代甘伯宗《名医录》："南阳人，名机，仲景乃其字也。举孝廉，官至长沙太守，始受术于同郡张伯祖。时人言，识用精微过其师。所著论，其言精而奥，其法简而详，非浅闻寡见者所能及。"据此，他为南阳（今河南省南阳市，另说河南省邓州市穰东镇张寨村，原因在东汉时期，邓州市行政范围归南阳管理）人，师事张伯祖，曾经出任过长沙太守，因此被后世称为张长沙。但关于张仲景任长沙太守之事是否属实，后世尚有争议。清孙鼎宜认为，张机应为"张羡"之误，章太炎也持此说。

张仲景从小嗜好医学，"博通群书，潜乐道术"。当他十岁时，就已读了许多书，特别是有关医学的书。他的同乡何颙赏识他的才智和特长，曾经对他说："君用思精而韵不高，后将为良医。"（《何颙别传》）后来，张仲景果真成了良医，被人称为"医中之圣，方中之祖"。这固然和他"用思精"有关，但主要是他热爱医药专业，善于"勤求古训，博采众方"的结果。经过多年的刻苦钻研和临床实践，医名大振，成为中国医学史上一位杰出的医学家。

张仲景处在动乱的东汉末年，连年混战，"民弃农业"，都市田庄多成荒野，人民颠沛流离，饥寒困顿。各地连续爆发瘟疫，尤其是洛阳、南阳、会稽（绍兴）疫情严重，"家家有僵尸之痛，室室有号泣之哀"。张仲景的家族也不例外。对这种悲痛的惨景，张仲景目击心伤。据载自汉献帝建安元年（196年）起，十年内有三分之二的人死于传染病，其中伤寒病占百分之七十。"感往昔之论丧，伤横天之莫救"（《〈伤寒论〉自序》），张仲景于是发愤研究医学，立志做个能解脱人民疾苦的医生，"上以疗君亲之疾，下以救贫贱之厄，中以保身长全，以养其生"（《〈伤寒论〉自序》）。当时，在他的宗族中有个人叫张伯祖，是个极有声望的医生。张仲景为了学习医学，就去拜他做老师。张伯祖见他聪明好学，又有刻苦钻研的精神，就把自己的医学知识和医术，毫无保留地传授给他，而张仲景尽得其传。何颙在《襄阳府志》一书中曾赞叹说："仲景之术，精于伯祖。"

张仲景刻苦学习《内经》，广泛收集医方，写出了传世巨著《伤寒杂病论》。它确立的辨证论治的原则，是中医临床的基本原则，是中医的灵魂所在。在方剂学方面，《伤寒杂病论》也作出了巨大贡献，创造了很多剂型，记载了大量有效的方剂。其所确立的六经辨证的治疗原则，受到历代医学家的推崇。这是中国第一部从理论到实践、确立辨证论治法则的医学专著，是中国医学史上影响最大的著作之一，是后来学者研习中医必备的经典著作。

张仲景著《伤寒杂病论》是他一生最大的成就，但在此外，我们对他所知不多。在晋皇甫谧《针灸甲乙经》序中，记载了张仲景为王粲看病的逸事："仲景见侍中王仲宣时年二十余，谓曰：君有病，四十当眉落，眉落半年而死，令服五石汤可免。仲宣嫌其言忤，受汤而勿服。居三日，见仲宣谓曰：服汤否？仲宣曰：已服。仲景曰：色候固非服汤之诊，君何轻命也？仲宣犹不言。后二十年果眉落，后一百八十七日而死，终如其言。此二事虽扁鹊、仓公无以加也。"虽然事近传奇，但也可以显示当时人对张仲景医术的敬服。

张仲景为人敬仰的重要原因之一，就是在《伤寒杂病论》中体现出来的"辨证论治"的重要医学思想，可以说，它的出现对后世中医学发展起到了绝对的主宰作用。使用寒凉药物治疗热性病，是中医的"正治法"；而使用温热的药物治疗，就属于"反治法"。但是这两种截然不同的治疗方法都是用于治疗热性疾病的，相同的症状，不同的治疗方法，如何区别和选择呢？就是要辨证。不仅仅是表面的症状，还要通过多方面的诊断（望、闻、问、切四诊）和医生的分析（辨证分析）得出证候特点，才能处方。这种"透过现象看本质"的诊断方法，就是张先师著名的"辨证论治"观点。这种理论的形成，正是建立在精深的医理和严密的辨证分析的基础上的，它彻底地否定了仅凭症状来判断疾病性质和治疗方法的主观诊断法，也就确立了中医的又一重要支柱理论——"辨证论治"的原则。这也是几千年来中医长盛不衰，至今仍能傲立于世界医林的基础，也就是通过望、闻、问、切四诊，综合分析疾病的性质，因人、因病、因证来选方用药。

同时，书中提出了治疗外感病时的一种重要的分类方法，就是将病邪由浅入深地分为六个阶段，每个阶段都有一些共同的症状特点并衍生出很多变化，这一时期的用方和选药就可以局限在某一范围，只要辨证准确，方子的运用就会有很好的疗效。这种方法后人称为"六经辨证"，但"经"绝不同于经络的"经"，它包含的范围要宽泛得多。书中的113首处方，也都是颇具奇效的经典配方，被后人称作"经方"，运用得当，常能顿起大病沉疴，因此，《伤寒论》也被称为"医方之祖"。

六、无神论者王充

王充（公元27年~约公元97年），字仲任，会稽上虞人，他的祖先从魏郡元城迁徙到会稽。很多人认为王充年少时就成了孤儿。王充《自纪》曰：

充少"有巨人（大丈夫）之志，父未尝答，母未尝非，闾里未尝让（谴责）"。可见双亲俱在，且很慈爱。《后汉书》本传说："充少孤，乡里称孝。"似乎他从小不是失去父爱，就是缺乏母慈。这并不符合实际。

王充少时，不喜欢押昵戏辱等无聊游戏。其他小孩喜欢掩雀捕蝉，戏钱爬树，王充从来不去参与，表现出孤介寡和，端庄严整的气质。这引起父亲王诵的重视，六岁便教他读书写字，八岁送他上小学。书馆中学童百余人，都因过失和书法不工遭到过先生体罚，唯有王充书法日进，又无过错，未尝受责。学会写字，王充告别了书馆，开始了儒家经典的专经学习和儒家道德的修炼。

《自纪》说："手书既成，辞师，受《论语》《尚书》，日讽千字。经明德就，谢师而专门，援笔而众奇。"可见王充接受的正规教育仍然是儒家的伦理，使用的系统教材仍然是儒家的经典《论语》《尚书》，与常人并无两样。乡学既成，王充乃负笈千里，游学于京都洛阳。在洛阳，王充入太学，访名儒，阅百家，观大礼，大开了眼界，大增了学问，初步形成了他博大求实的学术风格。

王充在洛阳除了从名师、交胜友外，还广阅博览，穷读群书。《后汉书》说王充在洛阳，"家贫无书，常游洛阳市肆，阅所卖书，一见辄能诵忆，途通众流百家之言"。在熟读经史之余，王充还兼及百家，通诸子之学。浅学俗儒多拘守经本，认为经为圣人所造，是真理所在，皓首穷经；一经之中，又专守一师之说，抱残守缺，排斥异己。更莫说儒书以外的诸子百家了。因此他们目光短浅，见解鄙俗。王充通过对儒书与诸子百家的对比研究，认为诸子与儒经同等重要，有时子书甚至比经书还为可靠。他说：五经遭秦朝"燔烧禁防，伏生之徒，抱经深藏"，汉兴，"经书缺灭而不明，篇章弃散而不具"，晁错之徒受经于伏生，自后名师儒者，"各以私意，分析文字"，师徒传相授受，形成了所谓的家法和师法。经书本身的正误已难以辨别，更莫说经师讲解的是是非非了。相反的是，"秦虽无道，不燔诸子"。由此看来，经书有遗篇，而诸子无缺文。孰劣孰优就不辩自明了。

王充认为："诸子尺书，文篇俱在，可观读以正说。"王充说：圣人作经也有文献依据，"六经之作皆有据"。由此言之，"书（于史）亦为本，经亦为末。末失事实，本得道质"。可见诸子群籍，还是经书赖以造作的依据，那么正可据之以定正经书。因此他说:"知屋漏者在宇下,知政失者在草野,知经误者在诸子。"就像立身屋檐底下知道屋漏,身处草莽看得清政治得失一样,读读诸子百家的书,就容易看出经书的错误。可是章句之儒只知信守师说,鹦鹉学舌地"师师相传",代代相袭,殊不知"初为章句者,非通览之人也"(《书解》)。这是就经与子的关系来说的。

对一个希望成为心胸开阔、知识渊博的人来说,博涉经书以外的众流百家更显必要。他形象地比喻说:"涉浅水者见虾,其颇深者察鱼鳖,其尤深者观蛟龙。"所涉历的程度和深浅不同,其所见闻和收获自然也不同。他说做学问也是如此:"入道浅深,其犹此也。浅者则见传记谐文,深者入圣室观秘书。故入道弥深,所见弥大。"他又比喻说:人们游历都想进大都市,就是因为"多奇观也",而"百家之言,古今行事,其为奇异,非徒都邑大市也"。他又说:"大川相间(兼),小川相属(归属),东流归海,故海大也。"倘若"海不通于百川,安得巨大之名"?人做学问也是如此,"人含百家之言,犹海怀百川之流也"(《别通篇》),其渊博的知识就会自然而然形成。王充经子并重,博涉众流的特点,正是他成就其博学通才的原因之一。

王充还注意训练自己通博致用和造书属文的能力,他将当时儒学之士分为四等,即儒生、通人、文人、鸿儒,他说:"能说一经者为儒生,博览古今者为通人,采掇传书以上书奏记者为文人,能精思著文连结篇章者为鸿儒。"并且认为:"儒生过俗人,通人胜儒生,文人逾通人,鸿儒超文人。"(《超奇》)儒生托身儒门,治圣人之经,学圣人之道,远远胜过不学无术的俗人;但儒生仅能死守一经,不知世务,不通古今,"守信师法,虽辞说多,终不为博"(《效力》),故不及博览古今的通人;通人识古通今,诚然可贵,王充曾说过:"知古不知今,谓之陆沉;知今不知古,谓之盲瞽。"(《谢短》)但是识古通今,只是一种知识的象征,只要"好学勤力,博闻强识"即可做到,能力如何不得而知。如果"通人览见广博,不能摄以论说,此为匿书主人",好像那藏书家有书不能观读一样,他认为:"凡贵通者,贵其能用之也",如果学而不能用,"虽千篇以上,是鹦鹉能言之类也"。

文人能草章属文,正是"博通能用"的人,故贵于通人。但是,文人仅能作单篇文章,不能"连结篇章",写成专书,所以不及能写长文大著、自成一家之言的鸿儒。他认为鸿儒最为珍贵,如果说文人是知识分子中的超人奇士的话，那么鸿儒就是"超而又超"、"奇而又奇"的特级人物，若与儒生相比，就好像装饰华美的车子与破车，锦绣与旧袍子相比一样；如果与俗人相比，更是犹如泰山的山顶与山脚一样，具有天壤之别！他们是人中超奇，"世之金玉"。(《超奇》)汉代的谷永、唐林，能上书言奏，依经论事，属于"文人"；而董仲舒、司马迁、扬雄、刘向、刘歆、桓谭等人能鸿篇大论，著书立说，则是"鸿儒"。王充把他们与圣人同科，视为稀世之珍："近世刘子政父子、杨子云、桓君山，其犹文武周公并出一时……譬珠玉不可多得，以其珍也。"(《超奇》)王充对鸿儒如此看重，自然他的努力方向也就是成为一名为世所贵的鸿儒了。他师事班彪，不守章句，博览百家……都是通往鸿儒之路的有效措施。

王充在京师游学历时多久，史无明文。袁山松《后汉书》说王充赶上了汉明帝临辟雍的盛典：充幼聪朗，诣太学，观天子临辟雍，作《大儒论》。袁山松书已佚，这条材料见于李贤《后汉书注》。注文作《六儒论》，根据王充推崇鸿儒的思想，"六儒"当为大儒之误。辟雍，周代为太学之一，汉代则作为尊儒学、行典礼的场所。据《后汉书·儒林列传》，东汉辟雍始建于光武皇帝中元元年（公元56年），尚未来得及亲临其境，光武帝便驾崩了。到了"明帝即位，才亲行其礼"。《明帝纪》说，水平元年（公元58年）十月"幸辟雍"，那么，至少在永平元年，王充尚在京师，其时他已32岁，在洛阳访学已经14年。明帝在即位之年，恢复了许多久废的儒礼，以表示对礼治的提倡。这年正月，皇帝戴上九寸高的通天冠，穿上绣着日月星辰的礼服，先祭光武皇帝于明堂，既而登灵台，望云物，吹奏迎春的乐曲，观察物候的变化，制定《时令》书，颁给列侯、诸王，重演了一番早为孔子所叹惜的授时"告朔之礼"。

这年冬天，明帝又亲临辟雍，举行尊老养贤之礼。事先推定年老博学的李躬为"三老"，曾授明帝《尚书》的桓荣为"五更"。这天，天子先行到达辟雍，举行典礼，然后派人用安车蒲轮（用蒲草裹轮以免颠簸）将三老五更接来，皇帝亲自到门屏之间迎接。以宾主（而非君臣）之礼迎上阼阶。皇帝下诏"尊事三老、兄事五更"，三公九卿，各就各位。皇帝挽起龙袍，操刀亲割，将肉献（不是赐）给三老，还亲自给他酌酒；五更，则由三公如此这般地侍候。接着举行射礼，射礼完毕，明帝归坐于讲堂之上，正襟危坐，执经自讲，诸儒执经问难于前。不够级别的"冠带缙绅"，只有环绕着辟雍璧水，隔岸观望了。这天,平时被人骂为穷酸腐儒的儒生算是扬眉吐气了一回。王充看到了这出从前只在礼书上记载着、在儒生之间口头传诵着的敬老尊儒大典,无疑是十分兴奋的,于是欣然作《大儒论》以颂其事。就是事隔数百年后,范晔作《后汉书》,在写到这一盛况时,也不无激动地说:"(明帝)坐明堂以朝群后,登灵台以望云物,袒割辟雍之上,尊事三老五更……济济乎!洋洋乎!盛于永平矣。"

和所有的读书人一样,王充学成之后,也曾抱着致君尧舜的梦想,走"学而优则仕"的路子。可是王充在官场的境遇并不比他的老师们好多少,《自纪篇》自叙其为官履历曰:在县,位至掾功曹;在都尉府,位亦掾功曹;在太守,为列掾五官功曹行事;入州为从事。王充一生只当过地方官。东汉地方机构,实行州、郡、县三级制,王充历仕三级,但都位不离"掾"。掾,是汉代各级机构中的属官。在县里,他做官至掾功曹,主管一县人事和考功;在郡里,他曾先后在军事长官都尉府作过掾功曹,在行政长官太守府代理五官曹和功曹;在州里,他亦被州刺史征辟为从事属官。生平就没逃脱过为人下僚的命运。

王充的《论衡》大约作成于汉章帝元和三年(86年),现存文章有85篇。东汉时代,儒家思想在意识形态领域里占支配地位,但与春秋战国时期所不同的是,儒家学说打上了神秘主义的色彩,掺进了谶纬学说,使儒学变成了"儒术"。而其集大成者并作为"国宪"和经典的是皇帝钦定的《白虎通义》。王充写作《论衡》一书,就是针对这种儒术和神秘主义的谶纬说进行批判。《论衡》细说微论,解释世俗之疑,辨照是非之理,即以"实"为根据,疾虚妄之言。"衡"字本义是天平,《论衡》就是评定当时言论的价值的天平。它的目的是"冀悟迷惑之心,使知虚实之分"(《论衡·对作》)。因此,它是古代一部不朽的唯物主义的哲学文献。

正因为《论衡》一书"诋訾孔子","厚辱其先",反叛于汉代的儒家正统思想,故遭到当时以及后来的历代封建统治阶级的冷遇、攻击和禁锢,将它视为"异书"。总的来说,王充的哲学思想可以概括为以下几点:

一是"天自然无为"。王充认为天和地都是无意志的自然的物质实体,宇宙万物的运动变化和事物的生成是自然无为的结果。他认为万物是由于物质性的"气",自然运动而生成的,"天地合气,万物自生",生物间的相胜是因为各种生物筋力的强弱、气势的优劣和动作的巧便不同，并非天的有意安排，天不是什么有意志能祸福的人格神。

二是"天不能故生人"。王充认为天是自然，而人也是自然的产物，"人，物也；物，亦物也"，这样就割断了天人之间的联系。他发扬了荀子"天人之分"的唯物主义思想。他说："人不能以行感天，天亦不能随行而应人。"他认为社会的政治、道德与自然界的灾异无关，所谓"天人感应"的说法只是人们以自己的想法去比拟天的结果。

三是神灭无鬼。王充认为人有生即有死。人所以能生，是由于他有精气血脉，而"人死血脉竭，竭而精气灭，灭而形体朽，朽而成灰土，何用为鬼？"他认为人死犹如火灭，火灭为何还能有光？他对于人的精神现象给予了唯物的解释，从而否定鬼的存在，破除了迷信。

四是今胜于古。王充反对"奉天法古"的思想，认为今人和古人相"齐"，今人与古人气禀相同，古今不异，没有根据说古人总是胜于今人，没有理由颂古非今。他认为汉比过去进步，因为汉在"百代"之后。这种见解与"天不变道亦不变"的思想是完全对立的。

总的来说，王充是东汉时期杰出的思想家，唯物主义哲学家。整个东汉二百年间，称得上思想家的，仅有三位：王充、王符、仲长统。王符（公元85年～公元162年），字节信，著有《潜夫论》，对东汉前期各种社会弊端进行了抨击，其议论恺切明理，温柔敦厚；仲长统（公元180年～公元220年），字公理，著有《昌言》，对东汉后期的社会百病进行了剖析，其见解危言峻发，振聋发聩。王充则著《论衡》一书，对当时社会的许多学术问题，特别是社会的颓风陋俗进行了针砭，许多观点鞭辟入里，石破天惊。《论衡》也可以说是我国古代的一部"百科全书"。就物理学来说，王充对运动、力、热、静电、磁、雷电、声等现象都有观察，书中记载了他的观点。他还解释了人与自然的关系。王充把人的发声，比喻为鱼引起水的波动；把声的传播，比喻为水波的传播。他的看法与我们今天声学的结论是一致的：声是物体振动产生的，声要靠一定的物质来传播。

范晔《后汉书》将三人立为合传，后世学者更誉之为汉世三杰。三家中，王充的年辈最长，著作最早，在许多观点上，王充对后二家的影响是十分明显的，王充是三家中最杰出，也最有影响的思想家。

第八章 三　　国

一、煮酒论英雄的刘备

　　汉昭烈帝刘备（公元161年~公元223年），字玄德，三国时期蜀汉开国皇帝，公元221年~223年在位。三国时期的政治家。涿郡涿县（今河北省涿州）人，汉中山靖王刘胜的后代。东汉灵帝末年，刘备因起兵讨伐黄巾军有功而登上汉末政治舞台。三顾茅庐始得诸葛亮辅佐。公元208年与孙权大将周瑜等大胜曹操于赤壁，其后得到荆州五郡，后又夺取益州。夺取汉中击退曹操后，刘备于公元219年自立为汉中王。公元221年，曹丕已逼迫汉献帝禅让皇帝位，时蜀中又传言汉献帝已经遇害，刘备于是于成都武担之南即皇帝位，年号章武。次年伐东吴兵败，损失惨重，退回白帝城。公元223年因病崩逝，终年63岁，谥号昭烈帝，后人尊称刘备为先主。

　　煮酒论英雄的刘备身高七尺五寸（汉时一尺约为23.1厘米，约173厘米），垂手下膝，有一对招风大耳，不需揽镜自照，眼睛的余光也可以看到耳朵。由于没有胡须，曾被刘璋时官吏张裕取笑。为人不爱多说话，喜怒不形于色，不甚爱读书，喜玩赏评犬马、音乐、美衣等当时士人才子间风行的雅乐之事，常帮助、善待地位低下、受困苦的人。好与豪侠义士交结，善待百姓，曾因其仁德而感动了一位刺客，放弃杀死刘备。

　　小时候，家中有株大桑树，遥望如同车盖，刘备与宗中小儿于树下玩耍时说过："我一定会坐有羽饰华盖的车。"叔父刘子敬听到后，当下斥责他："不许胡说，你想招来灭门之祸吗？"

　　汉灵帝末年爆发黄巾起义，刘备因镇压起义有功被封为安喜县尉，以鞭督邮故弃官亡命。其后曾任下密丞、高唐尉、高唐令之职。后往奔公孙瓒，被表为别部司马，与青州刺史田楷一起对敌冀州牧袁绍，累次有功而试守平原县令，后领平原相，期间曾派三千兵解孔融被黄巾围困之危。

公元194年，曹操借口为父报仇而再度攻打徐州，徐州牧陶谦不能抵挡，向青州刺史田楷求救。刘备以本部千余人从田楷往救之，也被曹操击败。恰好此时张邈陈宫叛迎吕布，曹操根据地失陷，于是回兵兖州。陶谦表刘备为豫州刺史，使屯于小沛。次年陶谦病故，遗命将徐州交与刘备。刘备又得到糜竺陈登孔融等人拥戴，遂领徐州。

公元196年，袁术率大军进攻徐州，刘备迎击，两军在盱眙、淮阴相持。这时，为刘备收留的吕布偷袭了下邳。刘备回军，中途军队溃散，乃收余军东取广陵，为袁术所败，转军海西，困顿至极，得从事东海糜竺以家财助军。于是向吕布求和，吕布让刘备驻军小沛。其后袁术派纪灵领步骑三万攻小沛，吕布也知道唇亡齿寒的道理，用"辕门射戟"使两家罢兵。不久，刘备再度召集万余人的军队，吕布恶之，于是率军进攻小沛。刘备战败，只能前往许都投奔曹操。曹操表奏刘备为豫州牧，又益其兵，并给予粮草，让刘备屯沛地。至此人称刘备为"刘豫州"。

公元198年，与曹操共同攻灭吕布。

公元199年，车骑将军董承受汉献帝衣带诏，与刘备密谋诛杀曹操。时曹操正与刘备"煮酒论英雄"，刘备遂与董承等人同谋。恰逢当时曹操派刘备于朱灵一起攻击袁术，途中杀徐州刺史车胄，留关羽守下邳，行太守事，自己还小沛。东海昌狶以及诸郡县多从刘备，刘备遂有兵数万，于是北连袁绍。曹操派司空长史沛国刘岱、中郎将扶风王忠往攻，被刘备打退。

公元200年春，衣带诏事发。曹操亲自攻击刘备。刘备军败，北奔袁绍。秋七月，汝南黄巾军首领刘辟等判归袁绍。袁绍使刘备领兵助之，不久为曹仁打败。刘备回到袁绍处，以联结刘表为由，带兵复到汝南，联合黄巾余党龚都，斩杀曹操派来平乱的将领蔡阳。

公元201年，曹操亲自讨伐刘备，刘备往投刘表，屯于新野。

公元202年，刘表命刘备带军北上，到叶这个地方，夏侯惇、于禁、李典率军抵挡。刘备伪退，设下伏兵，李典觉得有诈，劝谏，夏侯惇不听，被刘备打败，幸好李典及时赶来，刘备军力过少，知道相持下去占不到便宜，于是退军。刘备在荆州数年，自觉老之将至而功业未建，遂有"髀肉之叹"。

一次刘备与刘表饮酒，到厕所时见大腿变粗，与刘表感叹自己年轻时曾亲身征战四处，戎马生涯时身不离鞍，更未见赘肉。现在不再征战，在荆州安逸数年，而见大腿赘肉渐生，在荆州无所为用，争战半生理想仍未成、国家仍未平，为之叹息，感伤落泪。

公元207年末，徐庶往见刘备，刘备颇为器重他。徐庶向刘备举荐诸葛亮。刘备三顾茅庐之后，诸葛亮向他献上了隆中对。

公元208年，刘表病死，曹操此时亲率大军南下。刘表次子刘琮投降曹操，长子刘琦联合刘备。刘备从新野撤往江夏，路经襄阳时，很多荆州士人投靠刘备，有人劝说刘备抛弃他们，轻骑前进，但刘备说："夫济大事必以人为本，今人归吾，吾何忍弃去！"到当阳时，竟有十余万众，辎重数千辆，日行十余里，乃大败于当阳之长坂。此时恰好遇上前来打探情报的鲁肃，鲁肃劝说刘备与孙权联合，共同对抗曹操。刘备于是转从汉津港去往夏口，派诸葛亮只身前往东吴游说抗曹。孙权以周瑜程普为左右督军率军三万，与刘备并力，在赤壁大破曹军，追到江陵。刘备迅速夺取荆南四郡，又与周瑜围攻曹仁于江陵。此时庐江雷绪率部曲数万口投奔刘备，大大增加了刘备的实力。

公元209年，刘琦卒。群下推举刘备为荆州牧，孙权稍畏刘备之势，将其妹嫁给刘备。次年态度强硬的周瑜病逝于巴丘，孙权欲使刘备为自己挡住曹军，于是在鲁肃的建议下借南郡给刘备。

公元211年，刘璋听从张松建议，派法正邀请刘备助自己对付张鲁，法正、庞统因劝刘备图取益州。刘备遂留诸葛亮关羽等守荆州，自将数万步卒入蜀，与刘璋会于涪。期间张松、法正、庞统皆劝刘备袭杀刘璋，刘备以事情太过仓猝，恐失人心拒绝。于是北到葭萌，厚树恩德以收众心。

公元212年，张松事情败露被杀，刘备于是与刘璋反目。刘璋派遣刘璝、冷苞、张任、邓贤、吴懿等在涪阻击刘备，都被刘备打败，吴懿投降。刘璋又派李严、费观统帅绵竹诸军，此二人亦降。刘备军力益强，乃分遣手下平定各个属县，同时调诸葛亮、张飞、赵云等率军入蜀。刘备进军雒城，庞统在攻城时意外中箭身亡，年仅36岁。雒城近一年才被攻克，与诸葛亮、张飞、赵云等共围成都。时刘备建宁督邮李恢刚好说降马超。马超于是率军屯城北，一时城中震怖。刘备于是派简雍说降了刘璋，领益州牧，启用诸多人才。

公元215年，孙权派吕蒙袭取荆南四郡，刘备率军五万下公安，与孙权连和，割江夏、长沙、桂阳给孙权。

公元218年，刘备起兵攻汉中，采纳法正的计谋，夜袭夏侯渊。夏侯渊被黄忠斩杀。

公元219年，曹操亲自攻打汉中，刘备仗汉中天险，谨守壁垒不战。曹操进不能进，运粮困难，无奈退军。但此战对蜀中压力也相当大，一度打到"男子当战，女子当运"（青壮男子从军作战，妇女后勤运输）的地步，兵力疲敝不堪，且曹操虽退军到长安，犹虎视汉中，汉中压力依然不减。众人此时推举刘备为汉中王。拜关羽为前将军，假节钺。关羽起兵围襄阳，水淹七军，抓住于禁，斩杀庞德，围困曹仁于樊城，自许都以南纷纷响应关羽，一时间关羽威震华夏。不久曹、孙联合，先是徐晃率众击退关羽，羽退回汉水以南，以水军隔绝汉水，襄阳仍然被困。接着吕蒙白衣渡江，劝降南郡守将糜芳、公安守将士仁，兵不血刃占据荆州地界。关羽后方突失，走投无路，最后在临沮被俘惨遭杀害。

公元220年，曹操薨，享年66岁。次子曹丕继任魏王之位，其后废汉献帝，建立了魏朝，称魏文帝。当时盛传献帝已经遇害，甚至魏国边境大臣苏则也不知详情，误信流言为献帝发丧。次年，刘备乃于成都称帝，立国号为汉，史称蜀汉，蜀汉国政权正式建立。

次年，为夺回荆州，刘备出兵攻打东吴（兵力不详，通常认为在5~10万之间）。其先，蜀军士气旺盛，势如破竹，先后击破陆逊部将李异、刘阿等。陆逊坚守不战。时过一年，蜀军士气低落。陆逊趁蜀军战意已无之时用火攻，蜀军大败，刘备逃至白帝城，在此驻扎。孙权为持续孙刘联盟，遣使求和。

公元223年4月，刘备病情恶化，从成都招来丞相诸葛亮，以后事、刘禅、江山托之。二十四日（6月10日），刘备病故于白帝城，终年63岁。

二、千古良相诸葛亮

诸葛亮（公元181年~公元234年），字孔明，琅琊阳都（今山东省沂南县）人，三国时期蜀汉重要大臣，中国历史上著名的政治家、军事家、散文家、发明家。诸葛亮在世时被封为武乡侯，死后谥为忠武侯，所以被称为武侯、诸葛武侯，此外因其早年外号，也称"卧龙"或"伏龙"。

诸葛亮受刘备三顾之礼，提出著名的《隆中对》，策动孙权、刘备联盟，于赤壁之战中大破曹操，奠定三国鼎立的基础。他曾舌战群儒，借东风，智算华容，三气周瑜，更取得荆州为基本。后奉命率军入川，于定军山智激老黄忠，斩杀夏侯渊，败走曹操，夺取汉中。刘备伐吴失败，受遗诏托孤，安居平五路，七纵平蛮，六出祁山，最后一次北伐时采取分兵屯田之策，与司马懿大军相持百余日，但不幸因积劳成疾而逝世，享年54岁。其"鞠躬尽力，死而后已"的高尚品格，千百年来一直为人们所敬仰和怀念，也被誉为"千古良相"的典范。

诸葛亮父亲诸葛圭早逝，诸葛亮与其弟诸葛均便由叔父诸葛玄抚养。后来朝廷选朱皓代替诸葛玄之职，而诸葛玄又与荆州牧刘表有旧交，便带同诸葛亮前往依附。诸葛玄去世后，诸葛亮和弟弟在南阳郡襄阳隆中（一说南阳卧龙岗）务农。诸葛亮平日好念《梁父吟》，又常以管仲、乐毅比拟自己，当时的人对他都不以为然，只有好友徐庶、崔州平、孟建、石韬相信他的才干。他与当时的荆州名士司马徽、庞德公、黄承彦等有结交。黄承彦曾对诸葛亮说："闻君择妇；身有丑女，黄头黑色，而才堪相配。"诸葛亮应许这门亲事，立即迎娶她。

建安十二年（公元207年），诸葛亮27岁时，刘备三顾茅庐，会见诸葛亮，问以统一天下的大计。诸葛亮精辟地分析了当时的形势，提出了首先夺取荆、益作为根据地，对内改革政治，对外联合孙权，南抚夷越，西和诸戎，等待时机，两路出兵北伐，从而统一全国的战略思想，这次谈话即是著名的《隆中对》。刘备听了诸葛亮这一番精辟透彻的分析，思想豁然开朗。他觉得诸葛亮人才难得，于是恳切地请诸葛亮出山，帮助他完成兴复汉室的大业。诸葛亮遂出山辅佐刘备，联孙抗曹，赤壁之战大败曹军，夺占荆州。建安十六年，攻取益州。继又击败曹军，夺得汉中。建安二十六年，刘备在成都建立蜀汉政权，诸葛亮被任命为丞相，主持朝政。

章武三年（公元223年）春，刘备在永安病危，召诸葛亮嘱托后事说："君才十倍于曹丕，必能安国，终定大事。若嗣子可辅助，便给以辅助；若其不才，您可取而代之。"诸葛亮忙哭道："臣必竭心尽力相辅，效忠贞之节，死而后已。"后主即位。

蜀汉后主刘禅继位，诸葛亮被封为武乡侯，领益州牧。建立丞相府以处理日常事务。当时，全国的军、政、财，事无大小，皆由诸葛亮决定，赏罚严明。对外与东吴联盟，对内改善和西南各族的关系，实行屯田，加强战备。建兴五年（公元227年），上疏（即《出师表》）于刘禅，率军出驻汉中，前后六次北伐中原，多以粮尽无功。建兴十二年，终因积劳成疾，病逝于五丈原军中，将后事托付姜维，归葬定军山勉县的武侯墓。

诸葛亮忠于主君，备受后世推崇。在受刘备托孤后，他一直对刘禅尽心尽力，做事都亲力亲为，忧公如家，《出师表》中表明心迹，直至最后令自己食少事烦，病死军中。诸葛亮在割据一方的政权中大权独揽十余年，但是既不敛财，也不谋任何私利或名位，一直只以兴复汉室为任。另一位托孤重臣李严曾写信给诸葛亮，希望他受赐九锡，但诸葛亮拒绝，表示不能为汉室收复中原就不算有功。诸葛亮曾上表说自己没有多余财产，只有八百株桑树、十五顷田地，而自己穿的都是朝廷给的，就算儿子都是自给自足，自己没有一点多余的财产。果然，诸葛亮直至死也是如此，甚至在临死前，也吩咐下葬时挖一个洞，只要棺木能放进去便够，自己则只需穿平常的服装，不须其他陪葬物。诸葛亮死后30年，他的长子诸葛瞻、长孙诸葛尚一起在保卫国家的战争中战死沙场。

诸葛亮在治政上更有突出的成绩，除在《隆中对》提出了刘备政权的长期战略外交规划外，早期常为刘备足食足兵。等到他开始独掌蜀汉军政大权以后，则以"法"为根本，到后来在朝内作八务、七戒、六恐、五惧训诫各臣，而朝外亦民风朴实，赏罚分明，突出法制的作用，这在中国古代极为罕见。他鼓励其他朝臣以集思广益的态度进谏，又敢于认错，在第一次北伐时，因误用与他最为亲密的马谡而失败，后上表自责，自贬降官，将马谡处死。《三国志》的作者陈寿的父亲是被诸葛亮依法处死的，但是陈寿对诸葛亮的评价却是"尽忠益时者虽仇必赏，犯法怠慢者虽亲必罚"。

由于《三国演义》夸大了诸葛亮的军事指挥方面的才能，近现代经常有彻底质疑诸葛亮军事能力的观点。但是作为蜀汉十多年间的最高军事指挥和前线决策者，除平定南方叛乱以外，诸葛亮以不足曹魏五分之一的人口和兵力，不但长期进攻曹魏使其基本不敢入侵本国，反而占得了魏国阴平、武都两个郡，其能力还是毋庸置疑的。

诸葛亮不仅是政治家、军事家，还是历史上有名的书法家、绘画家及音乐家。

诸葛亮所处的时代，正是中国书法艺术趋向成熟的时代。在他出生前四年，汉灵帝熹平六年（公元177年），首次把书刻文字称作"书法"。这标志着作为交流工具的"写字"，与作为美学欣赏与实用相统一的"书法"，正式拉开了距离，并使后者逐步发展成为一门独特的艺术——书法艺术。这时汉隶已成为别具风格的主导字体，同时又始创了草书、行书和楷书，使篆、隶、草、行、楷五体基本齐备。

诸葛亮喜爱书法。在青少年时代就进行过刻苦的训练，能写多种字体，篆书、隶书、草书都写得很出色。虞荔《古鼎录》记载："诸葛亮杀王双，还定军山，铸一鼎，埋于汉川，其文曰：定军鼎。又作八阵鼎，沉永安水中，皆大篆书。""章武三年（公元223年）又作二鼎，一与鲁王，文曰：'富贵昌，宜侯王。'一与梁王，文曰：'大吉祥，宜公王。'并古隶书，高三尺，皆武侯迹。"北宋时周越所著《古今法书苑》也记载："蜀先主尝作三鼎，皆武侯篆隶八分，极其工妙。"

宋徽宗宣和内府的《宣和书谱》卷13记载：诸葛亮"善画，亦喜作草字，虽不以书称，世得其遗迹，必珍玩之"。又说："今御府所藏草书一：《远涉帖》。"这说明到北宋末期在皇宫内府还珍藏有诸葛亮的书法作品。南宋陈思《书小史》记载：诸葛亮"善其篆隶八分，今法帖中有'玄漠太极，混合阴阳'等字，殊工"。

唐朝张彦远在《历代名画记》中写道："诸葛武侯父子皆长于画。"张彦远还在其《论画》一书中，记载了当时绘画收藏与销售的情况。他说："今分为三古以定贵贱，以汉、魏三国为上古，则赵岐、刘褒、蔡邕、张衡、曹髦、杨修、桓范、徐邈、曹不兴、诸葛亮之流是也。"以晋、宋画家为中古，以齐、梁、陈、后魏、后周、北齐的画家为下古，隋和唐初的画家则称之为近代。近代画家作品的价格与下古画家作品价格相近，而以上古画家作品价格为最高。张彦远记述当时一些近代画家如阎立本、吴道子等人绘画作品的售价："屏风一片值金二万，坎者售一万五千"，"一扇值金一万"。并说汉魏三国（即上古）画家的作品，在唐代已是"有国有家之重宝"，"为希代之珍"。从他的记述中，可以大致看到诸葛亮在中国美术史上的历史地位和艺术成就。东晋史学家常璩的《华阳国志》记载："南中，其俗征巫鬼，好诅盟，投石结草，官常以诅盟要之。诸葛亮乃为夷作图谱，先画天地日月君长城府，次画神龙，龙生夷及牛马驼羊。后画部主吏，乘马幡盖，巡行安恤。又画夷牵牛负酒赍金宝诣之象，以赐夷，夷甚重之。"又记道："永昌郡，古哀牢国……世世相继，分置小王，往往邑居，散在溪谷，绝域荒外，山川阴深，生民以来，未尝通中国，南中昆明祖之，故诸葛亮为其图谱也。"从以上两段记载可以看出，诸葛亮的确具有非凡的绘画才能。他的画作既取材于现实生活（如南中少数民族的生活），又有神奇而丰富的想象（如神龙等），而且构图宏伟，场面博大。

诸葛亮精通音律，喜欢操琴吟唱，有很高的音乐修养。这方面在古籍中多有记述。陈寿《三国志·诸葛亮传》记载："玄卒，亮躬耕陇亩，好为《梁父吟》。"习凿齿《襄阳耆旧记》："襄阳有孔明故宅……宅西面山临水，孔明常登，鼓瑟为《梁父吟》，因名此山为乐山。"当然还有《卧龙吟》，真是千古绝唱，《中兴书目》记载："《琴经》一卷，诸葛亮撰述制琴之始及七弦之音，十三徽取象之意。"谢希夷《琴论》也记有："诸葛亮作《梁父吟》。"《舆地志》记载："定军山武侯庙内有石琴一，拂之，声甚清越，相传武侯所遗。"从以上记载就足以看出，诸葛亮在音乐方面有着很全面的修养和很高的艺术成就。他既长于声乐——会吟唱，又长于器乐——善操琴，同时他还进行乐曲和歌词的创作，而且还会制作乐器——制七弦琴和石琴。不仅如此，他还写有一部音乐理论专著——《琴经》。

另外，诸葛亮在技术发明上亦有灵巧的构想，曾发明损益连弩（诸葛弩、元戎）、木牛流马、孔明灯等。诸葛亮推演兵法，作的八阵图，唐代名将李靖仍十分推崇。

三、奸雄曹操

魏武帝曹操（公元155年~220年），字孟德，小名阿瞒、吉利，沛国谯

（今安徽亳州）人。东汉末年杰出的政治家、军事家、文学家、诗人。在政治军事方面，曹操消灭了众多割据势力，统一了中国北方大部分区域，并实行一系列政策恢复经济生产和社会秩序，奠定了曹魏立国的基础。文学方面，在曹操父子的推动下形成了以"三曹"（曹操、曹丕、曹植）为代表的建安文学，史称"建安风骨"，他的诗以慷慨悲壮见称，在文学史上留下了光辉的一笔。

曹操祖父曹腾在汉桓帝时担任官职，封为费亭侯。据说父亲曹嵩本姓夏侯，后成为曹腾养子并改姓继承侯爵。曹操小名阿瞒、吉利，故而有曹阿瞒之说。年轻时期的曹操机智警敏，有随机权衡应变的能力，而任性好侠，放荡不羁，不修品行，不研究学业，所以社会上没有人认为他有什么特别的才能，只有梁国的桥玄等人认为他不平凡。桥玄对曹操说："天下将乱，非命世之才不能济也，能安之者，其在君乎！"南阳何颙也说："汉室将亡，安天下者，必此人也！"许劭，字子将，以知人著称，他也曾对曹操说过："君清平之奸贼，乱世之英雄。"（《后汉书·许劭传》）。曹操于公元184年汉末黄巾时显露头角，后被封为西园八校尉之一，参与了天下诸侯讨伐董卓的战争。董卓死后，独自发展自身势力，纵横乱世，南征北战，先后战胜了吕布、袁术，并接受了张绣的投降。公元200年，曹操在官渡（今河南中牟县东北）以少胜多挫败河北袁绍，公元201年在仓亭（今河南管县东北）再次击破袁绍大军，并于公元207年十二月北伐三郡乌桓，彻底铲除了袁氏残余势力，基本统一了中原地区。公元208年，成为东汉政权丞相。公元208年7月，曹操南征荆州刘表，12月于赤壁与孙刘联军作战，失利。公元211年7月，曹操领军西征，击败了以马超为首的关中诸军，构筑了整个魏国基础。公元212年又击败了汉中张鲁，至此，三国鼎立之势基本成型。公元213年，汉献帝派御史大夫郗虑册封曹操为魏王，于邺城建立魏王宫铜雀台，享有天子之制，获得"参拜不名、剑履上殿"的至高权力。公元220年，曹操于洛阳逝世，享年66岁，谥号"武王"，死后葬于高陵。曹操一生未称帝，他病死后，曹丕继位后不久称帝，追谥为"武皇帝"。

曹操在北方屯田，兴修水利，解决了军粮缺乏的问题，对农业生产的恢复有一定作用。用人唯才，罗致地主阶级中下层人物，抑制豪强，加强集权。所统治的地区社会经济得到恢复和发展。精兵法，著《孙子略解》《兵书接要》《孟德新书》等书。善诗歌，《蒿里行》《观沧海》等诗篇，抒发自己的政治抱负，并反映汉末人民的苦难生活，气魄雄伟，慷慨悲凉。散文亦清峻整洁，著作有《魏武帝集》。

史书评论曹操："明略最优"，"清平之奸贼，乱世之英雄"（《后汉书·许劭传》，裴松之注引孙盛《异同杂语》作"治世之能臣，乱世之奸雄"。著名的《让县自明本志令》作于建安十五年（公元210年），曹操感性地说："使天下无有孤，不知当几人称帝，几人称王。"

长篇历史小说《三国演义》里面表现出明显的贬曹笔法。但由于《三国志》写于晋朝，为了表明晋朝的正统，因此《三国志》对他的评价，是魏蜀吴三国君主之中最高者，陈寿评价曹操为"汉末，天下大乱，雄豪并起，而袁绍虎视四州，强盛莫敌。太祖运筹演谋，鞭挞宇内，揽申、商之法术，该韩、白之奇策，官方授材，各因其器，矫情任算，不念旧恶，终能总御皇机，克成洪业者，惟其明略最优也。抑可谓非常之人，超世之杰矣。"曹操唯才是举，军事上战术战略灵活多变。他对东汉末年中国北方的统一，经济生产的恢复和社会秩序的维系有着重大贡献。在内政方面，曹操创立屯田制，命令不用打仗的士兵下田耕作，减轻了东汉末年战时的粮食问题。

曹操在乱世中积极追求个人抱负的实现和自我的不断超越，以最终获得完全的"优越感"。由此，曹操一生以"安民定天下"为己任，以齐桓公、晋文公为榜样，追求"老骥伏枥，志在千里。烈士暮年，壮心不已"的境界。曹操由于对自我有着许许多多的自卑和不安全感，所以信奉"宁我负人，毋人负我"。这使得他可以变得极为猜疑和残忍，行为复杂多变，令人难以捉摸。换言之，人格状态不协调是曹操的悲剧。

四、七步成诗的曹植

曹植（公元192年~公元232年），三国时魏国诗人，文学家。沛国谯（今安徽省亳州市）人，字子建，是曹操与武宣卞皇后所生第三子。后世将曹植，与其父曹操，其兄曹丕，合称"三曹"。

曹植文滔武略。天资聪颖的曹植"年十岁余，论及辞赋数十万言，善属文"。建安十五年（公元210年），曹操在邺城所建的铜雀台落成，他便召集了一批文士"登台为赋"，曹植自然也在其中。在众人之中，独有曹植提笔略加思索，一挥而就，而且第一个交卷，其文曰《登台赋》。曹操看后，赞赏不止。当时曹植只有19岁。自此，一向重视人才的曹操产生了要打破"立长不立幼"的念头，要将其王位交给这个文武全才的儿子曹植。因此曹操对曹植特别宠爱，并多次向身边的人表示"吾欲立为嗣"。谁曾料到，曹操的这一想法，非但没有给曹植带来什么福分，相反给他后来制造了不尽的痛苦，使他无形之中卷入争夺太子之位的漩涡之中。

曹植自身根本没有争夺王位的想法，但是曹操曾经有欲废曹丕改立曹植的想法，遭到了一些大臣的反对，从而将曹植推到了王位争夺战的顶峰，曹丕更是将曹植视为眼中钉。曹丕与其弟曹植的斗争也就从这时开始了。

有一次，曹操欲派曹植带兵出征。带兵出征是掌握军权的象征，是曹操重点培养的征兆。结果曹植在出征前酩酊大醉，曹操派人来传曹植，连催几次，曹植仍昏睡不醒，曹操一气之下取消了曹植带兵的决定。

建安二十五年，曹操病逝，曹丕继魏王位，不久又称帝。曹植的生活从此发生了根本性的变化。他从一个过着优游宴乐生活的贵族王子，变成处处受限制和打击的对象。直到曹丕的地位和权力已基本巩固，嫉恨曹植的念头还没有改变。有人告发曹植经常喝酒骂人，曹植还把曹丕派去的使者扣押起来，但并没有招兵买马、阴谋反叛的迹象和征兆。这算不上犯罪，杀之怕众不服，曹丕便想出个"七步成诗"的办法，治罪其弟。所幸的是，曹植略一思索便在七步之内将诗作出，诗曰："煮豆燃豆萁，豆在釜中泣。本是同根生，相煎何太急！"这"七步诗"取譬之妙，用语之巧，在刹那间脱口而出，实在令人叹为观止。而"本是同根生，相煎何太急"两句，千百年来已成为人们劝诫避免兄弟自相残杀的普遍用语，说明此诗在民间流传极广。"七步诗"便成了曹植的救命诗，曹丕不得不收回成命，只降低曹植的官爵作罢。

公元226年，曹丕病逝，曹叡继位，即魏明帝。曹叡对他仍严加防范和限制，处境并没有根本好转。曹植在文帝、明帝二世的12年中，曾被迁封过多次，最后于232年在陈郡的封地逝世，卒谥思，故后人称之为"陈王"或"陈思王"。

诗歌是曹植文学活动的主要领域。前期与后期内容上有很大的差异。前期诗歌可分为两大类：一类表现他贵族王子的优游生活，一类则反映他"生乎乱、长乎军"的时代感受。后期诗歌，主要抒发他在压制之下时而愤慨时而哀怨的心情，表现他不甘被弃置，希冀用世立功的愿望。今存曹植比较完整的诗歌有80余首。曹植在诗歌艺术上有很多创新发展。特别是在五言诗的创作上贡献尤大。首先，汉乐府古辞多以叙事为主，至《古诗十九首》抒情成分才在作品中占重要地位。曹植发展了这种趋向，把抒情和叙事有机地结合起来，使五言诗既能描写复杂的事态变化，又能表达曲折的心理感受，大大丰富了它的艺术功能。曹植还系建安文学之集大成者，对于后世的影响很大。在两晋南北朝时期，他被推尊到文章典范的地位。南朝大诗人谢灵运更是赞许有加："天下才共一石，子建独得八斗，我得一斗，天下共分一斗。"

曹植一生娶了两位妻子。前妻崔氏，系名门之后，其兄崔琰曾任曹魏尚书，一度得到曹操的信任。崔氏因"衣绣违制"，被曹操勒令回家并赐死。不久，崔氏之兄崔琰又因"辞色不逊"被处死。有人说，崔琰之死与其妹的死有关。曹植的后妻谢氏，曾被封为王妃，即史书中所称的"陈妃"，她是曹植后期生活的伴侣。据说，她一直活到晋代，享年80余岁。曹植有两个儿子，长子曹苗，曾被封为高阳乡公，早夭。次子曹志，被封为穆乡公，他少而好学，才行出众。曹植称赞他是曹家的"保家主也"。曹植死后，曹志继位，徙封为济北王。司马氏篡位后，曹志降为鄄城县公，后任乐平太守，迁散骑常侍兼国子博士，后转博士祭酒。曹植还有两个女儿，在他的著作中偶有提及，但具体情况不得而知。

五、神医华佗

华佗，字元化，沛国谯（今安徽省亳州）人。关于华佗的生平，史籍并没有详细记载。流传下来两种华佗的死因，一种是因为不愿为曹操治病，被杀；二是在给曹操治病时，索要官职被杀。

第一种认为：华佗在年轻时，曾到徐州一带访师求学，"兼通数经，晓养性之术"。沛相陈珪推荐他为孝廉，太尉黄琬请他去做官，都被他一一谢绝，遂专志于医药学和养生保健术。他立志以医济世，为民众解除病苦。华佗行医遍及今安徽、江苏、山东、河南的一些地区，深受群众的爱戴和推崇。汉丞相曹操患头风头痛，久治不见效，召华佗治疗。华佗施以针刺，头痛立刻就停止了。曹操要留华佗在身边做侍医，华佗不愿意只为他一人服务，托词回家不返。曹操一怒之下，将华佗杀害了。

第二种根据《三国志》的作者陈寿在该书的《方技传》中写道，"然本作士人，以医见业，意常自悔"，一语道破了华佗走上从医道路以后的心态。在行医的过程中，华佗深深地感到医生地位的低下。他的医术是高明的，名气越来越大，前来请他看病的高官权贵越来越多。在跟这些高官权贵的接触过程中，华佗的失落感更加强烈，性格也变得乖戾了，难以与人相处，因此，范晔在《后汉书·方术列传》中毫不客气地说他"为人性恶，难得意"。在后悔和自责的同时，他在等待入仕为官的机遇再度降临。

曹操请华佗为他治疗"头风"顽症，华佗用针扎胭俞穴位，手到病除，效果很好，《三国志》对此的记载是，"佗针鬲，随手而差"。后来，随着政务和军务的日益繁忙，曹操的"头风"病加重了，于是，他想让华佗专门为他治疗"头风"病。华佗说："此近难济，恒事攻治，可延岁月。"意思是说，你的病在短期内很难彻底治好，需要长期治疗，才可延长岁月。

因此，有人认为，华佗正是想利用为曹操治病的机会，以医术为手段，要挟曹操给他官爵。曹操后来说："佗能愈此。小人养吾病，欲以自重。"意思是说，华佗能治好这病，他为我治病，想借此抬高自己的身价。这说明曹操当时是明白华佗的言外之意的，但是他并没有立即满足华佗的要求。

于是，华佗便以收到家书，想回家小住几天为借口，请假回家，到家后又托词妻子有病，一直不回，对曹操进行再度要挟。曹操依照汉律，以"欺骗罪"和"不从征召罪"判处华佗死刑，华佗服罪伏诛。

据《三国志》记载，华佗回家后，曹操曾经多次写信催他回来，还曾命令郡县官员将华佗遣送回来，但是华佗还是不肯回来。

曹操大怒，派人前去查看，如果华佗的妻子果真病了，就赐给40斛小豆，并放宽期限；如果华佗说谎，就拘捕押送他回来。于是华佗就被交付许县监狱，审讯后本人认罪。荀彧替华佗向曹操求情，曹操不理，将华佗给处死了。

不管华佗是因何原因而死的，曹操杀害了华佗后，常感到内疚后悔，特别是他的爱子仓舒（曹冲）病重时，更是非常后悔杀了华佗，令儿子的病得不到治疗。医术高明的华佗，早在三国时，就被魏国列为著名医家，后世誉称他是"外科学鼻祖"。

华佗不仅精于针灸，在妇产科、小儿科、内科杂病和寄生虫病等方面都有很高的造诣。他最大的成就，是在外科方面。利用某些具有麻醉性能的药品作为麻醉剂，虽然在华佗之前就有人使用，不过，他们或者用于战争，或者用于暗杀，真正用于动手术治病的却没有。华佗总结了这方面的经验，又观察了人醉酒时的沉睡状态，发明了酒服麻沸散的麻醉术，正式用于医学，从而大大提高了外科手术的技术和疗效，并扩大了手术治疗的范围。据史书记载，华佗已能做肿瘤摘除、胃肠缝合一类的手术。他对那些发于体内，针灸服药都不能治好的病，就采用手术治疗。他先让病人用酒服麻沸散，待病人如同酒醉失去知觉时，切开腹壁，若是肿瘤就割除；若病在肠胃，就将胃肠截断，除去疾秽的部分，经过洗涤后再很好地加以缝合，在伤口上敷以一种药膏。四五天后伤口愈合，病人一个月左右就可恢复健康。一次，有个推车的病人，曲着脚，大喊肚子痛。不久，气息微弱，喊痛的声音也渐渐小了。华佗切他的脉，按他的肚子，断定病人患的是肠痈。因病势凶险，华佗立即给病人用酒冲服"麻沸散"，待麻醉后，又给他开了刀。这个病人经过治疗，一个月左右病就好了。他的外科手术，得到历代的推崇。明代陈嘉谟的《本草蒙筌》引用《历代名医图赞》中的一首诗作了概括："魏有华佗，设立疮科，剔骨疗疾，神效良多。"可见，后世尊华佗为"外科鼻祖"是名副其实的。华佗不仅是中国第一位，而且是世界上第一位使用麻醉术进行腹腔手术的人。

华佗还很重视体育锻炼。他认为适当的运动可以帮助消化，畅通气血，不但能预防疾病，还可延长寿命。"户枢不蠹，流水不腐"就是这个道理。据此，他模仿虎、鹿、熊、猿、鸟的动作，创造了"五禽戏"。他的弟子吴普照这个方法坚持锻炼，活到九十多岁，仍耳聪目明，牙齿坚固。

华佗集中精力于医药的研究上。他曾把自己丰富的医疗经验整理成一部医学著作，名曰《青囊经》，可惜没能流传下来。但不能说，他的医学经验因此就完全湮没了。因为他许多有作为的学生，如以针灸出名的樊阿，著有《吴普本草》的吴普，著有《本草经》的李当之，把他的经验部分地继承了下来。至于现存的华佗《中藏经》，那是宋人的作品，用他的名字出版的。但其中也可能包括一部分当时尚残存的华佗著作的内容。

华佗高明之处，就是能批判地继承前人的学术成果，在总结前人经验的基础上，创立新的学说。中国的医学到了春秋时代已经有辉煌的成就，而扁鹊对于生理病理的阐发可谓集其大成。华佗的学问有可能从扁鹊的学说发展而来。同时，华佗对同时代的张仲景的学说也有深入的研究。他读到张仲景著的《伤寒论》第十卷时，高兴地说："此真活人书也。"可见张仲景学说对华佗的影响很大。华佗循着前人开辟的途径，脚踏实地开创新的天地。例如当时他就发现体外挤压心脏法和口对口人工呼吸法。这类例子很多，其中最突出的，应数麻醉术——酒服麻沸散的发明和体育疗法"五禽之戏"的创造。

华佗除系统地接受古代的医疗经验外，还能很好地重视和应用民间的医疗经验。他一生游历了不少地方，到处采集草药，向群众学习医药知识。在向民间找药的同时，还从民间搜集了不少单方，经常用这些单方来治病。有一次，华佗在路上遇见一位患咽喉阻塞的病人，吃不下东西，正乘车去医治。病人呻吟着十分痛苦。华佗走上前去仔细诊视了病人，就对他说："你向路旁卖饼人家要三两萍齑，加半碗酸醋，调好后吃下去，病自然会好。"病人按他的话，吃了萍齑和醋，立即吐出一条像蛇那样的寄生虫，病也就真的好了。病人把虫挂在车边去找华佗道谢。华佗的孩子恰好在门前玩耍，一眼看见，就说："那一定是我爸爸治好的病人。"那病人走进华佗家里，见墙上正挂着几十条同类的虫。华佗用这个民间单方，早已治好了不少病人。

六、文人嵇康

嵇康，字叔夜。"竹林七贤"的领袖人物。谯郡铚（今安徽宿县西南）人。三国时魏末文学家、思想家与音乐家，魏晋玄学的代表人物之一，善于音律。创作有《长清》《短清》《长侧》《短侧》，合称"嵇氏四弄"，与东汉的"蔡氏五弄"合称"九弄"。隋炀帝曾把"九弄"作为科举取士的条件之一。

嵇康风度非凡，为一世之标，史有所载：

> 嵇康身长七尺八寸，风姿特秀。见者叹曰："萧萧肃肃，爽朗清举。"或云："肃肃如松下风，高而徐引。"山公曰："嵇叔夜之为人也，岩岩若孤松之独立；其醉也，傀俄若玉山之将崩。"（《世说新语·容止》）
>
> 康早孤，有奇才，远迈不群。身长七尺八寸，美词气，有风仪，而土木形骸，不自藻饰，人以为龙章凤姿，天质自然。（《晋书·嵇康传》）
>
> 康尝采药游山泽，会其得意，忽焉忘反。时有樵苏者遇之，咸谓为神。（《晋书·嵇康传》）
>
> 康长七尺八寸，伟容色，土木形骸，不加饰厉，而龙章凤姿，天质自然。正尔在群形之中，便自知非常之器。（《世说新语·容止》引《康别传》）

也就是说，嵇康身材高大（魏尺无明确换算标准，约在汉尺与晋尺之间，折合约为181.74～191.1厘米），仪容俊美，声音悦耳，文采卓越。

嵇康早年丧父，家境贫困，但仍励志勤学，文学、玄学、音乐等无不博通。他娶曹操曾孙女长乐亭公主为妻。曾任中散大夫，史称"嵇中散"。

嵇康身当魏末玄学兴盛时期，他对玄理有自己的见解，称"老子、庄周，吾之师也"（《与山巨源绝交书》），表明他对老、庄的服膺。他又认为，神仙禀之自然，非修炼所能致，然而如导养得法，常人也能够长寿，与流行的服食飞升神仙之说有所不同。他著有《养生论》，强调"修性以保神，安心以全身"等精神上的自我修养功夫，并与向秀就这个问题进行过讨论。嵇康在文章里主张"心无措乎是非"（《释私论》），但是他的行动却是"刚肠疾恶，轻肆直言，遇事便发"。

嵇康的这种性格，表现为他对名教、礼法的批判。当时司马氏集团为了维护自己的政权，大力标榜提倡礼法，用所谓"人伦有理、朝廷有法"来羁縻一些士子。嵇康则在一系列文章中强调道家的"自然"，揭露礼法和"礼法之士"的虚伪本质。嵇康"每非汤、武而薄周、孔"，这种诽毁先王的作法，实际上是要否定"今王"——司马氏。

嵇康对司马氏的敌意，在他另一些文章中也有所流露，如《管蔡论》一文，为历来被说成是"顽恶显著"的管叔、蔡叔翻案，说他们本来是"服教殉义、忠诚自然"的，只是由于武王死后，周公摄政，"卒遇大变，不能自通，忠疑乃心，思在王室，遂乃抗言率众，欲除国患"。当时司马昭曾以周公自居，而魏末又屡次发生大臣举兵抗命、反对司马氏的事变，所以此文很自然地让人联想到作者是在为反对司马氏的毋丘俭、诸葛诞等人张目。事实上，后来钟会诬陷他，一条重要罪状就是"康欲助毋丘俭"。

嵇康的文学创作，主要是诗歌和散文。他的诗今存50余首，以四言体为多，占一半以上。代表作有《赠秀才入军》18首以及《幽愤诗》。《赠秀才入军》为赠其兄嵇喜之作。诗中写对从军远征的哥哥的思念，表现了兄弟间的动人情谊。如第九首《良马既闲》，用想象的手法，写嵇喜在军中驰射的英武风姿；第十四首《息徒兰圃》也以想象方式，写嵇喜在征途中息驾休憩、寄情山水的悠闲神态；第十五首《闲夜肃清》又写诗人自己在清夜朗月下置酒无欢、御琴不鼓的孤独寂寞心情，写得都相当亲切感人。诗中大量使用比兴手法来渲染浓郁的别离气氛，它们大多由《诗经》中化出，显示了嵇康四言诗所受《诗经》的影响。《幽愤诗》作于系狱临终之前。诗中回顾了自幼至长的经历，叙述了自己"托好老、庄，贱物贵身"的思想及其形成原因，认为自己终致囹圄，是由于性格"顽疎"，招来了谤议。诗中表示希望渡过目前的厄难，然后去过超尘绝世的生活，"无馨无臭，采薇山阿，散发岩岫，永啸长吟，颐性养寿"。这篇诗由于是在生命的最后时刻写的，所以沉至痛切。在写法上，它采取了回环往复的多层次结构，强调了诗人不甘屈服的精神和守朴全真的志向，充分表达了他内心的愤懑。

嵇康往往在诗中抒发他强烈的愤世嫉俗之情，因此他的一些作品写得比较直露，语含讥刺，锋芒毕现，表现出清峻警峭的特点。而他的另一些诗作夹有谈玄的成分，如"俯仰自得，游心太玄，嘉彼钓叟，得鱼忘筌"之类。这些都在一定程度上减弱了他诗歌形象的生动性。不过总的来说，嵇康的诗歌，特别是四言诗，在文学史上还是有相当地位的。

嵇康的散文成就超过诗歌。他的论说文、书信、传记写得都好。论说文今存九篇，多为长篇，以《养生论》《声无哀乐论》等最为著名。这些文章多是阐弘他的哲学、政治、伦理思想的。如《养生论》是宣传"无为自得，体妙心玄，忘欢而后乐足，遗生而后身存"的；《声无哀乐论》论证情感与声音的关系，认为哀乐之情的产生，"自以事会，先遘于心，但因和声，以自显发",文章批驳了声音本身具有哀乐的观点;《管蔡论》是篇政治历史论文,《明胆论》又是篇心理学论著。这些文章的共同特色是"师心以遣论"(《文心雕龙·才略》),即敢于提出问题,大胆发表自己的见解,文风犀利。如上述《管蔡论》《声无哀乐论》等,都是对传统的名教观念的挑战,表现了极大的勇气。

书信今存两篇,即《与山巨源绝交书》和《与吕长悌绝交书》。前一篇是写给友人山涛的。当时山涛将离吏部郎之职,举嵇康自代,康即写此书谢绝。书中列述自己不能任职的理由,有"必不堪者七"、"甚不可者二";述说自己性格刚直,脾气怪僻,与"俗人"即礼法之士不合。此书写得泼辣而洒脱,向来被认为是嵇康散文中的代表作。后一篇是致吕安之兄吕巽的,书中大义凛然地斥责吕巽行为污秽,而且包藏祸心,反诬无辜的弟弟,愤怒地声明同他绝交。

嵇康曾著《圣贤高士传》。书中所写人物,自混沌至于管宁,凡119人。但是今仅存52传、5赞。传文颇简练,有些还相当有文采,如《井丹》,通过对两件事实的扼要介绍,比较生动地写出了井丹的高洁性格,堪称是一篇优秀的传记文学作品。又如《被裘公》《汉阴丈人》《蒋诩》等传,也都是较好的篇章。嵇康著作,《隋书·经籍志》著录有集13卷,又别有15卷本,宋代原集散失,仅存10卷本。明代诸本卷数与宋本同,但篇数减少。明本常见的有汪士贤刻《嵇中散集》(收入《汉魏六朝二十名家集》中),张溥刻《嵇中散集》(收入《汉魏六朝百三家集》中),等等。

《广陵散》,又名《广陵止息》。是古代一首大型琴曲,它至少在汉代已经出现。其内容向来说法不一,但一般的看法是将它与《聂政刺韩王》琴曲联系起来。《聂政刺韩王》主要是描写战国时代铸剑工匠之子聂政为报杀父之仇,刺死韩王,然后自杀的悲壮故事。

今存《广陵散》曲谱,最早见于明代朱权编印的《神奇秘谱》(公元1425年),谱中有关于"刺韩"、"冲冠"、"发怒"、"报剑"等内容的分段小标题,所以古来琴曲家即把《广陵散》与《聂政刺韩王》看做是异曲同名。

《广陵散》乐谱全曲共有45个乐段,分开指、小序、大序、正声、乱声、后序六个部分。正声以前主要是表现对聂政不幸命运的同情,正声之后则表现对聂政壮烈事迹的歌颂与赞扬。正声是乐曲的主体部分,着重表现了聂政从怨恨到愤慨的感情发展过程，深刻地刻画了他不畏强暴、宁死不屈的复仇意志。全曲始终贯穿着两个主题音调的交织、起伏、发展和变化。一个是见于"正声"第二段的正声主调，另一个是先出现在大序尾声的乱声主调。正声主调多在乐段开始处，突出了它的主导体用。乱声主调则多用于乐段的结束，它使各种变化了的曲调归结到一个共同的音调之中，具有标志段落、统一全曲的作用。

《广陵散》的旋律激昂、慷慨，它是我国现存古琴曲中唯一的具有戈矛杀伐战斗气氛的乐曲，直接表达了被压迫者反抗暴君的斗争精神，具有很高的思想性及艺术性。或许嵇康也正是看到了《广陵散》的这种反抗精神与战斗意志，才对《广陵散》产生如此深厚的感情。

嵇康可谓魏晋奇才，精于笛，妙于琴，还善于音律。尤其是他对琴及琴曲的嗜好，为后人留下了种种迷人的传说。据《太平广记》三百十七引《灵鬼志》说：

> 嵇康灯下弹琴，忽有一人长丈余，着黑衣革带。康熟视之，乃吹火灭之曰："吾耻与魑魅争光。"尝行，去洛数十里，有亭名月华。投此亭，由来杀人。中散心中萧散，了无惧意。至一更操琴，先作诸弄。雅声逸奏，空中称善。中散抚琴而呼之："君是何人？"答云："身是故人，幽没于此，闻君弹琴，音曲清和，昔所好，故来听耳。身不幸非理就终，形体残毁，不宜接见君子。然爱君之琴，要当相见，君勿怪恶之。君可更作数曲。"中散复为抚琴击节曰："夜已久，何不来也？形骸之间，复何足计？"乃手击其头曰："闻之奏琴，不觉心开神悟，况若暂生。"邀与共论音声之趣，辞甚清辨，谓中散曰："君试以琴见与。"乃弹《广陵散》，便从受之，果悉得。中散先所受引，殊不及。与中散誓：不得教人。天明语中散："相遇虽一遇于今夕，可以远同千载。于此长绝，不能怅然。"

正因为嵇康有着很深的音乐功底，所以，他临刑前，有三千太学生共同向司马氏要求"请以为师"，但未被允许，使"海内之士，莫不痛之"（《晋书》本传）。因此，嵇康的名字始终与《广陵散》联系在一起。

嵇康除以弹奏《广陵散》闻名外，在音乐理论上也有独到贡献，这就是其《琴赋》与《声无哀乐论》。《琴赋》主要表现了嵇康对琴和音乐的理解，同时也反映了嵇康与儒家传统思想相左的看法。《声无哀乐论》是作者对儒家"音乐治世"思想直接而集中的批判，其中闪烁着嵇康对音乐的真知灼见。

七、三国隐雄司马懿

司马懿（公元179年～公元251年），字仲达，河内温（今河南温县）人。三国时期魏国杰出的政治家、军事家，西晋王朝的奠基人。曾任职过曹魏的大都督、太尉、太傅。是辅佐了魏国三代的托孤辅政之重臣，后期成为全权掌控魏国朝政的权臣。平生最显著的功绩是多次亲率大军成功对抗诸葛亮的北伐。其孙司马炎（即其次子司马昭之子）被封晋王后，追封懿为宣王，司马炎称帝后，追尊懿为晋宣帝。

司马懿为司马防次子，史书称他"少有奇节，聪明多大略，博学洽闻，伏膺儒教"（《晋书·宣帝纪》）。东汉末年，天下大乱，司马懿生在乱世中，"常慨然有忧天下心"（《晋书·宣帝纪》）。

建安六年（公元201年），郡中推举他为上计掾。时曹操正任司空，听到他的名声后，派人召他到府中任职。司马懿见汉朝国运已微，不想在曹操手下，便借口自己有风痹病，身体不能起居。曹操不信，派人夜间去刺探消息，司马懿躺在那里，一动不动，像真染上风痹一般。

建安十三年（公元208年），曹操为丞相以后，始用强制手段辟司马懿为文学掾。曹操对使者说，"若复盘桓，便收之"（《晋书·宣帝纪》）。司马懿惧之，只得就职。曹操让他与太子往来游处，历任黄门侍郎、议郎、丞相东曹属、丞相主薄等职。司马懿在曹操手下任职，小心谨慎，勤勤恳恳，"至于刍牧之间，悉皆临履"。

建安二十四年（公元219年），当孙权向曹操上表称臣、怂恿曹操自立为帝时，曹操说："此儿欲踞吾著炉炭上邪！"司马懿说："汉运垂终，殿下十分天下而有其九，以服事之。权之称臣，天人之意也。虞、夏、殷、周不以谦让者，畏天知命也。"（《晋书·宣帝纪》）当时曹操手下的门阀官僚拥汉者尚多，为曹操所深忌，而荀彧、崔琰等著名人物都因对曹氏代汉有异议而不得善终。大概司马懿在这个关键问题上早就表示支持曹操，因此曹操才对他由猜忌逐渐转为信任。

曹操进封魏王后，升任司马懿为太子中庶子，佐助曹丕。时司马懿"每与大谋，辄有奇策"（《晋书·宣帝纪》），为曹丕所信任和重用，所以关系一直很好。

延康元年（公元220年），曹操去世，朝野危惧，司马懿管理丧葬诸事，内外肃然。同年，曹丕即魏王位，司马懿受封河津亭侯，转丞相长史。后曹丕登皇帝位，史称魏文帝。由于司马懿为曹丕"篡汉"出了大力，所以曹丕登基后，任命司马懿为尚书，不久转督军、御史中丞，封安国乡侯。

黄初七年（公元226年）五月，曹丕驾崩，享年40岁。临终时，令司马懿与中军大将军曹真、镇军大将军陈群、征东大将军曹休为辅政大臣。曹丕对太子说："有间此三公者，慎勿疑之。"（《晋书·宣帝纪》）明帝即位，改封司马懿为舞阳侯。

此后，司马懿和诸葛亮经历了长达七年之久的争夺战。诸葛亮不顾战略上的失策，以一州之地强攻中原之魏，纵使竭忠尽智，终因实力悬殊而难以实现其战略目的。而魏国则在司马懿等人的正确指挥下，以优势兵力采取防御战略，最终不战迫退蜀军，取得了最后的胜利。

青龙三年（公元235年），司马懿升任太尉。

景初三年（公元239年）正月，明帝薨。明帝临死前，拉着司马懿的手，目视太子齐王，说："以后事相托。死乃复可忍，吾忍死待君，得相见，无所复恨矣。"（《晋书·宣帝纪》，《三国志·魏书·明帝纪》为"吾疾甚，以后事属君，君其与爽辅少子。吾得见君，无所恨！"）

齐王曹芳年仅八岁，司马懿乃与大将军曹爽一起接受遗诏辅佐少主。齐王即位，司马懿任侍中、持节、都督中外诸军、录尚书事，和曹爽各统精兵三千人，共执朝政。

曹爽欲排挤司马懿，想让尚书奏事先通过自己，以便专权，便向天子进言，改任司马懿为大司马。朝臣们认为以前大司马，有好多都死在任上，不吉，于是任命司马懿为没有实权的太傅，像汉代萧何那样，入殿不趋，赞拜不名，剑履上殿。

正始五年（公元244年）春，大将军曹爽欲立威名于天下，不听太傅司马懿劝止，力主伐蜀，魏帝从之。结果为蜀前监军、镇北大将军王平所败，魏军被阻于兴势，后方军粮也供应不上，牛马骡驴大量死亡，蜀涪县及费祎援军亦相继到达。曹爽见不能胜，被迫听从司马懿的劝告，于五月率大军退还。遭蜀军截击，魏军苦战，始得退回，失散、伤亡甚重。

正始六年（公元 245 年）秋，曹爽废置中垒、中坚营，把两营兵众统交他的弟弟曹羲率领，司马懿援引先帝旧例制止，曹爽不听。

正始七年（公元 246 年）春，吴兵入侵柤中，有万余家百姓为避吴兵，北渡沔水，司马懿认为沔南离敌太近，倘若百姓奔还，还会引来吴兵，应该让他们暂留北方。曹爽不同意，说："今不能修守沔南而留百姓，非长策也。"司马懿则说："不然。凡物致之安地则安。危地则危。故兵书曰'成败，形也；安危，势也'。形势，御众之要，不可以不审。设令贼以两万人断沔水，三万人与沔南诸军相持，万人陆梁柤中，将何以救之？"（《晋书·宣帝纪》）曹爽不从，驱令还南。吴兵果然击破柤中，所失百姓，数以万计。

正始八年（公元 247 年），曹爽用心腹何晏、邓扬、丁谧之谋，把太后迁到永宁宫，一时曹爽兄弟"专擅朝政，兄弟并掌禁兵，多树亲党，屡改制度"（《晋书·宣帝纪》），来排挤司马氏的势力。司马懿不能禁止，从此与曹爽矛盾渐深。五月，司马懿伪装生病，不问政事。时人为之谣曰："何、邓、丁，乱京城。"（《晋书·宣帝纪》）

随即，曹爽等人加紧了篡权的步伐。正始九年（公元 248 年）三月，黄门张当私自把内庭才人石英等十一人送给曹爽，曹爽、何晏乘机与张当勾结，谋危社稷。曹爽及其同党也担心是司马懿装病。同年冬，河南尹李胜要到荆州任刺史，行前去拜望司马懿。司马懿假装病重，让两个侍婢扶持自己，要拿衣服，拿不稳，掉在地上，还指着嘴说渴。侍婢献上粥来，他用口去接，汤流满襟。李胜说："众情谓明公旧风发动，何意尊体乃尔！"司马懿故意上气不接下气地说："年老枕疾，死在旦夕。君当屈并州，并州近胡，善为之备。恐不复相见，以子师、昭兄弟为托。"李胜说："当还忝本州（李胜是荆州人），非并州。"司马懿故意错乱其辞："君方到并州。"李胜又说："当忝荆州。"司马懿说："年老意荒，不解君言。今还为本州，盛德壮烈，好建功勋！"李胜回来对曹爽说："司马公尸居余气，形神已离，不足虑矣。"过几天，他又说："太傅不可复济，令人怆然。"（《晋书·宣帝纪》）曹爽等从此便不再防备司马懿。

司马懿表面装病，实际上在暗中布置，准备消灭曹爽势力。

嘉平元年（公元249年）春，魏帝曹芳离开洛阳去祭扫魏明帝的坟墓高平陵，大将军曹爽、中领军曹羲、武卫将军曹训均从行。司马懿乘机上奏永宁太后，请废曹爽兄弟。当时，司马师为中护军，率兵屯司马门，控制京都。司马懿列阵，经过曹爽门前，曹爽部将严世登楼，引弩欲射，孙谦拉着他的胳膊阻止他说："事未可知。"（《晋书·宣帝纪》）一连阻止三次。大司农桓范用计出城去投曹爽，蒋济对司马懿说："智囊往矣。"司马懿却说："爽与范内疏而智不及，驽马恋栈豆，必不能用也。"（《晋书·宣帝纪》）

司马懿召司徒高柔假节行大将军事，管领曹爽军营。司马懿对高柔说："君为周勃矣。"（《晋书·宣帝纪》）召太仆王观行中领军事，统摄曹羲军营。司马懿自己率太尉蒋济等勒兵出迎天子，驻扎在洛水浮桥。派人上奏章给皇帝："先帝诏陛下、秦王及臣升于御床，握臣臂曰'深以后事为念'。今大将军爽背弃顾命，败乱国典，内则僭拟，外专威权。群官要职，皆置所亲；宿卫旧人，并见斥黜。根据盘牙，纵恣日甚。又以黄门张当为都监，专共交关，伺候神器。天下汹汹，人怀危惧。陛下便为寄坐，岂得久安？此非先帝诏陛下及臣升御床之本意也。臣虽朽迈，敢忘前言。昔赵高极意，秦是以亡；吕霍早断，汉祚永延。此乃陛下之殷鉴，臣授命之秋也。公卿群臣皆以爽有无君之心，兄弟不宜典兵宿卫；奏皇太后，皇太后敕如奏施行。臣辄敕主者及黄门令罢爽、羲，训吏兵各以本官侯就第，若稽留车驾，以军法从事。臣辄力疾将兵诣洛水浮桥，伺察非常。"（《晋书·宣帝纪》）

曹爽扣住奏章，不让皇帝知道，把皇帝留在伊水之南，砍伐树木建成鹿角，征发屯兵数千人以自守。桓范劝曹爽挟持皇帝到许昌去，发文书征调天下兵马勤王。曹爽优预寡断，果然疑惑，不从其计。反而夜遣侍中许允、尚书陈泰去见司马懿，探听动静。司马懿乘机数说曹爽的过失，说他该早自归来服罪。接着又派曹爽的亲信殿中校尉尹大目去对他说，朝廷只是免他的官职罢了，并以洛水为誓。

曹爽欲信其言，桓范等人援引古今，百般劝谏，从晚上一直劝到第二天黎明。劝到最后，曹爽投刀于地，说："司马公正当欲夺吾权耳。吾得以侯还第，不失为富家翁。"（《晋书·宣帝纪》）桓范哭着说："曹子丹佳人，生汝兄弟，豚犊耳！何图今日坐汝等族灭也。"（《资治通鉴·卷第七十五》）

曹爽把司马懿的奏章给皇帝看，请皇帝下诏免去自己官职，随皇帝进入京城。曹爽兄弟一回府，即被司马懿派兵包围。司马懿在曹爽府宅四角修造高楼，让人在楼上密切监视着。一次，曹爽刚拿着弹弓到后园中，楼上人就喊："故大将军东南行！"（《资治通鉴·卷第七十五》）曹爽愁闷，不知所措。

不久，司马懿以谋反的罪名，杀曹爽及其党羽何晏、丁谧、邓扬、毕轨、李胜、桓范等，并灭三族。从此曹魏的军政大权完全落入司马懿的手中，为司马氏取代曹魏奠定了基础。

嘉平三年（公元251年）六月，司马懿病，夜间常梦见贾逵、王凌为祟。八月，司马懿去世，享年73岁。当年九月，司马懿被葬于河阴，谥文贞，后改为文宣。晋武帝受魏禅，给司马懿上尊号为宣皇帝，称其陵墓为高原，庙号高祖。

除军事、政治方面外，司马懿在经济上也为魏国作出了重大贡献。时曹魏政权为了恢复北方经济，解决军粮问题，曾经推行包括民屯、军屯两类的屯田制度司马懿在推广军屯事业上有很大的建树。约在建安二十三、二十四年，司马懿转为丞相军司马后，向曹操建议："昔箕子陈谋，以食为首。今天下不耕者盖二十余万，非经国远筹也。虽戎甲未卷，自宜且耕且守。"（《晋书·宣帝纪》）曹操行之。结果魏国一时"务农积谷，国用丰赡"（《晋书·宣帝纪》）。

曹魏和东吴邻近地带的屯田，主要是在淮河南北。曹操时曾"开募屯田于淮南"（《三国志·魏书·仓慈传》），但仅是民屯。正始二年（公元241年），司马懿主持对吴作战时，始与曾为屯田掌犊人、典农纲纪的尚书郎邓艾筹划在淮南淮北创建军屯。第二年，司马懿"奏穿广漕渠，引河入汴，溉东南诸陂，始大佃于淮北"（《晋书·宣帝纪》）。第三年，司马懿又在这一地区"大兴屯守，广开淮阳、百尺二渠，又修诸陂于颍之南北，万余顷。自是淮北仓庾相望，寿阳至于京师，农官屯兵连属焉"（《晋书·宣帝纪》）。

司马懿所进行的大规模的屯垦，对促进北方经济的恢复和发展，特别是对增加曹魏的财力，支持与东吴的战争，起了重要的作用。

第九章 两晋南北朝

一、千古英雄魏孝文帝

拓跋宏即北魏孝文帝（公元471年～公元499年在位），北魏皇帝。即位时仅五岁，太皇太后冯氏当国。太和十四年（公元490年）冯太后病逝，始亲政。亲政后，进一步推行改革。太和十七年（公元493年）孝文帝从平城（今山西大同）迁都洛阳；后又改鲜卑姓氏为汉姓，借以改变鲜卑风俗、语言、服饰；此外又鼓励鲜卑和汉族通婚；评定士族门第，加强鲜卑贵族和汉人士族的联合统治；参照南朝典章制度，制定官制朝仪。孝文帝的改革，对各族人民的融合和各族的发展，起了积极作用。

拓跋宏在皇兴元年（公元467年）八月，出生于平城皇宫之内，其父献文帝非常高兴，因喜生贵子而大赦天下。拓跋宏三岁时，被立为皇太子，母亲李夫人按照北魏"皇妃生子立为太子则被赐死"的规定，身遭厄运。

皇兴五年八月，献文帝在宏五岁时，传位于他，自称太上皇帝，总揽朝政。是时，北方连年水旱，租调繁重，官吏贪暴，百姓流离，各族人民的反抗斗争连绵不断。太上皇揽政数年，还先后采取了一些奖励廉吏、严惩贪污、减轻租赋、劝课农桑等相应措施，但都收效不大，局面一直没有多大改变。据统计，仅从孝文帝即位的延兴元年至太和四年（公元471年～480年）的十年之中，有史可考的各地暴动、反叛事件就达二十几起之多，北魏政局处于严重动荡之中。

承明元年（公元476年）六月，孝文帝刚满十岁时，太上皇帝暴崩（据传是被冯太后毒死），太后乃以太皇太后的名义二次临朝称制，改年号为太和。自太和元年以后，太后开始在社会风俗、政治、经济等方面进行一系列重大的改革，有意识地进行汉化。孝文帝自幼在太后的抚育、培养下长大成人，对祖母十分孝敬，性又谨慎，自太后临朝专政，他很少参决朝政，事无大小，都要秉承太后旨意。

冯太后太和十四年（公元490年），孝文帝年满23岁，在太后的长期严格教育和直接影响下，他不但精通儒家经义、史传百家而才藻富赡，而且积累了丰富的治国经验，增长了实际才干，这些都为后来的改革大业奠定了坚实的基础。这年九月，太后不幸病逝，孝文帝从此以后，独自挑起了改革的重担，颁行了俸禄制、三长制和均田制。

俸禄制——因北魏初年吏治混乱，官吏以自筹俸禄为名任意敲诈百姓、鱼肉乡民，故而规定官吏俸禄由政府统一筹集、分发，官吏不得自筹。

三长制——以五家为一邻，五邻为一里，五里为一党，分别设置邻长、里长、党长。三长制是为取代宗主督护制而建立的基层行政组织，有利于中央集权。

均田制——凡15岁以上的男女都可以向国家领取耕种的土地，男子一人可领取露田（荒地）40亩，桑田20亩，女子可领取露田20亩。桑田为私田，也称永业田，死后可以传给子孙。露田不能买卖，死后归还官府。

后来，孝文帝把国都迁到洛阳，并决心进一步改革旧的风俗习惯。他重用了许多主持改革、提倡汉化的鲜卑贵族，还重用了许多有才干的汉族人。对南朝投降过来的官吏，他也能不加怀疑，待之以礼。孝文帝不拘一格地选用人才，为自己的改革组织了一个智囊团，在这些智囊的支持和帮助下，孝文帝从改革鲜卑旧俗，学习汉族的生活方式和典章制度着手，开始了自己的改革：

第一，禁止鲜卑贵族穿着胡服，一律改穿汉族衣服。

第二，禁止鲜卑贵族讲鲜卑语，一律改说汉语。

第三，公元496年，下令改鲜卑复姓为汉姓，禁止鲜卑族同姓通婚，提倡鲜卑贵族同汉家世族通婚。他先把皇族的姓氏拓跋氏改为元氏，所以孝文帝拓跋宏又称为元宏。还把其他的100多个鲜卑姓氏改为汉姓。同时下令改变鲜卑人的籍贯。规定凡是迁到洛阳的鲜卑人就算是洛阳人，死后不许归葬塞北。

孝文帝这些强制性的政策，都是为了减少民族差异、民族隔阂。许多贵族虽然心怀不满，却也只能执行。为了拉拢汉族地主，扩大统治基础，孝文帝还主张同汉族通婚。他自己率先娶汉族大姓卢、崔、郑、王四家的女儿为妃，把自己的女儿嫁给汉族大姓，还为自己的五个弟弟都娶了汉族地主的女儿为妻。这种姻亲关系，把汉族地主和鲜卑贵族的利益联系在一起，壮大了北魏的统治力量。而且，血统的交融，加速了鲜卑的汉化。

第四，在鲜卑中建立门阀制度，把汉族地主的门阀制度推广到鲜卑族当中去。他把鲜卑贵族和汉族地主按门第分成四等，并按照门第等级，来确定官职的高低。这套制度在北朝一直沿用，从而形成了关陇氏族和代北氏族两大门阀集团。直到唐朝，武则天修《姓氏录》，才彻底否定了门阀制度。

第五，改鲜卑官制、法律、礼仪、典章为汉制，革除鲜卑旧制。孝文帝废除了鲜卑族原来的政治制度，让王肃仿照南朝齐，重新制定了一套官制礼仪，修订法律，改革官职名称等。

通过孝文帝的改革，鲜卑族的经济文化得到了迅速的发展，比起同期进入中原的其他民族，如羯、氐等，鲜卑族的汉化程度无疑是最高的。改革在一定程度上缓和了阶级矛盾，使北魏政权得以巩固。

二、田园诗人陶渊明

陶渊明（公元365年～公元427年），字元亮，号五柳先生，谥号靖节先生，入南朝宋后改名潜。东晋末期南朝宋初期诗人、辞赋家、散文家。曾做过几年小官，后辞官回家，从此隐居，田园生活是陶渊明诗的主要题材，因此后来文学史上称他为"田园诗人"，东晋浔阳柴桑（今江西省九江市）人。相关作品有《饮酒》《归园田居》《桃花源记》《五柳先生传》《归去来兮辞》《桃花源诗》等。长于诗文辞赋，诗多描绘自然景色及其在农村生活的情景，其中的优秀作品寄寓着对官场与世俗社会的厌倦，表露出其洁身自好，不愿屈身逢迎的志趣。其艺术特色，兼有平淡与爽朗之胜，语言质朴自然，而又极为精炼，具有独特风格。

陶渊明出生于破落仕宦家庭。曾祖父陶侃，是东晋开国元勋，军功显著，官至大司马，都督八州军事，荆、江二州刺史，封长沙郡公。祖父陶茂、父亲陶逸都做过太守。

年幼时，家庭衰微，九岁丧父，与母妹三人度日。孤儿寡母，多在外祖父孟嘉家里生活。孟嘉是当代名士，"行不苟合，年无夸矜，未尝有喜愠之容。好酣酒，逾多不乱；至于忘怀得意，傍若无人"。(《晋故征西大将军长史孟府君传》)。渊明"存心处世，颇多追仿其外祖辈者"。他的个性、修养，都很有外祖父的遗风。外祖父家里藏书多，给他提供了阅读古籍和了解历史的条件，在学者以《庄》《老》为宗而黜《六经》的两晋时代，他不仅像一般的士大夫那样学了《老子》《庄子》，而且还学了儒家的《六经》和文、史以及神话之类的"异书"。时代思潮和家庭环境的影响，使他接受了儒家和道家两种不同的思想，培养了"猛志逸四海"和"性本爱丘山"的两种不同的志趣。

陶渊明少年时期有"猛志逸四海，骞翮思远翥"的大志。孝武帝太元十八年（公元393年），他怀着"大济苍生"的愿望，任江州祭酒。当时门阀制度森严，他出身庶族，受人轻视，感到"不堪吏职，少日自解归"(《晋书·陶潜传》)。他辞职回家后，州里又来召他做主簿，他也辞谢了。安帝隆安四年（公元400年），他到荆州，投入桓玄门下做属吏。这时，桓玄正控制着长江中上游，窥伺着篡夺东晋政权的时机，他当然不肯与桓玄同流，做这个野心家的心腹。他在诗中写道："如何舍此去，遥遥至西荆。"(《辛丑岁七月赴假还江陵夜行涂口》)对仕桓玄有悔恨之意。"久游恋所生，如何淹在滋？"(《庚子岁五月中从都还阻风于规林二首》)对俯仰由人的宦途生活，发出了深长的叹息。

隆安五年冬天，他因母丧辞职回家。元兴元年（公元402年）正月，桓玄举兵与朝廷对抗，攻入建康，夺取东晋军政大权。元兴二年，桓玄在建康公开篡夺了帝位，改国为楚，把安帝幽禁在浔阳。陶渊明在家乡躬耕自资，闭户高吟："寝迹衡门下，邈与世相绝。顾盼莫谁知，荆扉昼常闭。"表示对桓玄称帝之事，不屑一谈。元兴三年，建军武将军、下邳太守刘裕联合刘毅、何无忌等官吏，自京口（今江苏镇江）起兵讨桓平叛。桓玄兵败西走，把幽禁在浔阳的安帝带到江陵。陶渊明离家投入刘裕幕下任镇军参军（一说陶渊明是在刘裕攻下建康后投入其幕下）。当刘裕讨伐桓玄率兵东下时，陶渊明仿效田畴效忠东汉王朝乔装驰驱的故事，乔装私行，冒险到达建康，把桓玄挟持安帝到江陵的始末，驰报刘裕，实现了他对篡夺者抚争的意愿。陶渊明高兴极了，写诗明志："四十无闻，斯不足畏，脂我名车，策我名骥。千里虽遥，孰敢不至！"（《荣木》第四章）

刘裕打入建康后，作风也颇有不平凡的地方。东晋王朝的政治长期以来存在"百司废弛"的积重难返的腐化现象，经过刘裕的"以身范物"（以身作则），先以威禁（预先下威严的禁令）的整顿，"内外百官，皆肃然奉职，风俗顿改"。其性格、才干、功绩，颇有与陶侃相似的地方，陶渊明曾一度对他产生好感。但是入幕不久，陶渊明就看到刘裕为了剪除异己，杀害了讨伐桓玄有功的刁逵全家和无罪的王愉父子，并且凭着私情，把众人认为应该杀的桓玄心腹人物王谧任为录尚书事领扬州刺史这样重要的官职。这些黑暗现象，使他感到失望。在《始作镇军参军经曲阿作》这首诗中写道："目倦山川异，心念山泽居"、"聊且凭化迁，终返班生庐"。紧接着就辞职隐居，于义熙元年（公元405年）转入建威将军、江州刺史刘敬宣部任建威参军。

三月，他奉命赴建康替刘敬宣上表辞职。刘敬宣离职后，他也随着去职了。同年秋，叔父陶逵介绍他任彭泽县令，到任81天，碰到浔阳郡派遣邮至，属吏说："当束带迎之。"他叹道："我岂能为五斗米折腰向乡里小儿。"遂授印去职。陶渊明13年的仕宦生活，自辞彭泽县令结束。这13年，是他为实现"大济苍生"的理想抱负而不断尝试、不断失望、终至绝望的13年。最后赋《归去来兮辞》，表明与上层统治阶级决裂，不与世俗同流合污的决心。

陶渊明辞官归里，过着"躬耕自资"的生活。夫人翟氏，与他志同道合，安贫乐贱，"夫耕于前，妻锄于后"，共同劳动，维持生活，与劳动人民日益接近，息息相关。归田之初，生活尚可。"方宅十余亩，草屋八九间，榆柳荫后檐，桃李罗堂前。"渊明爱菊，宅边遍植菊花。"采菊东篱下，悠然见南山"（《饮酒》）至今脍炙人口。他性嗜酒，饮必醉。朋友来访，无论贵贱，只要家中有酒，必与同饮。他先醉，便对客人说："我醉欲眠卿可去。"

义熙四年，住地上京（今星子县城西城玉京山麓）失火，迁至栗里（今星子温泉栗里陶村），生活较为困难。如逢丰收，还可以"欢会酌春酒，摘我园中蔬"。如遇灾年，则"夏日抱长饥，寒夜列被眠"。义熙末年，有一个老农清晨叩门，带酒与他同饮，劝他出仕："褴褛屋檐下，未足为高栖。一世皆尚同（是非不分），愿君汩其泥（指同流合污）。"他回答："深感老父言，禀气寡所谐。纡辔诚可学，违己讵非迷？且共欢此饮，吾驾不可回。"（《饮酒》）用"和而不同"的语气，谢绝了老农的劝告。

晚年，生活愈来愈贫困。有的朋友主动送钱周济他，有时，他也不免上门请求借贷。他的老朋友颜延之，于刘宋少帝景平元年（423年）任始安郡太守，经过浔阳，每天都到他家饮酒。临走时，留下两万钱，他全部送到酒家，陆续饮酒。不过，他的求贷或接受周济，是有原则的。宋文帝元嘉元年（424年），江州刺史檀道济亲自到他家访问。这时，他又病又饿好些天，起不了床。檀道济劝他："贤者在世，天下无道则隐，有道则至。今子生文明之世，奈何自苦如此？"他说："潜也何敢望贤，志不及也。"檀道济馈以梁肉，被他挥而去之。他辞官回乡22年一直过着贫困的田园生活，而固穷守节的志趣，老而益坚。元嘉四年（公元427年）九月中旬，陶渊明在神志还清醒的时候，给自己写了《拟挽歌辞三首》，在第三首诗中末两句说"死去何所道，托体同山阿"，表明他对死亡看得那样平淡自然。

公元427年，陶渊明走完了他63年的生命历程，与世长辞。他被安葬在南山脚下的陶家墓地中，就在今天江西省九江县和星子县交界处的面阳山脚下。如今陶渊明的墓保存完好，墓碑由一大二小共三块碑石组成，正中楷书"晋征士陶公靖节先生之墓"，左刻墓志，右刻《归去来兮辞》，是清朝乾隆元年陶姓子孙所立。

陶渊明是汉魏南北朝800年间最杰出的诗人，也是杰出的辞赋家与散文家。陶诗今存125首，计四言诗9首，五言诗116首。陶文今存12篇，计有辞赋3篇、韵文5篇、散文4篇。

陶渊明的诗感情真挚，朴素自然，有时流露出逃避现实、乐天知命的老庄思想，因此，陶渊明有"田园诗人"之称，也是田园诗派的鼻祖。他的诗从内容上可分为饮酒诗、咏怀诗和田园诗三大类。

陶渊明是中国文学史上第一个大量写饮酒诗的诗人。他的《饮酒》20首以"醉人"的语态或指责是非颠倒、毁誉雷同的上流社会，或揭露世俗的腐朽黑暗，或反映仕途的险恶，或表现诗人退出官场后怡然陶醉的心情，或表现诗人在困顿中的牢骚不平。从诗的情趣和笔调看，可能不是同一时期的作品。东晋元熙二年（公元420年），刘裕废晋恭帝为零陵王，次年杀之自立，建刘宋王朝。《述酒》即以比喻手法隐晦曲折地记录了这一篡权易代的过程，对晋恭帝以及晋王朝的覆灭流露了无限的哀惋之情。此时陶渊明已躬耕隐居多年，乱世也看惯了，篡权也看惯了，但这首诗仍透露出他对世事不能忘怀的精神。

陶渊明的咏怀诗以《杂诗》12首、《读山海经》13首为代表。《杂诗》12首多表现了自己归隐后有志难骋的政治苦闷，抒发了自己不与世俗同流合污的高洁人格，可见诗人内心无限深广的忧愤情绪。《读山海经》13首借吟咏《山海经》中的奇异事物表达了同样的内容，如第十首借歌颂精卫、刑天的"猛志固常在"来抒发和表明自己济世志向永不熄灭。

陶渊明的《桃花源诗并记》大约作于南朝宋初年。它描绘了一个乌托邦式的理想社会，表现了诗人对现存社会制度彻底否定与对理想世界的无限追慕之情。它标志着陶渊明的思想达到了一个崭新的高度。陶渊明是田园诗的开创者。他的田园诗以纯朴自然的语言、高远拔俗的意境，为中国诗坛开辟了新天地，并直接影响到唐代田园诗派。在他的田园诗中，随处可见的是他对污浊现实的厌烦和对恬静的田园生活的热爱。在《归园田居》中，他将官场写成"尘网"，将身处其中比喻为"羁鸟"和"池鱼"，将退隐田园更是比喻为冲出"樊笼"，返回"自然"。因为有实际劳动经验，所以他的诗中洋溢着劳动者的喜悦之情，表现出只有劳动者才能感受到的思想感情，如《归园田居》第三首就是有力的证明，这也正是他的田园诗的进步之处。

陶渊明去世后，他的至交好友颜延之为他写下《陶征士诔》，给了他一个"靖节"的谥号。颜延之在诔文中褒扬了陶渊明一生的品格和气节，但对他的文学成就，却没有充分肯定。

到了隋唐时期，有越来越多的诗人喜欢陶渊明的诗文，对陶渊明的评价越来越高。初唐王绩是位田园诗人，他像陶渊明一样，多次退隐田园，以琴酒自娱。唐朝的山水田园诗人孟浩然，对陶渊明十分崇拜，他在《仲夏归汉南园寄京邑旧游》中写道："尝读《高士传》，最嘉陶征君，日耽田园趣，自谓羲皇人。"

到了北宋，陶渊明在中国文学史上的地位，得到了进一步的巩固和确定。欧阳修盛赞《归去来兮辞》说："晋无文章，唯陶渊明《归去来兮辞》。"欧阳修还说："吾爱陶渊明，爱酒又爱闲。"北宋王安石曾说过，陶渊明的诗

"结庐在人境，而无车马喧。问君何能尔，心远地自偏"，"有诗人以来无此句者。然则渊明趋向不群，词彩精拔，晋宋之间，一个而已"。

苏轼在《与苏辙书》中说"吾与诗人无所甚好，独好渊明之诗。渊明作诗不多，然其诗质而实绮，癯而实腴，自曹、刘、鲍、谢、李、杜诸人，皆莫过也。"苏东坡把陶诗放在李白、杜甫之上，有失公允，但他用"质而实绮，癯而实腴"八个字概括陶诗的艺术风格，还是很准确的。

三、书圣王羲之

王羲之（公元303年~公元361年），东晋书法家，字逸少，号澹斋，祖籍琅琊临沂（今属山东），后迁会稽（今浙江绍兴），晚年隐居剡县金庭曾官右军将军，故世称"王右军"。其子王献之书法亦佳，世人合称为"二王"。此后历代王氏家族书法人才辈出。东晋升平五年（公元361年）卒，葬于金庭瀑布山（又称紫藤山），其五世孙衡舍宅为金庭观，遗址犹存。

王羲之13岁那年，偶然发现他父亲藏有一本《说笔》的书法书，便偷来阅读。他父亲担心他年幼不能保密家传，答应待他长大之后再传授。没料到，王羲之竟跪下请求父亲允许他现在阅读，他父亲很受感动，终于答应了他的要求。

王羲之练习书法很刻苦，甚至连吃饭、走路都不放过，真是到了无时无刻不在练习的地步。没有纸笔，他就在身上划写，久而久之，衣服都被划破了。有时练习书法达到忘情的程度。一次，他练字竟忘了吃饭，家人把饭送到书房，他竟不假思索地用馍馍蘸着墨吃起来，还觉得很有味。当家人发现时，已是满嘴墨黑了。

王羲之常临池书写，就池洗砚，时间长了，池水尽墨，人称"墨池"。现在绍兴兰亭、浙江永嘉、庐山归宗寺等地都有被称为"墨池"的名胜。

王羲之对书法的热情和刻苦精神很受世人赞许。传说，王羲之的婚事就是由此而定的。王羲之的叔父王导是东晋的宰相，与当朝太尉郗鉴是好朋友，郗鉴有一位如花似玉、才貌出众的女儿。一日，郗鉴对王导说，他想在他的儿子和侄儿中为女儿选一位满意的女婿。王导当即表示同意，并同意由他挑选。王导回到家中将此事告诉了诸位儿侄，儿侄们久闻郗家小姐德贤貌美，都想得到她。郗家来人选婿时，诸侄儿都忙着更冠易服精心打扮，惟王羲之不问此事，仍坐在东边的座位上专心琢磨书法艺术。郗家来人看过王导诸儿侄之后，回去向郗鉴回禀说："王家诸儿郎都不错，只是知道是选婿有些拘谨不自然。只有东厢房那位公子坐在东边的座位上毫不介意，只顾用手在席上比划什么。"郗鉴听后，高兴地说："东床那位公子，必定是在书法上学有成就的王羲之。此子内含不露，潜心学业，正是我意中的女婿。"于是，把女儿嫁给了王羲之。王导的其他儿侄十分羡慕，称他为"东床快婿"，从此"东床"也就成了女婿的美称了。

　　王羲之代表作品有：楷书《黄庭经》《乐毅论》草书《十七帖》行书《姨母帖》《快雪时晴帖》《丧乱帖》《兰亭集序》《初月帖》等。其中，《兰亭集序》为历代书家所敬仰，被誉作"天下第一行书"。王兼善隶、草、楷、行各体，精研体势，心摹手追，广采众长，备精诸体，冶于一炉，摆脱了汉魏笔风，自成一家，影响深远。其书法平和自然，笔势委婉含蓄，遒美健秀，后人评曰："飘若游云，矫若惊龙"、"龙跳天门，虎卧凰阁"、"天质自然，丰神盖代"。被后人誉为"书圣"。唐太宗视《兰亭集序》为国宝，号召天下临摹他的字体，其书法成为代替汉魏笔法的书体正宗。以前各种碑刻均用篆书或隶书，王羲之以后行书亦可刻碑。据传说其行书真迹《兰亭集序》随葬李世民，现传世均为临摹本。

　　东晋永和九年（公元353年）农历三月三日，王羲之同谢安、孙绰等41人在绍兴兰亭修禊（一种被除疾病和不祥的活动）时，众人饮酒赋诗，汇诗成集，王羲之即兴挥毫作序，这便是有名的《兰亭集序》。此帖为草稿，28行，324字。记述了当时文人雅集的情景。作者因当时兴致高涨，写得十分得意，据说后来再写已不能及。其中有二十多个"之"字，写法各不相同。宋代米芾称之为"天下第一行书"。

　　永和十一年（公元355年）三月，王羲之称病弃官，携子操之由会稽蕺山徙居金庭。建书楼，植桑果，教子弟，赋诗文，作书画，以放鹅弋钓为娱。且与许询、支遁诸名士，遍游剡地山水。自王羲之定居金庭后，书法兴起。其后裔多擅书画，作品挂满厅堂、书房，人称"华院画堂"。后人定村名为"华堂"，此称沿用至今。王羲之遗迹遍及全县各地。嵊西独秀山为王羲之读

第九章 两晋南北朝

书处，山上观音殿悬有"右军旧游地"匾额；山麓建桃源乡乡主庙，奉王右军为乡主。嵊北崿山的羲之坪、嵊东的清隐寺、嵊新交界的王罕岭等，均为王羲之游憩之地，至今尚有遗迹可寻。

四、博学多才的祖冲之

祖冲之（公元 429 年～公元 500 年），是我国杰出的数学家，科学家。南北朝时期人，字文远。在西晋末年，祖家由于故乡遭到战争的破坏，迁到江南居住。祖冲之的祖父祖昌，曾在宋朝政府里担任过大匠卿，负责主持建筑工程，是掌握了一些科学技术知识的；同时，祖家历代对于天文历法都很有研究。因此祖冲之从小就有接触科学技术的机会。

从公元 420 年东晋灭亡到公元 589 年隋朝统一全国的 170 年间，我国历史上形成了南北对立的局面，这一时期称作南北朝。南朝从公元 420 年东晋大将刘裕夺取帝位，建立宋政权开始，经历了宋、齐、梁、陈四个朝代。同南朝对峙的是北朝，北朝经历了北魏、东魏、西魏、北齐、北周等朝代。祖冲之是南朝人，出生在宋，死的时候已是南齐时期了，足见朝代更替之频繁。

当时由于南朝社会比较安定，农业和手工业都有显著的进步，经济和文化得到了迅速发展，从而也推动了科学的前进。因此，在这一段时期内，南朝出现了一些很有成就的科学家，祖冲之就是其中最杰出的人物之一。

祖冲之对于自然科学和文学、哲学都有广泛的兴趣，特别是对天文、数学和机械制造，更有强烈的爱好和深入的钻研。早在青年时期，他就有了博学多才的名声，并且被派到当时的一个相当于学术研究机关的地方华林学省，去做研究工作。后来他又担任过地方官职。公元 461 年，他任南徐州（今江苏镇江）刺史府里的从事。公元 464 年，宋朝政府调他到娄县（今江苏昆山县东北）作县令。

祖冲之在这一段期间，虽然生活很不安定，但是仍然坚持学术研究，并且取得了很大的成就。他研究学术的态度非常严谨，十分重视古人研究的成果，但又决不迷信古人。用他自己的话来说，就是：决不"虚推（盲目崇拜）古人"，而要"搜拣古今（从大量的古今著作中吸取精华）"。一方面，他对于古代科学家刘歆、张衡、阚泽、刘徽、刘洪等人的著述都作了深入的研究，充分吸取其中一切有用的东西。另一方面，他又敢于大胆怀疑前人在科学研究方面的结论，并通过实际观察和研究，加以修正补充，从而取得许多极有价值的科学成果。

宋朝末年，祖冲之回到建康（今南京），担任谒者仆射的官职。从这时起，一直到齐朝初年，他花了较大的精力来研究机械制造，重造指南车，发明千里船、水碓磨等等，作出了出色的贡献。

当祖冲之晚年的时候，齐朝统治集团发生了内乱，政治腐败黑暗，人民生活非常痛苦。北朝的魏国乘机发大兵向南进攻。从公元494年到公元500年间，江南一带又陷入战火。对于这种内忧外患重重逼迫的政治局面，祖冲之非常关心。大约在公元494年到公元498年之间，他担任长水校尉的官职。当时他写了一篇《安边论》，建议政府开垦荒地，发展农业，增强国力，安定民生，巩固国防。齐明帝看到了这篇文章，打算派祖冲之巡行四方，兴办一些有利于国计民生的事业。但是由于连年战争，他的建议始终没有能够实现。过不多久，这位卓越的大科学家就在公元500年的时候去世了。

在数学方面，他写了《缀术》一书，被收入著名的《算经十书》中，作为唐代国子监算学课本，可惜后来失传了。《隋书·律历志》留下一小段关于圆周率（π）的记载，祖冲之算出π的真值在3.1415926和3.1415927之间，相当于精确到小数第七位，成为当时世界上最先进的成就。这一纪录直到15世纪才由阿拉伯数学家卡西打破。祖冲之还给出π的两个分数形式：22/7（约率）和355/113（密率），其中密率精确到小数第七位，在西方直到16世纪才由荷兰数学家奥托重新发现。祖冲之还和儿子祖暅一起圆满地利用"牟合方盖"解决了球体积的计算问题，得到正确的球体积公式。

在天文历法方面，祖冲之创制了《大明历》，最早将岁差引进历法；采用了391年加144个闰月的新闰周；首次精密测出交点月日数（27.21223），回归年日数（365.2428）等数据，还发明了用圭表测量冬至前后若干天的正午太阳影长以定冬至时刻的方法。

在机械方面，祖冲之制造了铜制机件传动的指南车，受到人们的喜欢。另外，他还制造了一些很有用的劳动工具。他看到劳动人民舂米、磨粉很费力，就创造了一种粮食加工工具，叫做水碓磨。古代劳动人民很早就发明了利用水力舂米的水碓和磨粉的水磨。西晋初年，杜预曾经加以改进，发明了"连机碓"和"水转连磨"。一个连机碓能带动好几个石杵一起一落地舂米；一个水转连磨能带动八个磨同时磨粉。祖冲之又在这个基础上进一步加以改进，把水碓和水磨结合起来，生产效率就更加提高了。这种加工工具，现在我国南方有些农村还在使用着。

祖冲之还设计制造过一种千里船。它可能是利用轮子激水前进的原理造成的，一天能行一百多里。

祖冲之还根据春秋时代文献的记载，制了一个"欹器"，送给齐武帝的第二个儿子萧子良。欹器是古人用来警诫自满的器具。器内没有水的时候，是侧向一边的。里面盛水以后，如果水量适中，它就竖立起来；如果水满了，它又会倒向一边，把水泼出去。这种器具，晋朝的学者杜预曾试制三次，都没有成功；祖冲之却仿制成功了。由此可见，祖冲之对各种机械都有深刻的研究。

祖冲之的成就不仅限于自然科学方面，他还精通乐理，对于音律很有研究。此外，祖冲之又著有《易义》《老子义》《庄子义》《释论语》等关于哲学的书籍，都已经失传了。

祖冲之之所以能够取得这样辉煌的成就，并不是偶然的。首先，当时社会生产正在逐步发展，需要有一定的科学成就来配合前进，因而就推动了科学的进步，祖冲之就在这时候取得了天文、数学和器械制造等方面的成绩。其次，从上古到这时候，在千百年的长河中，已积累了不少科学成果，祖冲之就在前人创造的基础上做出了他的成绩。至于祖冲之个人的认真学习，刻苦钻研，不迷信古人，不畏惧守旧势力，不怕斗争，不避艰难，自然也都是取得杰出成就的重要原因。

祖冲之不仅是我国历史上杰出的科学家，而且在世界科学发展史上也有崇高的地位。为纪念这位伟大的古代科学家，人们将月球背面的一座环形山命名为"祖冲之环形山"，把小行星1888命名为"祖冲之小行星"。

五、农学家贾思勰

贾思勰，北魏时期益都（今属山东）人，曾经做过高阳郡（今山东临淄）太守。是中国古代杰出的农学家。

贾思勰出生在一个世代务农的书香门第，其祖上就很喜欢读书、学习，尤其重视农业生产技术知识的学习和研究，这对贾思勰的一生有很大影响。他的家境虽然不是很富裕，但却拥有大量藏书，使他从小就有机会博览群书，从中汲取各方面的知识，为他以后编撰《齐民要术》打下了基础。成年以后，他开始走上仕途，曾经做过高阳郡（今山东临淄）太守等官职，并因此到过山东、河北、河南等许多地方。每到一地，他都非常重视农业生产，认真考察和研究当地的农业生产技术，向一些具有丰富经验的老农请教，获得了不少农业方面的生产知识。中年以后，他又回到自己的故乡，开始经营农牧业，亲自参加农业生产劳动和放牧活动，对农业生产有了亲身体验，掌握了多种农业生产技术。大约在北魏永熙二年（公元 533 年）到东魏武定二年（公元 554 年）期间，他将自己积累的许多古书上的农业技术资料、询问老农获得的丰富经验以及他自己的亲身实践，加以分析、整理、总结，写成农业科学技术巨著《齐民要术》。

《齐民要术》全书共 92 篇，分成 10 卷，正文大约七万字，注释四万多字，共 11 万多字；此外，书前还有《自序》和《杂说》各一篇。引用前人著作有 150 多种，记载的农谚有 30 多条。全书介绍了蔬菜、果树等农作物的栽培方法，各种经济林木的生产，野生植物的利用，家畜、家禽、鱼、蚕的饲养和疾病的防治，以及农、副、畜产品的加工，以至文具、日用品的生产等等，几乎对所有农业生产活动都作了比较详细的论述。在农学方面具有重大意义。

首先，《齐民要术》对北方抗旱保墒问题进行了深入的探讨。贾思勰对关于精耕细作、深耕细耙、中耕除草等成功的经验进行了比较完整的总结和提高，从理论上说明了这些技术措施的重要意义。又如，贾思勰总结了前人恢复提高土壤肥力的办法，强调了豆类作物在恢复和提高土壤肥力上的重要作用，把它作为绿肥作物纳入轮作周期。《耕田第一》书中分析说明了轮作的好处，对绿肥作物的栽培和轮作套种作出科学总结，是世界上最早的。在播种时间上，贾思勰引用农谚"以时及泽，为上策之"说明要以季节、气候和墒情作为根据。在《种谷第三》一书中明确地提出了必须因地、因时、因作物制宜从事农业生产的原则。

其次,《齐民要术》非常重视选育良种对于提高农畜产品的产量和质量的重要作用。书中仅谷种就搜集了八十多个品种,并且按成熟期、植株高度、产量质量、抗逆性等特性作了比较科学的分类。还叙述了播种前怎样进行选种、晒种、浸种和用药物或者肥料拌种等种子处理方法,其中不少措施非常巧妙、合理,直到今天还普遍应用于农业生产。

贾思勰还初步提示了生物和环境的相互联系,描述了生物遗传和变异的关系问题。贾思勰介绍了许多改变旧的遗传性、创造新品种的经验,涉及人工选择、人工杂交和定向培育等育种原理,其中不少经验和论点对于指导今天农业生产仍有现实意义。

《齐民要术》用了不少篇幅介绍了蔬菜种植、果树和林木的扦插、压条和嫁接等育苗方法以及幼树抚育方面的技术。在植物保护方面,提出了一些防治病虫害的措施,还记述了当时果农熏烟防霜害的方法:"天雨新晴,北风寒切,是夜必霜。此时放火作煴,少得烟气,则免于霜矣。"(煴音云,yún,意思是没有火焰的暗火。)短短的二十几个字就说明了我国古代劳动人民看天气判断降霜的经验和防霜的方法,直到今天仍然在普遍应用。

另外,《齐民要术》总结了我国六世纪以前家畜家禽的饲养经验,并搜集记载了兽医处方四十八例,涉及外科、内科、传染病、寄生虫病等方面。如直肠掏结术和疥癣病的治疗方法,历时一千四百多年,现在仍然沿用。《齐民要术》中还有我国独特的制曲、酿酒、制酱、作醋、煮饧(音形,xíng,糖稀的意思)以及食品保存和加工工艺的翔实记录,其中许多是现存最早的资料。

总之,《齐民要术》是一部有很高科学价值的"农业百科全书",它内容极其丰富,反映了当时我国北方农业生产技术的水平,其中有许多技术直到现在还在应用,它比较系统地总结了黄河中、下游地区北魏和北魏以前农业生产技术的成就,初步建立了农业科学体系,是我国乃至世界上保存下来的最早的一部综合性农业科学著作。

第十章　隋唐五代

一、隋文帝杨坚

隋文帝杨坚（公元541年~604年），隋朝开国皇帝，汉太尉杨震十四世孙。其父杨忠是西魏和北周的军事贵族，跟随北周太祖起义关西，因功赐姓普六茹氏，位至柱国、大司空、随国公。薨，赠太保，谥曰桓。杨坚承袭父爵。初唐的李延寿在《北史》中赞美隋文帝："皇考美须髯，身长七尺八寸，状貌瑰伟，武艺绝伦；识量深重，有将率之略。"

杨坚他有"身在帝王边，如同伴虎眠"之感。因齐王宇文宪曾对武帝宇文邕说："杨坚相貌非常，人颇狡诈，臣每见之不觉自失，请早除之。"本来宇文邕对杨坚早存疑心，听宇文宪说后，疑心更重。

但宇文邕对是否立即剪除杨坚还犹豫不定，于是便问计于钱伯下大夫来和，来和也说杨坚不凡，但暗中想给自己留条后路。便谎称："杨坚这人是可靠的，如果皇上让他做将军，带兵攻打陈国，那就没有攻不下的城防。"为杨坚避免了一场杀身之祸。

宇文邕还是放心不下，暗里又派人请星相家赵昭偷偷为杨坚看相。赵昭与杨坚友善，当着宇文邕之面佯装观察杨坚脸庞，然后毫不在意地说："皇上，请不必多虑，杨坚的相貌极其平常，无大富大资可言，最多不过是个大将军罢了。"又使杨坚度过了一次险关。

这时，内史王轨又劝谏宇文邕说："杨坚貌有反相。"言下之意是要及早除掉杨坚。因为宇文邕对星相家赵昭的结论相信无疑了，便不悦地说："要是真的天命所定，那有什么办法啊？"杨坚再次化险为夷。

宇文邕死后，其子宇文赟即位。杨坚的长女被聘为后妃，杨坚又晋升为柱国大将军、大司马。

宇文赟对杨坚的疑心更大，他曾直言不讳地对杨妃说过："我一定要消灭你们全家。"并命内侍在皇宫埋伏杀手，再三叮嘱说："只要杨坚有一点无礼声色，即杀之！"然后他把杨坚召进皇宫，议论政事。杨坚几经化险为夷，心中早有准备，不管宇文赟怎样激、怎样蛮、怎样讲，杨坚都神色自若，宇文赟无杀机可乘。

最后，杨坚想出了"两全"之策，通过内史上大夫郑译向宇文赟透露出自己久有出藩之意。这正合宇文赟的心意，当即任命他为扬州总管。这样宇文赟放心了，杨坚也安心了。

宇文赟是皇家世袭之君，根本不是治国安邦之君。不问朝政，沉湎酒色，满朝文臣武将敢怒而不敢言。

宇文赟不但不听忠臣劝告，反而觉得这皇帝当得太不称心如意。他终于想出了一个逍遥自在的法招，将皇位让给年仅六岁的儿子。自称天元皇帝，住在后宫，终日与嫔妃宫女们吃喝玩乐。荒淫无度的生活使他年仅22岁就丧命了。

他的儿子静帝即位，任命杨坚为丞相。周静帝即位时才八岁，还是个不懂事的小孩，所以杨坚就控制了北周的朝政。大定元年（公元581年）春，北周首都长安（今西安）发生了宫廷政变，外戚杨坚废掉了周静帝，夺取帝位，建立了隋朝。开皇八年（公元588年），杨坚派晋王杨广率领51万大军向南方陈朝发动了总攻。次年元旦清晨，隋朝大将韩擒虎、贺若弼在满天大雾的掩护下，分别率领军队渡过长江。隋军渡江时，陈朝有人上书给陈后主告急，要他火速派兵援救，但是陈后主此时仍只顾饮酒作乐，不顾军国大事。

当隋军攻破建康（今南京），搜索宫廷时，发现那封告急信丢在陈后主的床底下还没有拆开。陈后主和宠妃张丽华、孔贵嫔躲在一口枯井内，被隋军搜出来，做了俘虏。

公元589年，隋文帝遣兵挥戈南下，灭亡了割据南方的陈朝，统一了全国。同年琉球群岛归降隋朝；突厥可汗尊杨坚为圣人天可汗，表示愿为藩属永世归顺。隋文帝结束了中国长期混乱的局面，使中国又回到了和平年代。

杨坚在政权基本稳定之后，便开始了一系列的改革，包括了中央和地方的政治体制、赋税、土地制度、法律、钱币、对外关系等方面。杨坚内修制度，外抚四夷，崇尚节俭，勤理政务。

杨坚立即力行汉化，对反叛旧臣、豪强大吏、上层贵族，诛夷罪退，毫不手软。他罢黜了一些没有才干的大臣，包括对自己夺取帝位有功的人，将一些有真才实干的人提拔上来，辅佐自己管理国家政务。

隋文帝统一了币制，废除其他比较混乱的古币以及私人铸造的钱币，改铸五铢钱。"五铢钱"背面肉好，皆有周郭，重如其文，每钱一千重四斤二两。"车书混一，甲兵方息。"度量衡在隋文帝时重新统一。

隋朝建立后，开皇元年隋文帝下令命人参考魏晋旧律，制订《开皇律》。开皇三年，隋文帝又命苏威、牛弘修改新律，删除苛酷条文。《开皇律》将原来的宫刑（破坏生殖器）、车裂（五马分尸）、枭首（砍下头悬挂在旗杆上示众）等残酷刑法予以废除。规定一概不用灭族刑。减去死罪81条，流罪154条，徒、杖等罪千余条，保留了律令五百条。刑罚分为死、流、徒、杖、笞五种。基本上完成了自汉文帝刑制改革以来的刑罚制度改革历程，这就是封建五刑制。死刑复奏制度是从开皇十五年形成定制的，隋文帝规定凡判处死刑的案件，须经"三奏"才能处决死刑。《隋书刑法志》："（开皇）十五年制，死罪者三奏而决。"隋文帝还下诏："天下死罪，诸州不得便决，皆令大理复治。"《开皇律》对后世律法影响深远，杨坚修订的法律唐朝都基本上继承了。

杨坚恢复了汉魏时期的体制，基本上确立了三省六部制度。杨坚在中央设立三师、三公、五省。三师、三公只是一种荣誉虚衔。掌握政权的是五省，即内侍省、秘书省、门下省、内史省和尚书省。内侍省、秘书省在国家政务中不起重要作用。内侍省是宫廷的宦官机构，管理宫中事务。秘书省掌管书籍历法，事务较少。起作用的是其他三省，内史省、门下省、尚书省都是最高政务机构。内史省负责决策，门下省负责审议，尚书省负责执行。这就是后来被唐朝继承的三省制。尚书省下设吏、民、礼、兵、刑、工六部。每部设尚书，总管本部政务。具体办事机构就是这六部：吏部，掌管全国官吏的任免、考核、升降和调动；民部，掌管全国的土地、户籍、赋税以及财政收支；礼部，掌管祭祀、礼仪和对外交往；兵部，掌管全国武官的选拔，和兵籍、军械等；刑部，掌管全国的刑律、断狱；工部，掌管各种工程、工匠、水利、交通等。开始的时候，六部叫做六曹，即六个办事机构。六部的设置成为后代封建国家中央政权的固定制度。三省六部制分工明确，组织严密，加强了中央集权。对唐及以后历代王朝的影响都十分巨大。隋文帝建立的这一整套规模庞大、组织完备的官僚机构，表明封建制度已发展到成熟阶段。自隋定制，一直沿袭到清朝。

隋文帝杨坚推行均田制，整顿户籍。实行了"大索貌阅法"要求官吏经常检查人口，且要根据相貌来检查户口，使编户大增。防止地方豪强和官僚勾结，营私舞弊。将依附于豪强的人口解放出来，增加了国家的劳动力，调动了贫苦农民的生产积极性，使国家掌管的纳税人丁数量大增。

隋文帝还曾颁布"人年五十，免役收庸"、"战亡之家，给复一年"等仁政措施。隋文帝一系列的改革措施，大量地减少了国家的财政开支，增加了国家的财政收入。

为了更好地行使权力，控制地方，杨坚下令，九品以上的官员一律由中央任免。官吏的任用权一概由吏部掌握，禁止地方官就地录用僚佐。而且每年都要由吏部进行考核，以决定奖惩、升降。后来，又实行三年任期制。杨坚简化了地方行政机构，废九品官人法，初创科举制。隋文帝命令各州每年推选三个文章华美、有才能的人，到中央受官。后来，隋文帝又下令，京官五品以上、地方官等，要由有德有才的举人担当。这种选拔政府官员的制度，使各个阶层有才华的人都有机会为政府效力。杨坚开创建立的科举制度，在中国历史上留存长达1300多年，直到清朝末期才废除。

大隋开皇盛世气象恢宏磅礴，隋文帝下令修建西京大兴城（即后来长安城）和东京洛阳城，大兴城的修建不仅是中国古代城市建设规划高超水平的标志，也是当时国家的经济实力和科技水平的综合体现。大兴城乃当时的"世界第一城"，它的设计和布局思想，对后世都市建设及日本、朝鲜都市建设都有深刻的影响。隋文帝于公元584年命宇文恺率众开漕渠。自大兴城西北引渭水，略循汉代漕渠故道而东，至潼关入黄河，长150多公里，名广通渠。这是修建大运河的开始。

《剑桥中国隋唐史》这样评价道："隋朝消灭了其前人的过时的和无效率的制度，创造了一个中央集权帝国的结构，在长期政治分裂的各地区发展了共同的文化意识，这一切同样了不起。人们在研究其后的伟大的中华帝国的结构和生活的任何方面时，不能不在各个方面看到隋朝的成就，它的成就肯定是中国历史中最引人注目的成就之一。"无比辉煌的大隋皇朝,给子孙后代留下了丰富的财富,对后世中国造成了深远的影响。

二、隋炀帝杨广

隋炀帝杨广（公元 569 年～公元 618 年）是隋朝的第二个皇帝,杨坚的次子,小名阿䴙,又名杨英,是个很有才华、头脑精明的人。对于国政,他也有恢宏的抱负,并且尽力付诸实现。主政后,他巡视边塞、开通西域、推动大建设。然而最终因人民负荷不了他一而再、再而三的穷兵黩武,遂以残暴留名于世。有人拿商纣王、秦始皇等与他相比,并称暴君。他对人民的奴役征敛十分苛重,使生产遭到严重破坏。在人民大起义的打击下,部下宇文化及等发动兵变,将他缢死于江都（今江苏扬州）。

杨广在位 14 年（公元 604 年～公元 618 年）,完成了几件大事。

一是帮助隋文帝统一江山。亲自指挥完成祖国统一。公元 589 年,年仅 20 岁的杨广被拜为隋朝兵马都讨大元帅,统领 51 万大军南下向富裕、强盛的陈朝发动进攻,并完成统一。当时人们认为"长江天堑,古以为限隔为南北……"当年符坚百万大军都没有突破长江天堑,可见这是非常难以完成的任务。可隋军在杨广的指挥下,纪律严明、英勇善战,一举突破长江天堑。所到之处,所向披靡。而对百姓则"秋毫无犯",对于陈朝库府资财"一无所取",博得了人民广泛的赞扬,"天下皆称广以为贤"。20 岁的杨广帮助隋文帝完成了中国的统一大业,结束了近三百年来中国分裂割据的局面,从此中国进入了和平、强盛的时代。

二是修通运河。下令修建完成大运河。隋炀帝下令开挖修建南北大运河,将钱塘江、长江、淮河、黄河、海河连接起来。如此浩大的工程,利于千秋万代。大运河对于中国来说远比长城对于中国更重要。大运河连接黄河流域长江流域,使黄河流域长江流域逐渐成为一体,将两个文明连接在了一起,是凝聚中国之举。满足了将已成为全国经济中心的长江流域同仍是政治中心的北方连接起来的迫切需要。大运河的修建也使中国水运畅通、发达,为中国后世的繁荣富强打下了牢固坚实的基础。

三是西巡张掖。亲自开拓疆土，畅通丝绸之路。公元605年（大业元年），隋将韦云起率突厥兵大败契丹。韦云起扬言借道去柳城（今辽宁朝阳南）与高丽交易，率军入其境，契丹人未加防备。韦云起率军进至距契丹大营50里处，突然发起进攻，大败契丹军，俘虏其男女四万余人。隋朝此举拖延了契丹崛起强大的速度。

公元608年（大业四年），隋炀帝派军灭了吐谷浑。开拓疆域数千里，范围东起青海湖东岸，西至塔里木盆地，北起库鲁克塔格山脉，南至昆仑山脉，并实行郡县制度管理，使之归入中国统治之下。这是以往各朝从未设置过正式行政区的地方。

公元609年（大业五年），隋炀帝率大军从京都长安（今西安）浩浩荡荡地出发到甘肃陇西，西上青海横穿祁连山，经大斗拔谷北上，到达河西走廊的张掖郡。这次出行绝不是游山玩水、个人玩乐的。因为西部自古大漠边关，自然条件恶劣。大斗拔谷海拔三千多米，终年温度在零度以下。士兵冻死大半，随行官员也大都失散。隋炀帝也狼狈不堪，在路上吃尽苦头。隋炀帝这次西巡历时半年之久，远涉到了青海和河西走廊。其意义重大。在封建时代，中国皇帝抵达到西北这么远的地方的，只有隋炀帝一人。隋炀帝西巡过程中置西海、河源、鄯善、且末四郡，进一步促成了甘肃、青海、新疆等大西北地区成为中国不可分割的一部分。

隋炀帝到达张掖之后，西域27国君主与史臣纷纷前来朝见，表示臣服。各国商人也都云集张掖进行贸易。隋炀帝此次西巡开拓疆土、安定西疆、威震各国、开展贸易、畅通丝路，影响深远。

四是三游江都。隋炀帝乘四层高的龙舟，从京城浩浩荡荡地南下江南。有人认为巡游的意义重大，一个中原的皇帝下江南，一个刚把江南归于自己的统治之下不久的王朝，为表示对江南的统治与重视进行巡游。更有人认为，巡游耗费了无数的人力、物力，实是祸国殃民。

五是三驾辽东。公元611年（大业七年），隋炀帝以"高句丽本为箕子（商纣王叔父）所封之地，今又不遵臣礼"为由，动员全国士兵，不论远近均于次年正月会集于涿郡（在今北京城西南）。此后，各地百姓纷纷有组织或自发地聚集到幽燕地区，驿路山冈之上，遍行装甲武士。这次远征高句丽是深得人民支持的，遗憾的是这次征伐因种种原因没有成功。

公元 613 年（大业九年），隋炀帝不甘心第一次征高句丽的失败，从洛阳出发，再次御驾亲征高句丽。隋军兵强马壮，计划周密，准备充分。但由于后院起火，杨玄感起兵反隋，威胁了隋王朝的腹地，炀帝被迫撤军，导致第二次攻高句丽的失败。

公元 614 年（大业十年），隋炀帝不顾国内危机四伏，再次亲征高句丽。沿途已有大批士卒逃亡。但此次隋军获得胜利，高丽王高元大为恐惧，谴使请降。炀帝见国内农民起义烽烟四起，无心再战，班师回朝。

隋炀帝的晚年，既没有像陈后主那样做个长城公，也没有把带在身边的毒药派上用场。大业十四年（公元 618 年）三月，炀帝见天下大乱，无法挽回，命修治丹阳宫（今南京），准备迁居那里。从驾的都是关中卫士，他们怀念家乡，纷纷逃归。这时，虎贲郎将元礼等，与直阁裴虔通共谋，利用卫士们思念家乡的怨恨情绪，推宇文述的儿子宇文化及为首，发动兵变，宇文化及逼缢隋炀帝。这个奢侈腐化一生的帝王，死后连个像样的棺材也没有，由萧后和宫人拆床板做了一个小棺材，偷偷地葬在江都宫的流珠堂下。唐朝平定江南后，于贞观五年（公元 631 年），移葬于雷塘（今扬州市北 15 公里雷塘南平冈上，南距吴公台 10 里）。

三、唐太宗李世民

唐太宗李世民（公元 599 年～公元 649 年），是唐朝第二位皇帝，他名字的意思是"济世安民"。陇西成纪（今甘肃省静宁县）人，祖籍赵郡隆庆（今邢台市隆尧县），政治家、军事家、书法家、诗人。李世民平窦建德、王世充之后，始大量接触文学与书法，有墨宝传世。即位为帝后，积极听取群臣的意见，努力学习文治天下，成功转型为中国历史上最出名的政治家与明君之一。唐太宗开创了历史上的"贞观之治"，经过主动消灭各地割据势力、虚心纳谏、在国内厉行节约、使百姓休养生息，终于使得社会出现了国泰民安的局面，为后来全盛的开元盛世奠定了重要的基础，将中国传统农业社会推向鼎盛时期。

唐太宗于隋开皇十八年（公元 599 年）出生于武功别馆，是唐高祖李渊与窦皇后的次子。公元614年娶妻长孙氏，武德九年八月二十一日立为皇后，即长孙皇后。

隋大业十一年（公元615年），隋炀帝被突厥十万骑围困于雁门（今山西代县），李世民应募从屯卫将军云定兴前往救援，提出虚张军容，昼引旌旗数十里，夜以钲鼓相应的疑兵计。时值东都及诸郡援兵亦至忻口（今忻县北），迫使突厥始毕可汗撤军而去。十三年六月，与其兄李建成率兵攻西河（今汾阳），首战获胜，促使李渊决意西向关中。任右领军大都督，统右三军，封敦煌郡公。七月随李渊自太原（今太原西南）南下。途中李渊一度动摇，欲还师更图后举。世民坚决主张继续进军，提出先入咸阳、号令天下的方略。八月，进攻霍邑（今霍州），先率轻骑至城下，诱隋守将宋老生出战，继而率骑猛冲其侧背，配合李渊、建成正面攻击，斩宋老生，克其城。九月，军至河东（今永济西南），力主急速进军长安（今西安），遂奉命率前军西渡黄河，顺利占领渭河以北地区，各大族豪强纷至军门投效，数支农民起义军亦来归附，兵力迅速发展至13万人。十一月，会诸军攻克长安。李渊立代王杨侑为帝，即隋恭帝，改大业十三年为义宁元年。李渊以光禄大夫、大将军、太尉唐公为假黄钺、使持节、大都督内外诸军事、尚书令、大丞相，进封唐王，李世民为京兆尹，改封秦公，义宁二年三月，为右元帅，徙封赵国公。

同年（公元618年）五月，隋恭帝禅位于唐，唐王即皇帝位，国号大唐，改元武德。武德元年，以赵公世民为尚书令、右翊卫大将军，进封秦王。

唐朝建立以后，为统一全国，先后进行了六次大的战役。这六个战役李世民就指挥了四个，全部取得了胜利，为唐王朝立下了赫赫战功。

第一次是对陇右薛举父子集团的战役。唐武德元年，薛举率军进攻关中，双方在现陕西长武县发生激战，在这里，李世民打了他一生中唯一的一次大败仗，退回长安。但不久，他便在浅水原之战彻底打败薛军，消灭了陇东集团。

第二次，刘武周依附突厥，南下进攻唐朝，攻占了晋阳，李世民不畏艰险，终于击溃了敌人主力，并乘胜追击，彻底消灭了敌军，收复了丢失的土地。

第三次是对王世充和窦建德的战役。这次战役规模为唐统一战争中最大的。在这次战役中，李世民先将王世充击败，围困在洛阳，令其无粮草供应，待其自毙。就在洛阳将下未下之时，河北的窦建德军十余万众号称三十万为救援王世充，突然出现在唐军背后。李世民力排众议，在虎牢之战中大败窦建德军，生擒窦建德。洛阳的王世充也只得投降。这次李世民一举两克，取得了决定性的胜利。

第四次是平定刘黑闼的战役。刘黑闼是窦建德的部下，他打着为窦建德复仇的旗号，在河北起兵反唐。李世民指挥了平定刘黑闼的战役，仅仅两个月就取得了胜利。

李世民自此威望日隆，尤其是在虎牢之战后进入长安时，受到部分军民以皇帝的礼仪招待。武德四年冬十月，封为天策上将、领司徒、陕东道大行台尚书令，食邑增至二万户。高祖又下诏特许天策府自置官属，俨然形成一个小政府机构。

李世民在战斗中注重战前侦察，虽屡次遇险，但每次战斗都能做到知己知彼，善于制造战机，当敌强我弱时，他经常用"坚壁挫锐"的战法拖垮敌人，战斗中身先士卒，亲自率领骑兵突击敌阵，胜利后勇追穷寇，不给敌人喘息之机，因此获得了每次战役的胜利。李世民用他卓越的军事才能，为唐代的建立和发展作出了巨大贡献。

唐高祖武德九年（公元626年），玄武门之变发生后，李世民被立为皇太子，从他父亲手里接过唐朝的实际最高权力。八月初九，唐高祖被逼退位，李世民便做了唐王朝的第二任皇帝。

历史上认为，李世民是篡位夺权者。李渊建立唐朝后，立世子李建成为太子。据说太原起兵是李世民的谋略，李渊曾答应他事成之后立他为太子。但天下平定后，李世民功名日盛，李渊却犹豫不决。李建成随即联合四弟齐王李元吉，排挤李世民。李渊的优柔寡断，也使朝中政令相互冲突，加速了诸子的兵戎相见。是年，李建成向李渊建议由李元吉做统帅出征突厥，借此要把握住秦王的兵马，以防止李世民篡夺皇太子之位。李世民在危急时刻决定背水一战，先发制人。抢先一步杀死亲大哥李建成和亲（四）弟李元吉，这就是历史上有名的玄武门之变。

《贞观政要》的撰者元朝的戈直说："夫太宗之于正心修身之道，齐家明伦之方，诚有愧于二帝三王之事矣。然其屈己而纳谏，任贤而使能，恭俭而节用，宽厚而爱民，亦三代而下，绝无而仅有者也。后之人君，择其善者而从之，其不善者而改之，岂不交有所益乎！"这里所说太宗在正心修身、齐家明伦方面，有愧于二帝三王之事，主要是指太宗与其兄李建成的皇位之争。明宪宗在命儒臣订正重刊《贞观政要》时写道："太宗在唐为一代英明之君，其济世康民，伟有成烈，卓乎不可及已。所可惜者，正心修身，有愧于二帝三王之道，而治未纯也。"

不管后世人是怎样评价李世民皇位的由来的，但是他在位期间，确实为百姓做了不少的好事，政治也比较清明。

一是不拘一格用人才。对人才的使用及领导达到了极高的境界。他独具慧眼，看到了个人力量的不足，充分认识到君王如石、良臣如匠，方有美玉问世，对大臣的各项进步之言豁达地予以采纳。

二是不独断专行，初步确立了三权分立、互相监督的政治管理制度，规定法令甚至包括自己（影响国家政策的那一部分）旨意需门下省审查副署后方可生效发布，保证了政策的可行性，杜绝了不良政策对国家及人民的伤害与影响。

三是认识到人命至重、不可妄杀，规定死刑需三复奏（外地五复奏），复审批准后方可行刑。这就不难让人们想起贞观四年（公元630年）全国判死刑才29人。贞观六年（公元632年）全国死刑犯390人，太宗审查时令390人全部回家团聚、待来年秋收后回来复刑，结果390人均准时到来，无一人逃亡。

四是太宗朝武功之盛，除对高句丽战争上没有取得战略胜利外都取得了辉煌的胜利，这与当时的国力、军队战斗力、整体战略、用人选将与配合默契、过程协调一致等重要因素是分不开的，因此在中华历史上的名将名相中，贞观朝占有相当的比例，在中华军事史上，贞观朝的战例也多被引用。

五是完善科举制度，大力兴办学校，重视教育活动，普及官吏选聘。当时的科举更加规范化，考选公平，以进士科最为杰出，太宗见新科进士鱼贯而出，喜言"天下英雄，入朕彀矣"。唐朝的教育及科举为政治上提供优秀人才、推动经济发展作出了贡献。

六是倡导廉政、节俭，重视农田水利。太宗朝在廉政建设方面是相当成功的。唐太宗建立了一个廉洁奉公、遵纪守法的中央领导班子，重视地方长官选举。当时朝廷中不少卿相家境贫困，如温彦博、戴胄、于志宁、魏征、张玄素等等，再加上良好风气的宣传和行政监督，及时预防了官员犯错，因此当时的官员相当奉公守法、廉洁自律。太宗皇帝也比较注意节俭，不滥用民力，注意与民休息，当时社会形成了一种朴素求实的作风。太宗皇帝也相当重视农业，京官外巡回京太宗先问及此事。

七是奉行胸怀大局、四海一统的民族和外交政策。太宗朝的民族和外交政策取得了辉煌的胜利，四海之内只要知道中国的均努力依附，以唐为荣，乐不思蜀。他们不但同唐人一样可以自由自在地生存，还可以做官。著名的少数民族将领阿史那思摩、执思失力、契芯何力、黑齿常之、乃至后世的高仙芝、李光弼等都为唐朝做出了杰出贡献，在他们身上正好反映出李世民民族政策的光辉。

八是工书法、富文辞，太宗皇帝个人修养及天赋极高，在书法同文辞上也颇有名气，在他大力宏扬和鼓励支持下，才有唐代书法、文学、艺术之盛。

九是由于社会安定，商业经济得到发展。全国新兴了许多商业城市，广州、杭州、扬州、成都、江陵、凉州等城市经济发展相当迅猛，长安同洛阳作为世界经济大都会就不言而喻了，这为古代封建经济登顶奠定了基础。

综上所述，唐太宗李世民是中国古代历史上的一位伟大的政治家、卓越的领袖、影响中华乃至世界进程的杰出人物，他为古代中国作出了巨大贡献，因此受到人们的崇敬。筑东阳先生曾说："他是继孔子之后中国数一数二的伟人。"

四、女皇帝武则天

武则天（公元624年～公元705年），中国历史上唯一的女皇帝，也是继位年龄最大的皇帝（67岁继位），又是寿命最长的皇帝之一（终年82岁）。唐高宗时为皇后（公元655年～公元683年），唐中宗和唐睿宗时为皇太后（公元683年～公元690年），后自立为武周皇帝（公元690年～公元705年），改国号"唐"为"周"，定都洛阳，并号其为"神都"。史称"武周"，公元705年退位。

武氏真名称"曌"，起于她称帝前夕。"曌"是她的堂外甥、凤阁侍郎宗秦客所献的12个新字中的第一个字。这个新造的"曌"字，尽管意思与"照"字相同，但结构特殊，能使人联想到日月当空，光芒万丈这一磅礴景象，这也可能是武则天独钟情于它，并选做自己名字的主要原因。"则天"二字是后世对她的称谓。即因武则天当年是在则天门上宣布改唐为周的，更因"则天"二字有"效法于天帝法则"的含义。到唐开元九年（公元721年），在编撰《则天实录》一书时，特用"则天"二字，来称呼这位既是皇后，又当过皇帝的非凡女性。这是武则天这个特殊名字最早的出现。而武则天这一名称，则是在近代对她的评价逐渐升高以后才随之流行的。

武氏为唐开国功臣武士彠次女，母亲杨氏，武则天祖籍山西文水，生于四川利州（今广元市），并在利州度过她的童年和少年时期。本名不详，14岁入后宫为才人（正五品），唐太宗赐名媚，人称"武媚娘"。太宗死后，武则天入感业寺为尼。唐高宗即位，复召入宫封为昭仪，进号宸妃，与王皇后、萧淑妃多次周旋于后宫。武则天善谋心计，心狠手辣，兼涉文史，富有才气。27岁才产下长女，据《资治通鉴》记载：武则天的长女出生后才一月之际，王皇后来看过她的女儿之后，她就把女儿给闷死了，书里的原话是"扼而杀之"。高宗大怒，于是把王皇后贬为庶人。永徽六年（公元655年），高宗立武氏为皇后。上元元年（公元674年），与高宗并称"天皇""天后"。弘道元年（公元683年）高宗去世，中宗李显即位，武氏为皇太后，临朝称制后改名曌。嗣圣元年（公元684年），废中宗为庐陵王，立睿宗李旦，继续临朝称制。载初元年（公元690年），废睿宗，自称圣神皇帝，改国号为周，定东都洛阳为神都，史称"武周"，上尊号"圣神皇帝"。

武则天当朝期间，贬逐老臣，任用酷吏，唐初的元老重臣如长孙无忌、褚遂良、于志宁、裴炎等人，少数被贬逐，多数遭诛杀。她举行殿试，创武举、自举、试官等制，经济上采取薄赋敛、息干戈、省力役等主张，因此在其执政的半个世纪中，政绩辉煌，国威大振。

公元705年，宰相张柬之乘武则天年老病危，拥立中宗复位，尊武氏为"则天大圣皇帝"。同年冬，武氏死，享年82岁，遗诏"去帝号，称则天大圣皇后"。李白把武则天列为唐朝"七圣"之一。武则天死后，立"无字碑"。自秦汉以来，帝王将相无不希望死后能树碑立传，中国历史上唯一一个女皇帝的石碑却没有刻一个字。其说法有几种：第一种说法认为，武则天立"无字碑"是用以夸耀自己，表示功高德大非文字所能表达；第二种说法认为，武则天立"无字碑"是因为自知罪孽重大，感到还是不写碑文为好；第三种说法认为，武则天是一个有自知之明的人，立"无字碑"是聪明之举，功过是非让后人去评论，这是最好的办法。

对于武则天，从唐代开始，历来有各种不同的评价，角度也各不相同。唐代前期，由于所有的皇帝都是她的直系子孙，并且儒家正统观念还没有占据统治地位，所以当时对武则天的评价相对比较积极，比较正面。但随着时间的推移，特别是司马光所主编之《资治通鉴》，对武氏严厉批判。到了南宋期间，程朱理学在中国思想上占据了主导地位，轻女的舆论决定了对武则天的负面评价。明末清初的时候，著名的思想家王夫之，就曾评价武则天"鬼神之所不容，臣民之所共怨"。不过不可否认的是，武则天对历史作出过巨大的贡献。

武则天对历史发展作出的第一个贡献是，打击了保守的门阀贵族。武则天被立为皇后以后，把反对她做皇后的长孙无忌、褚遂良等人一个一个都赶出了朝廷，贬逐到边远地区。这对于武则天来说，是杀鸡儆猴。但这些关陇贵族和他们的依附者，在当时已经成为一种既得利益的保守力量。把他们赶出政治舞台标志着关陇贵族从北周以来长达一个多世纪统治的终结，也为社会进步和经济发展创造了一个良好的条件。

第二个贡献是促进了经济的发展。虽然早在贞观年间就提出过"劝农桑"的政策，但是由于各种原因，未能很好地施行。因此，武则天在《建言十二事》中就建议"劝农桑，薄赋役"。在她掌权以后，又编撰了《兆人本业记》颁发到州县，作为州县官劝农的参考。她还注意地方吏治，加强对地主官吏的监察。对于土地兼并和逃亡的农民，也采取比较宽容的政策。因此，武则天统治时期，社会是相当安定的，农业、手工业和商业都有了长足的发展。人口也由唐高宗初年的 380 万户进一步增加到 615 万户，平均每年增长 9.1%。这在中古时代，是一个很高的增长率，也是反映武则天时期唐代经济发展的客观数据。

第三个贡献是稳定了边疆形势。武则天执政后，边疆并不太平。西方西突厥攻占了安西四镇，吐蕃也不断在青海一带对唐展开进攻。北边一度臣服的突厥和东北的契丹一直打到河北中部。武则天一方面组织反攻，恢复了安西四镇,打退了突厥、契丹的进攻,同时在边地设立军镇,常驻军队,并把高宗末年在青海屯田的做法推广到甘肃张掖、武威、内蒙古五原和新疆吉木萨尔一带。以温和的民族政策,接纳多元文化的发展。对在屯田工作上作出了巨大贡献的娄师德,武则天特更致书嘉勉。书中特别指出,由于屯田,使得北方镇兵的粮食"数年咸得支给"。

第四个贡献是推动了文化的发展。唐人沈既济在谈及科举制度时说到:"太后颇涉文史,好雕虫之艺","太后君临天下二十余年,当时公卿百辟,无不以文章达,因循日久,浸已成风"。沈既济的这些话包含了丰富的内容。一是武则天重视科举,大开制科。有一次策试制科举人时,她亲临考场,主持考试。二是当时进士科和制科考试主要都是考策问,也就是申论。文章的好坏是录取的主要标准。三是武则天用人不看门第,不问你是否是高级官吏的子孙,而是看你是否有政治才能。因此特别注意从科举出身者中间选拔高级官吏。这就大大刺激了诗人参加科举的积极性,更刺激了一般人读书学习的热情。这就是沈既济所说的"浸已成风"。开元、天宝年间"父教其子,兄教其弟","五尺童子耻不言文墨焉"的社会风气,就是从武则天时期开始的。正是文化的普及,推动了文化的全面发展。著名的诗人和文学家崔融、李峤都是这个时期涌现出来的。雕塑、绘画也达到了前所未有的水平。

武则天也有不少消极的行为。她信佛、崇佛教、建寺院、筑明堂、造天枢、铸九鼎,浪费了大量的人力物力。在打击政敌的过程中也不免滥杀无辜。官吏大增也必然加重了农民的负担,在她统治时期尽管社会经济有所上升,但逃户问题已经日益严重,府兵制开始走向破坏。武则天重用武氏宗室武承嗣、武三思、武攸绪及武攸宁等人,并大封武氏宗人为王。大臣吉顼等人深以嗣君之选为虑,武则天也感到作为女子,死后只能入李家宗庙享子孙祭祀,所以接受臣下建议,于圣历元年(公元698年)迎还庐陵王李显,复立为太子。武氏晚年宠爱男妾张昌宗、张易之兄弟,二人狐假虎威,作威作福。

武则天的做法到底如何,就像她立在自己墓前的无字碑一样,由各人去评说罢了。

廷不得已任命张愔为徐州团练使，分濠、泗两州隶淮南，以杜佑兼濠、泗观察使。

第三，杜佑生平好学，手不释卷。公事之余，勤于著述。贞元十七年完成了一部重要的历史著作——《通典》，派人献给了朝廷。

杜佑18岁入仕，78岁致仕，为官60年，历玄、肃、代、德、顺、宪六朝。杜佑所生活的年代，正是唐代在安史之乱后由盛转衰的时期，他官居宰相多年，对当时的政治、经济、军事状况比较了解，对朝政弊端也有所认识，因此在国家政策上也颇有自己的主张。在政治上，他以富国安民之术为己任，针对时弊，提出节省开支、裁减官员的主张，同时他又精于吏道，颇受朝野敬重。在经济上，他提醒统治者要重视粮食、土地与人口三者的关系，轻徭薄役，实行两税法，反对征收人头税，只征收土地税及山泽、工商税，使人民与土地相结合减少流亡。在文化思想上，他希望能总结历代典章制度的历史演变、得失兴革而对现实的政治进行改革，因而穷尽36年的心血博览古今典籍和历代名贤论议，考溯各种典章制度的源流，撰成200卷的巨著《通典》，开创了典章制度专史的先河。

杜佑对唐代中期政治、文化所作出的贡献得到了当时朝野的认可。唐宪宗在批准其请求致仕的诏书中称他："岩廊上才，邦国茂器，蕴经通之识，履温厚之姿，宽裕本乎性情，谋猷彰乎事业。博文强学，知历代沿革之宜；为政惠人，审群黎利病之要。"这段话对其60年官场生涯的政绩、人品、才学都做了积极的评价。

十一、画圣吴道子

吴道子（约公元680年~公元759年），玄宗赐名道玄。是中国唐代第一大画家，被后世尊称为"画圣"，被民间画工尊为祖师。画史尊称吴生。河南阳翟（今河南省禹州）人。少孤，相传曾学书于张旭、贺知章，未成，乃改习绘画。曾在韦嗣立幕中当大吏，做过兖州瑕丘（今山东兖州）县尉。开元年间，玄宗知其名，召入宫中，让其教内宫子弟学画，因封内教博士；后又教玄宗的哥哥宁王学画，遂晋升为宁王友，从五品。道教中人更呼之为"吴道真君"、"吴真人"。苏东坡在《书吴道子画后》一文中说："诗至于杜子美（杜甫），文至于韩退之（韩愈），书至于颜鲁公（颜真卿），画至于吴道子，而古今之变，天下能事毕矣！"一代宗师，千古流传。

吴道子小时候就失去双亲，生活贫困，为了生计向民间画工和雕匠学习，由于他刻苦好学，才华出众，20岁时，就已经很有名气。唐玄宗把他召入宫中担任宫廷画师，为他改名道玄。成了御用画家的他，没有皇帝的命令，不能擅自作画。这样，一方面对他这样一个平民意识很强的艺术家是一种约束和限制，另一方面，他得到了最优厚的生活条件，不再到处流浪，可以施展自己的艺术才华。吴道子性格豪爽，喜欢在酒醉时作画。传说他在描绘壁画中佛头顶上的圆光时，不用尺规，挥笔而成。在龙兴寺作画的时候，观看者围得水泄不通。他画画时速度很快，像一阵旋风，一气呵成。当时的都城长安是中国的文化中心，汇集了许多著名的文人和书画家。吴道子经常和这些人在一起，相互促进、提高技艺。

吴道子入内供奉之后，多在宫中作画，有时也随从玄宗巡游各地。一次，他随驾去东都洛阳，会见了将军裴旻和书法家张旭，三人各自表演了自己的绝技：裴旻善于舞剑，当即舞剑一曲；张旭长于草书，挥毫泼墨，作书壁；吴道子也奋笔作画，"俄顷而就，有若神助"。洛阳士庶，一时大饱眼福，人们都高兴地说："一日之中，获睹三绝。"后来，裴旻将军居母丧，请吴道子于东都天宫寺画神鬼像数壁，"以资冥助"。吴道子回答说："废画已久，若将军有意，为吾缠结，舞剑一曲，庶因猛励，获通幽灵。"裴旻听了，遂脱去缞服，如平时装束，走马如飞，剑在手中"左旋右抽"，忽地将剑抛向高空，距地面有数十丈，落地如电光下射。裴旻举起剑鞘，不左不右，剑正好插入鞘内。观者数千人，齐声喝彩。吴道子看了裴旻的舞剑英姿，一时灵感大兴，遂挥毫作画，"飒然风起，为天下之壮观"。这是吴道子一生的杰作，"得意无出于此"。

开元十三年（公元725年），唐玄宗东封泰山，吴道子陪同前往。事后还至潞州（今山西长治），车驾过金桥，御路"曲折萦转"。玄宗见数千里间"旗鲜洁，羽卫整肃"，心中非常兴奋，对左右侍从说："张说言'勒兵三十万，旌旗千里间，陕右上党，至于太原'。真才子也。"左右皆呼万岁。于是召来吴道子、韦无忝、陈闳等，命他们三人共同绘制《金桥图》。陈闳主画玄宗真容及所乘照夜白马，韦无忝主画狗马、骡驴、牛羊等动物之类，而桥梁、山水、车舆、人物、草树、雁鸟、器仗、帷幕等主题部分则由吴道子主画。《金桥图》绘成后，"时谓三绝"。

　　天宝年间，一天唐玄宗忽然想起蜀中嘉陵江山清水秀，妙趣横生，遂命吴道子乘驿传赴嘉陵江去写生。到了嘉陵江，吴道子漫游江上，纵目远眺，此地好山好水，一幕一景地掠过，当时的体会与感受，便深深铭记在心上，并没有绘制一张草图。当吴道子游览了嘉陵江的山山水水之后回到长安，玄宗问他绘画的情况时，他回答说："臣无粉本，并记在心。"玄宗命他在大同殿壁上绘画。吴道子不是将嘉陵江山水表面罗列一番，而是把握住嘉陵江一山一水、一丘一壑引人入胜的境界，即把这一带的山川壮丽优美与自然特色作了高度的概括，凝神挥笔一日而成，嘉陵江三百里的旖旎风光跃然纸上，玄宗看了啧啧称赞。在此之前，大画家李将军（思训）擅长山水画，也曾在大同殿壁上画嘉陵江山水，虽然画得也十分奇妙，但却"数月方毕"，不如吴道玄画得又快又好。因此，玄宗颇为感慨地说："李思训数月之功，吴道玄一日之迹，皆极其妙也。"可见吴道子画技高超，笔法娴熟。

　　乾元年间，吴道子尚健在。卢稜伽是吴道子的门生，"乾元初，于殿东西廊下画行道高僧数堵"。后又在庄严寺三门绘画，"锐思张开，颇臻其妙"。一天吴道子见了卢稜伽的绘画，觉得他有很大的长进，酷似自己的笔法，于是惊叹说："此子笔力，当时不及我，今乃类我。是子也，精爽尽于此矣。"由于卢稜伽竭尽全力，呕心沥血地绘画，过了一个来月，即离开了人世。由此可知，乾元年间，吴道子已是年过古稀的老人了。至于以后吴道子的生平仕履，因史籍失载，也就无从考证了。

　　吴道子的绘画具有独特风格。其山水画有变革之功，所画人物衣褶飘举，线条遒劲，人称莼菜条描，具有天衣飞扬、满壁风动的效果，被誉为吴带当风。他还于焦墨线条中，略施淡彩，世称吴装。作画线条简练，"笔才一二，象已应焉"，有疏体之称。吴道子的绘画对后世影响极大，苏轼曾称赞他的艺术为"出新意于法度之中，寄妙理于豪放之外"。吴道子绘画无真迹传世，传至今日的《送子天王图》可能为宋代摹本，另外还流传有《宝积宾伽罗佛像》《道子墨宝》等摹本，莫高窟第103窟的维摩经变图，亦被认为是他的画风。

吴道子在绘画艺术上之所以取得如此卓然超群的成就，是由于他刻意求新，勇于创作。《历代名画记》记载了他这样两句话："众皆密于盼际，我则离披其点画；众皆谨于象似，我则脱落其凡俗。"由此可见他在绘画艺术上不落俗套，大胆创新的精神。因此他的作品成为画师们所学习的楷模，绘画作品称为"吴家样"。故唐人朱景玄在《唐朝名画录·序》中品评了唐朝诸画家"近代画者，但工一物以擅其名，斯即幸矣，惟吴道子天纵其能，独步当世，可齐踪于陆（探微）、顾（恺之）。"

十二、纵情诗词的李后主

李煜（公元937年～公元978年），五代十国时南唐国君，字重光，徐州人。南唐元宗李璟第六子，于宋建隆二年（公元961年）继位，史称李后主。

他嗣位的时候，南唐已奉宋正朔，多次入宋朝进贡，苟安于江南一隅。宋开宝七年（公元974年），宋太祖屡次遣人诏其北上，均辞不去。同年十月，宋兵南下攻金陵。开宝八年（公元975年），国破降宋，被俘到汴京，封违命侯。太宗即位，进封陇西郡公。太平兴国三年（公元978年）七夕是他42岁生日，据宋人王铚《默记》，盖为宋太宗赐牵机药所毒毙。追封吴王，葬洛阳邙山。

李煜虽不通政治，但其艺术才华非凡。李煜精书法，善绘画，通音律，诗和文均有一定造诣，尤以词的成就最高。他的两位夫人——大小周后都精于音律，能歌善舞。李煜词的内容主要可分作两类：第一类为降宋之前所写，主要反映宫廷生活和男女情爱，题材较窄；第二类为降宋后，李煜因亡国的沉痛，对往事的追忆，富以自身感情而作，此时期的作品成就远远超过前期，可谓"神品"。千古杰作《虞美人》《浪淘沙》《乌夜啼》皆成于此时。此时期的词作大都哀婉凄绝，主要抒写了自己凭栏远望、梦里重归的情景，表达了对"故国"、对"往事"的无限留恋。这些后期词作，凄凉悲壮，意境深远，已为苏辛所谓的"豪放"派埋下了伏笔，为词史上承前启后的大宗师，如王国维《人间词话》所言："词至李后主而眼界始大，感慨遂深。"至于其语句的清丽，音韵的和谐，更是空前绝后的了。后主本有集，已失传。现存词 46 首，其中几首前期作品或为他人所作，可以确定者仅 38 首。

李煜在中国词史上占有重要的地位，被称为"千古词帝"。对后世影响亦甚大。他继承了晚唐以来花间派词人的传统，但又通过具体可感的个性形象，反映现实生活中具有一般意义的某种意境，将词的创作向前推进了一大步，扩大了词的表现领域。

另史书上说宋太宗赵光义多次强留小周后于宫中。每次小周后回去，都是又哭又骂，李煜在痛苦郁闷中，写下《望江南》《子夜歌》《虞美人》等名曲。古代画家还绘有《熙陵幸小周后图》，明人沈德符《野获编》中："宋人画《熙陵幸小周后图》，太宗戴幞头，面黔色而体肥，周后肢体纤弱，数宫人抱持之，周后作蹙额不胜之状"。元人冯海粟就在图上题诗："江南剩得李花开，也被君王强折来；怪底金风冲地起，御园红紫满龙堆。"（小周后乃娥皇的妹妹，后被封为郑国夫人，并被规定定期进宫参拜。而小周后是个绝色美女，赵光义即宋太宗垂涎其美色）。

李煜才华横溢，工书善画，能诗擅词，通音晓律，是被后人千古传诵的一代词人；本无心争权夺利，一心向往归隐生活的李煜能登上王位完全是个意外，无奈命运弄人，也是刻于历史卷宗上的亡国之君，他痛恨自己生在帝王家。功过事非，已成历史之轨迹。

第十一章　宋

一、宋太祖赵匡胤

宋太祖赵匡胤（公元927年~公元976年），中国北宋王朝的建立者，庙号太祖，涿州（今河北）人。

赵匡胤出身军人家庭，赵弘殷次子。公元948年，投后汉枢密使郭威幕下，屡立战功。公元951年，郭威称帝，建立后周，赵匡胤任禁军军官，周世宗时官至殿前都点检。周世宗柴荣死后，恭帝即位。建隆元年（公元960年），他以"镇定二州"的名义，谎报契丹联合北汉大举南侵，领兵出征，发动陈桥兵变，黄袍加身，代周称帝，建立宋朝，定都开封。开宝九年（公元976年），赵匡胤在北征契丹的途中，与其弟赵光义饮酒，共宿宫中；隔日清晨，赵匡胤暴死，终年49岁。

宋朝建国后，所统治的地方只有黄河、淮河流域一带，宋朝北面有北汉和契丹，西面有后蜀，南面有南唐、吴越、荆南、南汉各国，每一个国家都有独立的势力，而且他们也都在窥视宋朝的态度。在此虎视眈眈的情况下，宋朝不能高枕无忧，必须把这些小国或外族，消灭或制服，才能完成天下的统一，奠立宋朝国基。在赵普的建议下，赵匡胤最终制定了"先南后北"、"先易后难"的战略方针。

恰好湖南的周行逢病死，其子周保权是个11岁的小娃娃，继位之后，其属下"衡州刺史"张文表反叛，也想割据一方。由此，宋朝打着"救援"的旗号，要借道荆南（南平）。师行一半，张文表已经被杀，宋军仍强行前驱，派出一股奇军直驱江陵，南平嗣主高继冲知道大势已去，只得举族"入朝"，献出高家割据数十年的三州十七县。不久，宋军一路横进，攻克潭州（今湖南长沙），进围朗州（今湖南常德），最终把先前向宋朝求救的周保权也生俘，尽取湖南十四州土地。至此，荆湖之地全入宋土，成为宋朝一个大粮仓，从物质上保障了宋军下一步军事目标。

乾德二年（公元964年）十一月初二，赵匡胤发兵五万（一说六万）攻后蜀。赵匡胤针对巴蜀有嘉陵江、长江直贯南北、东西的地形特点和蜀军防务上兵力不足的弱点，采取东、北两路沿长江、嘉陵江分进合击的部署。令王全斌、崔彦进为西川行管凤州路正、副都部署，王仁赡为都监，率北路步骑三万出凤州（今陕西凤县东北），沿嘉陵江南下；令刘光义为归州路副都部署，曹彬为都监，率东路步骑两万出归州（今湖北秭归），溯江而上。两路分进合击，直指成都。乾德三年正月初七，孟昶见大势已去，举城降，后蜀亡。

开宝二年九月，宋太祖派李继勋率兵攻北汉，因契丹军来援，无功而返。十月太祖亲征北汉。宋军筑长连城围攻太原，北汉大将刘继业（即杨业，杨老令公）出城犯宋东西部，败还，辽军分两路援救北汉，一路自石岭关入，为宋军败于阳曲。后来，太原城水灾，城中惊恐，大臣郭无欲谋降宋，被杀，契丹再派兵驰援北汉，太原得以保住。宋军则因屯兵太原城下，久攻不克，损兵折将，又因暑雨，士卒多病，遂班师。太祖共在开宝元年、二年，及九年三次攻打北汉，均因辽军来援，久攻不克而还。

南汉以广州为中心，割据岭南两广地区达60年之久。北宋平定后蜀后，潘美等宋将就曾攻取了南汉的郴州，形成了良好的进攻态势。潘美等接到宋太祖灭亡南汉的指示后，很快就攻陷了贺州，随之连克昭、杜、连、韶四州，大败南汉军十余万于莲花峰下。至次年二月，即攻克广州，南汉灭亡。南汉灭亡之后，南方剩下的最后三个割据政权个个自危，震恐异常。势力最强大的南唐皇帝李煜这时也不得不主动要求取消国号，放弃皇帝的称号，改称"江南国主"。另外两个割据政权吴越和漳泉早就上表称臣，接受宋朝的官职。

开宝四年（公元971年）二月，宋灭南汉之后，从北、西、南三面对南唐形成战略包围。经过3年的准备，开宝七年（公元974年）十月，宋太祖令曹彬为统帅、潘美为都监，率水、步、骑兵在采石一线强行渡江，进围金陵；同时令吴越国主钱俶统率吴越军五万，由宋将丁德裕监军，从东面攻取长州，然后会师金陵；令王明为西路军，向武昌方向进击，牵制屯驻在江西的南唐军队，使其无法东下援救金陵。十一月中旬，宋军依照樊若水的图示在采石用预先造好的战舰架设浮桥获得成功，顺利跨过了长江天险，大败南唐水陆兵10余万于秦淮，直逼金陵城下。二十七日，宋军发起总攻，金陵城破，李煜做了俘虏。灭南唐是宋太祖统一南方的最后一仗，也是当时最大的一次江河作战。这次战争中的"浮桥渡江"、"围城打援"，是宋太祖战略部署中的得意之举，也是古代战争史上的创举。

经过大大小小数次战役之后，宋太祖赵匡胤终于统一了天下。历史证明，赵匡胤是一位推动历史发展的杰出人物。他对待权臣刚柔并济，怀柔安抚，很好地解决了天下统一后的军权问题。

赵匡胤虽然登上了皇帝宝座，但他却不敢高枕无忧。他深刻地认识到，武将们在废立皇帝、改朝换代方面有着非常大的能量。尤其使他感到威胁的，是一些声望较高又握有重兵的大将。为了防患于未然，赵匡胤导演了一出"杯酒释兵权"。一日，太祖设宴相待大将军们。酒宴上，太祖故作愁眉不展状，并说道："做皇帝太艰难了，我整个晚上都不敢安枕而卧啊！"石守信等忙问其故，太祖就说："谁不想做皇帝呢？"石守信等一听，惊恐万状，纷纷表白道："陛下何出此言，今天命已定，谁还敢有异心。""不然！"太祖断然说道，"你们虽无异心，然而倘若你们的部下希求富贵，一旦以黄袍加你之身，你虽然不想做皇帝，能办到吗？"众将一听，都吓得离席叩头，请求太祖指示一条"可生之途"。太祖这才表明了自己的真正意思："人生如白驹过隙，求富贵者，不过想多积金钱，多多娱乐，使子孙免遭贫乏而已。你们不如释去兵权，出守地方，多买良田美宅，为子孙立永不可动的产业，同时多买些歌儿舞女，日夜饮酒相欢，以终天年。朕再同你们结为婚姻之家，君臣之间，两无猜疑，上下相安，这不很好吗？"众将明白了太祖的意思，一齐下拜说道："陛下关心臣等，真可谓生死而肉骨啊！"第二天都称病交出了兵权。

从唐朝中叶以来，形成了地方藩镇权势过大的局面，他们常常割据一方，乃至进行武装叛乱，给朝廷造成严重的威胁。在宋王朝建立之后，赵匡胤依据宰相赵普提出的"削夺其权，制其钱谷，收其精兵"的十二字方针，分别从政权、财权、军队这三个方面来削弱藩镇，以达到强干弱枝、居重驭轻的目的。

在"削夺其权"方面，赵匡胤陆续派遣文官到地方州郡担任长官，以取代跋扈难制的军人；并在知州之外设立通判，两者共掌政权，互相牵制，分散和削弱了地方长官的权力。在"制其钱谷"方面,赵匡胤设置转运使来管理地方财政,并规定,各州的赋税收入除留其正常的经费开支外,其余的一律送交京师,不得擅留。这样,既增加了中央的财政收入,又使地方无法拥有对抗中央的物质基础。在"收其精兵"方面,赵匡胤将厢军、乡兵等地军中的精锐将士,统统抽调到中央禁军,使禁军人数扩充到几十万,而地方部队只剩下一些老弱兵员,只能充当杂役,缺乏作战能力,根本无法和中央禁军抗衡,这就摧毁了地方反抗中央的军事基础。

太祖通过对藩镇权力的剥夺,对武臣的压抑,改变了五代时期藩镇割据、朝廷寡弱、武人跋扈、文臣无权的状况,提高了中央的权威。在中央内部,太祖又着手分割宰臣的权力,为宰相设置了副相参知政事,来分散和牵掣宰相权力。宰相和参知政事统称为执政。而军政归于枢密院,其长官叫枢密使。枢密院与执政合称"二府"。财政大权另归于三司,其长官叫三司使,号称"计相"。执政、枢密使、三司使这三者地位都差不多,都直属于皇帝。通过对相权的分割,防止了大臣专权的局面。太祖就曾直言不讳地当面对宰相赵普说:"国家大事可不是你们书生说了算的。"说明宋代君主独裁体制得到了空前的巩固和加强。这些措施结束了唐朝中叶以来的藩镇割据局面,维护了国家的统一,促进了社会经济发展;但这些措施也使得官员增多,开支增大,权力互相钳制,地方实力削弱,埋下日后积贫积弱的种子。

曾经流浪的痛苦经历,使赵匡胤对老百姓的苦难有切身的体会,因此对民生问题十分关注。当天下初定的时候,他马上就实行了宽减徭役的政策,以便农民休养生息,发展生产。公元961年,他明令免除各道州府征用平民充当急递铺递夫的劳役,改用军卒担任。第二年,又免除征民搬运戍军衣物的劳役。若州县不遵令行,百姓可以检举。在五代之乱后,连年的战乱使田地荒芜严重,土地是立国之本,因此赵匡胤下令,凡是新垦土地一律不征税,凡是垦荒成绩突出的州县官吏给予奖励,管辖区内田畴荒芜面积超过一定亩数的,要给予处罚。赵匡胤还下令在黄河沿岸修堤筑坝,并大量种树,以做防洪时用。其后多次就黄河的修治下达指令,例如在建隆三年(公元962年),赵匡胤下诏说:"沿黄、汴河州县长吏,每岁首令地分兵种榆柳,以壮堤防。"每年的正月、二月、三月,是黄河堤坝的例修期,年年都会加固维修,加固了堤坝还绿化了环境,两全其美。

赵匡胤不仅关心民生，日常的生活也很朴素，衣服、饮食都很简单，虽然对自己的家人较约束，但绝非吝啬之人，他曾在一些工程上花下大笔费用，对于投降的各国国君也给予优厚的待遇。自己的私生活严谨简朴，对于该花费的地方，却是十分慷慨，这是历代皇帝中较少见的。

范仲淹曾由衷地说："祖宗以来，未尝轻杀一臣下，此盛德之事。"（《范仲淹年谱·庆历三年》）之所以如此，最重要的原因就是有"勒石三戒"（太祖碑誓）。王夫之说："太祖勒石，锁置殿中，使嗣君即位，入而跪读。其戒有三：一、保全柴氏子孙；二、不杀士大夫；三、不加农田之赋。呜呼！若此三者，不谓之盛德也不能。"（《宋论》卷一《太祖三》）

公元976年，赵匡胤崩。关于太祖的死因，有多种说法，有的说是因饮酒过度而暴死，有的说是因腹下肿疮发作而病亡，更普遍的一种看法则认为太祖之死与宋太宗有很大的关系。

二、史学家司马光

司马光（公元1019年~公元1086年），北宋时期著名政治家、史学家、散文家。北宋陕州夏县涑水乡（今山西运城安邑镇东北）人。（但宋人袁说友著《成都文类》记，司马光是在他父亲司马池任光山知县时，生于县衙官舍的，该观点已为当今主流，多数专家学者认同。）字君实，号迂夫，晚年号迂叟，世称涑水先生。赠太师、温国公，谥文正。

司马光的主要成就反映在学术上，其中最大的贡献，莫过于主持编写《资治通鉴》。《资治通鉴》是我国最大的一部编年史，全书共294卷，通贯古今，上起战国初期韩、赵、魏三家分晋（公元前403年），下迄五代（后梁、后唐、后晋、后汉、后周）末年赵匡胤（宋太祖）灭后周以前（公元959年），凡1362年。司马光把这1362年的史实，依时代先后，以年月为经，以史实为纬，顺序记写；对于重大历史事件的前因后果，与各方面的关联都交代得清清楚楚，使读者对史实的发展能够一目了然。

司马光一生大部分精力都奉敕编撰《资治通鉴》，共费时19年，自英宗治平三年（公元1066年），至神宗元丰七年（公元1084年）。他在《进资治通鉴表》中说:"日力不足,继之以夜","精力尽于此书"。书名的意思是:"鉴于往事,有资于治道。"

司马光家世代为宦,父亲司马池为宋仁宗宝元庆历间名臣,官至兵部郎中、天章阁待制,一生以清直仁厚享有盛誉。司马光受家庭熏陶,笃诚好学,七岁时,"凛然如成人,闻讲《左氏春秋》,即能了其大旨",从此,"手不释书,至不知饥渴寒暑"。15岁时所写文章,时人称许之"文辞纯浑,有西汉风",20岁时中进士甲第,可谓功名早成。但他并不以此"矜夸满志",而是豪迈地提出:"贤者居世,会当履义蹈仁,以德自显,区区外名何足传邪!"这些话反映了青年司马光的胸怀与器识,立志以仁德建功立业,不求虚名。因此,步入仕途后的司马光,继续广泛深入地学习,达到了博学无所不通的渊博程度,音乐、律历、天文、术数皆极其妙,其中最用心力的是对经学与史学的研究,尤其对古籍阅读极广,考察极细,可谓通习知晓,烂熟于胸。他随读随作札记,仅26岁一年所写读史札记,便多达30来篇,就中萌发了删削卷帙浩繁的古史成一部编年体通史的著史想法,以方便阅读;而更为深沉的动力,则是封建政治的需要。

在熙宁变法中,司马光与主持变法的王安石发生严重分歧。就其竭诚为国来说,两人是一致的,但在具体措施上,各有偏向。王安石主要是围绕着当时财政、军事上存在的问题,通过大刀阔斧的经济、军事改革措施,来解决燃眉之急。司马光则认为在守成时期,应偏重于通过伦理纲常的整顿,来把人们的思想束缚在原有制度的制约之内,即使改革,也定要稳妥,认为"治天下譬如居室,敝则修之,非大坏不更造也",因为"大坏而更改,非得良匠美材不成,今二者皆无,臣恐风雨之不庇也"。司马光的主张虽然偏于保守,但实际上是一种在"守常"基础上的改革方略。从王安石变法中所出现的偏差和用人不当来看,证明了司马光在政治上的老练和稳健,除了魄力不及王安石外,政治上是成熟的。

在政见不同、难于合作的情况下,司马光退居洛阳,通过编纂史著,从历史的成败兴亡中,提取治国的借鉴,"使观者自责善恶得失"。应该说,司马光著史,是其从政治国的另一方式。早在宋仁宗嘉祐年间,他曾与刘恕商量说:"余欲托始于周威烈王命韩赵魏为诸侯,下讫五代,因丘明编年之体,仿荀悦简要之文,网罗旧说,成一家之言。"这说明他30多岁时,已酝酿出

《通鉴》的规模。宋英宗治平元年（公元1064年）首呈《历年图》25卷，两年后又呈《通志》八卷，说明他在政事活动之余，已进行撰写。他的著史得到宋英宗、宋神宗的称赞、支持，宋英宗同意他设立书局，自择官属，神宗以此书"鉴于往事，有资于治道"而命名为《资治通鉴》，并亲制序文，以示重视。除了允许其借阅国家所有的图书资料外，神宗还将颖邸旧书3400卷，赏赐给司马光参考。修书所需笔、墨、绢、帛，以及果饵金钱之费，尽由国家供给，为他提供了优厚的著书条件。

司马光著史，还选取了刘恕、范祖禹等人作为助手，他们既是当时第一流的史学家，又与司马光在政治、史学上观点一致，故能在编书中各显其才，通力合作。《资治通鉴》的成功编撰，与他们的努力分不开，但最终使《资治通鉴》达到光辉顶点的，还决定于主编司马光的精心著述。正如刘恕之子刘羲仲所说："先人在书局，只类事迹，勒成长编，其是非予夺之际，一出君实笔削。"

《资治通鉴》历经19年编撰完成。他在《进资治通鉴表》中说："臣今筋骨癯瘵，目视昏近，齿牙无几，神识衰耗，目前所谓，旋踵而忘。臣之精力，尽于此书。"司马光为此书付出毕生精力，成书不到两年，他便积劳而逝。死后追赠太师、温国公，谥"文正"，赐碑"忠清粹德"。《资治通鉴》从发凡起例至删削定稿，司马光实都亲自动笔，不假他人之手。清代学者王鸣盛说："此天地间必不可无之书，亦学者必不可不读之书。"

司马光一生著述很多，除《资治通鉴》外，还有《通鉴举要历》80卷、《稽古录》20卷、《本朝百官公卿表》6卷。此外，他在文学、经学、哲学乃至医学方面都进行过钻研和著述，主要代表作有《翰林诗草》《注古文学经》《易说》《注太玄经》《注扬子》《书仪》《游山行记》《续诗治》《医问》《凉水纪闻》《类篇》《司马文正公集》等。

三、青天包拯

包拯（公元999年~公元1062年），民间又称包青天、包公，字希仁，庐州合肥（今安徽合肥市肥东县）人，生活在北宋时期。

包拯是天圣五年（公元1027年）进士。中进士后，因父母年事已高，不忍远去为官，直到双亲相继去世，守孝完毕，才在亲友的劝说下为官，这期间长达十年之久，故以孝闻于乡里。

宋景祐四年（公元1037年），包拯任天长（安徽天长）知县，颇有政绩。任满后，调任知端州（广东肇庆）。回京任监察御史里行，又改监察御史，为"言事官"，对处事不当、行事不法的官僚，都可以进行弹劾。为惩治贪官，庆历四年（公元1044年），他向宋仁宗上疏《乞不用赃吏》，认为清廉是人们的表率，而赃吏则是"民贼"。包拯七次上书弹奏江西转运使王逵，揭露他"心同蛇蝎"，残害百姓。包拯严厉批评宋廷的任官制度。皇祐二年（公元1050年）至三年间，包拯知谏院，曾三次弹劾外戚张尧佐，审清妖人冷青冒充皇子的特大诈骗案，震动朝野。

包拯在历官三司户部判官及三司副使期间，先后出任京东、陕西、河北等路转运使，每至一地，都以减轻民间负担、改革弊政、发展生产为己任，提出了"宽民利国"的经济思想。多次为了国家大事，说了皇帝不爱听的话，论斥权幸大臣，请求罢去皇帝赐给亲信官僚们的恩宠，一切改由主管机构正常渠道进行。他将唐朝魏征给唐太宗的三道奏章写出来，呈给宋仁宗为座右铭，时刻警惕，以国家大事为重。请求仁宗虚心纳谏，分辨是非，不要搞"先入为主"、偏听偏信，而要爱惜人才，除去苛刻，严正刑禁，禁止妖言邪说，不随意大兴土木，如此等等，朝廷多采纳施行。

嘉祐元年（公元1056年）年十二月，朝廷任包拯权知开封府，他于次年三月正式上任，至三年六月离任，前后只有一年有余。但在这短短的时间内，包拯把号称难治的开封府，治理得井井有条。他敢于惩治权贵们的不法行为，坚决抑制开封府吏的骄横之势，并能够及时惩办无赖刁民。由于包拯在开封府执法严明，铁面无私，敢于碰硬，贵戚宦官也不得不有所收敛，听到包拯的名字就感到害怕。京师有"关节不到，有阎罗包老"之语。妇孺们都知道包拯之名，亲切称呼他为"包侍制"。

嘉祐六年（公元1061年），任枢密副使。后卒于位，谥号"孝肃"。包拯做官以断狱英明刚直而著称于世。后世则把他当作清官的化身——包青天。在民间信仰中，包公是阴间的审判官之一。

据史书记载，包拯在端州掌政三年，有政绩，归纳为三方面：

一是治理水患，为民办实事。宋时西江水患频繁，出三榕峡后，分成三支倾泻：一支经城南出羚羊峡；一支经南岸、金渡沿宋隆出金利、高明；一支从睦岗经七星岩出水基、鼎湖。每当洪水季节，端州城郊变成泽国。包拯到任后，继前人在城西、城东扩筑西江堤围，与城墙连成一体，把西江河水堵截在城南主河道上。同时，指导民众在城郊开渠、凿池，改造沥湖（今称星湖），排渍水筑鱼塘垦荒地，发展农业生产。在城内打井七口，分别在府治内、西岳庙旁、学前街内、分司巷口、丰济仓右、城北门左、主帅堂前，改变居民历年来饮用西江河水或沥湖积水的习惯，减少疾病的发生。

二是储粮备荒，兴文办学。在今城内中衙巷与米仓巷之间，兴建丰济仓，以储粮备荒。为了纪念包拯建粮仓，端州人民把丰济仓所在地命名为"米仓巷"，此名一直沿用至今。包拯曾写诗一首："清心为治本，直道是身谋。秀干终成栋，精钢不作钩。仓充鼠雀喜，草尽狐兔愁。往哲有遗训，毋贻来者羞。"在鹄奔亭（今阅江楼西侧），建嵩台驿站，以利便端州与外地的文书和商业往来。在宝月台兴建星岩书院，是为端州历史上第一所公立学校。

三是为政清廉，品德高尚。《宋史·包拯传》载："端土产砚，前守缘贡，率取数十倍以遗权贵。拯命制者才足贡数，岁满不持一砚归。"传说包拯在端州三年期满离任时，有人暗中送端砚一件。船到羚羊峡，波涛汹涌，几乎沉没，后经包拯查出，掷砚于西江，风浪霎时平息，掷砚处后来升起一岛，即今之广利镇砚洲。附近的黄布沙，则为包裹端砚的黄布所化。

人民为了纪念包拯，在端州城内曾建有包公祠，还有包公收妖台、锁妖井等神话色彩的遗迹。七星岩石室洞东壁现存包拯题名石刻。

四、变法名家王安石

王安石（公元1021年~公元1086年），字介甫，号半山，封荆国公。宋临川人（今江西省抚州市区荆公路邓家巷人），北宋政治家、思想家，也是著名文学家，唐宋八大家之一。

他出生在一个小官吏家庭。父益，字损之，曾为临江军判官，一生在南北各地做了几任州县官。安石少好读书，记忆力强，受到较好的教育。

庆历二年（公元1042年）登杨寘榜进士第四名，先后任淮南判官、鄞县知县、舒州通判、常州知州、提点江东刑狱等地方的官吏。

治平四年（公元1067年）神宗初即位，诏安石知江宁府，旋召为翰林学士。

熙宁二年（公元1069年）提为参知政事。从熙宁三年起，两度任同中书门下平章事，推行新法。由于新法中的土地改革影响到地主阶级与相关的官僚，变法遭到他们的强烈抵制；在民间由于改革推行难度大，反而对一般民众的生活产生不利影响，又遭到知识分子的敌视。使得他在民间形象一直不佳。

熙宁九年罢相后，隐居，宋神宗死后，原反对派司马光（曾因与王安石政见相左而被排挤）任宰相，几乎废除了所有法案。后病死于江宁（今江苏南京市）钟山，谥号"文"。其政治变法对宋初社会经济具有很深的影响，已具备近代变革的特点，被列宁誉为是"中国十一世纪最伟大的改革家"，欧阳修称赞王安石："翰林风月三千首，吏部文章二百年。老去自怜心尚在，后来谁与子争先。"有《王临川集》《临川集拾遗》等存世。

王安石为人特立独行。据载，他常不梳洗就出门会客，看书入神时则会随手拿东西吃，吃了鱼食也不知道。普遍认为苏洵的《辨奸论》就是影射王安石的，其中写道："夫面垢不忘洗，衣垢不忘浣，此人之至情也。今也不然，衣臣虏之衣，食犬彘之食，囚首丧面而谈诗书，此岂其情也哉？"苏轼和王安石也历来不睦，王安石好做惊人之言，苏轼曾作文讥讽。民间也有不少两人斗智的故事。

王安石推行的变法，历史上的评价多有不同。北宋时期，其反对派就以修史的方法进行批评。到了南宋，再次通过修史的方法对其改革进行定性，指出王安石变法使得北宋王朝遭到灭亡（有说法指出是南宋朝廷为了推卸皇室的责任）。以后历朝历代均以此作为依据，对其变法做出这样的判断，以至于在宋元话本里有文章专门讽刺。这种说法直至近代才被翻转过来。

王安石从神宗即位起开始变法，建立了一个指导变法的新机构——制置三司条例司，条例司撤销后，由司农寺主持变法的大部分事务。吕惠卿、曾布等人参与草拟新法。这些新法按照内容和作用大致可以分为以下几个方面。

第一，限制商人。供应国家需要和限制商人的政策，主要是均输法、市易法和免行法。

一是均输法。熙宁二年七月，颁行淮、浙、江、湖六路均输法。由发运使掌握六路的财赋情况，斟酌每年应该上供和京城每年所需物资的情况，然后按照"徙贵就贱，用近易远"的原则，"从便变易蓄买"，贮存备用，借以节省价款和转运的劳费。均输法夺取了富商大贾的部分利益，同时也稍稍减轻了纳税户的一些额外负担。

二是市易法。熙宁五年三月，颁行市易法。在开封设置市易务。市易务根据市场情况，决定价格，收购滞销货物，待至市场上需要时出售，商贩可以向市易务贷款，或赊购货物。后又将开封市易务升为都提举市易司，作为市易务的总机构。市易法在限制大商人垄断市场方面发挥了作用，也增加了朝廷的财政收入。

三是免行法。熙宁六年七月，正式颁行免行法。免行法规定，各行商铺依据赢利的多寡，每月向市易务交纳免行钱，不再轮流以实物或人力供应官府。

第二，发展农业生产。调整封建国家、地主和农民关系的政策以及发展农业生产的措施，有青苗法、募役法、方田均税法和农田水利法。

一是青苗法。熙宁二年九月，颁布青苗法。规定以各路常平、广惠仓所积存的钱谷为本，其存粮遇粮价贵，即较市价降低出售；遇价贱，即较市价增贵收购。其所积现钱，每年分两期，即在需要播种和夏、秋未熟的正月和五月，按自愿原则，由农民向政府借贷钱物。收成后，随夏、秋两税，加息十分之二或十分之三归还谷物或现钱。青苗法使农民在新陈不接之际，不致受"兼并之家"高利贷的盘剥，使农民能够"赴时趋事"。

二是募役法。熙宁四年颁布实施。募役法（免役法）规定由州、县官府出钱雇人应役。各州、县预计每年雇役所需经费，由民户按户等高下分摊。募役法使原来轮流充役的农村居民回乡务农，原来享有免役特权的人户不得不交纳役钱，官府也因此增加了一宗收入。

三是方田均税法。熙宁五年颁行。方田均税法规定每年九月由县官丈量土地，检验土地肥瘠，分为五等，规定税额。丈量后，到次年三月分发土地账帖，作为"地符"。分家析产、典卖割移，都以现在丈量的田亩为准，由官府登记，发给契书。以限制官僚地主兼并土地，隐瞒田产和人口。

五、贞观名相魏征

魏征（公元580年~公元643年），字玄成，唐初杰出的政治家、思想家、史学家。河北巨鹿人。从小丧失父母，家境贫寒，但喜爱读书，不理家业，曾出家当过道士。隋大业末年，魏征被隋武阳（今河北大名东北）郡丞元宝藏任为书记。元宝藏举郡归降李密后，他又被李密任为元帅府文学参军，专掌文书卷宗。

唐高祖武德元年（公元618年），李密失败后，魏征随其入关降唐，但久不见用。次年，魏征自请安抚河北，诏准后，乘驿驰至黎阳（今河南浚县），劝谕李密的黎阳守将徐世绩归降唐朝。不久，窦建德攻占黎阳，魏征被俘。窦建德失败后，魏征又回到长安，被太子李建成引用为东宫僚属。魏征看到太子与秦王李世民的冲突日益加深，多次劝建成要先发制人，及早动手。

玄武门之变后，李世民由于早就器重魏征的胆识才能，非但没有怪罪于他，而且还把他任为谏官，并经常引入内廷，询问政事得失。魏征喜逢知己之主，竭诚辅佐，知无不言，言无不尽。加之性格耿直，往往据理抗争，从不委曲求全。有一次，唐太宗曾向魏征问道："何谓明君、昏君？"魏征回答说："君之所以明者，兼听也，君之所以昏者，偏信也。以前秦二世居住深宫，不见大臣，只是偏信宦官赵高，直到天下大乱以后，自己还被蒙在鼓里；隋炀帝偏信虞世基，天下郡县多已失守，自己也不得而知。"太宗对这番话深表赞同。

贞观元年（公元627年），魏征被升任尚书左丞。这时，有人奏告他私自提拔亲戚做官，唐太宗立即派御史大夫温彦博调查此事。结果，查无证据，纯属诬告。但唐太宗仍派人转告魏征说："今后要远避嫌疑，不要再惹出这样的麻烦。"魏征当即面奏说："我听说君臣之间，相互协助，义同一体。如果不讲秉公办事，只讲远避嫌疑，那么国家兴亡，或未可知。"并请求太宗要使自己作良臣而不要作忠臣。太宗询问忠臣和良臣有何区别，魏征答道："使自己身获美名，使君主成为明君，子孙相继，福禄无疆，是为良臣；使自己身受杀戮，使君主沦为暴君，家国并丧，空有其名，是为忠臣。以此而言，二者相去甚远。"太宗点头称是。

贞观二年（公元 628 年），魏征被授秘书监，并参掌朝政。不久，长孙皇后听说一位姓郑的官员有一位年仅十六七岁的女儿，才貌出众，京城之内，绝无仅有。便告诉了太宗，请求将其纳入宫中，备为嫔妃。太宗便下诏将这一女子聘为妃子。魏征听说这位女子已经许配陆家，便立即入宫进谏："陛下为人父母，抚爱百姓，当忧其所忧，乐其所乐。居住在宫室台榭之中，要想到百姓都有屋宇之安；吃着山珍海味，要想到百姓无饥寒之患；嫔妃满院，要想到百姓有室家之欢。现在郑民之女，早已许配陆家，陛下未加详细查问，便将她纳入宫中，如果传闻出去，难道是为民父母的道理吗？"太宗听后大惊，当即深表内疚，并决定收回成命。但房玄龄等人却认为郑氏许人之事，子虚乌有，坚持诏令有效。陆家也派人递上表章，声明以前虽有资财往来，并无订亲之事。唐太宗半信半疑，又召来魏征询问。魏征直截了当地说："陆家其所以否认此事，是害怕陛下以后借此加害于他。其中缘故十分清楚。不足为怪。"太宗这才恍然大悟，便坚决地收回了诏令。

由于魏征能够犯颜直谏，即使太宗在大怒之际，他也敢面奏廷争，从不退让，所以，唐太宗有时对他也会产生敬畏之心。有一次，唐太宗想要去秦岭山中打猎取乐，行装都已准备停当，但却迟迟未能成行。后来，魏征问及此事，太宗笑着答道："当初确有这个想法，但害怕你又要直言进谏，所以很快又打消了这个念头。"还有一次太宗得到了一只上好的鹞鹰，把它放在自己的肩膀上，很是得意。但当他看见魏征远远地向他走来时，便赶紧把鸟藏在怀中。魏征故意奏事很久，致使鹞子闷死在怀中。

贞观六年，群臣都请求太宗去泰山封禅，借以炫耀功德和国家富强，只有魏征表示反对。唐太宗觉得奇怪，便向魏征问道："你不主张进行封禅，是不是认为我的功劳不高、德行不尊、中国未安、四夷未服、年谷未丰、祥瑞未至吗？"魏征回答说："陛下虽有以上六德，但自从隋末天下大乱以来，直到现在，户口并未恢复，仓库尚为空虚，而车驾东巡，千骑万乘，耗费巨大，沿途百姓承受不了。况且陛下封禅，必然万国咸集，远夷君长也要扈从。而如今中原一带，人烟稀少，灌木丛生，万国使者和远夷君长看到中国如此虚弱，岂不产生轻视之心？如果赏赐不周，就不会满足这些远人的欲望。即使免除赋役，也远远不能补偿百姓的破费。如此仅图虚名而受实害的事，陛下为什么要干呢？"不久，正逢中原数州暴发了洪水，封禅之事从此停止。

贞观七年（公元633年），魏征代王珪为侍中。同年底，中牟县丞皇甫德参向太宗上书说："修建洛阳宫，劳弊百姓；收取地租，数量太多；妇女喜梳高髻，宫中所化。"太宗接书大怒，对宰相们说："德参想让国家不役一人，不收地租，富人无发，才符合他的心意。"便想治皇甫德参诽谤之罪。魏征谏道："自古上书不偏激，不能触动人主之心。所谓狂夫之言，圣人择善而从。请陛下想想这个道理。"最后还强调说："陛下最近不爱听直言，虽勉强包涵，已不像从前那样豁达自然。"唐太宗觉得魏征说得入情入理，便转怒为喜，不但没有对皇甫德参治罪，还把他提升为监察御史。

贞观十年（公元636年），魏征奉命主持编写的《隋书》《周书》《梁书》《陈书》《齐书》（时称五代史）等，历时七年，至此完稿。其中《隋书》的序论、《梁书》《陈书》和《齐书》的总论都是魏征所撰，时称良史。同年六月，魏征因患眼疾，请求解除侍中之职。唐太宗虽将其任为特进这一散职，但仍让其主管门下省事务，其俸禄、赏赐等一切待遇都与侍中完全相同。

贞观十二年（公元638年），魏征看到唐太宗逐渐怠惰，懒于政事，追求奢靡，便奏上著名的《十渐不克终疏》，列举了唐太宗执政之初到当前为政态度的十个变化。他还向太宗上了"十思"，即"诚能见可欲，则思知足以自戒；将有作，则思知止以安人；念高危，则思谦冲而自牧；惧满盈，则思江海下百川；乐盘游，则思三驱以为度；忧懈怠，则思慎始而敬终；虑壅蔽，则思虚心以纳下；畏谗邪，则思正身以黜恶；恩所加，则思无因喜以谬赏；罚所及，则思无以怒而滥刑"。（选自《魏郑公文集》）

贞观十六年（公元642年），魏征染病卧床，唐太宗所遣探视的中使道路相望。魏征一生节俭，家无正寝，唐太宗立即下令把为自己修建小殿的材料，全部为魏征营构大屋。不久，魏征病逝家中。太宗亲临吊唁，痛哭失声，并说："夫以铜为镜，可以正衣冠；以古为镜，可以知兴替；以人为镜，可以明得失。我常保此三镜，以防己过。今魏征殂逝，遂亡一镜矣。"

魏征在贞观年间先后上疏二百余条，强调"兼听则明，偏听则暗"，这对唐太宗开创的千古称颂的"贞观之治"起了重大的作用。

六、唐玄宗李隆基

唐玄宗李隆基（公元685年~公元762年），唐睿宗李旦第三子，母昭成窦皇后（窦德妃）。谥至道大圣大明孝皇帝，简称唐明皇。玄宗个人素质优秀，善骑射，通音律、历象之学，多才多艺。

神龙元年（公元705年）中宗李显即位，恢复了唐国号，但政柄却旁落在皇后韦氏手中。中宗去世后，韦后立温王李重茂为帝，是为少帝。

景龙四年（公元710年），临淄王李隆基与太平公主（唐高宗与武则天之女）联合发动宫廷政变，杀韦后与安乐公主等，拥其父唐睿宗李旦复位，被其父立为太子。

延和元年（公元712年）八月，睿宗传位太子，退为太上皇。李隆基即位，改元先天，是为玄宗。当时，宰相多是太平公主之党，文武大臣，也多依附她。于是，除掉太平公主就成了玄宗的当前要务。太平公主看到玄宗锐意执政，她想很快废黜玄宗。

开元元年（公元713年）七月，玄宗与岐王李范、薛王李业、兵部尚书郭元振、龙武将军王毛仲等决定起事。玄宗命王毛仲到闲厩取出御马并调家兵三百余人，亲自率领太仆少卿李令向、王守一、内侍高力士、果毅李守德等亲信十多人，先杀左、右羽林大将军常元楷、李慈，又擒获了太平公主的亲信右散骑常侍贾膺福及中书舍人李猷，接着杀了宰相岑羲、萧至忠；窦怀贞暂时走脱，最后自缢而死。太平公主惊恐万状，先逃入山寺，后被赐死于家。自此以后，一切军政大事玄宗完全可以自作主张了。

玄宗即位后，励精图治，重用姚崇，革新政治。姚崇建议：抑制权贵，重视爵赏，纳谏诤，禁贡献。玄宗都采纳。无关大局的具体问题，他都放手让姚崇处理。有一次，姚崇奏请决定郎吏的任命问题，姚崇再三请求玄宗决定，玄宗只是仰视殿屋，置之不理。高力士提醒玄宗应置可否，他答曰："朕委姚崇理政，大事应当与朕共议，郎吏小官的事，何须一一烦朕！"自此以后，群臣于是知道玄宗能尊重大臣的决定。

玄宗弟薛王业母舅王仙童，凌辱百姓，被御史弹奏。薛王业为其求情，玄宗命中书、门下复查。姚崇等奏曰："王仙童罪状明白，御史所言正确，不可纵容。"玄宗同意姚崇的意见。从此，所有贵族都不敢放肆。

为了纠正奢华的风气，开元二年（公元714年）七月玄宗下令："乘舆服御、金银器玩，宜令有司销毁，以供军国之用；其珠玉、锦绣，焚于殿前；后妃以下，皆毋得服珠玉锦绣。"又下敕："百官所服带及酒器、马衔、镫，三品以上，听饰以玉，四品以金，五品以银，自余皆禁之；妇人服饰从其夫、子。其旧成锦绣，听染为皂。自今天下更毋得采珠玉、织锦绣等物，违者杖一百，工人减一等。"（《资治通鉴》）同时，还罢两京织锦坊。他还反对厚葬，他认为厚葬无益于死者，有损于生者。于是，要求丧葬务遵简俭，凡送终物品，均不得以金银器为饰；如有违者，杖一百。州县长官不能举察者，一律贬官。

为了从历史上总结经验，汲取教训，作为治理国家的借鉴，玄宗喜爱阅读史书，读到有关政事的问题，他特别留心。但常碰到不能解决的疑难问题，于是，他要宰相为他推荐侍读，帮助他读书。开元三年（公元715年）九月，马怀素、褚无量被推荐为侍读。玄宗对侍读非常尊敬，亲自迎送，待以师傅之礼。

开元二十三年（公元735年）四月，玄宗与中书门下及礼官、学士宴于东都集仙殿。他说："仙者凭虚之论，朕所不取。贤者能治理国家，朕与诸位合宴，宜更名曰：集贤殿。""仙"、"贤"虽一字之差，却反映了玄宗重视人才的态度。

唐玄宗治国初期，以开元作为年号，那时社会安定，政治清明，经济空前繁荣，唐朝进入鼎盛时期，后人称这一时期为开元盛世。在这一时期，玄宗的主要统治方法是：

一是任用贤能。玄宗即位后，先起用姚崇、宋璟为相，其后又用张嘉贞、张说、李元纮、杜暹、韩休、张九龄为相。他们各有所长，并且尽忠职守，使得朝政充满朝气。而且玄宗在此时亦能虚怀纳谏，因此政治清明，政局稳定。

二是改革吏治。玄宗采纳张九龄的建议，制定官吏的迁调制度。选取京官中有能之士，将其外调为都督刺史，以训练他们的处事才能，培养行政经验。同时，又选取都督刺史中有作为者，将其升为京官。这样内外互调，增进了中央与地方的沟通、了解和信任。玄宗亦将全国分为十五道，于各道置采访使，以监督地方州县的官员，并考察地方官吏的政绩。而在选拔人才方面，玄宗亦对科举制度作出改革，限制了进士科及第的人数，以减少冗官的出现，提高官吏整体的素质。

三是发展经济。玄宗于这段时间甚为节俭，规定三品以下的大臣，以及内宫后妃以下者，不得配戴金玉制作的饰物，并且遣散宫女，以节省开支。他又下令全国各地均不得开采珠玉及制造锦绣，一改武则天以来后宫的奢靡之风。他命令宇文融清查全国的逃亡户口及籍外田地，共查得八十多万户，大幅增加唐朝的税收及兵力来源。因为这些措施，唐朝的财政变得丰裕，而且全国的粮仓充实，致使物价十分廉宜。

四是提倡文教。玄宗为了选拔人才，亲自在殿试考核吏部新录取的县令。而且对儒生十分优厚。下令群臣访求历朝遗书，共觅得图书近五万卷，使唐朝的文化事业迈向顶峰。

五是对外军事。玄宗采纳张说之提议，实行募兵制，以取代日渐废弛的府兵制。在公元722年，他亲自挑选府兵及壮丁共12万人作为京师的宿卫，并称为"骑"。而他亦于边疆地带设置十大兵镇，以节度使节制，作为统治异族与巩固边防的措施。

唐玄宗后期，玄宗自认为天下已经太平，他贪图享乐，宠信并重用李林甫等奸臣，逐渐丧失了积极进取的精神，以致生活奢华，不问政事，使富强的大唐皇朝走向衰落了。

玄宗最初宠爱的武惠妃，于开元二十五年（公元737年）去世，后宫虽多美人，但没有一个能使他满意。

据传，其第十八子寿王妃杨氏甚有姿色，举世无双。玄宗见后，果然以为美貌不凡。天宝三载（公元744年）十二月，以杨氏为女官，号太真。天宝四载（公元745年）八月，册杨氏为贵妃。

杨贵妃不仅个人受宠，其三个姐姐也均赐府邸于京师，宠贵赫然；其远堂兄杨国忠也因此飞黄腾达。杨贵妃每次乘马，都由大宦官高力士亲自执辔授鞭，贵妃院有织绣工七百人。岭南经略史张九章、广陵长史王翼，因献给杨贵妃的贡品精美，二人均被升官。于是，官吏竞相仿效。杨贵妃喜爱岭南的荔枝，就有人千方百计急运新鲜荔枝到长安。在男尊女卑的社会里，民间竟然流行歌谣曰："生男勿喜女勿悲，若今看女作门楣。"可见，玄宗宠爱杨贵妃的社会影响相当深远。

生活的奢靡，随之而来的是政治上的腐败。天宝初年，口蜜腹剑的李林甫被重用为相。李林甫为了掌握大权，反对谏官有益的建议。他训斥诸谏官道："今明主在上，群臣将顺之不暇，何须多言！"补阙杜琎上书言事，次日即被降为下邽（今陕西渭南东北）令。自此以后，没有人敢再有谏诤之言了。

在用人方面，李林甫认为凡在德才方面超过自己者，他都设法将其除去。玄宗想重用兵部侍郎卢绚，他就把卢绚调任华州（今陕西华县）刺史，并欺骗玄宗说卢绚因病不能理事而弃之不用。玄宗又欲重用绛州（今山西新绛）刺史严挺之，李林甫又欺骗玄宗说严挺之年老多病，宜授其散职，便于他养病。于是，严挺之又被送到东京（今河南洛阳）养病去了。

李林甫欺上压下，并未引起玄宗的注意，他反而还认为天下无事，自己要高居无为，悉以政事委林甫。高力士劝他不可使大权旁落，他还甚为不悦，致使高力士惶恐自责。李林甫死后，玄宗一面重用擅权弄法的杨贵妃堂兄杨国忠为宰相，一面信任居心叵测的边将安禄山。

杨国忠重用亲信，排斥异己。天宝十二载（公元753年），关中大饥，因京兆尹李岘不甚顺从，遂以灾气归罪于李岘，贬李岘为长沙（今湖南长沙）太守。后来霖雨成灾，玄宗过问灾情，杨国忠取最好的禾苗给玄宗看，掩盖灾情真相。扶风（今陕西凤翔）太守房琯反映了所管地区的灾情，杨国忠就派御史去追究他的责任。因此，天宝十三载（公元754年）虽然关中灾情严重，但无人敢如实上报。连高力士也说，宰相大权在握，赏罚不公，大臣无人敢说话了。

范阳（今北京附近）节度使安禄山，为了和杨国忠在玄宗面前争宠，二人互相诋毁。玄宗则摇摆不定，是非不分，并且认为政事交付宰相，边事交付诸将，无可忧虑。这样一来，蓄谋已久的安禄山终于发动了反唐的大叛乱。

天宝十四载（公元755年），安禄山趁唐朝内部空虚腐败，发动兵变，于时承平日久，民不知战，河北州县，望风瓦解。史称"安史之乱"。玄宗出逃四川，途中至马嵬驿，士兵哗变，士兵砍杀杨国忠，又逼玄宗赐死杨贵妃，太子李亨与玄宗分道扬镳。李亨率一部分禁军北趋灵武（今宁夏灵武西南），七月即位，改元至德，是为唐肃宗。李隆基与陈玄礼率另一部分禁军南逃成都，后被尊为上皇天帝。从此唐朝由鼎盛时期转入衰弱时期。

至德二载（公元756年），玄宗由成都还长安，居兴庆宫（南内）。宦官李辅国离间玄宗与肃宗的关系，迫使玄宗迁居太极宫（西内）甘露殿。晚年忧郁寡欢，宝应元年（公元762年），玄宗驾崩，终年78岁。葬于泰陵。

七、诗仙李白

李白（公元701年~公元762年），字太白，号青莲居士，又号"谪仙人"。祖籍陇西成纪（今甘肃省静宁县），一说生于中亚的碎叶城（在今吉尔吉斯斯坦首都比什凯克以东的托克马克市附近），四岁迁居四川绵州昌隆县（今四川省江油市，一说生于四川省江油青莲乡）。我国唐代伟大的浪漫主义诗人，被后人尊称为"诗仙"，与杜甫并称为"李杜"。

李白20岁时只身出川，开始了广泛漫游，南到洞庭湘江，东至吴、越，寓居在安陆（今湖北省安陆市）、应山（今湖北省广水市）。他到处游历，希望结交朋友，拜谒社会名流，从而得到引荐，一举登上高位，去实现政治理想和抱负。可是，十年漫游，却一事无成。他又继续北上太原、长安，东到齐、鲁各地，并寓居山东任城（今山东济宁）。这时他已结交了不少名流，创作了大量优秀诗篇，诗名满天下。

李白的一生，游历遍迹了大半个中国。李白不愿应试做官，但诗名远播，诗歌在当时已经唱响天下，他曾给当朝名士韩荆州写过一篇《与韩荆州书》，以此自荐，可历史上没有韩荆州对于李白的回复，直到天宝元年（公元742年），因道士吴筠的推荐，被召至长安，供奉翰林，文章风采，名震天下。李白的才气为玄宗所赏识，后因不能见容于权贵，在京仅三年，就弃官而去。此后，他在江、淮一带盘桓，思想极度烦闷。安史之乱发生的第二年，他感愤时艰，曾参加了永王李璘的幕府。不幸，永王与肃宗发生了争夺帝位的斗争，兵败之后，李白受牵累，流放夜郎（今贵州境内），途中遇赦。晚年漂泊东南一带，依当涂县令李阳冰，不久即病卒，一说喝醉了酒，在水中捞月亮而死。

李白的诗以抒情为主。屈原而后，他是第一个真正能够广泛地从当时民间文艺和秦、汉、魏以来的乐府民歌中吸取丰富营养,集中提高而形成他独特风貌的。他具有超异寻常的艺术天才和磅礴雄伟的艺术力量。一切可惊可喜、令人兴奋、发人深省的现象,无不尽归笔底。他是屈原之后我国最为杰出的浪漫主义诗人。

其诗风格豪放,飘逸洒脱,想象丰富,语言流转自然,音律和谐多变。他善于从民歌、神话中汲取营养素材,构成其特有的瑰丽绚烂的色彩,是屈原以来积极浪漫主义诗歌的新高峰。韩愈云:"李杜文章在,光焰万丈长。"(《调张籍》)唐朝文宗御封李白的诗歌、裴旻的剑舞、张旭的草书为"三绝"。李白的剑术在唐朝可排第二(在裴旻之下),如果李白弃文从武,专心研究剑术,相信是不会亚于裴旻的。李白在年轻的时候是一位路见不平、拔刀相助的侠士(这与他的侠士思想有关),野史上有若干关于这方面的记载。

李白生活在唐代极盛时期,具有"济苍生"、"安黎元"的进步理想,毕生为实现这一理想而奋斗。他的大量诗篇,既反映了那个时代的繁荣气象,也揭露和批判了统治集团的荒淫和腐败,表现出蔑视权贵,反抗传统束缚,追求自由和理想的积极精神。民间流传,高力士曾为他脱靴,杨贵妃曾为他磨墨。杜甫赞曰:"白也诗无敌,飘然思不群;清新庾开府,俊逸鲍参军。"

李白的诗歌今存1000多首。诗歌题材是多种多样的。由于生于盛唐时期,诗歌以浪漫为主,豪气大方,代表作有,七言古诗《蜀道难》《行路难》《梦游天姥吟留别》《将进酒》《梁甫吟》等,五言古诗《古风》五十九首、《长干行》《子夜吴歌》《宣州谢朓楼饯别校书叔云》等,七言绝句《望庐山瀑布》《望天门山》《早发白帝城》等。李白在唐代已经享有盛名。他的诗作"集无定卷,家家有之",为中华诗坛第一人。

李白的诗歌丰富和发展了盛唐诗歌中英雄主义的艺术主题。他和同时代的其他文士一样,具有恢宏的功业抱负,所谓"申管晏之谈,谋帝王之术,奋其智能,愿为辅弼。使寰区大定,海县清一"(《代寿山答孟少府移文书》),就是他最执著的人生信念。李白是否具有在复杂的权力结构中从事政治活动的实际能力,也许是很可疑的,但作为诗人,这种信念更多地成为他追求和歌颂壮丽人生的出发点。他从无数古代英雄的风度、气派中吸取力量,把现实的理想投影到历史中去,从而在诗歌中建立起英雄性格的人物画廊。他歌颂崛起草泽、际会风云的英雄,如《梁甫吟》写太公望:"君不见朝歌屠叟辞棘津，八十西来钓渭滨！宁羞白发照清水，逢时壮气思经纶。广张三千六百钓，风期暗与文王亲。大贤虎变愚不测，当年颇似寻常人。"歌颂视功名富贵如草芥的义士，如《古风》其十写鲁仲连："齐有倜傥生，鲁连特高妙。明月出海底，一朝开光曜。却秦振英声，后世仰末照。意轻千金赠，顾向平原笑。吾亦澹荡人，拂衣可同调。"歌颂爱才若渴、礼贤下士的英主，如《行路难》其二中的："君不见昔时燕家重郭隗，拥篲折节无嫌猜。剧辛、乐毅感恩分，输肝剖胆效英才。昭王白骨萦蔓草，谁人更扫黄金台！"赞美傲岸不驯、坚持布衣尊严的名臣，如《梁甫吟》中的郦食其："君不见高阳酒徒起草中，长揖山东隆准公！入门不拜骋雄辩，两女辍洗来趋风。东下齐城七十二，指挥楚汉如旋蓬。狂客落魄尚如此，何况壮士当群雄！"他笔下的英雄大多是在动荡变乱的非常时期在历史舞台上叱咤风云的人物，而且和抒情主人公打成一片，浑然而不可分。例如他在赠酬友朋的诗中说："风水如见资，投竿佐皇极。"(《酬坊州王司马与阎正字对雪见赠》)在醉醒后自抒其志云："傅说板筑臣，李斯鹰犬人。欻起匡社稷，宁复长艰辛。"(《冬夜醉宿龙门觉起言志》)自安史之乱起，李白视形势如楚汉相争，并以张良、韩信自况："颇似楚汉时，翻覆无定止。朝过博浪沙，暮入淮阴市。张良未遇韩信贫，刘项存亡在两臣。暂到下邳受兵略，来投漂母作主人。"(《猛虎行》)他入永王璘幕府后，又以谢安自比："但用东山谢安石，为君谈笑静胡沙。"(《永王东巡歌》其二)直至他60岁投军时，还以西汉大侠剧孟自许："半道谢病还，无因东南征。亚夫未见顾，剧孟阻先行。"

李白把排难解纷的济世理想和纵放不羁的个性自由统一起来，以求得圆满的人生。他对人生道路的设计是分两步进行的：首先是建立奇功伟业，如云："苟无济代心，独善亦何益？"(《赠韦秘书子春》)"两龙争斗时，天地动风云。酒酣舞长剑，仓卒解汉纷。"(《送张秀才谒高中丞》)而功成之后，却又不贪恋富贵名位，而以"五湖"、"沧州"为家，向往自由的生活。他早年干谒求仕期间不讳言这一点："功成拂衣去，摇曳沧州旁。"(《玉真公主馆苦雨》)在仕途最得意时不放弃这一点："功成谢人间，从此一投钓。"(《翰林读书言怀》)直到晚年，他仍矢志不移："终与安社稷，功成去五湖。"(《赠韦秘书子春》)这种人生理想集中表现了诗人"羞伐其德"和热爱自由的意识："我以一箭书，能取聊城功。终然不受赏，羞与时人同。"(《五月东鲁行

答汶上翁》)

　　从艺术成就上来讲，李白的乐府、歌行及绝句成就为最高。其歌行，完全打破诗歌创作的一切固有格式，空无依傍，笔法多端，达到了随情随性而变幻莫测、摇曳多姿的神奇境界。李白的绝句自然明快，飘逸潇洒，能以简洁明快的语言表达出无尽的情思。在盛唐诗人中，王维、孟浩然长于五绝，王昌龄等七绝写得好，兼长五绝与七绝而并至极境的，只有李白一人。杜甫对李白的评价："笔落惊风雨，诗成泣鬼神。"

八、诗圣杜甫

　　杜甫（公元712年～公元770年），字子美，自号少陵野老，一号杜陵野老、杜陵布衣，世称杜少陵、杜工部。祖籍湖北襄阳（今湖北省襄樊市），生于河南省巩县（今巩义市），死于耒阳市。

　　杜甫一生坎坷，是我国唐代伟大的现实主义诗人、世界文化名人，与李白并称"李杜"。杜甫曾任左拾遗、检校工部员外郎，因此后世称其杜工部。以古体、律诗见长，风格多样，而"沉郁顿挫"是其作品主要风格。杜甫生活在唐朝由盛转衰的历史时期，其诗多涉及社会动荡、政治黑暗、人民疾苦，他的诗被誉为"诗史"，后人尊称他为"诗圣"。杜甫忧国忧民，人格高尚，诗艺精湛。杜甫一生写诗一千四百多首，有《杜工部集》传世。杜甫的诗篇流传数量是唐诗里最多最广泛的，是唐代最杰出的诗人之一，对后世影响深远。

　　杜甫与杜牧是远房宗亲，同为晋朝灭孙吴的大将杜预之后裔（杜甫为杜预二十世孙）。杜甫生在"奉儒守官"并有文学传统的家庭中，是著名诗人杜审言之孙。7岁学诗，15岁扬名，一生不得志，只做过一些左拾遗等小官，虽然被后世称为"诗圣"，诗歌被称为"诗史"，可在唐朝当时并没有得到人们的重视。有一首《戏为六绝句（其二）》就是写"初唐四杰"的："王杨卢骆当时体，轻薄为文哂未休；尔曹身与名俱灭，不废江河万古留。"其中不乏也有诗人的自比，而杜甫的经历和诗歌创作主要可以分为四个时期：

　　第一个是读书和漫游时期（35岁以前）。所谓"放荡齐赵间，裘马颇清狂"。开元十九年（时20岁）始漫游吴越，五年之后归洛阳应举，不第，之后杜甫再漫游齐赵。之后在洛阳遇李白，两人相见恨晚，结下了深厚友谊，继而又遇高适，三人同游梁、宋（今开封、商丘），后来李杜又到齐州，分手后又遇于东鲁，再次分别，这便是"诗仙"与"诗圣"的最后一次相见。

第二个是困居长安时期（35至44岁）。这一时期，杜甫先在长安应试，落第。当朝宰相李林甫为了达到权倾朝野的目的，竟然向唐玄宗说无人中举。后来杜甫向皇帝献赋，向贵人投赠，过着"朝扣富儿门，暮随肥马尘，残杯与冷炙，到处潜悲辛"的生活，最后才得到右卫率府胄曹参军（主要是看守兵甲仗器、库府锁匙）的小官。这期间他写了《兵车行》《丽人行》等批评时政、讽刺权贵的诗篇。而《自京赴奉先县咏怀五百字》尤为著名，标志着他经历十年长安困苦生活后对朝廷政治、社会现实的认识达到了新的高度。

第三个是陷贼和为官时期（45至48岁）。安史之乱爆发，潼关失守，杜甫把家安置在鄜州，独自去投肃宗，中途为安史叛军俘获，押到长安。他面对混乱的长安，听到官军一再败退的消息，写成《月夜》《春望》《哀江头》等诗。后来他潜逃到凤翔行在，做左拾遗。由于忠言直谏，上疏为宰相房琯辩护被贬为华州司功参军（房琯善慷慨陈词，为典型的知识分子，但不切实际，与叛军战，采用春秋阵法，结果大败，肃宗问罪。杜甫始为左拾遗，上疏言房琯无罪，肃宗怒，欲问罪，幸得脱）。其后，他用诗的形式把他的见闻真实地记录下来，成为他不朽的作品，即"三吏"《新安吏》《潼关吏》《石壕吏》、"三别"《新婚别》《垂老别》《无家别》）。

第四个是西南漂泊时期（48至58岁）。随着九节度官军在相州大败和关辅饥荒，杜甫弃官，携家随百姓逃难，经秦州、同谷等地，到了成都，在成都过了一段比较安定的生活。后蜀中军阀作乱，他漂流到梓州、阆州。后来杜甫好友严武为剑南节度使摄成都，杜甫投往严。严武死，他再度漂泊，在夔州住两年，继又漂流到湖北、湖南一带，最后病死在湘江上。这时期，他创作了《春夜喜雨》《茅屋为秋风所破歌》《蜀相》《闻官军收河南河北》《登高》《登岳阳楼》等大量名作。其中最为著名的诗句为："安得广厦千万间，大庇天下寒士俱欢颜。"而《登高》中的"无边落木萧萧下，不尽长江滚滚来"更是千古绝唱。

杜甫善于运用古典诗歌的许多体制，并加以创造性地发展。他是汉乐府诗体的开路人。他的乐府诗，促成了中唐时期新乐府运动的发展。他的五七古长篇，亦诗亦史，展开铺叙，而又着力于全篇的回旋往复，标志着我国诗歌艺术的高度成就。杜甫在五七律上也表现出卓越的创造性，积累了关于声律、对仗、炼字炼句等完整的艺术经验，使这一体裁达到完全成熟的阶段。

杜甫的思想核心是儒家的仁政思想。他有"致君尧舜上，再使风俗淳"的宏伟抱负。他热爱生活，热爱人民，热爱祖国的大好河山。他疾恶如仇，对朝廷的腐败、社会生活中的黑暗现象都给予揭露和批评。他同情人民，甚至情愿为解救人民的苦难做自我牺牲。所以他的诗歌创作，始终贯穿着忧国忧民这条主线，以最普通的老百姓为主角，由此可见杜甫的伟大。他的诗具有丰富的社会内容、强烈的时代色彩和鲜明的政治倾向，真实深刻地反映了安史之乱前后一个历史时代政治时事和广阔的社会生活画面，因而被称为一代"诗史"。死后受到樊晃、韩愈、元稹、白居易等人的大力赞扬。但杜诗受到广泛重视，是在宋以后。王禹偁、王安石、苏轼、黄庭坚、陆游等人对杜甫推崇备至，文天祥则更以杜诗为坚守民族气节的精神力量。杜诗的影响，从古到今，早已超出文艺的范围。

九、百代文宗韩愈

韩愈（公元768年~公元824年），字退之，唐代文学家、哲学家、思想家，河阳（今河南省焦作孟州市）人。祖籍河北昌黎，世称韩昌黎。晚年任吏部侍郎，又称韩吏部。谥号"文"，又称韩文公。他与柳宗元同为唐代古文运动的倡导者，主张学习先秦两汉的散文语言，破骈为散，扩大文言文的表达功能。宋代苏轼称他"文起八代之衰"，明人推他为唐宋八大家之首，与柳宗元并称"韩柳"，有"文章巨公"和"百代文宗"之名，作品都收在《昌黎先生集》里。他在思想上是中国"道统"观念的确立者，是尊儒反佛的里程碑式人物。

韩愈三岁而孤，受兄嫂抚育，早年流离困顿，有读书经世之志，虽孤贫却刻苦好学。20岁赴长安考进士，三试不第。25岁后，他先中进士，三试博学鸿词科不成，赴汴州董晋、徐州张建封两节度使幕府任职。后回京任四门博士。36岁后，任监察御史，因上书论天旱人饥状，请减免赋税，贬阳山令。宪宗时北归，为国子博士，累官至太子右庶子，但不得志。50岁后，先从裴度征吴元济，后迁刑部侍郎。因谏迎佛骨，贬潮州刺史。移袁州。不久回朝，历国子祭酒、兵部侍郎、吏部侍郎、京兆尹等职，57岁终，政治上较有作为。他的诗力求险怪新奇，雄浑而重气势，他与柳宗元、欧阳修、苏洵、苏轼、苏辙、王安石、曾巩合称为"唐宋八大家"。

韩愈是唐代著名的散文家和诗人。他和柳宗元政见不和，但并未影响他们共同携手倡导古文运动。他们反对过分追求形式的骈文，提倡散文，强调文章内容的重要性。

韩诗在艺术上有"以文为诗"的特点，对后世亦有不小的影响。当然韩诗中也有追求怪诞诡谲的游戏文字，是不足取的。

文学创作理论上：他认为道（即仁义）是目的和内容，文是手段和形式，强调文以载道，文道合一，以道为主。提倡学习先秦两汉古文，并博取兼资庄周、屈原、司马迁、司马相如、扬雄诸家作品。主张学古要在继承的基础上创新，坚持"词必己出"、"陈言务去"。重视作家的道德修养，提出养气论，"气盛则言之短长与声之高下者皆宜"（《答李翊书》）。提出"不平则鸣"的论点。认为作者对现实的不平情绪是深化作品思想的原因。在作品风格方面，他强调"奇"，以奇诡为善。

韩愈还是一位热心的教育家，他能逆当时的潮流，积极指导后进学习，他"收召后学"、"抗颜而为师"（柳宗元《答韦中立论师道书》），特别重视教育和培养年轻作家。

韩愈思想渊源于儒家，但亦有离经叛道之言。他以儒家正统自居，反对神权迷信，但又相信天命鬼神；他盛赞孟子，排斥杨朱、墨子，认为杨、墨偏废正道，却又主张儒墨互用；他提倡宗孔氏、贵王道、贱霸道，而又推崇管仲、商鞅的事功。这些复杂矛盾的现象，在其作品中都有反映。

韩愈的散文、诗歌创作，实现了自己的理论。其赋、诗、论、说、传、记、颂、赞、书、序、哀辞、祭文、碑志、状、表、杂文等各种体裁的作品，均有卓越的成就。

论说文在韩文中占有重要的地位。以尊儒反佛为主要内容的中、长篇，有《原道》《论佛骨表》《原性》《师说》等，它们大都格局严整，层次分明。

嘲讽社会现状的杂文，短篇如《杂说》《获麟解》，比喻巧妙，寄慨深远；长篇如《送穷文》《进学解》，运用问答形式，笔触幽默，构思奇特，锋芒毕露。论述文学思想和写作经验的文章，体裁多样，文笔多变，形象奇幻，理论精湛。

叙事文在韩文中比重较大。学习儒家经书的，如《平淮西碑》，用《尚书》和《雅》《颂》体裁，篇幅宏大，语句奇重，酣畅淋漓；《画记》直叙众多人物，写法脱化于《尚书·顾命》《周礼·考工记·梓人职》。继承《史记》历史散文传统的，如名篇《张中丞传后叙》，融叙事、议论、抒情于一炉。学《史记》《汉书》，描绘人物生动奇特而不用议论的，如《试大理评事王君墓志铭》《清河张君墓志铭》等。记文学挚友，能突出不同作家特色的，如《柳子厚墓志铭》《南阳樊绍述墓志铭》《贞曜先生墓志铭》等。但在大量墓碑和墓志铭中，韩愈也有些"谀墓"之作，当时已受讥斥。

抒情文中的祭文，一类写骨肉深情，用散文形式，突破四言押韵常规，如《祭十二郎文》；一类写朋友交谊和患难生活，四言押韵，如《祭河南张员外文》《祭柳子厚文》。此外，书信如《与孟东野书》、赠序如《送杨少尹序》等，也都是具有一定感染力的佳作。

韩愈另有一些散文，如《毛颖传》《石鼎联句诗序》之类，完全出于虚构，接近传奇小说。

韩愈散文气势充沛，纵横开阖，奇偶交错，巧譬善喻；或诡谲，或严正，艺术特色多样化；扫荡了六朝以来柔靡骈俪的文风。

韩愈善于提炼当时的口语，如"蝇营狗苟"（《送穷文》）、"同工异曲"、"俱收并蓄"（《进学解》）等新颖词语，韩文中较多。他主张"文从字顺"，创造了一种在口语基础上提炼出来的书面散文语言，扩大了文言文体的表达功能。但他也有一些佶屈聱牙的文句，自谓"不可时施，只以自嬉"（《送穷文》），对后世有一定影响。

韩愈也是诗歌名家，艺术特色以奇特雄伟、光怪陆离为主。如《陆浑山火和皇甫用其韵》《月蚀诗效玉川子作》等怪怪奇奇，内容深刻；《南山诗》《岳阳楼别窦司直》《孟东野失子》等，境界雄奇。但韩诗在求奇中往往流于填砌生字僻语、押险韵。韩诗古体工而近体少，但律诗、绝句亦有佳篇。如七律《左迁至蓝关示侄孙湘》《答张十一功曹》《题驿梁》，七绝《次潼关先寄张十二阁老》《题楚昭王庙》等。

苏轼盛称其："匹夫而为百世师，一言而为天下法，是皆有以参天地之化，关盛衰之运。""独韩文公起布衣，谈笑而麾之，天下靡然从公，复归于正，盖三百年于此矣。文起八代之衰，道济天下之溺。忠犯人主之怒，而勇夺三军之帅。此岂非参天地，关盛衰，浩然而独存者乎？"

十、宰相杜佑

杜佑，出身世族，父杜希望曾任鄯州都督、恒州刺史、西河太守等职位，颇有政绩。由于家学关系，杜佑自小喜读史书，18岁那年以父荫入仕做济南郡参军，后受其父之友韦元甫的赏识在韦的幕府中任职。元甫死后，杜佑入京授工部郎中，充江西青苗使，此后一直在江西、广西地方担任要职。唐德宗即位后，杜佑被重新调回京城担任工部郎中，并任水陆转运使、度支郎中兼和籴使。虽由于朝廷中权臣的排挤，一度外派做岭南、淮南节度使，但凭借其卓越的政绩，杜佑还是被重调回京并官至同中书门下平章事（相当于宰相一职），直至其归隐，一直任此要职。

杜佑从贞元六年赴任扬州，在淮南经历了13年，做了几件重要的事情：

第一，杜佑初到淮南时，遭逢旱灾，饥荒严重。他一面下令富户出售粮食，救济灾民；一面革除苛捐杂税，安定社会。扬州久经兵乱，官舍多被毁坏。驻军没有营房，很多士兵住在破庙里；储备没有仓库，很多粟帛留在支郡中。杜佑兴建营房和仓库，解决了军队用房和财赋储存的问题。当时联营三十区，士马整饬。为了发展农业生产，修整旧有的雷陂（江苏扬州市北），还开凿了新渠，以资灌溉。又开滨海弃地为稻田，稻子产量很高，积米至五十万斛。于是淮南兵精粮足，为四邻所畏。

第二，贞元十六年（公元800年），徐、泗、濠节度使张建封死了，军士拥立其子张愔，求为节度使，唐廷不许，于是加杜佑检校左仆射，同平章事，兼徐、濠、泗节度使，叫他讨伐张愔。杜佑调集大批战船，派部将孟准为前锋，进攻徐州。但孟准的军队渡过淮河以后就吃了败仗，杜佑因此不敢进兵。这时泗州刺史张伾出兵攻埇桥（在今安徽宿县南古汴水上），也大败而回。唐四是农田水利法。熙宁二年颁布。条约奖励各地开垦荒田,兴修水利,修筑堤防圩岸,由受益人户按户等高下出资兴修。在王安石的倡导下,一时形成"四方争言农田水利"的热潮。北方在治理黄、漳等河的同时,还在几道河渠的沿岸淤灌成大批"淤田",使贫瘠的土壤变成了良田。

第三,稳定封建秩序。巩固封建统治秩序和整顿、加强军队的措施,有将兵法、保甲法、保马法以及建立军器监等。

一是将兵法。作为"强兵"的措施,王安石一方面精简军队,裁汰老弱,合并军营,另一方面实行将兵法。自熙宁七年始,在北方挑选武艺较高、作战经验较多的武官专掌训练。将兵法的实行,使兵知其将,将练其兵,提高了军队的战斗力。

二是保甲法。熙宁三年颁行。各地农村住户,不论主户或客户,每十家(后改为五家)组成一保,五保为一大保,十大保为一都保。凡家有两丁以上的,出一人为保丁。农闲时集合保丁,进行军训;夜间轮差巡查,维持治安。保甲法既可以使各地壮丁接受军训,与正规军相参为用,以节省国家的大量军费,又可以建立严密的治安网,把各地人民按照保甲编制起来,以便稳定封建秩序。

第四,改革教育制度。王安石等变法派还改革了科举制,整顿了各级学校,为社会培养需要的人才。

王安石变法以"富国强兵"为目标,从新法实施,到守旧派废罢新法,前后将近15年时间。在此期间,每项新法在推行后,基本上收到了预期的效果,使豪强兼并和高利贷者的活动受到了一些限制,使中、上级官员、皇室减少了一些特权,而乡村上户地主和下户自耕农则减轻了部分差役和赋税负担,封建国家也加强了对直接生产者的统治,增加了财政收入。各项新法或多或少地触犯了中、上级官员、皇室、豪强和高利贷者的利益,最终被罢废。

王安石不仅是一位杰出的政治家和思想家,同时也是一位卓越的文学家。他为了实现自己的政治理想,把文学创作和政治活动密切地联系起来,强调文学的作用首先在于为社会服务。他反对西昆派杨亿、刘筠等人空泛的靡弱文风,认为"所谓文者,务为有补于世而已矣。所谓辞者,犹器之有刻镂绘画也。诚使巧且华,不必适用;诚使适用,亦不必巧且华。要之以适用为本,以刻镂绘画为之容也"(《上人书》)。正因为王安石以"务为有补于世"的

"适用"观点视为文学创作的根本,他的作品多揭露时弊,反映社会矛盾,具有较浓厚的政治色彩。

王安石为"唐宋八大家"之一,他的散文,雄健简练,奇崛峭拔,大都是书、表、记、序等体式的论说文,阐述政治见解与主张,为变法革新服务。这些文章针对时政或社会问题,观点鲜明,分析深刻,长篇则横铺而不力单,短篇则纡折而不味薄。《上仁宗皇帝言事书》,是主张社会变革的一篇代表作,根据对北宋王朝内外交困形势的深入分析,提出了完整的变法主张,表现出"起民之病,治国之疵"的进步思想。《本朝百年无事札子》,在叙述并阐释宋初百余年间太平无事的情况与原因的同时,尖锐地提示了当时危机四伏的社会问题,期望神宗在政治上有所建树,认为"大有为之时,正在今日"。它对第二年开始施行的变法,无异吹起了一支前奏曲。《答司马谏议书》,以数百字的篇幅,针对司马光指责新法为侵官、生事、征利、拒谏四事,严加剖驳,短小精悍,言简意赅,措词得体,体现了作者刚毅果断和坚持原则的政治家风度。王安石的政论文,不论长篇还是短制,结构都很谨严,主意超卓,说理透彻,语言朴素精练,"只用一二语,便可扫却他人数大段"(刘熙载《艺概·文概》),具有较强的概括性与逻辑力量。这对推动变法和巩固北宋诗文革新运动的成果起了积极的作用。王安石的一些小品文,脍炙人口,《鲧说》《读孟尝君传》《书刺客传后》《伤仲永》等,评价人物,笔力劲健,文风峭刻,富有感情色彩,给人以显豁的新鲜感觉。他还有一部分山水游记散文,《城陂院兴造记》,简洁明快而省力,酷似柳宗元;《游褒禅山记》,亦记游,亦说理,二者结合得紧密自然,既使抽象的道理生动、形象,又使具体的记事增加思想深度,显得布局灵活并又曲折多变。

王安石的诗歌,大致可以罢相(公元1076年左右)划界而分为前、后期,在内容和风格上有较明显的区别。"王荆公少以意气自许,故诗语惟其所向,不复更为涵蓄……后为群牧羊官,从宋次道尽假唐人诗集,博观而约取,晚年始尽深婉不迫之趣"(叶梦得《石林诗话》)。前期的诗歌,长于说理,倾向性十分鲜明,涉及许多重大而尖锐的社会问题,注意到下层人民的痛苦,替他们发出了不平之声。《感事》《兼并》《省兵》等,从政治、经济、军事等方面描写和提示了宋代国势的积弱或内政的腐败,指出了大地主、大商人兼并土地对于国家和人民的危害,提出"精兵择将"的建议;《收盐》《河北民》等，反映了当时人民群众备受统治者迫害压榨的悲惨遭遇；《试院中》《评定试卷》等，则直接抨击以诗、赋取士的科举制度，要求起用经世济国的人才；《元日》《歌元丰》等，热情地讴歌了变法带来的新气象和人民的欢乐；《商鞅》《贾生》等，通过对历史人物功过得失的评价，抒发了新的见解。王安石后期的隐居生活，带来了他的诗歌创作上的变化。他流连、陶醉于山水田园中，题材内容比较狭窄，大量的写景诗、咏物诗取代了前期政治诗的位置，抒发一种闲恬的情趣。但艺术表现上却臻于圆熟，"雅丽精绝，脱去流俗，每讽味之，便沉沉潗生牙颊间。"（《后山诗话》载黄鲁直语）。《泊船瓜洲》《江上》《梅花》《书湖阴先生壁》等诗，观察细致，精工巧丽，意境幽远清新，表现了对大自然美的歌颂和热爱，历来为人们所传诵。

从诗体说来，王安石的古体诗虽然多用典故，好发议论，但像《明妃曲》《桃源行》篇，立意新颖，充满着情感和丰富的想象。律诗则用字工稳，对偶贴切，但有时不免失于过多的雕刻。五绝和七绝尤负盛誉，"王半山备众体，精绝句"（《寒厅诗话》），"荆公绝句妙天下"（《艇斋诗话》）。他的诗对当时和后世都有影响，被称为"王荆公体"（严羽《沧浪诗话》）。

王安石的词，今存约二十余首。虽不以词名家，但其"作品瘦削雅素，一洗五代旧习"（刘熙载《艺概·词曲概》）。《桂枝香·金陵怀古》一词，通过描写金陵（今江苏南京市）壮景及怀古，揭露六朝统治阶级"繁华竞逐"的腐朽生活，豪纵沉郁，被赞为咏古绝唱给后来词坛以良好的影响。

从文学角度总观王安石的作品，无论诗、文、词都有杰出的成就。北宋中期开展的诗文革新运动，在他手里得到了有力推动，对扫除宋初风靡一时的浮华余风作出了贡献。但是，王安石的文学主张，却过于强调"实用"，对艺术形式的作用往往估计不足。他的不少诗文，又常常表现得议论说理成分过重，瘦硬而缺少形象性和韵味。不过总体而言，王安石不失大家风范，是我国文学史上的一颗明星。

五、文坛领袖欧阳修

欧阳修（公元1007年~公元1072年），字永叔，自号醉翁，晚年号六一居士，谥号文忠，世称欧阳文忠公，吉州永丰（今属江西）人，自称庐陵人，因吉州原属庐陵郡。出生于绵州（今四川绵阳）。北宋时期政治家、文学家、史学家。"唐宋八大家"之一。仁宗时，累擢知制诰、翰林学士；英宗时，官至枢密副使、参知政事；神宗朝，迁兵部尚书，以太子少师致仕。

欧阳修于政治和文学方面都主张革新，既是范仲淹庆历新政的支持者，也是北宋诗文革新运动的领导者。又喜奖掖后进，苏轼兄弟及曾巩、王安石皆出其门下。创作实绩亦灿然可观，诗、词、散文均为一时之冠。散文说理畅达，抒情委婉；诗风与散文近似，重气势而能流畅自然；其词深婉清丽，承袭南唐余风。曾与宋祁合修《新唐书》，并独撰《新五代史》。又喜收集金石文字，编为《集古录》。有《欧阳文忠公文集》。

欧阳修前期的政治思想，反映了中小地主阶级的利益，对当时经济、政治和军事等方面的严重危机，有较清醒的认识。主张除积弊、行宽简、务农节用，与范仲淹等共谋革新。晚年随着社会地位的提高，思想渐趋保守，对王安石部分新法有所抵制和讥评；但比较实事求是，和司马光等人的态度是不尽相同的。

欧阳修在我国文学史上有着重要的地位。他继承了韩愈古文运动的精神。作为宋代诗文革新运动的领袖人物，他的文论和创作实绩，对当时以及后代都有很大影响。

宋初，在暂时承平的社会环境里，贵族文人集团提倡的西昆体诗赋充斥文坛，浮华纂组，并无社会意义，却曾风靡一时。为了矫正西昆体的流弊，欧阳修大力提倡古文。他自幼爱读韩愈文集，出仕后亲自校订韩文，刊行天下。

他在文学观点上师承韩愈，主张明道致用。他强调道对文的决定作用，以"道"为内容，为本质，以"文"为形式，为工具。特别重视道统的修养，提出"道胜者，文不难而自至"（《答吴充秀才书》），"道纯则充于中者实，中充实则发为文者辉光"（《答祖择之书》），"学者当师经"，师经才能用"道"来充实自己。但他又矫正了韩愈的某些偏颇。在对"道"的解释上，他把现实中的"事"，看做是"道"的具体内容。他认为学道而不能至，是因为"弃百事不关于心"（《答吴充秀才书》）。他反对"务高言而鲜事实"（《与张秀才第二书》）。在对待"道"与"文"的关系上，主张既要重

"道",又要重"文",认为"文"固然要服从于"道",但非"有德者必有言",并且列举了许多例子说明"自诗、书、史记所传,其人岂必能言之士哉",指出"言以载事,而文以饰言。事信言文,乃能表见于世"。所谓"事信言文",就是内容要真实,语言要有文采,做到内容和形式的统一。这是欧阳修对创作的基本论点。

他取韩愈"文从字顺"的精神,大力提倡简而有法和流畅自然的文风,反对浮靡雕琢和怪僻晦涩。他不仅能够从实际出发,提出平实的散文理论,而且自己又以造诣很高的创作实绩,起了示范作用。

他的主张得到了尹洙、梅尧臣、苏舜钦等人的热烈赞同。后来,知贡举(主管考试进士)时,又鼓励考生写作质朴晓畅的古文,凡内容空洞,华而不实,或以奇诡取胜之作,概在摒黜之列。与此同时,他又提拔、培养了王安石、曾巩、苏轼、苏辙等一代新进作家。这样,他倡导的诗文革新运动就取得了决定性的胜利。

欧阳修在文学创作上的成就,以散文为最高。苏轼评其文时说:"论大道似韩愈,论本似陆贽,纪事似司马迁,诗赋似李白。"但欧阳修虽素慕韩文的深厚雄博,汪洋恣肆,但并不亦步亦趋。

欧阳修一生写了 500 余篇散文,各体兼备,有政论文、史论文、记事文、抒情文和笔记文等。他的散文大都内容充实,气势旺盛,深入浅出,精炼流畅;叙事说理,娓娓动听;抒情写景,引人入胜,使文坛面目为之一新。他的许多政论作品,如《本论》《原弊》《上高司谏书》《朋党论》《新五代史·伶官传序》等,恪守自己"明道"、"致用"的主张,紧密联系当时政治斗争,指摘时弊,思想尖锐,语言明快,表现了一种匡时救世的怀抱。他还写了不少抒情、叙事散文,也大都情景交融,摇曳多姿。他的《释秘演诗集序》《祭石曼卿文》《苏氏文集序》等文,悼念亡友,追怀往事,情深意挚,极为动人;他的《丰乐亭记》《醉翁亭记》诸作,徐徐写来,委婉曲折,言辞优美,风格清新。总之,不论是讽世刺政,还是悼亡忆旧,乃至登临游览之作,都充分体现出他那种从容宽厚、真率自然的艺术个性。

欧阳修还开了宋代笔记文创作的先声。他的笔记文,有《归田录》《笔说》《试笔》等。文章不拘一格,写得生动活泼,富有情趣,并常能描摹细节,刻画人物。其中,《归田录》记述了朝廷遗事、职官制度、社会风习和士大夫的趣事逸闻，介绍自己的写作经验，都很有价值。

欧阳修在诗歌创作方面也卓有成就。他的诗在艺术上主要受韩愈影响。《凌溪大石》《石篆》《紫石屏歌》等作品，模仿韩愈想象奇特的诗风；其他一部分诗作沉郁顿挫，笔墨淋漓，将叙事、议论、抒情结为一体，风格接近杜甫，如《重读〈徂徕集〉》《送杜岐公致仕》；另一部分作品雄奇变幻，气势豪放，却近于李白，如《庐山高赠同年刘中允归南康》。但多数作品，主要学习韩愈"以文为诗"，即议论化、散文化的特点。虽然他以自然流畅的诗歌语言，避免了韩愈的险怪艰涩之弊，但仍有一些诗说理过多，缺乏生动的形象。有的古体诗因此显得诗味不浓，但部分近体诗却比兴兼用，情景相生，意味隽永。在内容上，他的诗有一部分反映人民的疾苦，揭露社会的黑暗，具有一定的社会意义。例如，在《答杨子静祈雨长句》中，描写了"军国赋敛急星火"，"然而民室常虚空"的社会现实；在《食糟民》中，揭露了官吏"日饮官酒诚可乐"，而百姓"釜无糜粥度冬春"的不合理现象。不过，他写这些诗的目的是很明白的："因吟君赠广其说，为我持之告采诗。"为的是规劝统治阶级修明政治，维护封建秩序。他还在诗中议论时事，抨击腐败政治，如《奉答子华学士安抚江南见寄之作》。其他如《明妃曲和王介甫作》《再和明妃曲》，表现了诗人对妇女命运的同情，对昏庸误国的统治者的谴责。欧阳修的诗更多的是写景抒情作品，或清新秀丽，或平淡有味，多抒发诗人的生活感受。如《黄溪夜泊》中的"万树苍烟三峡暗，满川明月一猿哀"，《春日西湖寄谢法曹歌》中的"雪消门外千山绿，花发江边二月晴"，《画眉鸟》"百啭千声随意移，山花红紫树高低；始知锁向金笼听，不及林间自在啼"等。总的来看，他的诗歌风格还是多样的。欧阳修不仅善于作诗，且时有新见，其最后一部作品《诗话》（由于诗话从专名演变为一种文体，后人为区别称《六一诗话》），是为中国文学史上第一部诗话。后人郭绍虞说："诗话之称，固始于欧阳修，即诗话之体，亦可谓创自欧阳氏矣。"（《宋诗话考》）欧阳修的诗话，改变了以前的论诗或重在品评、或重在格例、或重在作法、或重在本事的做法，而是兼收并蓄，细加绅绎，以随便亲切的闲谈逸事的方式评叙诗歌，成为一种论诗的新形式。他在评论诗的时候，虽然不废雕琢，但主张归于自然。在《梅圣俞诗集序》中，他提出诗"穷者而后工"的论点，发展了杜甫、白居易的诗歌理论，为宋诗的发展指明了方向，对当时和后世的诗歌创作产生了很大的影响。

欧阳修还在宋初的词坛上占了一席重要的位置。他创作了很多词，内容大都与"花间"相近，主要内容仍是恋情相思、离情别绪、酣饮醉歌、惜春赏花之类，并善于以清新疏淡的笔触写景。《采桑子》13 首，描绘颍州西湖的自然之美，写得恬静、澄澈，富有情韵，宛如一幅幅淡雅的山水画。另一些词如"杏花红处青山缺，山畔行人山下歌"（《玉楼春》）、"堤上游人逐画船，拍堤春水四垂天。绿杨楼外出秋千"（《浣溪沙》）、"平山栏槛倚晴空，山色有无中"（《朝中措》）等，也都是写景的佳句。由于作者对事物体察入微，看似随意写出，却是无限传神，没有炉火纯青的工夫，是不能达到这种艺术境界的。而他偏重抒情的词，写得婉曲缠绵，情深语近，例如《踏莎行》中上下阕的最后两句"离愁渐远渐无穷，迢迢不断如春水"，"平芜尽处是春山，行人更在春山外"，通过春水春山，从思妇眼中写征人，情意深远，含蓄蕴藉，给人以新颖别致的感觉，感情亦非常深挚。他还有一些词，虽然颓唐叹老、牢骚不平，却直抒胸臆，表现出襟怀豪逸和乐观的一面。还有一些艳词，虽写男女约会，也朴实生动；当然，其中也不免有浅薄庸俗的作品。此外，欧阳修还打破了赋体的严格的格律形式，写了一些文赋，他的著名的《秋声赋》运用各种比喻，把无形的秋声描摹得非常生动形象，使人仿佛可闻。这篇赋变唐代以来的"律体"为"散体"，对于赋的发展具有开拓意义，与苏轼的《赤壁赋》先后媲美，千载传诵。

六、豪放词人苏轼

苏轼（公元 1037 年~公元 1101 年），字子瞻，号"东坡居士"，世人称其为"苏东坡"。北宋著名文学家、书画家、诗人，豪放派词人代表。眉州（今四川眉山，北宋时为眉山城）人，祖籍栾城。

史书记载苏轼身长八尺三寸有余（约 186cm），为人豁达，心胸宽广。嘉祐元年（公元 1056 年），21 岁的苏轼首次出川赴京，参加朝廷的科举考试。翌年，他参加了礼部的考试，以一篇《刑赏忠厚之至论》获得主考官欧阳修的赏识，高中进士第二名。

嘉祐六年（公元1061年），苏轼应中制科考试，即通常所谓"三年京察"，入第三等，为"百年第一"，授大理评事、签书凤翔府判官。后逢其父于汴京病故，丁忧扶丧归里。熙宁二年（公元1069年）服满还朝，仍授本职。他入朝为官之时，正是北宋开始出现政治危机的时候，繁荣的背后隐藏着危机，此时神宗即位，任用王安石，支持变法。苏轼的许多师友，包括当初赏识他的恩师欧阳修在内，因在新法的施行上与新任宰相王安石政见不合，被迫离京。朝野旧雨凋零，苏轼眼中所见的，已不是他20岁时所见的"平和世界"。

苏轼因在返京的途中见到新法对普通老百姓的损害，很不同意王安石的做法，认为新法不能便民，便上书反对。这样做的一个结果，便是像他的那些被迫离京的师友一样，不容于朝廷。于是苏轼自求外放，调任杭州通判。

苏轼在杭州待了三年，任满后，被调往密州、徐州、湖州等地，任知州。政绩显赫，深得民心。

元丰二年（公元1079年），苏轼到任湖州还不到三个月，就因为作诗讽刺新法、"文字毁谤君相"的罪名，被捕下狱，史称"乌台诗案"。

苏轼坐牢103天，几次濒临被砍头的境地。幸亏北宋在太祖赵匡胤年间即定下不杀士大夫的国策，苏轼才算躲过一劫。

出狱以后，苏轼被降职为黄州团练副使（相当于现代民间的自卫队副队长）。这个职位相当低微，并无实权，而此时苏轼经此一役已变得心灰意懒，于公余便带领家人开垦城东的一块坡地，种田帮补生计。"东坡居士"的别号便是他在这时起的。

宋神宗元丰七年（公元1084年），苏轼离开黄州，奉诏赴汝州就任。由于长途跋涉，旅途劳顿，苏轼的幼儿不幸夭折。汝州路途遥远，且路费已尽，再加上丧子之痛，苏轼便上书朝廷，请求暂时不去汝州，先到常州居住，后被批准。当他准备南返常州时，神宗驾崩。

哲宗即位，高太后听政，新党势力倒台，司马光重新被启用为相。苏轼于是年以礼部郎中被召还朝。在朝半月，升起居舍人，三个月后，升中书舍人，不久又升翰林学士知制诰（为皇帝起草诏书的秘书）。当苏轼看到新兴势力拼命压制王安石集团的人物及尽废新法后，认为其与所谓"王党"不过一丘之貉，再次向皇帝提出谏议。

苏轼至此是既不能容于新党，又不能见谅于旧党，因而再度自求外调。他以龙图阁学士的身份，再次到阔别了16年的杭州当太守。苏轼在杭州修了一项重大的水利建设，疏浚西湖，用挖出的泥在西湖旁边筑了一道堤坝，也就是著名的"苏堤"。

苏轼在杭州过得很惬意，自比唐代的白居易。但元祐六年（公元1091年），他又被召回朝。但不久又因为政见不合，外放颍州。元祐八年（公元1093年），新党再度执政，再次被贬至惠阳（今广东惠州市）。而后，苏轼又被再贬至更远的儋州（今海南）。据说在宋朝，放逐海南是仅比满门抄斩罪轻一等的处罚。后徽宗即位，调廉州安置、舒州团练副使、永州安置。元符三年（公元1101年）大赦，复任朝奉郎，北归途中，卒于常州，谥号文忠，终年65岁。

苏轼的文学观点和欧阳修一脉相承，但更强调文学的独创性、表现力和艺术价值。他的文学思想强调"有为而作"，崇尚自然，摆脱束缚，"出新意于法度之中，寄妙理于豪放之外"。他认为作文应达到"如行云流水，初无定质，但常行于所当行，常止于所不可不止。文理自然，姿态横生"（《答谢民师书》）的艺术境界。苏轼文章风格平易流畅，豪放自如。释德洪说："其文涣然如水之质，漫衍浩荡，则其波亦自然成文。"苏轼与欧阳修并称"欧苏"，是"唐宋八大家"之一。苏轼是继欧阳修之后主持北宋文坛的领袖人物，在当时的作家中间享有巨大的声誉，一时与之交游或接受他的指导者甚多，北宋文学家黄庭坚、秦观、晁补之和张耒都曾得到他的培养、奖掖和荐拔，故称苏门四学士。

苏诗现存2600余首，其诗内容广阔，风格多样，而以豪放为主，笔力纵横，穷极变幻，具有浪漫主义色彩，为宋诗发展开辟了新的道路。叶燮《原诗》说："苏轼之诗，其境界皆开辟古今之所未有，天地万物，嬉笑怒骂，无不鼓舞于笔端。"赵翼《瓯北诗话》说："以文为诗，自昌黎始，至东坡益大放厥词，别开生面，成一代之大观。……尤其不可及者，天生健笔一枝，爽如哀梨，快为并剪，有必达之隐，无难显之情，此所以继李、杜后为一大家也，而其不如李、杜处亦在此。"其诗清新豪健，善用夸张比喻，在艺术表现方面独具风格。

苏轼的词现存340余首，冲破了专写男女恋情和离愁别绪的狭窄题材，具有广阔的社会内容。苏轼在我国词史上占有特殊的地位。他将北宋诗文革新运动的精神,扩大到词的领域,扫除了晚唐五代以来的传统词风,开创了与婉约派并立的豪放词派,扩大了词的题材,丰富了词的意境,冲破了诗庄词媚的界限,对词的革新和发展做出了重大贡献。名作有《念奴娇》《水调歌头》等,与辛弃疾并称"苏辛"。刘辰翁在《辛稼轩词序》中说:"词至东坡,倾荡磊落,如诗,如文,如天地奇观。"

以乌台诗案为界,苏轼的诗词作品在创作上有继承也有明显的差异。在贯穿始终的"归去"情结背后,看到了诗人的笔触由少年般的无端喟叹,渐渐转向中年的无奈和老年的旷达——渐老渐熟,乃趋平淡。

首先,在题材上,前期的作品主要反映了苏轼的"具体的政治忧患",而后作品则将侧重点放在了"宽广的人生忧患"上。其行云流水之作引发了乌台诗案。黄州贬谪生活,使他"讽刺的苛酷,笔锋的尖锐,以及紧张与愤怒,全已消失,代之而出现的,则是一种光辉温暖、亲切宽和的识谐、醇甜而成熟,透彻而深入。"

其次,在文化上,前期尚儒而后期尚道尚佛。前期,他有儒家所提倡的社会责任,他深切关注百姓疾苦;后期,尤其是两次遭贬之后,他则更加崇尚道家文化并回归到佛教中来,企图在宗教上得到解脱。他深受佛家的"平常心是道"的启发,在黄州、惠州、儋州等地过上了真正的农人的生活,并乐在其中。

第三,在风格上,前期的作品大气磅礴、豪放奔腾如洪水破堤一泻千里;而后期的作品则空灵隽永、朴质清淡如深柳白梨花香远溢清。

就词作而言,纵观苏轼的三百余首词作,真正属于豪放风格的作品却为数不多,据朱靖华先生的统计,类似的作品占苏轼全部词作的十分之一左右,大多集中在密州、徐州,是那个时期创作的主流。这些作品虽然在数量上并不占优势,却着实反映了那段时期苏轼积极仕进的心态。而后期的一些作品就既有地方人情的风貌,也有娱宾遣兴,秀丽妩媚的姿采。诸如咏物言情、记游写景、怀古感旧、酬赠留别、田园风光、谈禅说理,几乎无所不包,绚烂多姿。而这一部分占了苏轼全词的十之八九左右,其间大有庄子化蝶、物我皆忘之味。至此,他把所有的对现实的对政治的不满、歇斯底里的狂吼、针尖麦芒的批判全部驱逐了。其题材渐广,其风格渐趋平淡致远。

苏轼还擅长行书、楷书，与黄庭坚、米芾、蔡襄并称"宋四家"。他曾遍学晋、唐、五代名家，得力于王僧虔、李邕、徐浩、颜真卿、杨凝式，而自成一家，自创新意。用笔丰腴跌宕，有天真烂漫之趣。自云："我书造意本无法。"又云："自出新意，不践古人。"黄庭坚说他："早年用笔精到，不及老大渐近自然。"又云："到黄州后掣笔极有力。"苏轼晚年又挟有海外风涛之势，加之学问、胸襟、识见处处过人，而一生又屡经坎坷，其书法风格丰腴跌宕，天真浩瀚，观其书法即可想象其为人。人书并尊，在当时其弟兄子侄子由、迈、过，友人王定国、赵令畤均向他学习；其后历史名人如李纲、韩世忠、陆游，以及明代的吴宽，清代的张之洞，亦均向他学习，可见影响之大。黄庭坚在《山谷集》里说："本朝善书者，自当推（苏）为第一。"

苏轼在绘画方面亦颇有造诣。画墨竹，师文同（即文与可），比文更加简劲，且具掀舞之势。米芾说他"作墨竹，从地一直起至顶。余问：何不逐节分？曰：竹生时，何尝逐节生？"亦善作枯木怪石。米芾又云："作枯木枝干，虬曲无端；石皴硬，亦怪怪奇奇无端，如其胸中盘郁也。"均可见其作画很有奇想远寄。苏轼论书画均有卓见，论画影响更为深远。如重视神似，认为"论画以形似，见与儿童邻"，主张画外有情，画要有寄托，反对只求形似，反对程式束缚，提倡"诗画本一律，天工与清新"，并明确提出"士人画"的概念等，高度评价"诗中有画，画中有诗"的艺术造诣。为其后"文人画"的发展奠定了理论基础。存世书迹有《黄州寒食诗》《赤壁赋》《答谢民师论文》与《祭黄几道文》《前赤壁赋》等。存世画迹有《古木怪石图卷》《竹石图》；近年发现的《潇湘竹石图卷》也是他的作品。

苏轼在才俊辈出的宋代，在诗、文、词、书、画等方面均取得了登峰造极的成就，是中国历史上少有的文学和艺术天才。

七、天文学家沈括

在我国北宋时代，有一位非常博学多才、成就显著的科学家，他就是沈括——我国历史上最卓越的科学家之一。他精通天文、数学、物理学、化学、生物学、地理学、农学和医学；他还是卓越的工程师、出色的外交家；同时，他博学善文，对方志律历、音乐、医药、卜算等无所不精。他晚年所著的《梦溪笔谈》详细记载了劳动人民在科学技术方面的卓越贡献和他自己的研究成果，反映了我国古代特别是北宋时期自然科学达到的辉煌成就。《梦溪笔谈》不仅是我国古代的学术宝库，而且在世界文化史上也有重要的地位，被誉为"中国科学史上的坐标"。

沈括，字存中，生于浙江钱塘（今浙江杭州市）一官僚家庭。他的父亲沈周（字望之）曾在泉州、开封、江宁做过地方官。母亲许氏，是一个有文化教养的妇女。沈括生于宋仁宗天圣九年（公元1031年），他自幼勤奋好读，在母亲的指导下，14岁就读完了家中的藏书。后来他跟随父亲到过福建泉州、江苏润州（今镇江）、四川简州（今简阳）和京城开封等地，有机会接触社会，对当时人民的生活和生产情况有所了解，增长了不少见闻，也显示出了超人的才智。他24岁开始踏上仕途，最初做海州沭阳县（在今江苏省）主簿，以后历任东海（在今江苏省）、宁国（在今安徽省）、宛丘（今河南省淮阳县）等县县令。33岁考中进士，被任命做扬州司理参军，掌管刑讼审讯。三年后，被推荐到京师昭文馆编校书籍。在这里他开始研究天文历算。宋神宗熙宁五年（公元1072年），兼任提举司天监，职掌观测天象，推算历书。接着，沈括又担任了史馆检讨，熙宁六年（公元1073年）做集贤院校理。因职务上的便利条件，他有机会读到了更多的皇家藏书，充实了自己的学识。公元1075年曾出使辽国，进行边界谈判，次年任翰林学士，权三司使。

宋神宗熙宁二年（公元1069年），王安石被任命为宰相，开始进行大规模的变法运动。沈括积极参与变法运动，受到王安石的信任和器重，担任过管理全国财政的最高长官三司使等许多重要官职。熙宁九年（公元1076年），王安石变法失败。沈括因为受到牵连以及诗案败露等原因，照例出知宣州（今安徽省宣城一带）。三年后，为抵御西夏，改知延州（今陕西省延安一带），兼任鄜延路经略安抚使。因抵御以西夏梁太后为首的党项贵族集团入侵有功，于元丰五年（公元1082年），升龙图阁直学士。但是不久又因为与给事中徐禧、鄜延道总管种谔、鄜延道副总管曲珍等人贪功冒进，不听随行内侍李舜举劝告，在死地筑城，酿成永乐城惨败，损失军人两万，高永亨、李舜举等都壮烈牺牲。此战是北宋历史上较大的惨败之一，并使得平夏城大捷以后良好的统一形势被葬送。此事沈括虽非首罪，但他毕竟负有领导责任，加之在战役中救援不力，因此被贬为均州（今湖北省均县）团练副使，随州安置，从此形同流放，政治生命宣告完结，于是专心于著述。哲宗元祐二年（公元1087年），沈括花费十二年心血编修的《天下州县图》完成，被特许亲自到汴京进呈。次年，定居润州（今江苏省镇江市东面）梦溪园，在此安度晚年。

沈括晚年在梦溪园认真总结自己一生的经历和科学活动，写出了闻名中外的科学巨著《梦溪笔谈》和《忘怀录》等。宋哲宗绍圣二年（公元1095年）逝世。他一生著作多达几十种，但保存到现在的，除《梦溪笔谈》外，仅有综合性文集《长兴集》和医药著作《良方》等少数几部了。《梦溪笔谈》是中国科学史上的坐标，是沈括一生社会和科学活动的总结，内容极为丰富，包括天文、历法、数学、物理、化学、生物、地理、地质、医学、文学、史学、考古、音乐、艺术等共600余条。其中200来条属于科学技术方面，记载了他的许多发明、发现和真知灼见。沈括可说是一个科学通才。

沈括十分重视发展农业生产和兴修水利。早在他青年时期任沭阳县主簿的时候，就主持了治理沭水的工程，组织几万民工修筑渠堰，不仅解除了当地人民的水灾威胁，而且还开垦出良田七千顷，改变了沭阳的面貌，那时他只有24岁。在任宁国县令的时候，他积极倡导并且主持在今安徽芜湖地区修筑规模宏大的坚固的万春圩，开辟出能排能灌、旱涝保收的良田1270顷，同时还写了《圩田五说》《万春圩图书》等关于圩田方面的著作。

熙宁五年（公元1072年），沈括主持了汴河的水利建设。为了治理汴河，沈括亲自测量了汴河下游从开封到泗州淮河岸共八百四十多里河段的地势。他采用"分层筑堰法"，测得开封和泗州之间地势高度相差十九丈四尺八寸六分。这种地形测量法，是把汴渠分成许多段，分层筑成台阶形的堤堰，引水灌注入内，然后逐级测量各段水面，累计各段方面的差，总和就是开封和泗州间"地势高下之实"。这在世界水利史上是一个创举。仅仅四五年时间里，就取得引水淤田一万七千多顷的显著成绩。在对地势高度计算时，其单位竟细到了寸分，可见，沈括的治学态度是极其严肃认真的。

沈括还是一个杰出的天文学家。熙宁五年（公元1072年），也就在沈括负责汴河水建设时，沈括还负责领导司天监。在任职期间，他先后罢免了六名不学无术的旧历官；不计出身，破格推荐精通天文历算、出身平民的淮南人卫朴进入司天监，主持修订新历的重要工作。沈括和卫朴治学态度认真，对旧历官凭借演算凑数的修历方法非常不满，主张从观测天象入手，以实测结果作为修订历法的根据。为此，沈括首先研究并改革了浑仪、浮漏和影表等旧式的天文观测仪器。

　　浑仪是测量天体方位的仪器。经过历代的发展，到宋朝，浑仪的结构已经变得十分复杂，三重圆环，相互交错，使用起来很不方便。为此，沈括对浑仪作了比较多的改革。他一方面取消了作用不大的白道环，把仪器简化、分工，再借用数学工具把它们之间的关系联系起来（"省去月道环，其候月之出入，专以历法步之"）；另一方面又提出改变一些环的位置，使它们不挡住观测视线。沈括的这些改革措施为仪器的发展开辟了新的途径。后来元朝郭守敬创制的新式测天仪器——简仪，就是在这个基础上产生的。

　　漏壶是古代测定时刻的仪器，由几个盛水的容器装置成阶梯的形式，每一容器下侧都有孔，依次往下一容器滴水漏水。最下面的容器没有孔，里面装置有刻着时间标度的"箭"，随着滴漏水面升高，"箭"就慢慢浮起，从显露出来的刻度可以读出时刻。沈括对漏壶也进行了改革。他把曲筒铜漏管改做直颈玉嘴，并且把它的位置移到壶体下部。这样流水更加通畅，壶嘴也坚固耐用多了。

　　此外，沈括还制造了测日影的圭表，而且改进了测影方法。

　　沈括在《浑仪议》《浮漏议》和《景表议》等三篇论文中介绍了他的研究成果，详细说明改革仪器的原理，阐发了自己的天文学见解，在我国天文学史上具有重要的作用。

　　沈括和卫朴的一系列革新活动遭到守旧势力的攻击和陷害。在沈括和卫朴的坚决斗争下，卫朴主持修订的奉元历终于在熙宁八年（公元1075年）修成颁行。但是，由于守旧势力阻挠和破坏，比较先进的奉元历只实行了18年就被废止了。但是沈括并不因此而灰心，在晚年又进一步提出了用"十二气历"代替原来历法的主张。我国原来的历法都是阴阳合历，而"十二气历"却是纯粹的阳历。它以十二气作为一年，一年分四季，每季分孟、仲、季三个月，并且按节气定月份，立春那天算一月一日，惊蛰算二月一日，依此类推。大月31天，小月30天，大小月相间，即使有"两小相并"的情况，不过一年只有一次。有"两小相并"的，一年共有365天；没有的，一年共366

天。这样，每年的天数都很整齐，用不着再设闰月，四季节气都是固定的日期。至于月亮的圆缺，和寒来暑往的季节无关，只要在历书上注明"朔"、"望"就行了。沈括所设计的这个历法是比较科学的，它既符合天体运行的实际，也有利于农业活动的安排。他预见到他的这一主张必定会遭到顽固守旧派的"怪怒攻骂"，极力阻挠，而暂时不能实行，但是，他坚信"异时必有用予之说者"。果然，近八百年后，伟大的农民革命政权——太平天国所颁行的天历的基本原理和沈括的"十二气历"是完全一致的。现在世界各国采用的公历，也就是阳历，其实在分月上还不如沈括的"十二气历"合理。

　　沈括对物理学研究的成果也是极其丰富而珍贵的。《梦溪笔谈》中所记载这方面的见解和成果，涉及力学、光学、磁学、声学等各个领域。特别是他对磁学的研究成就卓著。沈括在《梦溪笔谈》中第一次明确地谈到磁针的偏角问题。在光学方面，沈括通过亲自观察实验，对小孔成像、凹面镜成像、凹凸镜的放大和缩小作用等作了通俗生动的论述。他对我国古代传下来的所谓"透光镜"（一种在背面能看到正面图案花纹的铜镜）的透光原因也做了一些比较科学的解释，推动了后来对"透光镜"的研究。此外，沈括还剪纸人在琴上做过实验，研究声学上的共振现象。沈括最早发现地理南北极与地磁场的N、S极并不重合，所以水平放置的小磁针指向跟地理的正南北方向之间有一个很小的偏角，被称为磁偏角。

　　在化学方面，沈括也取得了一定的成就。他在出任延州时曾经考察研究鄜延境内的石油矿藏和用途。他利用石油不容易完全燃烧而生成炭黑的特点，首先创造了用石油炭黑代替松木炭黑制造烟墨的工艺。他已经注意到石油资源丰富，"生于地中无穷"，还预料到"此物后必大行于世"，这一远见已为今天所验证。另外，"石油"这个名称也是沈括首先使用的，比以前的石漆、石脂水、猛火油、火油、石脑油、石烛等名称都贴切得多。在《梦溪笔谈》中有关"太阴玄精"即"石膏晶体"的记载里，沈括根据形状、潮解、解理和加热失水等性能的不同区分出几种晶体，指出它们虽然同名，却并不是一种东西。他还讲到了金属转化的实例，如用硫酸铜溶液把铁变成铜的物理现象。他记述的这些鉴定物质的手段，说明当时人们对物质的研究已经突破单纯表面现象的观察，而开始向物质的内部结构探索进军了。

　　沈括在数学方面也有精湛的研究。他从实际计算需要出发，创立了"隙积术"和"会圆术"。沈括通过对堆起来的酒坛和垒起来的棋子等有空隙的堆体积的研究，提出了求它们的总数的正确方法，这就是"隙积术"，也就是二阶等差级数的求和方法。沈括的研究，发展了自《九章算术》以来的等差级数问题，在我国古代数学史上开辟了高阶等差级数研究的方向。此外，沈括还从计算田亩出发，考察了圆弓形中弧、弦和矢之间的关系，提出了我国数学史上第一个由弦和矢的长度求弧长的比较简单实用的近似公式，这就是"会圆术"。这一方法的创立，不仅促进了平面几何学的发展，而且在天文计算中也起了重要的作用，并为我国球面三角学的发展作出了重要贡献。

沈括对医药学和生物学也很精通。他在青年时期就对医学有浓厚兴趣，并且致力于医药研究，搜集了很多验方，治愈过不少危重病人。同时他的药用植物学知识也十分广博，并且能够从实际出发，辨别真伪，纠正古书上的错误。他曾经提出"五难"新理论。沈括的医学著作有《良方》等三种。现存的《苏沈良方》是后人把苏轼的医药杂说附入《良方》之内合编而成的。

八、毕昇与活字印刷术

毕昇（又作毕晟，约公元970年～公元1051年），中国发明家，发明活字版印刷术。北宋淮南路蕲州蕲水县直河乡（今湖北省黄冈市英山县草盘地镇五桂墩村）人。宋初为书肆刻工。宋庆历年间（公元1041年～公元1048年），他根据实践经验，发明胶泥活字印刷技术。他的字印为沈括家人收藏，其事迹见《梦溪笔谈》卷十八。

我国是最早发明印刷术的国家，早期的印刷方法是把图文刻在木板上用水墨印刷的，现在的木板水印画仍用此法，统称为"刻版印刷术"。刻版印刷术的前身是公元前流行的印章捺印和五世纪出现的拓印碑石等方法。造纸和制墨等生产技术出现以后，逐渐发明了刻板印刷术。到了唐代，刻板印刷在我国已非常盛行，并先后传至朝鲜、日本、越南、菲律宾、伊朗等国，影响到非洲和欧洲。

毕昇发明活字印刷术之前，只有摹印、拓印和雕版印刷，既笨重费力又耗料耗时，不仅存放不便，而且有错字不易更正。毕昇发明的活字印刷方法既简单灵活，又方便轻巧。其制作程序为：先用胶泥做成一个个规格统一的单字，用火烧硬，使其成为胶泥活字，然后把它们分类放在木格里，一般常用字备用几个至几十个，以备排版之需。排版时，用一块带框的铁板作底托，上面敷一层用松脂、蜡和纸灰混合制成的药剂，然后把需要的胶泥活字一个个从备用的木格里拣出来，排进框内，排满就成为一版，再用火烤。等药剂稍熔化，用一块平板把字面压平，待药剂冷却凝固后，就成为版型。印刷时，只要在版型上刷上墨，敷上纸，加上一定压力，就行了。印完后，再用火把药剂烤化，轻轻一抖，胶泥活字便从铁板上脱落下来，下次又可再用。此外，他还研究过木活字排版。活字可以多次使用，比整版雕刻经济方便。

毕昇发明的活字印书方法，同今天印书的方法相比，虽然原始了些，但是它从刻制活字、排版到印刷的基本步骤，对后代书籍的印刷产生了深远的影响。

活字印刷术的发明，是印刷史上的一次伟大革命，是我国古代四大发明之一，它为我国文化经济的发展开辟了广阔的道路，为推动世界文明的发展作出了重大贡献。毕昇的胶泥活字首先传到朝鲜，称为"陶活字"。后来又由朝鲜传到日本、越南、菲律宾。15世纪，活字板传到欧洲。公元1456年，德国的戈登堡用活字印《戈登堡圣经》，这是欧洲第一部活字印刷品，比中国的活字印刷史晚四百年。

活字印刷术经过德国而快速传到其他的十多个国家，促使文艺复兴运动的到来。16世纪，活字印刷术传到非洲、美洲，19世纪传入澳洲。从13世纪到19世纪，毕昇发明的活字印刷术传遍全世界。全世界人民称毕昇是印刷史上的伟大革命家。

九、宋徽宗赵佶

赵佶生于北宋元丰五年（公元1082年），为宋神宗第十一子。初封端王。元符三年（公元1100年），他的哥哥哲宗赵煦（神宗第六子）去世，因无子，皇太后向氏召立端王佶继位，赵佶时年19岁。

赵佶继位在当时曾遭到朝中大臣的反对，认为其轻佻不可以治国，但向太后力荐之，并以神宗语驳斥反对派："先帝尝言：端王有福寿，且仁孝，当立。"(《续资治通鉴·宋纪八十六》）赵佶即位的第二年，向太后去世，改年号为"建中靖国"。这是赵佶统治政权的开始，在位共25年。

赵佶即位后不久，即重用蔡京、王黼、童贯、梁师成、李彦、朱勔，时人称六贼。赵佶还以"绍述"的旗号，定司马光、文彦博等人为"元祐奸党"，定章惇等人为"元符党人"，刻石朝堂，以示贬斥。

赵佶生活穷奢极侈，和六贼滥增捐税，大肆搜刮民脂民膏，大兴土木，修建华阳宫等宫殿园林。他派朱勔设立苏杭应奉局，搜刮江南民间的奇花异石，称"花石纲"，运送汴京，修筑"丰亨豫大"（即丰盛、亨通、安乐、阔气的意思）的园林，名为"艮岳"，将北宋政府历年积蓄的财富很快挥霍一空。"花石纲"又害得许多百姓倾家荡产，家破人亡。

赵佶还笃信道教，大建宫观，自称教主道君皇帝，并经常请道士看相算命。他的生日是五月五日，道士认为不吉利，他就改成十月十日；他的生肖为狗，为此下令禁止汴京城内屠狗。

宣和七年（公元1125年），金军大举南侵，金军统帅宗望统领的东路军在北宋叛将引导下，直取汴京。赵佶接报，连忙下令取消花石纲，下《罪己诏》，承认了自己的一些过错，想以此挽回民心。金兵长驱直入，逼近汴京。徽宗又怕又急，拉着一个大臣的手说："没想到金国人这样对待我。"话没说完，一口气塞住了喉咙，昏倒在床前。被救醒后，他伸手要纸和笔，写了"传位于皇太子"几个字。12月，他宣布退位，自称"太上皇"，让位于子赵桓（钦宗），带着蔡京、童贯等贼臣，借口烧香仓皇逃往安徽亳州蒙城（今安徽省蒙城）。第二年四月，围攻汴京的金兵被李纲击退北返，赵佶才回到汴京。

公元1126年闰11月底，金兵再次南下。12月15日攻破汴京，金帝废赵佶与子赵桓为庶人。靖康二年，公元1127年，金帝将徽、钦二帝，连同后妃、宗室、百官数千人，以及教坊乐工、技艺工匠、法驾、仪仗、冠服、礼器、天文仪器、珍宝玩物、皇家藏书、天下州府地图等押送北方，汴京中公私积蓄被掳掠一空，北宋灭亡。因此事发生在靖康年间，史称"靖康之变"。

赵佶被囚禁了9年。公元1135年，终因不堪精神折磨而死于五国城，金熙宗将他葬于河南广宁（今河南省洛阳市附近）。公元1142年，宋金根据协议，将赵佶遗骸运回临安（今浙江省杭州市），由宋高宗葬之于永佑陵，立庙号为徽宗。

赵佶的艺术主张，强调形神并举，提倡诗、书、画、印结合，他是工笔画的创始人，花鸟、山水、人物、楼阁，无所不画，这便是卓然大家的共同特点。他用笔挺秀灵活，舒展自如，充满祥和的气氛。他注重写生，体物入微，以精细逼真著称，相传他曾用生漆点画眼睛，更加生动，栩栩如生，令人惊叹。赵佶的画取材于自然写实的物像，他构思巧妙，着重表现超时空的理想世界。这一特点打开了南宋刘松年、李嵩和夏圭在山水画构图方面的变革之门。他还强调形神并举的绘画意念。劳伦斯·西克曼在《中国的艺术和建筑》一书中曾说，赵佶的画写实技巧以"魔术般的写实主义"给人以非凡的诱惑力。赵佶创作时，常以诗题、款识、签押、印章巧妙地组合成画面的一部分。这成为元、明以后绘画派传统特征。

赵佶在位时，曾广泛收集历代文物书画，并亲自掌管翰林图画院，让文臣分门别类，著书评论，编辑《宣和书谱》《宣和画谱》《宣和博古图》等书，这些都对宋代的绘画艺术起到了推动和倡导作用。他还增加画院画师的俸禄，将画院列入科举制度中，以"野水无人渡，孤舟尽自横"、"嫩绿枝头红一点，恼人春色不须多"等诗句为题，考录画师，给画院注入"文人画"的气质。许多画师，如李唐、苏汉臣、米芾等，皆是由此脱颖而出，树誉艺坛。皇帝如此钟爱书画，文人雅客又怎能不趋之若鹜？北宋书法、宫廷画在此时发展到极致。正如劳伦斯·西克曼在《中国的艺术和建筑》一书中所说："帝位为徽宗的绘画活动创造了条件，但徽宗的画并不是因其帝位，而是因其画作本身的艺术魅力而流传后世的。"这是一句十分客观的公道话。可以说，徽宗赵佶是历史上唯一真正拥有较高的艺术涵养和绘画才能，并真正称得上画家的皇帝。

在书法上，赵佶起初学的是黄庭坚，后又学褚遂良和薛稷、薛曜兄弟，并杂糅各家，取众人所长又独出己意，最终创造出别具一格的"瘦金体"，既有"天骨遒美，逸趣霭然"之感，又有强烈的个性色彩，如"屈铁断金"。特点是笔画瘦细而有弹性，尾钩锐利，运笔迅疾。字一般呈长形，张弛有度，有一种秀美雅致、舒畅洒脱的感觉，而且通篇法度严谨，一丝不苟。这种瘦挺爽利、侧锋如兰竹的书体，需要极高的书法功力、涵养以及神闲气定的心境来完成。此后尽管学习这种字体的人很多，但能得到其神韵的却寥若晨星，这足以见证赵佶的书法功力。赵佶传世的书法作品很多，楷、行、草各种书法作品皆流于后世，且笔势挺劲飘逸，富有鲜明个性。其中笔法犀利、铁画银钩、飘逸劲特的《秾芳依翠萼诗帖》为大字楷书，是宋徽宗瘦金书的杰作。但是他的书法存在着柔媚轻浮的缺点，这也许是时代和他本人的艺术修养所致，但他首创的瘦金体的独特的艺术个性，为后人竞相仿效。

相比之下，赵佶的诗词显得较为平庸，尤其是前期诗词，多为矫情之作，享乐情调十分明显。但在沦为亡国之君之后，他触景生情，写了不少情真意切的佳作，像"彻夜西风撼破扉，萧条孤馆一灯微；家山回首三千里，目断山南无雁飞"，读来让人心中隐隐作痛。

十、精忠报国的岳飞

岳飞（公元1103年~公元1142年），著名军事家、抗金名将，字鹏举，南宋中兴四将（岳飞、韩世忠、张俊、刘光世）之一，河北西路相州汤阴县永和乡孝悌里（今河南省安阳市汤阴县城东30里的菜园镇程岗村）人。死后20年，高宗禅位，孝宗为他平反，谥武穆，后宁宗改谥忠武，追封为鄂王。

据说岳飞的背上刺着四个字"尽忠报国"（亦有说是"精忠报国"），传说是岳母刺的，让他铭记国仇家恨。岳飞曾经拜周侗为师学习武艺。且喜欢看《左氏春秋》《孙子兵法》。

岳飞青年时代，正遇上金女真贵族对宋发动大规模掠夺战争，深受民族压迫的汉族、契丹族、渤海、奚等各族人民，"仇怨金国，深入骨髓"，纷纷自动组织起来反抗。

从12世纪20年代起，黄河南北、两淮之间，掀起了轰轰烈烈的抗金民族战争。岳飞和抗金名将宗泽、韩世忠等一道，站在抗金斗争的最前线。

岳飞的品行高尚，受到人们的称赞。

其一，廉洁奉公。全家均穿粗布衣服，妻子李氏有次穿了件绸衣，岳飞便道："皇后与众王妃在北方（靖康之难时被金兵俘虏）过着艰苦的生活，你既然与我同甘共苦，就不要穿绸布衣了。"自此李氏终生不着绫罗。与士卒同例,部队补给艰难时,则"与士卒最下者同食"。有次受地方官招待,吃到"酸馅"(一种类似包子的面食)这种在官员富商们看来很普通的食物时,惊叹道:"竟然还有这么美味的食物。"特意带回去与家人共享。茅屋军帐,与士卒同甘共苦。高宗曾要在杭州为岳飞建豪宅,岳飞辞谢说:"北虏未灭,臣何以家为?"南宋诸大将无不豪富,张俊为防盗,铸一千两一个的大银球,称为"没奈何",堆满大屋,退休后尚有每年六十万石租米的收入;而岳飞被害抄家时,总家产只有三千贯(约合两千多两银),且其中含有数千匹麻布和数千石粮米,显然也是准备用于军队的。战时,南宋对军队犒赏极厚,岳飞从来不取一文,全部分给将士。

其二,严于律己,宽以待人。除了自己俭朴淡泊、刻苦励志外,岳飞对子女教育很严。要求他们每天做完功课后,必须下地劳作。除非节日,不得饮酒。宋时有"任子恩例",官员品级越高,子女可享受的官阶越高,次数越多。岳飞勉励儿子们"自立勋劳",仅用了一次"恩例",还是为被秦桧迫害致死的老上级张所之子张宗本而用。而岳云屡立殊勋(多次战斗中"功第一"),岳飞却多次隐瞒不报。为此张浚说:"岳侯避宠荣一至此,廉则廉也,然未得为公也!"岳飞答道:"父之教子,怎可责以近功?"又说:"正己而后可以正物,自治而后可以治人,若使臣男受无功之赏,则是臣已不能正己而自治,何以率人乎?"

其三,令出如山,赏罚分明。"冻死不拆屋,饿死不打掳",是岳家军的口号,也是真实的写照。在古代,很多军队号称损坏庄稼买卖不公者斩,但真正做得到的,恐怕只有岳家军一支。所以岳家军所到之处,民众无不欢欣围观,"举手加额,感慕至泣"。严格的军纪外,又有浓浓的温情:士卒伤病,岳飞亲自抚问;士卒家庭困难,让相关机构多赠银帛;将士牺牲,厚加抚恤外,还"以子妻其女",李氏亦时常慰问将士遗孀。如此赏罚分明、官兵同心的军队,自然是"撼山易,撼岳家军难"。

其四,不纵女色。南宋诸将中,唯有岳飞坚持一妻,且从不去青楼纵欲。吴阶曾花二千贯买了一名士人家(读书人家)的女儿送给岳飞,岳飞以屏风遮挡问道:"我家的人都穿布衣,吃粗食,娘子若能同甘苦,便请留下,否则,我不敢留你。"女子听了窃笑不已,显然不愿。岳飞便遣人送回。部将谏阻说不要伤了吴阶的情面,岳飞说:"而今国耻未雪,岂是大将安逸取乐之时？"吴阶得知后益发敬重岳飞。

其五，事母至孝。母病，"尝药进饵"，亲自侍奉；母亡，赤脚扶棺近千里。岳飞认为："若内不能克事亲之道，外岂复有爱主之忠？"

其六，文才横溢，儒将风范。岳飞的文才自不必说，数十首诗词足以说明问题。除此之外，他爱好读书，书法颇佳，时人称"室有邺架"、"字尚苏体"。他还爱与士子文人交往，"往来皆高士"。

其七，武艺高强，武略非凡。岳飞精擅各种兵器，年少时枪术就"一县无敌"，还达到了宋朝的最高射箭记录：三石。可谓"勇冠三军"。作为统帅，岳飞的战略战术更是高明。战略上，针对金兵武力强盛而统治手段低下、民众争相反抗的特点，他提出了结连河朔的方针，并取得了极好的成效。战术运用灵活。如灵活运用步、骑特点，击破李成优势兵力；如针对杨幺军不得人心的特点，以困、抚相结合，结果杨幺水军在岳家军面前不堪一击，一鼓而破；如利用金国内部矛盾，以反间计杀刘豫，沉重打击伪齐政权……

其八，身先士卒，行若明镜。岳飞直至最后一战，都是身先士卒。官职不高时自不必说，升任通泰镇抚使后，为掩护大队和百姓过江，亲率后卫死拒南灞桥头，挡住金兵唯一去路，此役岳飞身被数十创，岳家军后卫战死无数。直到死前最后一场恶战——郾城之战时，还亲率铁骑突出阵前，都训练霍坚怕有闪失，上前劝阻："相公为国重臣，安危所系，奈何轻敌！"岳飞回答："非尔所知！"见主帅亲自冲阵，岳家军士气大振，一举击破金兵。岳飞首先提出"文臣不爱钱，武臣不惜死，天下太平矣"。堪称封建社会官吏的行为典范。

岳飞20岁投军抗金。绍兴十一年（公元1141年）十二月二十九日，秦桧以"其事莫须有"的罪名将岳飞治罪，在临安大理寺狱中被狱卒拉肋（猛击胸肋）而死，还有两种说法为"赐毒酒"而死和被吊死，时年39岁。正史中对岳飞之死没有详细记载。

岳飞作为我国历史上的抗金英雄，其精忠报国的精神深受中国各族人民的敬佩。其留有《岳武穆集》。

十一、女词人李清照

李清照（公元1084年~约公元1155年），号易安居士，南宋女词人，济南（今属山东）人，婉约派代表词人。父李格非，为元祐后四学士之一，夫赵明诚为金石考据家。《宋史·艺文志》著录《易安居士文集》七卷，俱不传。清照创词"别是一家"之说，创"易安体"，为宋词大家。词集名《漱玉集》，今本皆为后人所辑。

李清照出生于一个爱好文学艺术的士大夫家庭。父亲李格非进士出身，是苏轼的学生，官至礼部员外郎，藏书甚富，善属文，工于辞章。母亲是状元王拱宸的孙女，很有文学修养。由于家庭的影响，特别是父亲李格非的影响，她少年时代便工诗善词。

18岁时，李清照与赵明诚结婚。赵父是当时有名的政治家，官右丞相。婚后，清照与丈夫情投意合，如胶似漆，"夫妇擅朋友之胜"。夫妻俩一同研究金石书画，过着幸福美好的生活。婚后，李清照把整个身心都放在文学艺术的深造和金石文字的收集研究上。她同赵明诚互相砥砺，进行词的创作，技法日臻成熟。一年重阳节，李清照作了那首著名的《醉花阴》，寄给在外做官的丈夫："薄雾浓云愁永昼，瑞脑销金兽。佳节又重阳，玉枕纱橱，半夜凉初透。东篱把酒黄昏后，有暗香盈袖。莫道不销魂，帘卷西风，人比黄花瘦。"秋闺的寂寞与闺人的惆怅跃然纸上。据《琅嬛记》载，赵明诚接到后，叹赏不已，又不甘下风，就闭门谢客，废寝忘食，三日三夜，写出五十阕词。他把李清照的这首词也杂入其间，请友人陆德夫品评。陆德夫把玩再三，说："只三句绝佳。"赵问是哪三句，陆答："莫道不销魂，帘卷西风，人比黄花瘦。"

然而好景不长，朝中新旧党争愈演愈烈，一对鸳鸯被活活拆散，赵李隔河相望，饱尝相思之苦。

公元1127年，北方金族攻破了汴京，徽宗、钦宗父子被俘，高宗南逃。李清照夫妇也随难民流落江南。漂流异地，多年搜集来的金石字画丧失殆尽，给她带来沉痛的打击和极大的痛苦。第二年赵明诚病死于建康（今南京），更给她增添了难以忍受的悲痛。在李清照孤寂之时，张汝州为骗取李清照钱财，乘虚而入，对李清照百般示好。李清照当时无依无靠，便顶世俗之风嫁给张汝州。婚后，张汝州发现李清照并没有自己预想中的家财万贯，而李清照也发现了张汝州的虚情假意，甚至到后来张汝州对她拳脚相加。之后，李清照发现张汝州的官职来源于行贿，便状告张汝州。在当时的社会环境下，妻子告发丈夫，即使印证丈夫有罪，妻子也要同受牢狱之苦。李清照入狱后，由于家人收买了狱卒，入狱九天便被释放，这段不到百天的婚姻就此结束。后来金人铁蹄南下，南宋王朝腐败无能，自毁长城。目睹了国破家亡的清照"虽处忧患穷困而志不屈"，在"寻寻觅觅、冷冷清清"的晚年，她殚精竭虑，编撰《金石录》，完成丈夫未竟之功。金兵的横行肆虐激起她强烈的爱国情感，她积极主张北伐收复中原，可是南宋王朝的腐朽无能和偏安一隅，使李清照的希望成为幻影。多年的背井离乡，她那颗已经残碎的心，又因她的改嫁问题遭到士大夫阶层的污诟渲染，受到了更严重的戕害。她无依无靠，呼告无门，贫困忧苦，流徙漂泊，最后寂寞地死在江南。

　　李清照的词可以南渡为界，分为前后两期。前期词主要描写伤春怨别和闺阁生活的题材，表现了女词人多情善感的个性。如《如梦令》描写惜春怜花的感情："昨夜雨疏风骤，浓睡不消残酒。试问卷帘人，却道海棠依旧。知否，知否？应是绿肥红瘦。"

　　另一首："常记溪亭日暮，沉醉不知归路。兴尽晚回舟，误入藕花深处。争渡，争渡，惊起一滩鸥鹭。"

　　易安词构思新颖，意趣高雅，不是一般男性作家代言体怨词所能相比的。如《一剪梅》下片抒发词人盼望丈夫来信的心情："花自飘零水自流，一种相思两处闲愁。此情无计可消除，才下眉头，却上心头。"

　　后期的词则充满了"物是人非事事休"的深愁重哀，从而表达了她对故国、旧事的深情眷恋。如《声声慢》上片表现词人"寻寻觅觅"、又无所寄托的失落感，以及在"冷冷清清，凄凄惨惨戚戚"的环境中独自伤心的神态。下片触景生情，悲秋自怜："满地黄花堆积，憔悴损，如今有谁堪摘？守着窗儿，独自怎生得黑？梧桐更兼细雨，到黄昏，点点滴滴。这次第，怎一个愁字了得？"全词语言简明，节奏急促，情调凄婉。另一首有名的《永遇乐》由"元宵佳节"引起感伤，追怀往日的"中州盛日"。下片写到："中州盛日，闺门多暇，记得偏重三五。铺翠冠儿，捻金雪柳，簇带争济楚。如今憔悴，风鬟霜鬓，怕见夜间出去。不如向，帘儿底下，听人笑语。"

全词流露出对国家变故、昔乐今哀的深切悲痛之情，后来宋末词人刘晨翁读此词，不禁"为之泪下"。

一般说来，李清照早期的作品特色在于芳馨俊逸，表现出了妇女敏锐纤细的感觉，而且在表达方面往往用白描之笔，真切自然。至于其晚期的作品，则可以分为两种成就：一种仍保有前期的妇女的敏锐纤细的感觉，只不过在意境上较早期作品显得沉郁悲凉了，如《南歌子》的"天上星河转"一首可以为代表；又一种则突破了妇女的情意和感觉的限制，而在意境上达到了非常健举超逸的境界，如《渔家傲》："天接云涛连晓雾，星河欲转千帆舞。仿佛梦魂归帝所，闻天语，殷勤问我归何处。我报路长嗟日暮，学诗谩有惊人句。九万里风鹏正举，风休住，蓬舟吹取三山去。"

全篇用了象征手法，过去她写情写景都相当写实，这首词却有了突破，无论意象和情意都进入了一种非常高远的境界，而且意象和情意结合得恰到好处，这种成就是值得注意的。

李清照晚期有一种"豪健和飘举"的精神，虽然此类作品多已散佚，但还有她的诗为证："生当作人杰，死亦为鬼雄。至今思项羽，不肯过江东。"高宗迁都临安后就想苟且偏安一隅，早已没有收复国土的大志了。李清照的这首诗，真可以使那些苟且偏安的人惭愧。

另一首诗有"木兰横戈好女子，老矣不复志千里，但愿相将过淮水"之句，表示自己仰慕花木兰可以拿起武器从军杀敌，说这才是真正的好女子。可是自己年纪已大，无法上千里之外去杀敌，但仍愿保留最后的愿望，希望有一天能见到南渡的人结伴渡过水，回到北方。这些句子都可见出李清照的豪气。

世人皆知李清照工诗能文，尤善填词，殊不知她还能作画，其《琵琶行图》直到明朝还被人收藏，而且她对当时流行的各种游戏也十分精通，玩起来游刃有余。

绍兴四年，作《金石录后序》。绍兴中，以《金石录》表上于朝。卒年约七十余。

后人评价李清照时说："男中李后主，女中李易安，极是当行本色。前此太白，故称词家三李。"（沈去矜）

十二、大儒朱熹

朱熹（公元 1130 年~公元 1200 年），婺源（今属江西）人。南宋著名理学家、思想家、哲学家、教育家、文学家。字元晦，后改仲晦，号晦庵，别号紫阳，又称紫阳先生、考亭先生、沧州病叟、云谷老人。

祖籍徽州婺源（今属江西），生于尤溪（原属南剑州今属三明），求学于延平、建州、建阳、崇安一带（今南平市到武夷山市建溪一脉），安葬于建阳黄坑大林谷。其父朱松，宋宣和年间为福建政和县尉，居建阳（今属福建）崇安，后徙考亭。进士出身，历任著作郎、吏部郎等职，因反对秦桧主和而出知饶州，未至而卒。

朱熹受教于父，聪明过人。四岁时其父指天说："这是天。"朱熹则问："天上有何物？"其父大惊。他勤于思考，学习长进，八岁便能读懂《孝经》，在书题字自勉曰："若不如此，便不成人。"朱熹十岁时父亲去世，其父好友刘子、刘勉子、胡宪三人皆是道学家。当时的道学家一部分排佛，一部分醉心学佛，他们皆属后者。因此朱熹既热衷于道学，同时于佛学也有浓厚兴趣。

朱熹 14 岁时，随母定居崇安（今福建武夷山市）五里夫。绍兴十七年（公元 1147 年），十八的朱熹参加乡贡，据说就是以佛学禅宗的学说被录取的。主考官蔡兹还对人说："吾取一后生，三策皆欲为朝廷措置大事，他日必非常人。"

绍兴十八年（公元 1148 年），朱熹考中进士，被派任泉州同安县主簿，从此开始仕途生涯。赴任途中拜见了著名的"南剑三先生"之一、道学家程颐的再传弟子李侗。绍兴三十年（公元 1160 年），30 岁的朱熹决心向李侗求学，为表诚意，他步行几百里从崇安走到延平。李侗非常欣赏这个学生，替他取一字曰元晦。从此，朱熹开始建立自己的一套客观唯心主义思想——理学。

绍兴三十一年（公元 1161 年）秋，宋金关系紧张，金统治者完颜亮分兵四路南进，马踏长江北岸。宋高宗准备出海南逃，由于右相陈康伯竭力劝阻而作罢。不久宋军击溃金兵，消息传至当时朱熹求学的延平，朱熹为民族的胜利欣喜若狂，写下了庆贺的诗篇，表达他不可抑制的喜悦心情。同时，他又给负责军事的大臣写信，指出必须乘胜出击，坐视中原而不进取是不明智的。不久高宗退位，孝宗继立，在广大军民要求的压力下，起用了抗战派张浚，平反了岳飞的冤案，贬退了秦桧党人。朱熹这时上奏孝宗，提了三项建议：

（一）讲求格物致知之学；

（二）罢黜和议；

（三）任用贤能。在奏章中鲜明表达了他的反和主张。

这一奏章使朱熹得幸被召。他赶至临安，正值宋军失利，朝廷派人议和，朱熹仍强烈反对，在孝宗接见时连上几道奏章，慷慨陈词。孝宗有感朱熹的忠心，命其为开学博士侍次，此职非其所长，未免有点讽刺。朱熹乘机面见张浚，提出北伐中原的具体想法。但不久张浚罢相，出任外地，病死途中。朱熹专程赶至豫章（今南昌）哭灵，痛惜抗金受挫。此时朝廷内主和派势力猖獗，金兵渡过淮水。朱熹对此忧心如焚，但难有所为。隆兴元年（公元1163年），朱熹回福建崇安，临行前在给友人的信中写道："夫沮（阻）国家恢复之大计者，讲和之说也；坏边陲备御之常规者，讲和之说也；内（拂）吾民忠义之心，而外绝故国来苏之望者，讲和之说也……"尖锐地抨击了那些议和投降派。

公元1164年，金朝打压宋朝，隆兴协议之后，宋金结为侄叔，关系暂时缓和下来，朱熹便一头钻进理学中去了。他在故里修起"寒泉精舍"，住此十余年，编写了大量的道学书籍，并从事讲学活动，生徒盈门。这一期间他对朝廷屡诏不应。

朱熹认为在超现实、超社会之上存在一种标准，它是人们一切行为的标准，即"天理"。只有去发现（格物穷理）和遵循天理，才是真、善、美。而破坏这种真、善、美的是"人欲"。因此，他提出"存天理，灭人欲"。这就是朱熹客观唯心主义思想的核心。淳熙三年（公元1176年），朱熹与当时著名学者陆九渊相会于江西上饶鹅湖寺，交流思想。但陆属主观唯心论，他认为人们心中先天存在着真、善、美，主张"发明本心"，即要求人们自己在心中去发现真、善、美，达到自我完善。这与朱的客观唯心说的主张不同。因此，二人辩论争持，以至互相嘲讽，不欢而散。这就是中国思想史上有名的"鹅湖会"。从此有了"理学"与"心学"两大派别。

公元 1178 年朱熹东山再起，出任"知南康军"。尽管他重新入仕，却未忘自己的学者身份。在庐山唐代李渤隐居旧址，建立"白鹿洞书院"进行讲学，并制定一整套学规。即：

"父子有亲、君臣有义、夫妇有别、长幼有序、朋友有信"的"五教之目"。

白鹿洞书院"博学之，审问之，谨思之，明辨之，笃行之"的"为学之序"。

"言忠信，行笃敬，惩忿窒欲，迁善改过"的"修身之要"。

"政权其义不谋其利，明其道不计其功"的"处事之要"。

"己所不欲，勿施于人，行有不得，反求诸己"的"接物之要"。

这个"白鹿洞书院"后来成为我国著名的四大书院之一，而其"学规"则成为各书院的楷模，对后世产生了巨大影响。

公元 1181 年 8 月，浙东饥荒，朱熹由宰相王淮推荐任提举两浙东路常平茶盐公事。途经杭州，入对七札，陈述时弊。到职后，微服下访，调查时弊和贪官污吏的劣迹，弹劾了一批贪官以及大户豪右。他不徇私情，牵连攻击了王淮等人。于是，王淮指使人上书抨击理学，斥其为"伪学"，朱熹被解职还乡。

朱熹解职回乡，在武夷山修建"武夷精舍"，广召门徒，传播理学。为了帮助人们学习儒家经典，他又于儒家经典中精心节选出"四书"（《大学》《中庸》《论语》《孟子》），并刻印发行。这是教育史上的一件大事。"四书"影响深远，后来成为封建教育的教科书，使儒家思想成为全面控制中国封建社会的思想。

公元 1187 年，朱熹出任江南西路提点刑狱公事，管理赣州（赣县）江州（九江）一带地方的司法、刑狱、监察、农事等方面事务。不久王淮罢去，理学一时得势，朱熹更是仕途顺利。几年后受当时南宋宰相赵汝愚推荐，当上焕章阁侍制兼侍讲，即皇帝的顾问和教师。刚即位不久的南宋宁宗全面肯定了理学，称朱熹为"儒宗"，这反映了偏安江南的南宋企图以理学加强内部团结的希望。朱熹为宁宗进讲《大学》，每逢双日早晚进讲，但他借此机会对朝政多有批评，终于使宁宗不满，加以干预朝政的罪名，将他逐出朝廷。

公元 1190 年，朱熹知福建漳州，时值土地兼并盛行，官僚地主倚势吞并农民耕地，而税额没有随地划归地主，至使"田税不均"，失地农民受到更为沉重的剥削，阶级矛盾激化。为此，朱熹提出"经界"，即核考亭书院实田亩，随地纳税。这一建议势必减轻农民负担，损害大地主的利益，所以遭到后者的强烈反对。"经界"终于未能推行，朱熹愤怒不已，辞职离去，以示抗议。

公元 1193 年，朱熹任职于湖南，不顾政务缠身，又主持修复了四大书院之一的另一著名书院——岳麓书院。使之与白鹿洞书院一样，成为朱熹讲学授徒、传播理学的场所。书院在南宋盛行，几乎取代官学，这种盛况是与朱熹的提倡有关的。

庆元元年（公元 1195 年），朱熹在朝廷的支持者赵汝愚受韩侂胄排挤被罢相位，韩势盛极一时。韩因朱熹曾参与赵汝愚攻击自己的活动，于是发动了一场抨击"理学"的运动。庆元二年叶翥上书，要求把道学家的书"除毁"，科举取士，凡涉程朱义理不取。由于朱熹勾引两个尼姑当自己小老婆的事情暴露（恐为栽赃），监察御史沈继祖乘机指控朱熹十罪，请斩。朱熹的得意门生蔡元定被逮捕，解送道州。一时理学威风扫地，被斥为"伪学"，朱熹被斥为"伪师"，学生被斥为"伪徒"。宁宗一改旧态，下诏命凡荐举为官，一律不取"伪学"之士。

庆元三年（公元 1197 年），韩侂胄擅权，排斥赵汝愚，朱熹也被革职回家。庆元六年（公元 1200 年）三月初九，朱熹在建阳家里忧愤而死，享年 71 岁。临死还在修改《大学诚意章》，可见他是如何矢志于树立自己的理学，然而生前终未如愿。嘉定二年（公元 1209 年）诏赐遗表恩泽，谥曰文，寻赠中大夫，特赠宝谟阁直学士。理宗宝庆三年（公元 1227 年），赠太师，追封信国公，改徽国公。

朱熹一生虽然为官时间不长，但总是努力设法缓和社会矛盾，或多或少地为下层人民办好事。他退居崇安时期，崇安因水灾发生饥荒，爆发农民起义。有鉴于此，朱熹主张设"社仓"，以官粟为本，"俾愿贷者出息什二，……岁或不幸小饥，则弛半息，大俊则尽"。设立社仓的目的是为了防止地主豪绅在灾荒时期用高利贷剥削农民，无疑是有惠于民的。此后，朱熹并在多处推行。公元 1178 年朱熹任"知南康军"（今江西星子一带），上任不久发生灾荒，朱熹上疏要求减免租税。同时，请求政府兴修长江石堤，一方面解决石堤失修问题，另一方面可以雇用饥民，解决他们缺食问题，饥民称善。

朱熹是宋朝理学的集大成者，他继承了北宋时期程颢、程颐的理学，完成了客观唯心主义的体系。认为理是世界的本质，"理在先，气在后"，提出"存天理，灭人欲"。朱熹学识渊博，对经学、史学、文学、乐律乃至自然科学都有研究。其诗作有《观书有感》《春日》《泛舟》等著名诗作。其词作语言秀正，风格俊朗，无浓艳或典故堆砌之病。不少作品的用语看得出都经过斟酌推敲，比较讲究。但其词意境稍觉理性有余，感性不足，盖因其注重理学的哲学思想故也。

朱熹晚年定居建阳考亭讲学，四方学子不远千里前来求学，研究理学，著书立说，与蔡元定等创建学术史上令人瞩目的"考亭学派"，考亭也因此喻为"南闽阙里"，建阳称为"理学之乡"，也因朱熹、蔡元定、刘爚、黄干、熊禾、游九言、叶味道史称"七贤过化"之乡。如今每年清明节前后，港澳台及美日韩等朱子后裔都会前来祭祀拜谒，他所创立的南宋理学迄今仍被美国、日本、韩国、马来西亚等国推崇。

十三、爱国诗人陆游

陆游（公元1125年~公元1210年），南宋诗人、词人。字务观，号放翁，越州山阴（今浙江绍兴）人。陆游具有多方面文学才能，尤以诗的成就为最。12岁即能作诗文，一生作品丰富，有《剑南诗稿》《渭南文集》等数十个文集存世，自言"六十年间万首诗"，今尚存9300余首，是我国现有存诗最多的诗人。其中许多诗篇抒写了抗金杀敌的豪情和对敌人、卖国贼的仇恨，风格雄奇奔放，沉郁悲壮，洋溢着强烈的爱国主义激情，在思想上、艺术上取得了卓越成就，在生前即有"小李白"之称，不仅成为南宋一代诗坛领袖，而且在中国文学史上享有崇高地位，是我国伟大的爱国诗人。词作量不如诗篇巨大，但和诗同样贯穿了气吞残虏的爱国主义精神。

陆游生活的时代，北方的少数民族政权金国频频向宋朝发动战争，积贫积弱的宋朝丧失了大量国土，被迫不断向南迁移，人民生活在战乱和动荡之中。少年时代的陆游就不得不随着家人逃难，饱尝流离失所的痛苦。

陆游从小受到父亲强烈的爱国思想的熏陶，很早就养成了忧国忧民、渴望国家重建的品格。为了实现自己报效祖国的理想，他特别注意学习兵书。20岁时，他在一首诗中写道，"上马击狂胡，下马草军书"，希望自己有一天能亲临战场、杀敌报国。

绍兴二十八年（公元1158年）入闽任宁德县主簿，据《宁德县志》卷三《宦绩》中记载："陆游，字务观，即放翁也——绍兴二十八年任邑薄，有善政，百姓爱戴。"

然而直到四十多岁时，他才有机会在军中做一名军官，实现了自己多年的愿望。不到一年的军中生活，在陆游的生活和创作中留下了深深的烙印。他身着戎装，来往于前线各地，抗敌将士的艰苦生活和爱国热情，极大地开拓了他的诗歌境界，豪迈而悲壮也成为他一生诗歌创作的基调。

公元1162年，宋孝宗赵慎起用主战派张浚，准备北伐。孝宗召见了陆游，陆游趁此良机提出了许多政治军事主张，并给予赵慎以有力支持。但是北伐失利，宋再度向金求和，孝宗意志动摇，朝中主和派重新抬头，张浚被罢官，陆游也被削职还乡。公元1170年，陆游到夔州（今重庆奉节县）任通判。后来又到四川宣抚使王炎的幕府中办理军务，积极向王炎提出恢复中原的作战策略。但是，由于朝中投降派的阻挠破坏，王炎被召回朝廷，幕府也被撤散。陆游的作战主张不仅得不到实现，自己也被调到成都府安抚司任参仪官。

公元1173年夏，他被任命为蜀州（四川崇庆）通判（副州官）。不久，又被调到嘉州（四川乐山），年底才又回到蜀州。报国无门，爱民无力，公元1174年十月，陆游又被调到荣州（四川荣县）去摄理州事。陆游在蜀州虽然只有一年多时间，但对蜀州感情十分深厚。即使晚年回到浙江山阴老家，也还写了许多记念蜀州的诗篇。

陆游的作品内容主要有两方面：一方面是悲愤激昂，要为国家报仇雪耻，恢复丧失的疆土，解放沦陷的人民；一方面是闲适细腻，咀嚼出日常生活的深永的滋味，捕捉到当前景物的曲折的情状。他的学生称赞他说："论诗何止高南渡，草檄相看了北征。"一个宋代遗老表扬他说："前辈评宋渡南后诗，以陆务观拟杜，意在寤寐不忘中原，与拜鹃心事实同。"这两个跟他时代接近的人注重他作品的第一方面。而在其后几百年，读者更注意他作品中的第二方面。直到清朝末年，人们痛心国势的衰弱，愤恨帝国主义的压迫，对陆游第一方面的作品才有了极亲切的体会，作了极热烈的赞扬，例如："诗界千年靡靡风，兵魂销尽国魂空；集中什九从军乐，亘古男儿一放翁！""辜负胸中十万兵，百无聊赖以诗鸣；谁怜爱国千行泪，说到胡尘意不平！"这几句话仿佛是前面所引两个宋人的意见的口声，而且比原来的声音洪大震荡得多。

爱国情绪饱和在陆游的整个生命里，洋溢在他的全部作品里。他看到一幅画马，碰见几朵鲜花，听了一声雁唳，都会惹起报国仇、雪国耻的心事，血液沸腾起来，而且这股热潮冲出了他的白天清醒生活的边界，还泛滥到他的梦境里去。这也是在旁人的诗集里找不到的。

十四、词人辛弃疾

辛弃疾（公元1140年～1207年），字幼安，号稼轩。历城（今山东济南市）人。南宋爱国词人。他出生时家乡已被金所占领。21岁参加耿京领导的抗金起义军，任掌书记。绍兴三十二年（公元1162年）奉表南归，高宗召见，授承务郎，转江阴签判。他不顾官职低微，进《九议》《美芹十论》等奏疏，具体分析南北政治军事形势，提出加强实力、适时进兵、恢复中原、统一中国的大计，均未被采纳。

后任司农寺主簿，出知滁州、知江陵府兼湖北安抚使、知隆兴府兼江西安抚使、湖北转运副使、知潭州兼湖南安抚使等。任职期间，都采取积极措施召集流亡人士，训练军队，奖励耕战，打击豪强，以利国便民。后被诬落职，先后在信州上饶、铅山两地闲居近20年。晚年被起用知绍兴府兼浙江安抚使、知镇江府。在镇江任上，他特别重视伐金的准备工作，但为权相韩侂胄所忌，落职。一生抱负未得伸展，公元1207年，终因忧愤而卒。据说他临终时还大呼"杀贼！杀贼"（《康熙济南府志·人物志》）。后赠少师，谥号忠敏。

辛词现存600多首，是两宋存词最多的作家。其词多以国家、民族的现实问题为题材，抒发慷慨激昂的爱国之情。如《水龙吟》、《渡江天马南来》、《水调歌头》（千里渥洼种）、《满江红》（鹏翼垂空）等，表现了恢复祖国统一的豪情壮志；《贺新郎》（细把君诗说）、《菩萨蛮》（郁孤台下清江水）、《破阵子》（醉里挑灯看剑）等，表现对北方地区的怀念和对抗金斗争的赞扬。《水龙吟》（楚天千里清秋）、《摸鱼儿》（更能消几番风雨）、《贺新郎》（老大那堪说）、《鹧鸪天》（壮岁旌旗拥万夫）、《永遇乐》（千古江山）等，表现对南宋朝廷屈辱苟安的不满和壮志难酬的忧愤。这些作品大都基调昂扬，热情奔放。

此外，其描写农村景物和反映农家生活的作品，如《清平乐》（茅檐低小）、《西江月》（明月别枝惊鹊）、《玉楼春》（三三两两谁家女）等，都富有生活气息，给人以清新之感。其抒情小词，如《丑奴儿》（少年不识愁滋味）、《青玉案》（东风夜放花千树）等，写得含蓄蕴藉，言短意长。

辛词以豪放为主，但又不拘一格，沉郁、明快、激励、妩媚，兼而有之。他善于运用比兴手法和奇特想象，对自然界的山、水、风、月、草、木都赋予情感和性格，并有所寄托。他还善于吸收民间口语入词，尤其善于用典、用事和引用前人诗句、文句，往往稍加改造而别出新意。但有些作品也因用典、议论过多而显得晦涩、呆滞。

辛弃疾在词史上的一个重大贡献，就在于内容的扩大，题材的拓宽。他现存的六百多首词作，写政治，写哲理，写朋友之情、恋人之情，写田园风光、民俗人情，写日常生活、读书感受，可以说，凡当时能写入其他任何文学样式的东西，他都写入词中，范围比苏词还要广泛得多。而随着内容、题材的变化和感情基调的变化，辛词的艺术风格也有各种变化。

虽说他的词主要以雄伟奔放、富有力度为长，但写起传统的婉媚风格的词，也十分得心应手。如著名的《摸鱼儿·淳熙己亥……》，上阕写惜春，下阕写宫怨，借一个女子的口吻，把一种落寞怅惘的心情一层层地写出，曲折委婉，回肠荡气，用笔极为细腻。他的许多描述乡村风光和农人生活的作品，又是那样朴素清丽、生机盎然。如《鹧鸪天》的下阕："山远近，路横斜，青旗沽酒有人家。城中桃李愁风雨，春在溪头荠菜花。"以及《西江月》的下阕："七八个星天外，两三点雨山前。旧时茅店社林边，路转溪桥忽见。"于简朴中见爽利老到，是一般人很难达到的境界。

《四库全书总目提要》说："其词慷慨纵横，有不可一世之概，于倚声家为变调，而异军突起，能于剪红刻翠之外，屹然别立一宗。"吴衡照《莲子居词话》说:"辛稼轩别开天地,横绝古今,论、孟、诗小序、左氏春秋、南华、离骚、史、汉、世说、选学、李、杜诗,拉杂运用,弥见其笔力之峭。"辛词以其内容上的爱国思想,艺术上的创新精神,在文学史上产生了很大影响。与辛弃疾以词唱和的陈亮、刘过等,或稍后的刘克庄、刘辰翁等,都与他的创作倾向相近,形成了南宋中叶以后声势浩大的爱国词派。后世每当国家、民族危急之时,不少作家从辛词中汲取精神上的鼓舞力量。

十五、浩然正气文天祥

文天祥是南宋著名的爱国将领和爱国诗人。公元1236年,他出生于今江西吉安市一个读书人的家庭。当时南宋政治十分腐败,局势一天比一天危急,文天祥从小就有救国的抱负,对历代爱国志士的事迹深为敬佩。

小时候,父亲教他读书。一天,父亲指着窗外的绿竹林对他说:"你看,竹叶在冬天的寒风里,都没有落下来,还是翠绿的,它有一种坚强不屈的性格。做人也要这样才行啊!"文天祥瞪大了眼睛,点点头,表示听懂了父亲的话。从此以后,他读书更用功了。一次,文天祥在县城里看到许多名人的遗像。这些都是家乡的人,他们生前为国做了许多事情,死后受到人们的尊敬。文天祥看着这些画像,缅怀着他们的事迹,心里暗暗下定决心:"将来,我也要和他们一样,为国家做事,当一个顶天立地的大丈夫。"

后来,文天祥在科举考试中,中了状元,当了官。不久,北方的元朝发动了对南宋的战争。元军每到一个地方,杀人、抢掠,给老百姓带来了很大灾难。而南宋朝廷文武大臣大都贪生怕死,不敢抵抗,使元军很快打到了南方,离都城临安不远了。朝廷只好下令,让各地的官兵起兵到京城保卫皇帝。

这时候,文天祥正在赣州(今江西省)做知府,听到京城危急,急得掉下了眼泪,难过地对人说:"现在是我替国家拼命的时候了。"可是,他是个文官,手中没有一兵一卒。于是,他果断地卖掉了家产,把换来的钱作为军费,去招兵买马,组织队伍。当地的百姓,都被文天祥的举动感动了,纷纷为国参战,不几天的工夫,就来了一万多人。接着马上开始练兵。当时有人劝他说:"眼下元军来势凶猛,你带这些兵,都是没经过训练,没打过仗人，哪能抵挡得住哇？这不是赶着羊群喂老虎，白白送死吗？"文天祥叹着气："也许是这样，靠我们这点儿人马要打败元军，希望不大。"可他又马上坚定地说："可国家有危难，却没人来解救，我真感到痛心。现在我拼着一死，为国尽力，就是希望天下人都能这样。要是大家都起来抵抗，国家就有希望了。"于是，等到粮食准备好了，文天祥就带着军队，连夜出发，赶往京城。

万万没有想到，文天祥的人马到了临安不久，朝廷就决定投降元军。左丞相、右丞相都吓跑了。朝廷没办法，只好派文天祥做丞相，去和元军统帅伯颜谈判。

这一天，文天祥带了几个随从来到了元营。伯颜威风十足地坐在上面，左右的人大声对文天祥叫着："快快跪下！"文天祥冷笑一声，笔直地站着，镇静地说："投降的事，是前任丞相的事，我不知道。我现在作为宋朝皇帝的使臣，是前来谈判，不是来投降的，不能下跪！"伯颜见文天祥一身正气，就软了下来："说得是，说得是，可以商量。""好，我问你，你们是想把宋朝灭了呢，还是把它当成一个邻国？""这，不灭宋，也不杀百姓。"伯颜假意说。"哼！你们从不守信用，现在你们必须先撤军，再谈判。如果你想灭掉宋朝，那么，除了京城，我们还有大片国土，打起来谁胜谁负，还不一定呢！""胡说！"伯颜发火了，"你现在是在我的手心里，还不怕死吗？"文天祥把胸脯挺了挺，说："我想的就是以死报国。你就是把刀放在我的脖子上，把油锅摆在我的面前，也吓不倒我。"伯颜听了，气得半天说不出话来。站在旁边的元军将领见文天祥这么强硬，都挺佩服他的胆量。有几个人小声说："宋朝的将领见得多了，文天祥才是真正的男子汉大丈夫！"伯颜说不过文天祥，又不肯议和，便把他扣留在元营。就在这同时，南宋朝廷却向元军投降，皇帝和许多官员都当了俘虏，被押送去了北方。文天祥也被押在一条大船上，中途得到一个船工的帮助，逃脱出来。

文天祥逃出虎口后，又回到南方，这时候，原先宋朝的一些大臣又立了个新皇帝。文天祥找到他们，领导各地义军，开始了抗元斗争。他转战福建、江西、广东各地，打了一些胜仗。可是元军太强大了，宋军又太软弱了。不久，文天祥抗元失败，被元军俘虏。

公元1279年初，元军押着文天祥，来到了崖山，准备攻打宋军在大海中的最后一块阵地。元军要他劝张世杰投降。文天祥生气地说："住口！救国如同救父母一样。我救父母，没能救成，难道还能让别人背叛自己的父母吗？"这一天，船队经过珠江口的零丁洋，文天祥站在船头，望着波涛汹涌的大海，想起自己的抗元经历，心中悲愤至极，提笔写了一首诗。这首诗就叫《过零丁洋》，是几百年来人们传颂不绝的好诗。最后两句是："人生自古谁无死？留取丹心照汗青！"这两句话的意思是，从古到今，有哪一个人不会死呢？要死得有价值，把自己为国的一片忠心留在史册上。

南宋灭亡后，公元1279年冬，文天祥被押送到大都，关进了监牢。元朝统治者千方百计地对他进行威逼利诱，要他投降，他都坚决拒绝，毫不动摇。

有一天，元朝丞相孛罗审问他。文天祥见了孛罗，作了一个揖，就挺胸直立着。"让他给我跪下！"孛罗命令左右的人。几个元兵上来，硬把他按倒地。文天祥气愤地坐在地上，怒视着元兵。孛罗问："事到如今，你有什么话要说？""现在我落到你们手里，就早早把我杀了吧！"文天祥坦然地回答，"我是宋朝人，宋朝亡了，我也应当为国而死。还有什么多说的！""哼！你说你是宋朝的忠臣。可你没有救了宋朝，你对宋朝有什么功劳哇？"孛罗冷笑着问。文天祥义正词严地说："国家存在一日，为臣子的就要尽一份力，还计较什么功劳！"孛罗被驳得哑口无言，停了好久才说："你要快死，我偏不让你快死，要把你关起来，让你受够了罪！""哈哈哈！"文天祥大笑起来，"我死都不怕，还怕你关？"就这样，文天祥就在监牢里度过了四个年头，受尽了苦难。在狱中，他写了许多诗，表现自己报国的一片忠心，其中最有名的叫《正气歌》。《正气歌》表达了他坚持民族气节、决不向敌人屈服的浩然正气。

公元1283年1月，元朝皇帝忽必烈亲自召见文天祥，劝他说："我知道你是个人才，不忍心杀你，只要你用你对宋朝的心来对待我，我愿意封你当宰相。"文天祥毫不犹豫地回答："我是宋朝人，宋朝亡了，就应该为国尽忠。降顺别国，不是我的心愿。"元世祖沉默了一会儿又说："如果你不愿当宰相，别的也行啊！""我什么官都不愿做。""那你愿意做什么呢？""我只愿一死！"文天祥从容地说。元世祖没办法，只好下令杀害文天祥。

第二天（公元1283年1月9日），文天祥被押到刑场上。临刑前，他问身边的人："哪边是南方？"南方是原来宋朝的土地。文天祥严肃地转向南，凝望了一会儿，点点头。然后整了整衣服，把他一直没有向敌人跪过的双腿，齐齐地跪在地上，恭恭敬敬地向空中拜了几拜，向祖国和人民作最后的告别。随后，他站起身来，对刽子手们喝道："快动手吧！"从容就义，这时他年仅47岁。

文天祥是我国古代著名的爱国将领。他对祖国的真诚热爱，对敌人的强烈反抗，教育和鼓舞了历代人民。他的浩然正气将被人民世世代代所颂扬。

第十二章 元

一、一代天骄铁木真

成吉思汗（公元 1162 年～公元 1227 年），名铁木真，是蒙古族历史上最伟大的民族英雄，是中国乃至世界史上杰出的政治家、军事家。出生于蒙古孛儿只斤氏族。曾祖合不勒统一蒙古尼伦各部，称汗。后叔祖忽图剌和父亲也速该也相继为尼伦部的首领。

也速该英勇善战，当时蒙古氏族还实行抢婚制度。传说在他一次外出时，巧遇篾儿乞惕部酋长的弟弟赤列都伴送未婚妻路过。也速该望见那女子长得十分美丽，遂召集部众将这女子追抢回来，作为自己的正妻。这位抢来的女子名叫诃额仑，于公元 1162 年生下第一个孩子，就是成吉思汗。恰在成吉思汗出生的那一天，其父也速该征讨塔塔儿部胜利凯旋，获其部酋长铁木真。为了纪念出征的武功，庆贺儿子的诞生，他给这刚出生的儿子取名铁木真。"铁木真"蒙语的意思是"精钢"，以铁木真作为孩子的名字也是希望他将来坚强勇武。

也速该十分宠爱铁木真，在铁木真刚满三周岁时，他就亲自到翁吉剌部的德薛禅家为铁木真求亲。在返回途中，遇见塔塔儿人在聚会，他也下马参加了他们的宴会，塔塔儿人将毒药放入酒中，毒死了也速该。铁木真母子俩成为孤儿寡母，部众也纷纷叛离，也速该家族的权利被泰赤乌部族所取代。从此，铁木真母子过着衣不暖体、食不充饥的悲苦生活。备受凌辱的处境和困苦的生活，使铁木真从小养成不畏艰难险阻的坚强性格，培育了铁木真认识复杂事物的杰出才能，并使他逐步意识到实力的重要，促使他决心奋发图强。

熬过苦难的童年,青年时期的铁木真,身材高大,智勇双全,声望日高。这时泰赤乌部落首领塔儿忽台担心铁木真将来会威胁自己的地位,决心在他毛羽不丰之时除掉他。铁木真闻讯逃入山林。过了一段时间,由于饥饿难忍,他牵马下山,结果被泰赤乌人所捉,并被戴上枷锁,送到各营示众。有一天,夜色很沉,铁木真乘看守疏忽的时候逃了出来。青年时期的多次风险,再次锻炼了铁木真,并使他逐渐意识到收罗人才、争取人心的重要性。以后他逐渐收服了离散的人心,壮大了自己的力量。再加上当时人心思统一,而声望日隆的铁木真成为统一蒙古的众望所归者。所以,公元1189年,铁木真在28岁时被拥戴为"汗",重又成为尼伦部落的首领。从此,铁木真大展宏图的时代开始了。

铁木真为汗后,对部落的组织形式进行了改造,采取一些措施来巩固自己的权利和地位,然后展开统一蒙古各部的战争。最初的战争是"十三翼之战"。当时,实力雄厚的扎答剌惕部族首领札木合联合泰赤乌等11个部落,动员三万余人,分成十三部,想一举消灭铁木真。铁木真也约会各部落,集中了三万人,把军队分成十三部,称为"十三翼",迎击札木合。两军激战于今天的呼伦贝尔草原,只战得天昏地暗,日月无光。由于铁木真缺乏大战指挥经验,在此战中失利,被赶到斡难河边。但札木合非常残暴,在班师回归途中,将战俘残酷处死,引起一些部众的不满,他们纷纷转投铁木真。所以通过这场战争,铁木真的军事实力反而有所加强。

此后,铁木真抓住战机,帮助金朝平定了害死了他父亲的塔塔儿部的叛乱,既报了私仇,又被金国封为招讨官,后又与克列部首领脱里王汗配合,先后打败了乃蛮人和札木合为首的11个部落的联合进攻,在征伐塔塔儿部时,又取得全胜,这样,铁木真的势力就更加强大了。

铁木真与克列部脱里王汗联合取得几次胜利。铁木真希望通过联姻来密切联系,但王汗在狂妄自大的儿子桑昆的策动挑唆下,不仅对联姻借故推托,反而阴谋设酒宴要来加害铁木真。铁木真疑其有诈,中途折回,只派一名使者前去通报王汗。脱里王汗于是决计突袭铁木真。但由于克列部养马人矢力黑曾受过铁木真的恩惠,所以给铁木真送了情报,使铁木真事先有备打退了王汗的突袭,并射伤王汗之子桑昆。随后,铁木真一方面积极备战,一方面派使者谴责脱里王汗"易恩成仇"的不义行为。并乘克列部毫无戒备之机,抢占有利地形，经三天激战，彻底打败势力强大的克列部。脱里王汗父子败逃，后相继被杀。

接着，铁木真于公元1204年征服了蒙古西部的乃蛮部，并于公元1205年擒获劲敌札木合，将其处死。至此，经二十年的攻伐战争，铁木真统一蒙古各部。公元1206年，铁木真在斡难河畔大会诸臣。会上，诸王群臣共推铁木真为全蒙古的大汗，即皇位，上尊号成吉思汗（即皇帝）。自此，成吉思汗成了全蒙古民族公认的帝王。

随着国力的强大，成吉思汗逐渐产生了称雄世界的野心，接连不断发动对外战争。公元1211年到1215年间，成吉思汗发动对金的战争，迫使金国迁都汴梁（今开封），并占领金国河东之地。公元1219年，又亲率大军征讨中亚大国花剌子模国。到公元1224年，攻占花剌子模国，蒙古军队前锋东逾印度河，西南至底格里斯河下游，并进入了东欧，侵占俄罗斯的东南部。后由于气候不适应而只好班师回朝。公元1226年，成吉思汗出兵征讨西夏，占领西夏大片领土。由于长年劳累，1227年秋成吉思汗卧病，退至六盘山休息，后因出猎坠马，病死于渭河边清水县行宫，终年66岁。元朝建立后，被追尊为元太祖。

成吉思汗是一位对蒙古、中国历史乃至世界历史都产生重大影响的历史人物，他完成统一蒙古的大业，南下对金战争统一中国北方，为他的孙子忽必烈统一中国、建立元朝奠定基础。当然，成吉思汗向中亚和东欧扩张，使当地社会生产遭到严重破坏，给当地人民带来深重的灾难，这是他的历史罪过。但是，我们知道，这是他的历史和阶级局限性造成的，是不应苛求前人的。

二、忽必烈统一中国

元世祖忽必烈是一代天骄成吉思汗的孙子，蒙古人。他平定了蒙古贵族发动的叛乱，消灭了南宋王朝，从而统一了中国，使元朝成为我国历史上疆域最大的朝代。

忽必烈之所以能统一中国，这与他小时候就深受汉文化的影响是分不开的。忽必烈的母亲唆鲁禾帖尼是个受汉文化影响颇深、知书达理、精明能干的女人。在丈夫死后，她统率部众，教养诸子。忽必烈深得母亲的钟爱，他在家排行老二，母子之间几乎形影不离。在母亲的教导和熏陶下，忽必烈自幼酷爱汉文化，认真钻研儒家经典著作。青少年时代，广招四方汉学文士名人姚枢、张文谦、郝经、许衡等请他们讲治国安邦平天下的道理。可以说，这时忽必烈的头脑中，已确立了治理汉地必须采用汉语的基本思想。因此，以后刘秉忠、张德辉、张弘范等汉人都得到他的重用。当忽必烈打破惯例授汉人将领张弘范以蒙古汉军元帅时，同时赐宝剑一柄，鼓励道："剑在如我在，蒙军中如有不从命者，以此剑处之。"张弘范流着热泪接过宝剑。

忽必烈文武双全，早在11岁那年，已经成为一个马背上的小少年了，在一次围猎中，小小年纪的忽必烈竟也射到了一只野兔，这使成吉思汗大喜。成吉思汗死后不久，只当了不到一年监国的父亲拖雷也死去，那时忽必烈年仅15岁。从此汗位转到窝阔台系手中。到了1251年，忽必烈的哥哥蒙哥继承了汗位。蒙哥当蒙古可汗的时候，忽必烈势力很大，哥哥很信任他，让他负责管理汉族人民居住的中原一带地方。

蒙哥亲自率领蒙古军队攻打南宋时，令忽必烈也率领一路人马，向南进攻。忽必烈的军队已经打到了长江北岸，忽然从后方来人，向他报告蒙哥大汗死在军中的噩耗，让他赶紧回去。忽必烈非常难过，可他还是强忍着，说："眼下和宋军打仗，还没分出胜负，我怎能回去呢？"于是，他镇静地指挥军队渡过长江，打败了宋军。这时候，他的妻子派来一个密使，对忽必烈说："你的弟弟阿里不哥留守在和林，已经准备自己当可汗啦！他还派兵包围了开平。您快拿个主意吧！"这一回，忽必烈真着急了，因为开平是他的大本营。他马上把手下的将领和谋士招来一起商量。后来在汉人谋士郝经的建议下，忽必烈回到开平，宣布继承汗位，这时是在1260年春。从前选定可汗，都在蒙古人居住的地方举行，忽必烈这次在汉族人的地方自称可汗，这不是违反了祖制吗？其实，喜欢革新的忽必烈目的就是要改改蒙古人的老习惯。不久，他干脆按照汉族人的习惯，自称为皇帝。管理国家的办法也学了汉人的法子。

可过了不久，从和林传来一个消息，他的弟弟阿里不哥在和林宣布自己才是正统的可汗。这一来，他们兄弟俩就打起来了。经过长达四年的较量，阿里不哥于1264年7月带领残兵败将到开平向忽必烈投降，忽必烈成为蒙古人公认的领袖。汗位争夺战结束以后,漠北与中原地区连成一片,从而为忽必烈集中力量、南下灭南宋奠定了坚实的基础。

忽必烈即汗位后,蒙古族内部的斗争仍很激烈,在"守旧"的藩王中势力最大、叛乱的时间最长的是窝阔台的孙子海都。

海都因为自己的父亲没有继承汗位,早就心怀不满了,自己也时时刻刻想寻找时机承袭汗位。他想把蒙古汗国大权从拖雷系再夺回到窝阔台系手中。苦于兵力不足,只好等待机会。1260年,正当阿里不哥与忽必烈争汗位时,他极力支持阿里不哥。1264年,阿里不哥败亡,他逃回自己的封地,招兵买马,准备东山再起。经过几年的谋划后,海都兵强马壮了,勾结藩属诸王,自立为蒙古大汗,公开与中央政府对抗。忽必烈为了防止海都叛乱势力的东进,于1275年急忙调兵遣将,命令伯颜领兵讨伐。伯颜采用断粮绝援的办法,打了两次大胜仗,平定了海都叛乱。

一波未平,一波又起。早就和海都有勾结的乃颜也聚众发动叛乱。这时候,忽必烈正在生病,听到这个消息后,果断决定带兵亲征。打了几仗后,却没能取胜。忽必烈问起原因,有的将领告诉他:"咱们的将士当中,有好多人过去是乃颜的部下,还有的是他亲戚。所以一见面,不忍心打。好多人骑在马上互相交谈起来,连刀枪都扔了!"忽必烈听了十分生气,他下了决断:"这样,我改用汉军迎敌,用汉军兵法作战,不管怎样,这一仗一定要胜!"这一天,两军人马相遇了。忽必烈只见乃颜的十万大军,用战车围成整齐的阵势,准备与自己军队决战。他不动声色地观清了敌阵,就打马回营了。这时候,他已想好了破阵的办法。第二天,元世祖坐上由四只大象拉着的战车,那大象的身上都披着铠甲。然后,他指挥着骑兵和步兵,向乃颜的营垒发动进攻。这一仗,从早晨一直打到中午,乃颜的车阵终于被打破了,乃颜被包围起来,他想趁机逃跑,不料后面一声断喝:"乃颜哪里跑!"元军大将玉昔帖木儿一把将乃颜抓下马来。忽必烈处死了乃颜,平定了叛乱,稳定了全国的局势。

这时,忽必烈虽然已雄踞半壁江山,但并不满足已有的成就。他要扩张领土,当时在政治上已经腐败的南宋王朝成为他开拓疆域领土的主要对象。

对于南宋,忽必烈利用政治攻势以配合军事行动。在伯颜率军出发前夕,忽必烈多次告诉他在征战中不要滥杀无辜百姓,以图收服民心。1275年2月,他对一些归附的南宋官吏说:"种田的要继续荷锄下地,经商的要开门做买卖,其余三教九流、五行八作的人都要各安己业。如果官吏有任何骚扰百姓的不法行为,任何人可以向中书省控告。"这些重要姿态都表明忽必烈一旦在南宋王朝灭亡之后,他将要保存原来的经济面貌,并保证归降官民的既得利益。这对于加速南宋王朝的覆灭无疑带来了积极影响。

公元 1276 年正月,元军分三路进逼临安,南宋官员四处逃散,忽必烈灭亡南宋王朝的计划终于实现了。尽管南宋还有一些忠贞之士,如张世杰、陆秀夫、文天祥等人坚持抗元斗争,但终究寡不敌众。到 1279 年 2 月,张世杰跳海自杀,陆秀夫则背着小皇帝赵爵跳入广东奎山下的大海。就这样,南宋王朝最后一点痕迹,顷刻间被大海所吞没,消失得无影无踪,彻底灭亡了。忽必烈完成了他的统一大业。

忽必烈勇于突破民族界限,敢于提拔汉人,对那些保守的蒙古贵族弃而不用,从而统一了中国,建立起比汉王朝、唐王朝的疆域还要广阔的国家。忽必烈不愧是一位积极进取的政治家,一位奋发有为的封建帝王。

三、关汉卿与《窦娥冤》

关汉卿,大都人(一说河北省祁州伍仁村人),生于公元 1230 年左右,死于公元 1323 年左右。关汉卿是我国伟大的杂剧作家,被誉为"中国的莎士比亚"。

关汉卿是一个多才多艺的人。他擅长歌舞,精通音律,吟诗作曲、弹琴吹箫、行围射猎、踢球下棋、书法游戏,无一不能。这些就便于他熟悉舞台,接触各阶层人物,为他后来从事杂剧创作提供了不可缺少的实践经验。

关汉卿为人豪爽,洒脱不拘,聪明滑稽,风度翩翩。他经常出入妓院和酒肆。关汉卿在与妓女往来时也曾遭过遗弃,这就使他对人世间的冷暖有了深刻的体会。他与妓女来往,也有与他成为莫逆之交的。当时有名的艺妓朱帘秀、顺时秀与关汉卿都有来往,尤其是关汉卿与朱帘秀的感情更显深挚。关汉卿不但崇拜她的艺术,更赞美她的人格,曾写过[南吕·一枝花]《赠朱帘秀》套曲。在这套曲中,关汉卿句句咏赞珠帘的美丽俊秀,借此来颂扬朱帘秀的人品出众、情操完美和技艺高超。他从珠帘制造的精湛、用途的广泛，告诉人们应该对它好好爱护。实际上是说，像朱帘秀这样品优、艺高、才俊、貌美的人物，被一个杭州道士强娶过去，如何能有相亲相爱的生活！这充分表现了关汉卿对朱帘秀不幸遭遇的关心和爱怜。

关汉卿是一个刚直不阿、不屈服于权贵的人。元代由于停止了科举制度，切断了一般知识分子的仕途道路。甘心为元王朝统治者当帮凶的汉族大地主知识分子，固然也能飞黄腾达；但像关汉卿这样具有正义感的汉族中下层知识分子，很难受到重用。他不受重用或根本不被任用，就索性不服务于统治阶级，关汉卿就是一位"不屑仕进"的有骨气的知识分子。

关汉卿选择戏曲艺术作为战斗武器，对准黑暗的元王朝统治集团，把毕生的精力用在这一事业上。为了使这武器锐不可当，他深入社会最底层，深入了解那些被污辱、被损害的人们。随着年龄的增长和许多严酷现实的磨炼，关汉卿对当时黑暗社会有了清醒的认识。他把自己所看到或听到的民间悲惨遭遇，编写成杂剧，猛烈地抨击了官府的黑暗统治和社会不公平现象。这些杂剧主要有《鲁斋郎》《窦娥冤》《救风尘》《拜月亭》等。

尤其值得称道的是关汉卿晚年的代表作品《窦娥冤》。此剧通过成功地塑造窦娥这一光辉的妇女形象，有力地抨击了封建社会的腐朽和黑暗。

《窦娥冤》的全名是《感天动地窦娥冤》，主要情节如下：

当时楚州（今江苏淮安一带）地方，有一个贫苦、善良、正直的女子，叫窦娥。她三岁就失去了母亲。七岁时，她父亲窦天章为还清借债和筹集进京赶考的盘缠，欠了蔡婆婆几十两银子，将女儿窦娥作为抵押品送到蔡家做童养媳。十七岁那年，窦娥的丈夫又生病早死，家里只剩下老少寡妇俩相依为命。一天，蔡婆婆出外索债，赛卢医谋财害命，想将她勒死。张驴儿和父亲搭救了蔡婆婆。

原来张驴儿是个流氓、地痞，他看见蔡家婆媳无依无靠，又救了蔡婆婆，就趁机要挟，硬搬进蔡家居住。不久，蔡婆婆嫁给了张老头。张驴儿见窦娥年轻美貌，欲娶她为妻。窦娥秉性刚强，坚决拒绝，还把张驴儿痛骂了一顿。

张驴儿怀恨在心，暗生一计，企图用毒药害死蔡婆婆，以便霸占家财，强娶窦娥。不料，偷鸡不着反蚀把米，把自己贪嘴的父亲给毒死了。张驴儿嫁祸于人，把毒死他父亲的罪名栽到了窦娥的身上。

楚州的知府是一个贪赃枉法、见钱眼开的官吏，背地里早就收下了张驴儿的大量贿赂。贪官就在公堂上百般地拷打窦娥，打昏三次，三次喷水，往往是才苏醒，又昏迷。用这样的办法逼窦娥招供。窦娥虽受尽了折磨，痛得死去活来，却始终不肯承认这莫须有的诬陷。

贪官见一计不成，又生一计。他知道窦娥对婆婆是非常孝敬的，于是他就把蔡婆婆抓来，当着窦娥的面对蔡婆婆进行严刑拷打。窦娥想到婆婆年老体弱，受不了这种重刑，她在这种情况下，不得不承认是自己毒死"公公"。结果，被判死刑。

在赴刑场的路上，窦娥满腹冤枉，无处去申诉，于是她喊出了"衙门自古向南开，就中无个不冤哉"。这是对封建统治者的强烈抗议。窦娥个性刚强，直到其生命的最后一刻，她也不甘心白白死去，于是她用自己的方式，向天昭示自己的冤屈。她指着天发三桩誓愿：血溅丈二白练；六月飞雪；楚州三年大旱。即她的颈血溅于一丈二尺的白布上，没有半点落地；六月的炎热夏天，普降大雪，掩盖住自己的尸体，以表示自己的洁白；要求当地大旱三年，以表示自己是冤屈的。窦娥的誓愿居然感动了天地，那时正是炎热的六月天，一霎间，天昏地暗，大雪纷飞，接着楚州地方三年大旱。

过了几年，窦娥的父亲窦天章在京城里做了大官，窦娥的冤案得到了昭雪，杀人凶手张驴儿，恶有恶报，被判处死罪，贪官知府也得到了惩处。

窦娥不向黑暗势力低头，坚贞不屈的顽强斗志，代表了当时人民的精神面貌，是具有深刻社会意义的。

关汉卿的杂剧创作丰富了中国古代文学的宝库。他的杂剧以思想性和艺术性的完美统一，深受国内外人民的喜爱和推崇。尤其是他的力作《窦娥冤》在1838年之后，还被译为法文、日文等文字出版，还在前苏联上演过全剧。

总之，《窦娥冤》是我国优秀的古典作品，在国内外广为流传，深受人们的欢迎。

第十三章　明

一、和尚皇帝朱元璋

公元1352年初春的一天清晨，激战后的濠州（今安徽凤阳）城头旌旗林立。濠州虽在元军的包围中，但义军将士们英勇不屈，众志成城，守兵们个个弓满弘，刀出鞘，巡逻哨探更是来回不断。

在凛冽的寒风中，破损的城门下，匆匆赶来了一位衣衫褴褛的年轻和尚，城卫怀疑他是元军的奸细，一面将他捆在拴马桩上，一面派人去请郭元帅。起义军元帅郭子兴闻讯赶到城门，只见绳索紧缚的和尚，相貌奇伟，气度非凡，心里不禁暗暗称绝。郭子兴忙令松绑，那和尚恭敬地递上一纸书信，说道："明公不是要成大事么？我是汤和介绍来当差的，如果元帅不嫌弃的话，我愿跟随元帅打遍天下！"

郭子兴听罢，展信一看，内情尽晓，顿时喜出望外，就将他收入麾下，充作亲兵。这位相貌奇伟、龙形虎躯的年轻和尚正是后来的大明开国皇帝朱元璋。

朱元璋（公元1328年～公元1398年），祖籍江苏沛县，本名朱重八。当时布衣百姓一般都不取正式名字，只用行辈或父母年龄合计数作为称呼。朱元璋的父亲是在他的祖父、祖母在年龄合计54岁时生下的，所以名字就叫做五四。朱元璋名重八则是按排名取名，重八改为元璋，那是后来的事。

朱元璋刚出世时，日夜啼哭，不仅全家日夕惊心，就是左右街坊也噪得不安，父母无奈之下只好去皇觉寺求助神明保佑。事也凑巧，自去寺中求过神明后，这小小的元璋竟安稳得不哭不闹了。为感念神佛，待元璋周岁时，他的父母便抱子入寺，设祭酬神，并为元璋另取一禅名，叫元龙。

朱元璋小时一有空就跑到皇觉寺去玩耍，这寺内的长老见他聪明伶俐，讨人喜欢，便也抽空教他识文断字。元璋也聪明过人，过目不忘，入耳便晓，天长日久，便也粗晓些古今文字了。

朱元璋到了七岁那年，就操起牛鞭给地主刘大秀放牛，后来成为大明开国功臣的徐达、汤和、周德兴等人都是他这时候结识的牧牛伙伴儿。由于他聪明，有胆识，多主见，自然成了这一群小孩中的领袖。有一次，朱元璋和一群牧牛娃在山中牧牛，西天的太阳还老高，孩子们的肚子已饿得咕咕叫起来了。可端着人家的饭碗，就得受人家的管，谁也不敢提前回家。朱元璋眼睛一眨，计上心来，他唤过伙伴，一番吩咐后，便从牛群中拉过一头小牛犊，用缰绳绑住腿，一声吆喝，把牛犊砍倒，接着大家七手八脚地剥皮、捡柴、生火。一会儿工夫又香又嫩的牛肉烤熟了。饿极了的孩子们，你一方，我一块，眨眼的时间，一头小牛犊给狼吞虎咽地吃得只剩下一堆骨头，一张皮。美餐一顿后，小伙伴们才知道闯了大祸，于是面面相觑，互相埋怨。朱元璋摆摆手说："主意是我出的，有事由我承当。"说完，吩咐大家用沙土掩盖皮骨、血迹，把牛尾巴牢牢插进石缝。回去后，谎称小牛钻进山洞，夹在石头缝里，怎么拉也拉不出来，就剩条尾巴还露在外面。这幼稚的谎言当然骗不过东家，当晚朱元璋为这事挨了顿毒打，还丢了饭碗。但他却赢得了伙伴们的钦佩和信任。

朱元璋17岁那年，淮北发生旱灾、蝗灾和瘟疫，他的父母、长兄在不到半个月的时间里相继病死，乡里人烟寥落，鸡犬声稀，好不凄凉。朱元璋走投无路，只好剃光了脑袋进了皇觉寺，当了一个小行童，整天扫地上香，打钟击鼓，还经常受到老和尚的训斥。为了混口饭吃，朱元璋只好忍气吞声。

灾情日重，靠收租米度日的皇觉寺也维持不下去了，主持只好把寺里的和尚一个个打发出去云游四方，自谋生路。进寺刚刚50天的朱元璋也只得头戴破箬帽，背上小包袱，一手拿木鱼，一手托瓦钵，穿城越村，加入了游方僧的队伍中。

云游中，朱元璋亲眼目睹国事日非，对当时的社会有了深刻的认识，也大大丰富了他的人生经验，他决定广泛交游，待时而动。三年后，他回到皇觉寺不久，就接到了已在郭子兴部队当了军官的穷伙伴汤和的来信，邀他前去投军。于是他连夜直奔濠州城。

朱元璋入伍后，打仗非常勇敢，无论遇到何等强敌，他总是奋不顾身，争先陷阵，加之他又识得一些文字，就格外受到郭子兴的器重，遇有战事，总让朱元璋伴随左右。没多久，他就成为郭军中的重要将领。郭氏夫妇看到朱元璋人才出众，对郭的事业很有帮助，就把21岁的养女许给了朱元璋。

公元1355年三月，郭子兴去世，朱元璋取得了这支起义军的领导权。他率领着这支部队，采纳老儒朱升"高筑墙，广积粮，缓称王"（即积极扩充兵力，巩固后方，发展生产，储备粮食，不图虚名，暂不称王）的建议，转战南北，先后消灭了许多元朝军队和其他起义割据势力，直至推翻了元朝的统治政权。

公元1368年，朱元璋在应天（今南京）正式登上帝位，建立了明朝。就这样，一个横笛牛背的牧童，经过艰苦奋斗，终于成了我国历史上继刘邦之后的又一位布衣出身的开国之君。

随着明王朝的建立和巩固，昔日与朱元璋枪林弹雨、风雨同舟的将领，现在成为新王朝的新显贵，他们有的仗着自己开国功高，骄横放纵，多行不法，有的竟欲与皇权抗争，因而渐渐和中央皇权发生矛盾。

公元1380年，丞相胡惟庸谋反，朱元璋在镇压胡惟庸集团的同时，以镇压奸党为名，将那些行为跋扈、心怀不满、危及皇家统治的大臣都统统罗织为胡党罪犯，处死抄家。整个胡案前后共被杀掉三万多人。

公元1393年，朱元璋又以谋反的罪名诛杀大将军蓝玉。蓝玉曾多次带兵出征蒙古，战功赫赫，封凉国公。但功劳一大就骄傲自大，胡作非为起来。锦衣卫告发蓝玉谋反，朱元璋就将蓝玉抄斩三族，与蓝玉关系密切的大臣大将，都被称为逆党，也遭到抄家灭族。此案一共被杀一万五千人，军中的骁勇将领无一幸免。

不仅如此，朱元璋还常以"莫须有"的罪名对大批开国功臣滥施淫威。连替朱元璋出生入死、功勋卓著的徐达也难逃厄运。徐达背生疽，最忌吃蒸鹅，朱元璋却在此时赏赐蒸鹅。徐达知道皇帝要自己的命了，只得含着泪水当着使臣的面把蒸鹅吃下，没过几天也就一命呜呼。

明朝功臣中，能够善终的寥寥无几。只有汤和这个和朱元璋同村长大的放牛娃，知道老伙伴对老臣宿将不放心，就主动交还兵权，告老还乡，绝口不提国事。朱元璋很是高兴，派人在凤阳为汤和修建府第，厚赐礼遇。

朱元璋这种兔死狗烹、鸟尽弓藏的做法，搞得朝野内外，人人自危。当时的京官在每天早晨入朝之前，总要与妻儿诀别，交代后事，及至傍晚平安归来，便合家庆幸。朝臣们也渐渐摸透了朱元璋的脾气，要是今天他把玉带按在肚皮底下，准要杀一批官员，满朝官员见状面无人色，任凭发落。要是他这天把玉带高高挂在胸前，大家就松口气，暗自庆幸。后来杀得朱元璋身边竟没有替他办事的文臣武将了。他想出了个绝招，让"罪犯"们戴罪办公，这么一来，大明初期竟有戴着脚镣坐堂审案的御史，有挨了80大板回原衙门办事的朝臣。这在中国历史上是绝无仅有的。

太子朱标不赞成朱元璋的这种"以猛治国"的方针，有一次劝谏道："父皇杀人太滥，怕要伤和气。"朱元璋听了默不作声。第二天，把儿子叫来，指着地上一条长满刺的荆棘，要他用手拿起来。朱标怕刺手，没有马上拣。朱元璋说："这根荆条有刺，你不能拿，我替你剥光了再给你，难道还不好吗？"这个譬喻，道出了朱元璋的心思：实行高压政策，不仅是为了维护自己的统治，也是为他的继承者能稳坐皇帝的宝座。

朱元璋在政治上实行"以猛治国"，进行了许多改革。在经济上则采取了"休养生息"的政策，使社会经济得到了较快的恢复和发展。在此基础上，以后的三朝中社会生产继续上升，从而形成了"明初盛世"的局面。

公元1398年，71岁的朱元璋因病长逝，庙号太祖，史称明太祖。

二、三宝太监下西洋

15世纪初，一支庞大的中国船队航行在波涛浩渺的印度洋上，这就是三宝太监下西洋。

"三宝太监"是对郑和的尊称。郑和，本姓马，名三保，回族，昆阳（今云南晋宁）人。郑和的家庭世代都信奉伊斯兰教（回教），他的祖父和父亲都是虔诚的教徒，朝拜过天方（指麦加）圣地。公元1381年，明太祖朱元璋在平定四川以后，派大将傅友德、蓝玉、沐英等率领两支大军进入云南，打败了盘踞在云南的元梁王，11岁的马三保被掳入傅友德军中。从此，他随傅友德军到过南京、北平，并从征于塞外。公元1390年，傅友德受燕王朱棣节制后，马三保因身强力壮聪明能干，被燕王召入藩邸为宦官。燕王朱棣起兵夺取皇位的"靖难之役"，郑和一直跟随在燕王身边，传达命令，多次参加过激烈战斗，立了战功。燕王即位，马三保因"阉从有功"升为太监，赐他姓名为郑和。郑和之所以被称为"三宝太监"，同他信佛教有关，他曾经在僧道衍（姚广孝）的影响下受菩萨戒，成为佛门弟子。

明成祖即位以后，国内经济继续发展，国力强盛。明成祖为了宣扬国威，并探察建文帝的下落，"锐意通四夷"，任命郑和为钦差总兵太监，通使西洋。下西洋前，明成祖做了充分的准备。首先是建造海船，命福建都司造海船137艘，南京卫造海船50艘，浙江都司造海船1180艘。这些船只很大，最大的长44丈，宽18丈，可乘千余人。当时，大概只有中国才能建造出这么大的船只。这些大船是郑和安全远航的可靠保证。在航海技术上，也采用当时属于先进的技术。航海人员除凭借经验，夜间看星斗，白天看太阳以观测方位外，阴雨天则依指南针来端正航向。所使用的磁性罗盘针已相当精确，有24个方位，它对航海起了很大的作用。另外还采用测度航程的方法，就是将一昼夜顺风的行程分为十更，一更行程多少里，从一地到另一地航行了多少更，便可知总共多少里。其次，明成祖还为郑和组织起人才齐全的出使队伍，从全国各地选择了一批通晓阿拉伯语的人员如马欢、费信、巩珍、哈三、郭崇礼等人先后随从，还派都指挥、指挥、千户、百户和旗校、勇士、力士等大批将士，负责军需供应的户部郎中，懂天文的阴阳官，管医治疾病的医官和医士，以及民梢（船工）、买力（采购人员）、书手（文书）等，共计两万七千余人随行。最后，明朝政府准备了大批的粮食，大量的绸缎、丝、布匹、瓷器、书籍、金银、铜、铁器、钱财，以及其他生活用品，有充分的物质条件。

从公元1405年开始，郑和连续七次大规模出使西洋。郑和的船队一般都是从江苏刘家港出发，先到福建五虎门，由五虎门南下占城（今越南南部），再由占城到满剌加（今马来西亚）、爪哇（今印度尼西亚）等，穿过马六甲海峡继续往西行驶。当时的船只都是帆船，需借助风力，所以郑和出使时都是在冬季或早春，以便借助于东北季风。郑和回国时都是在夏季，以便借助于西南季风。郑和前三次出使的终点都是印度半岛南端的古里（今印度卡利库特）。自第四次以后，才越过印度半岛南端，到达波斯湾沿岸，并与阿拉伯半岛诸国和非洲东岸的一些国家发生了交往。起初，郑和船队是沿海岸线航行,后来,郑和的船队便由印度半岛南端横渡印度洋,直达红海口和非洲东岸诸国。郑和七次下西洋一共到过三十多个国家和地区,与这些国家建立了友好关系,吕宋(今菲律宾)、马来西亚等国的国王都曾亲自来华访问。至今印度尼西亚有三宝珑,秦国有三宝港等地名,反映了东南亚各国人民和华侨对郑和的怀念和爱戴,南洋华侨至今仍尊称郑和为三宝公。

郑和每到一地,首先是开读明成祖对各国国王和当地头目的诏谕,以宣扬中国皇帝皇恩浩荡,邀其到中国朝贡。接着对国王进行一番赏赐,赐物主要是金银和文绮、彩绢等物,且惠及王妃和大臣。诸国君长自然也要有一番奉献。这些官方活动结束后,再与当地进行一些货物交易,换回一些宫廷需用之物。

郑和在海外也使用过两次武力。一次是在旧港(即三佛齐,今苏门答腊岛上的巨港),当地有一个头目是华侨陈祖义,原为广东潮州(今潮安)的一个恶霸,后来窃据为旧港酋长之一。他在当地称王称霸,还公然在海面上聚众抢劫来往船只,经常谋财害命,过往旅客和附近人民对他无不恨之入骨。公元1407年,陈祖义得知郑和的宝船要来旧港,想到船上的珍宝一定不少,心中暗自高兴,企图借此发一笔横财,于是便暗中策划劫掠。另一个爱国华侨广东人施进卿,平日恨极陈祖义,当郑和船队到来后,他立即把陈祖义的密谋报告郑和。郑和起初还想争取陈祖义改邪归正,向他宣读了明朝皇帝的国书;同时也做好充分的防卫准备。陈祖义当面表示友好,夜里便动手偷袭,结果被活捉,带回国内。后来被明成祖下令杀掉。

另一次是在锡兰(今斯里兰卡)。当时锡兰国王叫亚烈苦奈儿,据历史著作所说,他"不敬佛法,暴虐凶悖,靡恤国人"。他对郑和使团采取了极不友好的态度,令其子纳颜图谋引诱郑和一行离开宝船,俘虏他们,借以勒取赎金;同时发兵五万到海边,去拖劫明朝宝船。这一毒计在富有外交和军事经验的郑和面前破产了。郑和不仅机智地避开了他们的偷袭,而且带领随行的将士包围了锡兰王宫,俘虏了亚烈苦奈儿,把他送交明朝朝廷处理,后来朝廷派人将他送回了锡兰。此后,中锡两国重归于好,锡兰使者不断到中国朝贡,那里再也没有发生过劫掠郑和船队的事。

明成祖还让郑和在海外排解邻国纠纷。郑和第二次出使时,明成祖特意让郑和赍敕去暹罗(今泰国),要暹罗与占城、满剌加等邻国搞好睦邻关系,不可恃强凌弱。原来，占城的贡使回国时，因遇大风而漂至彭亨，被暹罗扣留。明成祖赐给满剌加和苏门答剌的印诰也被暹罗强行抢去，两个国家都来向明成祖控告暹罗强横无理。郑和到暹罗开读了明成祖给国王的敕谕后，暹罗马上遣使来中国，"贡方物，谢前罪"，遣还占城贡使，送还满剌加和苏门答剌的印诰，使这一带恢复了和平和安宁。像这种为邻国排解纠纷之事，明成祖还让郑和干过多次。郑和还不时代表明成祖对当地国王进行册封。第一次出使时，封古里的酋长沙米的喜为国王，第二次出使时，郑和又把代表国王身份的诰命、银印亲手赐予国王。

郑和下西洋是世界航海史上空前的壮举，它比西方"地理大发现"时期的哥伦布、麦哲伦、达·伽马等人的航海要早半个多世纪，为中国和亚非各国的友好关系作出了不可磨灭的贡献。

三、于谦智败瓦剌部

明王朝第六帝英宗朱祁镇，继帝位十四年（公元1449年），因荒淫无能，政治腐败，朝纲不振，大权旁落在宦官王振手中。那时，蒙古族的瓦剌部落首领宁顺王也先早已企图恢复元朝的统治，下决心进犯明王朝。他先派出二千余名先遣人员，以"贡马"为名，借削马价引起纠纷，寻找战争导火线，也先以"污辱贡使"为借口，于当年七月四日，分兵四路，发起正面进攻。

由于明王朝军事松懈，一时措手不及，猫儿庄（今山西大同北）、阳和（今山西高阳）等地相继失守。军情十分紧急，边关告急表章飞入京都。朱祁镇六神无主，只好问计于众臣。王振奏曰："只要御驾亲征，小小瓦剌一鼓可击退。"朱祁镇一向对王振言听计从，不顾众大臣异议，在无充分准备的情况下，于七月十六日，留下皇弟朱祁钰镇守北京，便同王振等带领十万兵马，匆匆赶赴大同。

也先得知明军由朱祁镇御驾亲征，便设下诱兵之计，立即传令部队撤出塞外，引明军出塞后，用训练有素的骑兵，一举歼灭之。

英宗帝和王振不善战略战术，怎知是计，当明军到达大同时，才知瓦剌北撤是阴谋，决定班师回朝。此时，已来不及，八月十三日，当朱祁镇君臣回到宣府以南，即宣府往大同驿站，名"土木堡"时，被瓦剌军包围并切断水源。可怜数万人马，两天两夜滴水不入，渴得口干舌燥，苦不堪言。狡猾的也先用欲擒故纵之计，故意放一生路，引诱明军就范。昏庸的皇帝和草包太监怎知是计，自以"皇帝天威"天无绝人之路而自慰，立即移营。正在此时，瓦剌军从四面八方冲杀过来，明军被杀得丢盔弃甲、狼狈而逃。护卫将军樊忠，平时早已恨透胡作非为的王振，故乘机杀死王振，自己也以身殉国。明朝十万兵马，全军覆没，朱祁镇也被俘。这就是历史上著名的"土木堡之变"。

　　英宗帝被俘的消息，传入北京，满朝文武大臣乱作一团。平时养尊处优的臣子们，没有一个能拿出好主意。翰林侍讲官徐理主张走为上策，向南撤退。礼部尚书胡濙亦毫无主见。朝中你一言，我一语，吵吵嚷嚷，毫无结果。古人云："时危见臣节，世乱识忠良。"正在关键时刻，兵部侍郎于谦挺身而出，他主张说：京都是国之根本，一动百扰，大势去矣！他列举前朝南迁，前车之鉴。以铿锵有力的言辞，得到诸多大臣的赞同。皇太后和朱祁钰眼看在这关节眼中，能站出一位力挽狂澜的忠臣于谦，当然满心欢喜，立即同意他的所奏，委以兵部尚书的重任。

　　于谦得到太后和朱祁玉的准许，立即把京中老弱兵马加以整顿后，部署守城。一面火急调遣山东、河南军队增援，得使京中人心安定，后方巩固，奠定了下一步战略布署的基础。

　　俗语云：国不可一日无君。这是涉及领导班子核心的问题，是政权能否巩固的关键。一日，朱祁钰临朝理事，众臣早已厌恨王振党羽，提出族诛。谁知王振死党马顺，不识时务，还气势汹汹地斥责众人，众臣们不服，一气之下，把马顺打死于朝堂，把尊严的金銮殿闹得一塌糊涂，朱祁钰惊恐万状，想一走了之。于谦眼见此状，赶快说："殿下！请留步坐下。"接下奏曰："马顺等人助纣为虐，罪该当死，不杀不足以平民愤，望殿下以国家社稷为重，下令惩办王振死党，局面就会好转。"朱祁钰见于谦说得有道理，立即采纳他的意见。面向众大臣们宣布："王振一伙罪恶滔天，马顺等人死有余辜。锦衣卫王山（王振侄儿）也应凌迟，死者皆陈尸东门外示众。王振众党要继续查办！"这一顺乎民意的决定，得到众大臣的拥护。很快把局面稳定下来。

　　朝中，由于观点不同，事实上已分成主战和主和两派，兼之英宗帝一时尚不能回朝，长此下去不是办法。于谦等人，为了拯救国家存亡，向皇太后提出请求，立朱祁钰为皇帝。太后考虑再三后，赞成此议。九月，朱祁钰即位，号代宗皇帝，尊英宗为"太上皇"。

代宗即位不久，瓦剌军逼宣府城下，于谦面对敌我兵力悬殊的态势，一手抓防卫，一手抓备战，大力征募新兵，调运粮草，赶制兵器，不到一个月，征集20万人马，做好一切迎敌的准备。

十月，也先带被俘皇帝朱祁镇攻破紫荆关，兵逼北京城。于谦主张先打掉也先的嚣张气焰，鼓舞士气，立即调集22万军队，作好迎战的周密布置：都督王通、副都御史杨善率部守城，兵分九个城门外，列阵待敌。总兵石亨等列阵德胜门外，挡住也先来路；陶谨驻安定门；刘安东直门；朱瑛朝阳门；刘聚西直门；顾兴祖阜成门；李端正阳门；刘德崇文门；汤节宣武门。九路兵力统受石亨调遣。于谦调遣毕，严格宣布军队行兵纪律：临阵将领不顾部队先退者，斩其将；部队不顾将领先退者，后队斩前队，晓谕全军，鼓舞士气。

十月十一日，明军副总兵高礼等，在彰义门外首战告捷。歼敌数百，夺回民众千人，狡猾的也先，眼看明军有于谦等将领有力指挥，阵容强大，硬攻不能取胜，故意变换手法，以送还朱祁镇为名，行诱杀于谦等主战派之阴谋。于谦早已识破也先的诡计，严词拒绝之。

也先见此计不成，便采取强攻，十三日，瓦剌军向德胜门攻击。于谦不以正面与敌人拼杀，以其人之道反治其人之身，也采用诱兵之计，派骑兵佯攻，引敌进入伏击圈之内，而明军早已在民房内埋伏好火炮，待机歼敌。此计甚妙，瓦剌军伤亡惨重，也先之弟勃罗也在炮火中丧生。

也先在德胜门受挫，转攻西直门又不得逞，只好退回原地。瓦剌军先头部队又遭到副总兵武兴等挫败，士气低落，军威不振。

瓦剌军围攻京都，屡遭挫败，进攻居庸关又遭守将罗通抵抗。也先惧怕归路被明军切断，故忙带朱祁镇向良乡（北京房山县东）后撤。于谦见机，即令神机营炮击也先营，打死打伤瓦剌军万余人。敌兵溃不成军，狼狈逃窜。明军乘胜追击，大获全胜。也先带残兵败将逃回塞外。

北京之战，瓦剌军受此重挫，引起了内部不和，也先眼见朱祁镇留之作用不大，不如空送人情遣还明朝。遂于景泰元年八月，送朱祁镇返回京都。从此，再也不敢进犯明朝了。

俗语云：伴君如伴虎。朱祁镇返朝后，不但不感激于谦在保卫京城作战中立下丰功伟绩，反而恩将仇报，对于谦拥立代宗怀恨在心，报复杀害于谦。是非功过，自有定论。于谦受任于危难之际，力挽狂澜，为国为民立下了不朽功勋，其英名载入史册，彪炳千秋，虽死犹荣。正是他《石灰吟》所云："粉身碎骨全不怕，要留清白在人间。"他的豪言壮语，至今盛传不衰！

四、"一条鞭"法张居正

张居正（公元1525年～公元1582年），字叔大，号太岳，湖北江陵人。他从小颖敏绝伦，胸有大志，加上他的孜孜不倦，因此学业进步很快。16岁中举，20岁赴京会试落第，23岁再试成功，中二甲进士，被选为庶吉士，进翰林院，从此开始了他的政治生涯。

张居正不仅聪慧，有才学，而且有理想，有抱负，立志要干一番济世安民的伟业。他在给友人的一首诗中曾写道："共勉日新志，毋贻白首羞。"革新政治，献身于为国为民的事业，已经是青年张居正明确的人生目标了。因此他一踏上仕途，就敏锐地意识到国家已是危机四伏，并为此而忧虑不安，急于报效国家。就在他进翰林院的第三年，就向嘉靖皇帝上了一封奏疏——《论时政疏》，指出了明王朝存在的"病症"。但可惜的是，张居正这一片忧国忧民的赤子之心，却未得到皇帝的重视和采纳。在无可奈何的情况下，他只有等待新的报国机会。

公元1554年，张居正告病还乡。在家乡，他亲身接触了不少农夫农妇，看到他们劳苦一年仅能免于饥饿，一遇灾荒，连妻儿老小都难以保全。究其原因，不外乎"田赋不均，贫民失业，民苦于兼并"。官逼民反，民反国危。一想到明王朝也会像汉、唐那样覆亡，不禁使他"恻然以悲"，"惕然以恐"，这样使他打消了终老田园的念头。

1556年，张居正重返翰林院供职。没过多久，世宗去世，穆宗即位。张居正根据他所调查的情况，又上奏疏——《陈六事疏》，全面提出了整顿朝政的政治主张，但依然得不到穆宗的采纳。1572年，穆宗病逝。十岁的太子朱翊钧即位，是为神宗。就在这一年，48岁的张居正被任命为内阁首辅（即宰相），执掌了治国的大权。于是他开始实行改革。

为了提高各级衙门的办事效率和办事质量，张居正提出实行"考成法"。考成法规定：各级衙门都要建立一式三本文簿，将拟办的公事登记造册，一本留底，一本送有关部门备案，实行一项，注销一项，经久没有完成的，即由该部门上报，听候处理；另一本送内阁查考。规定往来公事必须限期完成，凡拖延积压、违限不报者，按罪论处。实行这一办法的结果，使以往那种崇尚空谈、不务实事、互相推诿、公文旅行的现象，在很大程度上得到了改变。

另外，他针对在用人问题上的种种弊端，大声疾呼：要"为国家爱养人才"，提出今后用人，"但问功能，不可拘资格"、"随才任使"的用人之道，大胆选拔了一批各有专长的人才充实到各个部门，使其扬长避短，人尽其才。还规定皇亲贵戚的官职，不论高低，一律不准世袭。这一方面限制了特权，同时也保证了各级官吏的质量。他还裁减冗官，罢黜贪官，请皇帝召见各级清正廉洁的官吏，以示鼓励。张居正还认为，"致治之道，莫要于安民；安民之法，莫重于守令"。因此他对各级地方官的考察很严，规定凡能"安静宜民"者，列为上考；如果"虚文骄饰"，即使平日浮誉素隆，也只能列为下考。经过一番整顿，吏治的面貌大大改观。

张居正尤其反对各级官吏搞特权，因为这是人民群众议论最多的弊端之一。为此，他狠抓了"核驿递"的工作。所谓"核驿递"就是整顿驿递制度。1575年，他亲自拟定了七条措施，严格规定了使用勘合的办法，并且明令公布。凡是以身试法者，无论何人均予严惩。

接着，张居正又着手整顿国家财政。他整顿财政的主要措施就是清丈土地，改变赋税制度，推行"一条鞭"法。清丈土地的目的，就要把勋贵豪强们侵吞和私瞒漏税的土地清查出来，要求他们按规定纳税，以此来增加国家的税收。公元1577年，张居正向全国发出指令，要求各省巡抚要在三年内完成清丈土地的任务。这一指令发出后，遭到贵戚豪强们的激烈反对。张居正认为这一措施虽然"于官豪之家殊为未便"，但对于"小民实被实惠"。因此，他本着"安民"、"利民"的宗旨，在贵戚们"遮道而噪"的反对声中果敢地进行着。经过三年的努力，全国共查出被豪强们侵吞的土地多达二亿八千多万亩。在此基础上，张居正又于1581年开始改革赋役制度，这就是在我国税收制度史上占有显著地位的"一条鞭"法。

"一条鞭"法的主要内容是：

其一，量地计丁。以州、县为单位，按土地和人丁计算赋税，或地六丁四，或地四丁六，或地丁各半；

其二，按赋役的多少分上、中、下三类。地多丁少或地丁俱多的编为上户，有地有丁的编为中户，无地有丁的编为下户。然后将预征税收分摊至各州、县；

其三，将其他杂税，诸如看管银库、廪库、守监、防火、缉拿、学校柴薪及土贡方物等费用，均并入赋役里一块征收，并与夏税、秋税合编为一条；

其四，赋役可以折成银两交纳。

这种新的赋役制度，使一部分无地或少地的贫民相对地减轻了负担，并且简化了税收的手续，堵塞或减少了官吏从中盘剥与勒索的漏洞，对于缓和阶级矛盾和整肃吏治都有好处。另外，由于赋役是按全国的土地和人丁数分摊的，能够有效地保证国家财政的收入，扭转了嘉靖、隆庆以来公室日贫、国库拮据的状况。据《明史纪事本末》说，由于"一条鞭"法的实行，府库殷实。用银两代替实物税，也促进了农作物的商品化，刺激了商品经济的发展，有利于社会经济的活跃。

张居正在担任内阁首辅的十年中，以他强有力的魄力和胆识，进行了多方面卓有成效的改革。他的政绩还不止这些。他还一直重视边防，把建立汉蒙友好关系的政策贯彻始终；同时加强了边防地区的军事设施，有力地打退了异族的侵犯，还选派得力将领镇守辽东，保证了东北边境的安定。他重用水利专家潘季驯治理黄河的水患，筑堤浚河，使黄河水夺淮入海，改变了黄、淮两河经常决口、漕道不通的情况，因而"田庐皆尽已出，数十年弃地转为耕桑"，对农业生产和南北经济交流起到了积极作用。在农业和商业的关系问题上，他认为商业是"通有无以利农"，农业则是"力本穑以资商"，因而他提出"厚农而资商，厚商而利农"的新观点，即在发展农业生产的基础上，适当扶助工商业的政策等等。这一系列的政治军事经济措施，成效是明显的，使明朝在万历初年这个阶段，一度出现了复兴的可喜形势。政治比较清明，国内外形势基本稳定，国家经济形势也基本好转了。张居正最终实现了他青年时期立下的宏愿，成为一个济世爱民的政治家。

公元1582年，为国为民操劳了一生的张居正离开了人世，永远地离开了他所苦恋的事业，终年58岁。但他没想到，他所打击的那股旧势力是那样顽固有力，他苦心辅佐的神宗皇帝又是那样的庸碌糊涂，竟听信了顽固势力对张居正的诬蔑和攻击，抄了他的家，废弃了一系列行之有效的改革措施。于是明王朝的政治又沿着从前的老路向下滑行，终于滑进了覆亡的深渊。

五、抗倭名将戚继光

戚继光，字元敬，号南塘，晚号孟诸，山东蓬莱人，明代抗倭名将，著名军事家。

戚继光的六世祖戚详是朱元璋部将，东征西讨了近30年，最后战死于云南。明太祖追念戚详功绩，授他的儿子戚斌为明威将军，世袭登州卫（今山东蓬莱）指挥佥事。戚继光的父亲戚景通勤奋好学，即使率领部卒在外，也手不释卷，每到一地，坐下就读书，大热天都不休息。他不但武艺精熟，而且对军事素有研究，曾经写过许多加强北方边备的计划意见，计数百篇，以备不时之需。朝廷鉴于他卓越的军事才能，先后提升他为山东备倭军事都指挥、大宁（今河北保定）都指挥使，以及禁军中神机营副将等职。他对戚继光有一定的影响。公元1544年，戚景通病逝，17岁的戚继光承袭了登州卫指挥佥事，从此开始了他的军职生涯。两年后，19岁的戚继光正式分工管理屯田事务。这时，卫所的军丁逃亡很多，屯田遭到破坏，海防颇受影响。戚继光了解了这些情形，加以清理整顿，很快收到了成效。这时，他已立下"封侯非我意，但愿海波平"的灭倭雄心壮志。

公元1553年，戚继光擢升为主管山东防倭军事的都指挥佥事，统辖三营二十五卫所将士，防御山东海上倭寇。起初，戚继光的一些部属将士，还有点不大买这位年方26岁的青年将领的账。营中有个军官，论行辈算是戚继光的母舅，仗着这点关系身份，既不努力尽职，又不肯服从命令。戚继光深深懂得"将不威，令不行"的道理，当着众人的面，按照营规给予严厉处罚；当天晚上，又以外甥身份，上门向这位母舅脱冠行礼，诉说自己不得已的苦衷，要求他起点好的作用。他的母舅听了，大为感动，竟膝行而前，说："知君执法，以后我不敢再不听从将军的命令。"这件事传了开来，人人都知道戚继光令出法随，铁面无私，个个收敛，卫所风气大变。

公元 1555 年，倭寇犯浙江乍浦、海宁等地。这年，戚继光调到浙江御倭前线，任浙江都司佥事，接着任宁、绍、台参将。他发现军队缺乏训练，临阵畏缩，其中的"客兵"，还掳掠无纪，于是在 1557 年提出创立兵营、选兵、练兵等具体办法。一年后，倭寇犯舟山，他奉命进剿。五月，大批倭寇在台州登陆，他又赴援台州，追敌至乐清的盘石卫乌牛，暂时平息了台、温沿海的倭患。不久，他又回舟山参加岑港剿倭战役。这是一次险恶激烈的战斗，历时大半年，倭寇居高临下，据险死守。戚继光亲率士卒，出生入死。倭寇在明军凌厉攻势下，渐渐招架不住，终于逃跑。公元 1559 年春夏之交，他再次赴援台州，解桃渚之围，并于短短两个月内在临海、太平、宁海等地歼灭大批倭寇，稳定了浙东海疆。

在带兵战斗中，戚继光认识到沿海卫所军队的腐败无能，发现军队中常出现以残杀无辜来冒功请赏的现象。而部队之所以出现这些问题，主要是士兵成分不好，其中大部分是世代吃粮当差的兵油子，或是无业游民和小市民，本质顽劣、油滑、贪利。戚继光于是决心重新招募训练一支既能英勇善战，又能听从指挥、恪守军纪的新军。当时在义乌境内发生了因开矿而爆发的民间械斗，众至数万人。他们以义乌的农民、矿工为一方，对抗永康、丽水、龙泉、景宁等县的开矿者，械斗异常激烈，死伤不计其数。戚继光在上司的支持下，于当年十月亲自到义乌招兵。经过一番努力，他不但平息械斗，而且从中招募了四千名年轻力壮的农民和壮工。接着，他对招募的士兵进行严格训练，效法岳家军，终于建立起一支战斗力极强的劲旅——戚家军。

公元 1561 年四月，倭寇一两万人，驾战船数百艘，又一次大举侵扰浙东的台州和温州，骚扰的地区有好几十处，震动了整个东南。戚家军迅速出击，先在龙山和雁门岭大败倭寇，接着驰援台州，在台州外上风岭设伏，命令士兵每人手执松枝一束，隐蔽住身体，使倭寇以为是丛林，等倭寇过去一半，迅即发布进攻命令。士兵一跃而起，居高临下，猛烈冲锋，有进无退，全歼了这股倭寇。台州之战历时一个多月，共斩杀倭寇一千四百余人，烧死溺死四千多人。戚继光因功升都指挥使。次年，又有一支倭寇窜扰温州、台州，又被戚继光剿平。从此，浙东倭患渐次平息。

台州之捷前后，戚继光总结多年来在浙江沿海抗击倭寇的经验，编写了一部重要的军事著作《纪效新书》，作为训练和教育士兵的教科书。

这时，福建沿海倭患严重，福建巡抚向朝廷一再告急，戚继光奉命入闽抗倭。仅仅三个月，就荡平横屿、牛田、林墩三个倭寇巢穴，然后回浙休整部队，升任分守台、温、福、兴、福宁中路等处的副总兵官。不久，倭寇再扰福建，兴化府（莆田）陷落，随即又占据了平海卫。明朝廷感到情势严重，任命俞大猷为福建总兵官，命戚继光再次入闽协剿。戚继光深感兵力不足，再次到义乌募兵，使戚家军的总人数增至一万人以上。随后一路行军，一路训练，于四月赶到福清。戚家军担任中路主攻，在平海卫与倭寇展开激战，斩歼倭寇两千二百余人，救出被掳男女两千三百余人，克复平海卫，收复兴化府；然后又北上政和、寿宁，歼灭倭寇一千六百余人，救出被掳百姓三千多人。戚继光升任都督同知、总兵官，镇守福建全省及浙江金华、温州二府地方，都督水陆诸戎务。

不久，旧倭新倭两万多人，又陆续在泉州、漳州、兴化等地登陆。戚家军分成数支，和倭寇展开激战，于一个月内水陆奏捷12次，擒斩敌人三千余人。公元1563年十一月，倭寇两万余人围攻仙游。仙游军民昼夜登城死守，情势十分危急。戚继光调各路明军，切断仙游倭寇与福建其他各处倭寇的联系，对兵力占优势的倭寇发起总攻，将围攻仙游的倭寇一举消灭。被围五十天的仙游城至此全部解围。仙游大捷是以戚家军为主力的明军继平海卫之战的又一重大胜利，共歼灭倭寇两千人，生擒通事（翻译）一名，救出被俘男女三千多人。

接着，他又于同安、漳浦两地大败倭寇，福建境内倭患始平。公元1565年以后，他配合广东总兵官俞大猷进行抗倭。长期以来的倭患经过戚继光、俞大猷等抗倭将领的共同努力，和沿海军民的奋战，至1566年，终于得到基本解决。

明朝时，我国北方经常受到蒙古族的进犯。公元1567年，明穆宗朱载垕继位后，进入内阁的张居正为了加强北方边防，调戚继光到京师任神机营副将；次年夏天，又令他总理蓟州、昌平、辽东、保定四镇军务。他一面训练边兵，一面加高边墙，修筑敌台（空心台）。从山海关到镇边（今北京昌平）的漫长边防线上，建起了雄伟的敌台1017座。这时，他又将自己在北方练兵的经验写成了第二部重要的军事著作《练兵实纪》。公元1572年，他在汤泉

（今河北遵化）进行了车、骑、步三军配合的大演习，为时长达 20 多天，参加演习的士兵十万人以上，其规模和所取得的成绩都是空前的。戚继光确信"边事真有可为"。

的确，演习后没几个月，就有两场真刀真枪的激战证实了这一点。公元 1573 年春，蒙古大封建主、朵颜部的酋长董狐狸和他的侄子长昂，率领部众进逼喜峰口，要挟明朝政府给予赏赐，遭到拒绝，便在塞外大肆焚掠，企图引诱明军出战，相机进行截击，结果戚继光胸有成竹，将计就计，派兵出击，将董狐狸等打得大败而逃。当年夏天，董狐狸和长昂分两路再度进犯。明军又分别将他们打退，戚继光的部下几乎将董狐狸擒获。董狐狸只得请降。明朝政府于是接受了他的通贡要求。不料，公元 1575 年，长昂和董狐狸故态复萌，逼长秃（董狐狸之弟，长昂之叔）会兵进犯长城。戚继光督明军分兵两路出塞，将长秃等军杀得大败，将长秃活捉。董狐狸终于献降表，保证今后不再进扰边塞。以后，在戚继光镇守蓟门期间，朵颜部果然一直没有进犯，与明朝保持通贡互市关系。

由于操劳过度和调护不周，戚继光得了肺病。公元 1582 年，在张居正逝世以后，他遭到了反对派的攻击，被调镇广东，后于 1585 年春告老返乡。公元 1587 年 12 月 28 日与世长辞，终年 60 岁。他的诗文，曾由他自己编刊成《止止堂集》。

六、魏忠贤、客氏乱政

细菌必须有土壤才能繁殖，奸臣必须有昏君才能擅权。明万历四十八年（公元 1620 年）九月六日，16 岁的朱由校即帝位，即明熹宗，改年号天启。

熹宗即位，第一件事就下诏封乳母客氏为"奉圣夫人"。任命年仅十几岁的客氏之子侯国举为锦衣卫指挥使。她母子俩一时荣宠之极，众臣无不惊慌。

魏忠贤，初名进忠，号完吾，河北肃宁人，乃不学无术，好色之徒。娶妻冯氏，生一女。有一次因赌场失利，被赌徒所欺，一怒之下，自施阉割，希望通过当太监获得功名富贵和权势。入宫，更姓李，名进忠，后复本姓魏进忠。天启二年，改忠贤。魏忠贤虽目不识丁，但记性好，头脑灵活，更善投机钻营，与客氏勾搭，得客氏之助，由惜薪司迁司礼监管理甲字库，后又调任司礼监秉笔太监。明代，司礼监居二十四监之首，管理东厂（皇帝耳目）、内书堂、礼仪房、中书房等。内有掌印太监，内外章奏、文书及御前勘合，照内阁票拟"朱批"，是宫中机要部门。魏忠贤是个文盲，能掌此重任，不言而喻。

熹宗皇帝自幼不喜读书，喜欢玩耍，兴趣广泛，盖房子油漆，自操斧锯凿削，"巧工不能及也"。魏忠贤一方面讨好皇帝陪他骑马玩游，一方面趁熹宗全神贯注嬉戏之时，乘机呈上奏章，要皇帝朱批。天启皇帝无心政事，必云："朕已悉矣，你辈好自为之。"这就给魏忠贤可乘之机，借皇帝的旨意，达到他残害忠良和不可告人之目的。

天启三年（1623年），魏忠贤既抓文，又抓武，在紫禁城内，开了内操，以太监二三千，在五凤楼设立内营，操练兵马，把党羽万余人拉入当兵。有一次，天启皇帝朱由校与嫔妃坐于便殿。魏忠贤骑马过驾前不施礼，熹宗皇帝实在忍耐不住，勃然大怒，随手抓弓搭箭射死魏忠贤所乘之马，拂袖回宫。魏忠贤初时不认罪。后经心腹太监劝说，才勉强入宫谢罪。皇帝见他有所认错，也不便追究他的罪。

天启五年（1625年）五月十八日，朱由校在安定门外祭方泽坛回来，经西苑（北海、中南海）游乐。申时（约下午四时）张皇后回宫，天启皇帝游兴未尽，仍继续在桥北泛舟，身边只有两个小太监陪伴，客氏与魏忠贤却安然坐在大船上饮酒作乐。正当天启皇帝玩得开心时，忽然狂风骤起，小舟倾覆，皇帝与小太监皆落入水中。魏忠贤虽也惊恐下水救驾，但因与皇帝相距太远，已来不及，正当千钧一发之际，管事太监谈敬及时入水救起皇帝，熹宗才幸免一死，小太监葬身鱼腹。明人陈悰有诗云："琉璃波面浴轻凫，艇子飞来若画图。认著君王亲荡桨，满堤红粉笑相呼。风掠轻舟雾不开，锦鳞吹袭彩帆摧。须臾一片欢声动，捧出真龙水面来。"

宫中发生"皇帝落水"事件，按当时的责任，客魏应受惩处。朱由校不但不加罪他俩，反而于天启六年十月，还给魏忠贤加封晋爵为"上公"。

魏忠贤小人得志，目中无人，连阁老叶向高都不放在眼里。有一次叶推荐汪文言为中书，魏忠贤借故逮捕汪文言，还派百余人直捣叶府，其气焰何等嚣张，由此可见一斑。

魏忠贤在宫中，内倚客氏撑腰，更有太监王体乾等三十余人结为心腹，外网罗党羽80余人，称"五虎"、"五彪"、"十狗"、"十孩儿"、"四十孙"。狐群狗党，相助为虐。人谓"阉党"。他位极人臣，势压百僚，自称"九千岁"，更甚者称他"九千九百岁爷爷"。每当魏生辰，提前半个月，送寿礼、做法事祝诞签字者，就将乾清宫丹墀挤满。

天启六年（1626年）六月，浙江巡抚潘汝祯第一个请给魏忠贤立生祠，熹宗帝准其请，还赐名"普德"二字。有人开个头，他的党羽闻风而动，魏忠贤的生祠遍及全国各地。忠直之士杨涟等弹劾魏忠贤二十四大罪，皇帝不但不加罪魏忠贤，反而说："众卿何不容一宦官耳？忠贤所为乃朕认可而为，何谓擅权？如此说来，目无君主者，非客魏二人，而是你等是也。"

有了皇帝当靠山，魏忠贤更加肆意擅权，排除异己。他的亲信内阁首辅顾秉谦制《缙绅便览》，凡不依附"阉党"的大臣，在名下加一、二、三点。若依附者，加一、二、三圈。随时存放袖中，以亲疏论其功过，予以升降。欲害者，被诬为"东林党"。自天启四年至熹宗死，被陷害毙于狱中者十余人，谪戍者数十人，削职者300余人，其他贬革者不计其数。

天启七年（1627年）八月，熹宗驾崩，其弟信王朱由检即帝位，即明思宗，年号崇祯。众臣纷纷上疏弹劾魏忠贤。崇祯帝初即位时，为了稳住魏忠贤，不动声色，只令客氏搬出皇宫居住，魏已感到不安。不久嘉兴贡生钱嘉征弹劾魏忠贤十条罪状：一并帝，二蔑后，三弄兵，四无二祖列宗，五克削藩封，六无圣，七滥爵，八掩边功，九朘民，十通关节。崇祯帝有意令魏忠贤当殿听内监宣读其罪后，把其发往凤阳守陵。魏忠贤离京时，还随带好马千匹，壮士若干人护送财物。大臣纷纷上疏，崇祯下令逮捕魏忠贤回京。魏闻讯当夜自缢而死。同时，也籍没客氏家财，命赴浣衣局收管（作洗衣妇），后被活活笞死。其子亦被处死。客氏与魏忠贤擅权乱政，导致明王朝的早日灭亡。崇祯皇帝虽鼎力拨乱反正，但民众早已对明王朝失去信赖，故人民揭竿而起，李自成打入京都，崇祯被迫自缢煤山。相传崇祯自缢前留下血书曰："宦官任你宰（杀），庶民不可辱。"说明明朝末帝已看清他的江山败在这些宦官手中，但积怨如山，无法挽回。

七、刚正不阿海刚峰

宋代包拯为官清正，刚直不阿，为民申冤，深受人民爱戴，被誉为"包青天"。明嘉靖年间，又出一个"海青天"，即海瑞。

海瑞，字汝贤，琼山人。举乡试，入京都。有一天御史来学宫视察，属吏训导等二人分左右皆下跪，海瑞站在中间长揖不跪，形同"山"字。因此，得罪了御史，本拟处理他，幸朱提学使赏识海瑞耿直不阿的人品，为他说情，留在福州"正学书院"著书一年，复职后，迁浙江淳安县为知县。

历来县官到任，无不乘船坐轿，八面威风，只有海瑞身着生员时所穿旧衬衫，带着仆人海安赴任。他一路眼见淳安山高地瘠、遍地荒凉、地主催租、官吏逼债、民不聊生的景况。他恪守廉洁自律、身体力行的信念，种蔬栽菜而自给。

到任以来，他首先着手改革不合理的耗银规定（耗银是明代地方官府一种不合理收入），公告曰："淳安县正堂海瑞为征收钱粮事。原来县各项银粮耗银，盖因上司衙门兑银不一，时重时轻，因人而异，致使各乡册书（收钱粮人）无所适从，多收耗银，中饱私囊，深山穷谷之民，易受收者所骗，自即日起，一应银粮耗银均按府议加二作耗，一两加二分，十两加二钱，百两加二两。凡少者，以贪赃罪论处。望各知照。"此项新规定，深得民众好评。

浙江总督胡宗宪对人说："昨闻海令，为母寿，市肉二斤矣。"表扬海瑞廉洁。有一次宗宪儿子路过淳安，驿吏遵照规定，按普通规格接待，这位小衙内，平时多受奢华款待，初次受此冷遇，勃然大怒，掀翻桌子，令随从把驿吏倒悬梁上，以泄私愤。海瑞闻知，立即赶来，严肃地对这位总督公子说："胡公按部，令所过无铺张，今你行装阔绰，如此排场，绝非胡公子。"即令衙役从胡身上搜出数千两银子，充入库房，驱其一行出境，并修书胡宗宪，诉说有人冒充令公子之事。胡总督父子吃此哑巴亏，弄得啼笑皆非，无可奈何。

京都御使鄢懋卿，乃严嵩亲信，貌似廉洁，实是敲诈勒索的小人。有一次，路经淳安县，令海瑞做好接待准备，海刚峰不畏权势，去信婉言拒绝说：

"供具甚薄，抗言邑小，不足容车马"鄢懋卿虽恨甚，但素闻海瑞刚直不阿之人，不敢与他过不去，只好绕道而过。为报私愤，后指使他人把海瑞调任嘉兴通判，后又降为兴国州判，直到后来，陆光祖为文选，才提拔海瑞为户部主事。

嘉靖皇帝自宫变事件后，更听信道士之言，不理朝政，深居西苑，专意斋醮。朝中无人敢奏。嘉靖四十五年（1566年）三月，海瑞冒生命危险上疏曰："昔汉文帝贤主，今陛下虽天资英断，过与汉文帝远甚。盖天下之人不直陛下久矣。古者人君有过，赖臣工匡弼。"疏中又云："且陛下之误多矣，其大端在于斋醮。斋醮所以求长生也。自古圣贤垂训，修身立命曰'顺受其正'矣。未闻有所谓长生之说。尧、舜、禹、汤、文、武圣之盛也，未能久世，下之亦未见方外士自汉、唐、宋至今存者……"

嘉靖皇帝阅毕，大怒掷于地，令抓海瑞问罪，不得让他逃遁。宦官黄锦在侧曰："此人素有痴名。闻其上疏时，自知触忤当死，买一棺，诀妻子，待罪于朝，童仆亦奔散无留者，是不遁也。"嘉靖帝不做声，待片刻又取读之再三，稍为感动。尝曰："此人可比比干，第朕非纣耳。"此时，嘉靖帝已有觉醒之意，但已病重，烦闷不乐，故对徐阶说："海瑞言俱是。朕今病久，安能视事。"嘉靖帝虽知错，但面子放不下，还要把海瑞下狱定死罪，既定死罪，又迟迟不下诏斩他，皇帝心中矛盾，可想而知。

不久，嘉靖帝驾崩，穆宗继位，年号隆庆，海瑞才得赦免。隆庆三年（1569年），以太金都御使巡抚应天十府。后被都给事舒化以"迂滞不达政体，宜以南京清秩处之"。帝仍以优诏奖海瑞。不久，又被给事中戴凤翔以"庇奸民，鱼肉缙绅，沽民乱政"，遂改督南京粮储。半年后，调去，民众"号泣载道，家绘像祀之"。

万历初，张居正当权，不喜欢海瑞，令巡抚御史廉察之，御史至山中，见海瑞以鸡黍相对食，叹息而去。

万历十二年（1584年），张居正卒。万历帝雅重海瑞名，复前职。第二年，召为南京右金都御史，改南京吏部右侍郎。这时，海瑞年已72岁，上疏劝帝虐刑，言词极恳切。后万历帝虽屡欲召用，都被权奸所阻，海瑞屡次上疏要求离休，都慰留不允。万历十五年（1587年），死在任上。

海瑞无子，卒时，有寒士不堪者，御史王用汲入视，见其寒贫，因泣下，醵金收敛。小民罢市，当灵柩出江上时，白衣冠者，夹岸相送，哭者百里不绝。赠太子太保，谥忠介。他自号刚峰，人称"刚峰先生"。

八、徐弘祖心系山川

徐弘祖（1586年～1641年），字振之，号霞客，江阴梧塍里（今江苏江阴县）人。其祖徐锢，为宋开封府尹，随王朝南迁。宋亡，"子孙俱誓不仕元"。高祖名经，与明唐寅同举，除名。父豫庵，字有勉，隐迹田园，不喜欢与当官的结交。

相传徐霞客母亲怀霞客时，以异梦诞生，面貌修干端眉，双颅峰起，绿睛炯炯。童时，就读私塾"矢口成诵，搦笔成章"。特好奇书，侈博览古今史籍及舆地志、山海图经及一切冲举高蹈之迹。幼时，也曾"俯就铅椠"，顺乎时世，参加应试，失败后，决心挣脱科举的枷锁，埋头苦读古今史籍，走自己理想的"问奇于名山大川"的道路。

徐霞客年二十二岁时，母王氏对霞客说："志在四方，男儿事也"，"岂令儿以藩中雉、辕下驹坐困为？"鼓励霞客出游。并亲手为霞客制"远游冠"，以壮行色。此后，霞客每出游归来，必对母亲言"各方风土之异，灵怪窟宅之渺"，他母亲听了很高兴。

王氏为了打消霞客远游后顾之忧，她以七十高龄，还豪兴满怀与霞客同游荆溪、句曲，以说明她身体还很强健，不必为她顾虑。这大大鼓舞徐霞客远游的信心。而徐霞客为了自己的事业始终未娶。

明万历三十五年（1607年）至四十六年（1618年），也就是徐霞客22岁至33岁，他游太湖、齐、鲁、北入京都，游落迦山、天台山、雁岩山、南京、白岳、黄山、武夷九曲、宜兴、庐山、黄山等地。泰昌元年（1620年），又仙游九鲤湖、嵩山、华山、太和山。崇祯元年（1628年），至十三年（1640年），三游闽漳、罗浮山、京都、盘山、天台、雁岩山、五台山、恒山，以及游江、江西、湖广、广西、贵州，自云南东归。前后历时四朝皇帝，足迹遍及十六省和京津两市。有的三至四游，行程十万余里。在那交通不便的条件下，可谓一项壮举。

崇祯十三年（1640年），游鸡足山，道经南京迎福寺，有僧法号静闻，很羡慕鸡足山之胜，央霞客带他同行。当到达广西时，静闻病重，嘱霞客曰："我志往，不得达，若死，可以骨往。"徐霞客怜其志，因焚其尸，取骨贮木匣，负之入滇（云南），及至山，住悉檀寺，在寺僧仙陀协助下，在文笔山的北麓吉穴建塔墓上。霞客爱鸡足山的秀丽风景，住了下来。丽江木知府聘他修《鸡山志》，不久得病归来。

徐霞客事母至孝，母在时，出游，每岁秋冬二时，必回家看望母亲。每到名山古刹必为母祈祷，游三岳斋戒为母祈祷长寿，到九鲤湖为母卜算。每得仙草灵芝必献母寿。母80岁逝世后，才远游。

徐霞客一生共撰写《游记》约六十余万字，详尽地介绍他毕生经历的行履及观感。中有：矿藏、地理、文物古迹、旅游景观等。《游记》17卷，是他五十一岁以前游迹。17卷后是他西南之行，这是一生行程最远的出游，出游时间四年之久。记录他西行中"高而为鸟，险而为猿"、三次遇盗、四次绝粮的惊险旅行，闻之令人生畏！

《游记》内容广泛，既有山川源流、地形地貌，又有岩、壑、洞、瀑布、温泉之奥秘。叙述名胜风光、风土民情，尤其对少数民族风俗习惯等无不尽述，这对今天矿藏探测工作者、地理研究人员、旅游部门和旅游爱好者，都有借鉴之作用。这就是徐霞客"问奇于名山大川"的宝贵价值。

九、李时珍著书传名

被誉为"东方医学巨典"的《本草纲目》的作者李时珍，字东壁，号濒湖，湖北蕲州（今湖北蕲春县）人。生于明正德十三年（1518年），世代行医。祖父乃悬壶济世的郎中，遗下不少民间秘方（含偏方单方）。父言闻，对医学颇有研究，他年轻时，因行医被视为职业低下，不能入科第，故不喜欢李时珍再继承父辈行医的职业，要时珍立志走科举之路。

李时珍幼时聪慧，遵父训读了《四书》《五经》之类八股文章。十四岁曾中秀才。由于淡泊名利，看透他所处的时代官场腐败，更加无意仕途，故17岁后，参加武昌府试，屡试不第。父亲还是要他继续努力，但时珍早已无心求取功名了。自作一诗云："身如逆流船，心比铁石坚。望父念儿意，至死不怕难。"李时珍父亲看拗不过他的铁石心肠，只好任他选择自己的道路。从此，李时珍跟随父亲左右抄药方或上山采草药。同时攻读《内经》《伤寒论》等，取得长足进步。

嘉靖二十四年（1545年），蕲州一带因受洪水灾害，封建时代的官府腐败，环境卫生不佳，灾后瘟疫流行，人民贫困无钱求医，只好求诊于李家。李时珍有志学医，且体恤民众疾苦，借此机遇临床实践。在他父子俩施诊下，治好许多病人，受到闾里好评。这更坚定了他学医的信念。在他勤奋钻研下，37岁的李时珍已成为荆楚一带名医。"千里求药于门"者，络绎不绝。

有一天，荆王妃患急性肾炎，虽经名医诊治，均无见效。派人来请李时珍到府为王妃把脉开方。经时珍细心诊断认定，王妃不是轻微肾炎，病情较为严重。由于李时珍有丰富的临床经验，结合精通药理的知识，王妃只服一剂，立见奇效，不久痊愈。可谓妙手回春，从此闻名远近。

另一次，楚王的儿子患气厥病，久治不愈，楚王慕名派人请李时珍为他儿子诊病，三服病愈。楚王挽留他在府中任"奉祠正"兼楚王私人医生，李时珍同意了。他认为，楚王一向与郝、顾两富绅交厚，两家藏书甚丰，借此机遇博读有关《神农百草经》《征类本草》等历代药典，丰富自己的医学知识，可以为今后撰著《本草纲目》打下基础。

李时珍认为，一个医生只明医理，不懂用药也不能治好病，而懂用药必先懂药理，为此，他在嘉靖三十一年（1552年）做了撰著《本草纲目》的准备。不久，明朝令全国名医集中太医院，楚王只好遵旨推荐李时珍赴京都太医院任职，时珍也借此机会，更好地与名医切磋交流医术，同时，可阅读民间看不到的善本医学典籍。在此，他几次提议编撰《本草》一书，都被拒绝。还被责为"擅动古人经典，狂妄至极"。李时珍雄心受挫折，翌年，告病归里。

回归后，李时珍边行医、边查阅前贤著述、药典、典故、传奇等，"凡有相关，靡不备采"。此外，他踏遍青山，尝尽百草，足迹遍及河南、河北、江西、安徽、江苏诸省，攀登天柱峰、茅山、武当山。采集标本，求教于药、果农，亦偷尝仙果（榔梅），熟食鼓子花（旋花）。闻一老妇人说："穿山甲、王不留，产妇吃了奶长流。"他为了研究穿山甲，拜猎人为师，解剖探究。

李时珍撰著《本草纲目》一书，共 52 卷，分为 16 部，62 类。计 190 余万字，入书药物 1892 种，处方 11096 则，附图 1600 幅。详尽地讲述了药物的产地、形态、栽培、采集等，还说明了炮制方法，分析性能和功用，是一本不可多得的医药经典。

万历二十一年（1593 年），76 岁的李时珍与世长辞了。三年后，即万历二十四年（1596 年），南京正式出版了李时珍《本草纲目》。李时珍还著有《奇经八脉考》和《濒湖脉学》等。

十、罗贯中与《三国演义》

罗贯中，元末明初著名小说家，号湖海散人。关于罗贯中的生平材料现存很少。据说罗贯中与当时的戏剧家贾仲明为忘年交。贾仲明在《录鬼簿续编》中说：罗贯中"与人寡和，乐府隐语，极为清新。与余为忘年交，遭时多故，天各一方。至正甲辰复会，别来又六十余年，竟不知其所终。"明王圻《稗史汇编》中说罗贯中是"有志图王者"。相传他做过元末起义军领袖张士诚的幕僚。根据史料和他作品中对圣君贤相的推崇和所反映出来的丰富的斗争经验，可以推想罗贯中是一个有抱负、有理想并有一定的军事、政治斗争经验的人物。他的创作才能是多方面的，他写过戏曲和乐府隐语，现存的戏曲作品有《宋太祖龙虎风云会》。罗贯中曾师事施耐庵，共同从事创作活动。罗贯中编著的著作有《三国志通俗演义》《隋唐志传》《三遂平妖传》《残唐五代史演义》《粉妆楼》等，其中，以《三国志通俗演义》成就最高。今所传诸小说皆经后人增删，除《三国志通俗演义》和《三遂平妖传》尚保留原作基本面貌外，其余已非原本面目。此外，他还是《水浒传》的编写者之一。

罗贯中的《三国演义》原名《三国志通俗演义》，也称《三国志演义》，是我国第一部著名章回体历史小说，代表历史演义的最高成就。

现存《三国演义》最早的版本是嘉靖元年（公元 1522 年）刊印的《三国志通俗演义》，题"晋平阳侯陈寿史传，后学罗贯中编次"，24 卷，240 则，每则有一七言标题。一般认为这是比较接近罗贯中原著的本子。从署名称"后学"看，确乎很像罗贯中自己的口吻，其后诸本署名则多冠以籍贯了。明末出现一种"李卓吾批点"的《三国志演义》，把240则合并成120回。清康熙时，毛纶、毛宗岗父子进一步修订《三国志演义》，在回目、情节、文字各方面都作了加工润饰，并添上评语。自此，这个修订本成为最通行的本子。

《三国演义》从产生到最后成书，可以说是源远流长。早在三国时期，民间就开始流传三国故事，西晋的陈寿写了史书《三国志》，魏晋南北朝时裴松之为《三国志》作注，征引野史杂传140余种，辑录了许多民间的奇闻轶事，刘义庆的《世说新语》也收集了三国故事20多则。此后，有的笔记、小说也辑录了一些三国故事。唐宋以来，有关三国的故事，尤多讲说于说书艺人之口，并以各种戏剧形式扮演。元至治年间虞氏刊刻的《全相三国志平话》，情节不受史实约束，表现了浓厚的民间传说色彩，从基本轮廓看，它已初步具备《三国志演义》的规模。罗贯中在民间传说及民间艺人创作的话本、戏曲的基础上，又运用《三国志》和裴松之注的历史材料，结合他丰富的生活经验，写成了这部影响深远的《三国志通俗演义》。

罗贯中的《三国演义》描写了公元169年到280年间的历史故事，起自黄巾起义，终于西晋统一，它集中地描绘了三国时期各封建统治集团之间军事的、政治的、外交的种种斗争，斗争的方式有公开的，有隐蔽的。通过这些斗争，作者揭示了当时社会的黑暗与腐朽，谴责了统治者的残暴和丑恶，反映了人民在动乱时代的灾难和痛苦，也表现了他们对统治集团的爱憎和向背，以及他们反对战争分裂、要求和平统一的愿望。

《三国演义》的主要思想倾向是"拥刘反曹"，这表现在主要人物形象的塑造上。《三国演义》成功地刻画了曹操和刘备这两个对立的艺术形象，对曹操是极力揭露、鞭挞，对刘备则尽量美化、歌颂。书中的曹操，既是一个雄才大略、远见卓识的政治家、军事家，又是一个残暴狡诈、极端利己的奸贼，他所奉行的人生哲学就是"宁教我负天下人，休教天下人负我"。为了突出曹操的诡谲多变、阴险毒辣，作者通过生动的情节作了多侧面的刻画。《三国演义》中的曹操是中国文学史上塑造得最成功的反面典型，在他身上"奸"和"雄"是统一在一起的，从而概括了历代封建统治者的本质特征，很有代表性。罗贯中对曹操形象的塑造，体现了人民群众对"暴君"、"暴政"深恶痛绝的感情。

刘备是和曹操形成鲜明对照的明主仁君的典型。作者为了突出他的逸伦超群，一开始就介绍他虽出身贫寒却胸怀帝王之志，是不同寻常的人。他有"上报国家，下安黎庶"的抱负，深知"举大事者必以人为本，以宽仁厚德取得人心"。他当地方官时，"与民秋毫无犯，民皆感化"；樊城战败，他不忍丢弃追随他的十余万百姓而携民渡江。由于他"爱民如子"，所以深受人民的爱戴。刘备的"宽厚仁慈"在一定程度上体现了人民的理想和愿望。为了歌颂刘备，作品从众多的文臣武将中选取诸葛亮和关羽两个人物，着意加以刻画，表现刘备的礼贤下士、知人善任、信守盟誓、讲究义气。

刘备对诸葛亮，自称"如鱼得水"，不仅言听计从，而且全部付托以军事大事。诸葛亮为报答刘备"三顾茅庐"的知遇之恩，真正做到了"鞠躬尽瘁，死而后已"。他身上有许多政治家的美德，而最显著的特色则是他的足智多谋。他初出茅庐，第一次博望坡用兵，指挥几千人马杀退曹营十万大军，赢得了关羽、张飞的敬佩。赤壁之战前后，作者特意安排年轻有为的周瑜与他展开复杂微妙的斗争。周瑜才华横溢，精明干练，但嫉贤妒能，气量狭小；反之，诸葛亮却高瞻远瞩，机警沉着，料事如神。他巧妙地利用忠厚老实的鲁肃作掩护，避开了周瑜三番五次的陷害，同时又顾全了联合抗曹的大局，取得了赤壁之战的胜利。诸葛亮后期活动的主要对手是司马懿。司马懿老奸巨猾，见识手段比周瑜要高，不过，比起诸葛亮来，司马懿还是略逊一筹。诸葛亮不仅善于依据具体条件，事先作出周密的计划安排，而且善于面对突然发生的情况，随机应变，从容对敌。著名的"空城计"就是如此，以至司马懿都不得不承认"吾不如孔明"。

刘备集团中的另一主要人物是关羽。《三国演义》描写刘备同关羽、张飞的关系，着重表现他们的"义"。关羽有武勇、刚强的特点，但作品突出他的"义重如山"，桃园结义就写这三个异姓兄弟发誓同心协力，济困扶危，不求同年同月同日生，但愿同年同月同日死，如背信弃义，天人共诛。这种"义气"一方面是团结鼓舞的力量，另一方面又明显地存在局限。它成为明清两代农民组织自己队伍时所效法的典范。"义气"中掺杂着个人恩怨的成分，也往往被统治阶级所利用。

罗贯中《三国演义》的艺术成就是多方面的，有宏伟的结构，擅长战争的描写等等，不再一一叙述。总之，在宋元讲史的基础上，大大迈进一步，标志着历史小说的成熟。从此以后，历史小说的创作日趋繁荣。罗贯中和他创作的我国第一部章回体历史小说《三国演义》在中国文学史上留下了不可磨灭的一页。

十一、东林浩气贯长虹

明朝后期，朝廷内外，党派林立。明神宗万历二十九年（1601年），神宗宠爱的郑贵妃，想立她儿子朱常洵为太子，许多大臣为维护传统的封建世袭制度，要求立长子常洛为太子。于是，朝廷上爆发了"争国本"的斗争。在这场斗争中，吏部郎中顾宪成因力争"无嫡立长"，触犯了神宗，因之被罢官回老家无锡。无锡城东有座东林书院，是宋朝杨时讲学的地方。1604年，顾宪成和高攀龙、钱一本等一些志同道合的朋友就在这里讲学。当时一些对世道看不惯、和当局合不来的所谓"抱道忤时"、退处林野的士大夫，纷纷闻风响附。这些不得志的士大夫在讲学之余，在东林书院讽议时政，臧否人物，自负气节，和当权派相对抗。他们的言论得到社会上对现实不满的地主、官僚、知识分子和商人的支持，朝中和他们同观点的官僚士大夫也与其遥相呼应。东林书院无形中成为社会舆论的中心，反对派就把他们称为"东林党"。

明朝到了万历之时，各方面的矛盾更加激烈，社会危机正在加深。东林党人目睹政治的腐败，要求改革弊政，缓和日益尖锐、势将危及封建统治的阶级矛盾。他们在位时敢于弹劾执政大臣，抨击贪婪奸诈的太监，乃至上书皇帝，直言不讳地批评朝政弊病；削籍闲居时，则通过"清议"的方式，发表政治主张，议论朝政得失。著名东林党人顾宪成认为士大夫应该关心朝廷，关心民生，关心世道。他在讲学时说："在朝为官，志不在君父；在地方为官，志不在民生；闲居水边林下，志不在世道，这些都是君子所不能做的。"这些话被传为一时名言，顾宪成及其同党被誉为"清节姱修"、"士林标准"。

东林党在万历朝不受重用，至万历四十八年（1620年），神宗和光宗在不到两个月内相继病死后，其命运才有了转机。光宗临终之时，杨涟以一个小小的给事中受命。光宗暴卒后，杨涟、左光斗等一批东林党人又合谋从乾清宫逐走李选侍，扶立熹宗朱由校，自此东林党人受到重用。天启初年，内阁、都察院、吏部、兵部、礼部等要职都为东林党人所把持。东林权势，盛极一时。

但是，当政后的东林党人并没有什么建树，他们毕竟只是封建社会没落时期的地主阶级中的一个政治集团，他们没有提出，也提不出一个救世良方。他们只忙于"搜举遗佚，布之庶位"，起用大批前朝受贬的党人；再则是排斥异己，打击宿敌齐、楚、浙诸党。并且，这些被誉为正人君子的东林党人褊狭傲慢，不能容人，凡是不合自己口味的都视为异党，加以排斥。这一做法不但没有壮大东林党自己的势力，反而为渊驱鱼，为丛驱雀，迫使一些本非死对头的官员投靠正在发迹的魏忠贤。

魏忠贤目不识丁，本不能当秉笔太监，因与客氏（熹宗奶妈）有暧昧关系，才获得这一重要职位。当上秉笔太监后，就利用王体乾和李永贞两个识字的太监为他效劳。他生性猜忌、残忍、阴险、毒辣，和客氏狼狈为奸，宫中谁也不敢和他作对。王体乾虽是司礼监掌印太监，位在魏忠贤之上，也得服服帖帖地听从他使唤。天启三年（1623年），魏忠贤兼掌东厂，权力更大，加上有客氏做内援，权势日益显赫。

由于朝中两大派官僚争斗的激烈和客氏的不断唆弄，熹宗渐渐由信用东林党人变为宠信宦官近侍。魏忠贤这班阉人得到皇帝的信任后乘机从中弄权，勾结外廷官僚，操纵朝中一切大权，于是，宦官专权的局面再度出现。与东林党作对的各派官员便纷纷投靠到魏忠贤门下，形成一股强大的邪恶势力，人们称它为"阉党"。阉官得势，首辅、东林党人叶向高于天启四年（1624）被斥，辞官。内阁中的其他东林党人也——遭罢黜。阉党顾秉谦升为首辅，控制着整个内阁。魏忠贤又和锦衣卫都督田尔耕勾结，利用东厂和锦衣卫这两个特务机构钳制百官，镇压异己。其党羽在内宫有王体乾、李永贞等三十余人为左右拥护；在外廷有崔呈秀等五个出谋划策的文臣，号称"五虎"；田尔耕等五个负责捕杀、镇压异党的武臣，号为"五彪"。此外，还有所谓"十狗"、"十孩儿"、"四十孙"的大小爪牙。当时，从朝廷内阁、六部至四方总督、巡抚，无不遍置魏阉死党。

魏忠贤经常外出炫耀威风。每次出门，他身坐装饰华丽的车子，羽盖、旌旗皆用青蓝，驾车的四匹马，飞一般的奔驰。那些身着锦衣玉带、脚蹬长筒皮靴、佩着利刃的卫士，夹护左右飞驰，加上随从的厨子、优伶（唱戏的)、车夫，总共数万人。所到之处，"士大夫遮道拜伏"，一些逢迎拍马的官员甚至呼他为"九千岁"。朝中事无巨细，必须派人飞驰至魏忠贤面前请示，经他认可方能办理。熹宗虽然近在咫尺，却无人请裁，真是朝廷上下，只知有魏阉，不知有皇帝。

魏忠贤一人得道，鸡犬升天，其弟侄亲朋，一个个平步青云，官高禄厚。他的侄儿魏良卿、魏良栋，侄孙魏鹏翼分别被封为公、侯、伯，而后又分别被加封为太师、太子太保和少师。而这时的魏良栋、魏鹏翼却都是口皆乳臭、尚在襁褓之中的婴孩。

阉党的胡作非为，引起正直官员的极度愤慨，于是，便有东林党人为伸张正义而对他们进行揭发和斗争。天启四年，副都御史杨涟上疏痛斥魏忠贤的二十四大罪，其中有：自行拟旨，擅权乱政；斥逐直臣，重用私党；亲属滥加恩荫；利用东厂，陷害忠良；以及生活糜烂腐化、穷奢极侈等等，大胆地揭发了魏忠贤的奸恶，刺痛其要害。魏阉这时着了慌，向熹宗哭诉，客氏从旁为他辩解，王体乾等也极力为他辩护。昏愚的熹宗竟偏信不疑，不但没办魏忠贤的罪，反而下旨痛责杨涟。但是，朝中魏大中、黄尊素、袁化中、周宗建等七十多个官员还是冒死上疏，交章弹劾。由于熹宗的昏庸和阉党权势之大，魏忠贤竟逍遥法外，毫发无损，而为首揭发魏阉的杨涟、左光斗于这年十月被罢官。

魏忠贤遭受这番弹劾后，对东林党人切齿痛恨，决心赶尽杀绝。其党羽也想借机报复，以泄旧恨。阉党崔呈秀等就在魏阉面前煽动说："东林将害公。"怂恿他镇压异党官员。他们阴谋编造黑名单，有所谓《点将录》、《天鉴录》《同志录》等，把不依附于魏忠贤的官员开列入内，统称之为东林党人，献给魏忠贤，对他们罗织罪名，逐一施行残酷的打击迫害。天启五年(1625年)，魏忠贤兴起大狱，首先逮捕东林党著名领袖杨涟、左光斗、袁化中、魏大中、周朝瑞、顾大章六人，诬以受贿，交给锦衣卫拷打追赃。锦衣卫都督田尔耕对这六人每五天就进行一次拷打逼供，杨涟等五人被折磨死于狱中，顾大章自杀。这就是历史上有名的明末"东林党六君子狱"。

十二、李自成进军北京

明万历中期至明末的半个世纪，是明朝统治最贪婪、最腐败、最黑暗的时期。豪强兼并，土地高度集中，赋税地租剥削程度日益加重，手段越发残酷，统治者内部争权夺利，政治腐败达到前所未有的程度，加上连年严重灾荒，以致出现赤地千里、饿殍遍野的景象，甚至出现可怕的人吃人现象，"骨以为薪，煮人肉以为食"。统治者的压迫和剥削，到处激起民变，反矿监、反税吏的规模日见扩大；农村饥民纷纷揭竿而起，农民起义首先由陕北爆发。

明熹宗天启七年（1627年），从陕西白水农民王二举族造反开始，各地相继而起者不计其数，有高迎祥、不沾泥、红军友、张献忠等，但各起义军间各自为战，分合无常，在陕西和山西之间与朝廷周旋。到崇祯四至五年（1631～1632年）之间，各路义军先后拥王自用（号紫金梁）、高迎祥为盟主，各义军号称三十六营，部队二十余万，由陕西向山西转移，出现了联合之势。此时，李自成投入其舅父高迎祥（闯王）部称闯将。李自成在河南扩大了队伍，自为一军。崇祯七年，高迎祥所部误入兴安（今陕西安康）的车厢峡，处境十分危险，李自成以诈降之计，使义军通过险区。崇祯八年，农民军面对明军分进合围的紧迫局势，高迎祥等十三家七十二营，在荥阳商讨对策，在意见分歧、莫衷一是时，李自成以他的聪明和远见提出两项主张："分兵定所向"，说是"一夫犹勇，况十万众乎！"和"所破城邑、子女玉帛惟均"。荥阳大会是农民起义军由分散的各部聚集在一起商讨对敌策略和今后战略的大会。大会后农民起义军顺利地粉碎了围剿，同时农民军在战略上由防御转为进攻，战术上由被动变为主动。可以这样说，这次荥阳大会在中国农民运动史上是一个创举，同时也显示了李自成的政治远见和军事指挥能力。后来高迎祥、张献忠、李自成为东路军，他们在攻克凤阳后，张、高不和，张独自率部南下，高则西进中原，两大主力又分开，从而削弱了义军的力量。崇祯九年七月高迎祥牺牲，众推李自成为闯王。

李自成是义军中最杰出的领袖，他出生于陕北米脂县的一个贫寒农家，从小是在压迫和剥削下生活过来的。他为地主放过羊，21岁在银川当驿卒

（马夫），也当过兵，到处受到政府和豪绅的欺压，于是在崇祯三年（1630年）率村民投奔过王左卦和不沾泥，王左卦失败、不沾泥投降官军后，即投向高迎祥。他从小具有反抗性格，勇猛善战，颇有谋略。他的部队纪律严明，所以有较强的战斗力。他待人和蔼，为人谦虚，善于倾听和采纳别人的意见。他日常生活俭朴，很受大家爱戴。他在战斗的过程中逐渐立下推翻朝廷、建立帝业的志向。高迎祥牺牲，他被推为闯王后，率部坚持斗争，连克宁羌、剑州、昭化、梓潼，进逼成都，击杀过明总兵、知州、知县等多人，声势大振。到崇祯十一年春，梓潼失利，又在潼关南原遭到明军洪承畴和孙传庭的合击。"自成尽亡其卒"，独与刘宗敏、田见秀等十八骑溃围、窜伏商、洛山中，在避伏山区期间，上下皆修文习武，积极做好出山的准备。

明廷因清兵大举入关，不得已而放松了对农民军的围剿。崇祯十三年（1640年），李自成东出河南后，失散的义军和饥民争相投附，队伍很快发展到声势浩大的数十万大军，随后牛金星、宋企郊、李岩、宋献策等亦先后投附，都得到闯王信任，也为农民起义军出过很多好主意，如"贵贱均田"、"迎闯王、不纳粮"、"平买平卖"等口号，李岩提出的"取天下以人心为本，请勿杀人，收天下心"和散财物赈饥民等好主意，都受到人们的欢迎，也对起义军的发展起到了积极的作用。崇祯十四年闯王军攻破洛阳，杀死贪得无厌、残暴成性的福王朱常洵，将王府和豪家的粮食、金银等分济饥民，影响日益扩大。崇祯十四年九月至十五年年底，明军集中优势兵力，企图歼灭李自成军。但闯王在民众支持下英勇奋战，九月在项城全歼陕西总督傅宗龙十万人并擒杀傅宗龙，乘势下南阳杀唐王，破禹州杀徽王。次年二月，在襄城全歼新任总督汪乔年军，并活捉汪乔年。四月围开封，明督师丁启睿率军十万来援，企图解开封之围。六月，李自成迎战丁军于朱仙镇，歼敌十余万，缴获辎重无数，丁督师败逃汝州。李自成再围开封十个月，明廷再派继任陕西总督、起义军凶残对手孙传庭，并纠结三边军队和地主武装，妄图从背后偷袭，解开封之围。李自成回郏城讲武场击败孙传庭，歼灭近万人，孙逃回关中。崇祯十五年底，李自成军主力四十万人向湖北襄阳进击，明军名将左良玉乃拔营东遁，所过之处鸡犬不留，千里一空。义军入襄阳，荆州惠王朱常润潜逃，荆襄尽归闯王，湖广巡抚宋一鹤自杀。

崇祯十六年春，李自成改襄阳为襄京，称新顺王、奉天倡义文武大元帅，建立政权，以牛金星为丞相，命创官爵名号，以李过、高一功护卫左右，亲信用事。置权、制、威武、果毅等将军，凡五营二十二将，置上相、左辅、右弼，置吏、户、礼、兵、刑、工六政府，要地设防御史，还设府尹、州牧、县令。开科取士，宣布五年（一说三年）不征粮，并商讨征伐大计。牛金星先取河北，直进京师；杨永裕则先下金陵，断京都粮道。从事顾君恩认为：直取京师，万一有失，退无所归，失于急；下金陵，虽稳妥，但迟缓，他建议先取关中，建立基业，然后经山西进京师，则进可攻，退可守。自成从君恩言。十月，破潼关，杀孙传庭，进占西安。崇祯十七年正月，建国号大顺，建元永昌，改西安为西京，铸"永昌"宝钱。二月，渡黄河下太原，沿途发檄文宣布朝廷残酷统治的罪行，重申"贵贱均田之制"和"五年（一说三年）不征粮"、"平买平卖、公平交易"等政策。三月一日，在武宁关遭到守将周遇吉的顽抗，经两天激战，周遇吉兵败身死。十四日居庸关守将唐通投降，接着又陷昌平，至此号称天险的京师北大门就敞开了。十七日，义军兵临城下，将京城团团围住，奉命守城的襄城伯李国桢所部京兵三大营，已不听调动，不久则全部投降。当时，守城军士虽还有十万之众，但多已无心应战。义军从明军手中缴获的火炮等器械，反过来成为攻打明军的利器。

此时的崇祯帝朱由检更加心情暴躁，反复无常，一会儿痛斥提议迁都、退守南京的大臣，一会儿哀叹身边没有像岳武穆那样忠君报国的名将，此话一出倒引得大家想起了惨遭酷刑冤死的爱国名将袁崇焕，不禁面面相觑，崇祯也觉得自己失言，于是就走下御座请求大臣们拿出退敌的良策来。众大臣平时只知贪赃枉法，享乐享福，到此时只能各顾各的，还能拿出什么退敌良策。朱由检做梦都不会想到：作为一个皇帝，拥有整个国家，握有生杀予夺之权，竟会落到叫天天不应、叫地地无门、无可奈何的地步。在万般无奈中，崇祯突然想到利用太监去御敌，于是带着哭声说："总管，把太监集中起来，前去御'贼'！"太监们一听，个个都吓呆了，怨天怨地地说："我们都不懂得打仗，怎么去御敌，这不等于叫我们去送死吗!?"崇祯无奈，就拿出银子，分交给太监叫他们去上阵。实际上这能有什么用？这时李自成派归降的太监杜勋进城去递送劝降书，崇祯一见劝降书，就一把把它扯得粉碎，把杜勋痛骂一顿，并把他赶出宫去。李自成闻说，命人加紧攻城。十八日，司礼监太监曹化淳见外城已守不住，乃挂起白旗，大开彰义（广安）门向李自成投降。

义军乘势涌进城去，外城失陷。崇祯闻报，大惊失色，知大势已去，当晚即召驸马巩永固，命他送太子、永王、定王去戚臣周奎、田宏遇第，然后带护军送太子冲出城赴南京以图后事。正交代时，又闻报，内城亦将被攻破。此时已可听到震天的喊杀声，可见到冲天的火光，只得命太子等化装后混在难民中逃亡而去。他告诉周皇后和妃子们，他决定只身突围。如突围不成，只有一死殉国！又令后妃们赶快自裁，交代完，他换上太监服，与心腹太监王承恩一起东突西奔，但到处碰壁，无法突围，十九日晨，他想鸣钟集百官，竟无一应召，崇祯已绝望，剩下就只有自裁一途了，就与王承恩登上煤山（今景山）一同吊死。明亡。在此同时，李自成攻破内城后，各路军纷纷从阜成门、西直门、德胜门、安定门、宣武门、崇文门等涌入，李自成则由曹化淳引路从西长安门进入承天门（天安门），最后到达紫禁城皇宫。当时除崇祯吊死，有的后妃自裁外，其余未能逃脱，而被抓获的皇太子等三兄弟，以及未自裁的贵妃和宫女们，李自成并未对他们加以处置，还为崇祯举行了隆重的葬礼。

李自成进入北京后，政权在西京政权基础上加以扩大。他仍以农民将领为核心骨干，也录用明朝四品以下的官员，并开科取士，但废除以八股策论取才的做法，当时机构设置基本上仿明朝，仍以牛金星为天佑阁大学士，以宋企郊等为尚书，分掌吏、户、礼、兵、刑、工六部，让刘宗敏掌管"比饷镇抚司"，还在河北、山东、河南等多个省的广泛地区建立起府、州、县各级政权，以恢复地方秩序、稳定整个局势。农民起义军能在短期内如此广泛地区建立起权力机构，这是前所未有的事例。大顺朝采取的财政政策是坚持农民五年（或三年）不纳粮，那么财政问题就只好依靠"比饷镇抚司"向明朝勋戚、显宦、贪官污吏和富商的追赃拷索解决。虽然规定：罪大恶极的处死，财产没收；害民的严刑追赃；民愤不大的，听其自行捐输。但在掌握中，却出现刑杀过甚，因而树敌过多，从中央到地方，不论官绅人人自危的局面，对明朝三品以上官员多半将他们刑杀，对官僚地主等不加区别地追逼拷打。当时得饷银七千万两，其中得自勋戚和宦官的各十分之三，得自官僚和富商各十分之二。这样的财政政策和对待降臣的政策，都对李自成的政权巩固危害很大。进京以后，李自成曾下令严禁扰民，军士掠杀者斩，轻者也要断手砍足。李自成本人依然粗衣粝食，保持着农民本色，还不时问民疾苦。而牛金星、宋企效等人招权纳贿，结党营私，生活日益腐化。李自成东征期间，牛金星终日往来拜客，遍请同乡；刘宗敏则以功臣自居，骄傲自满，不遵守纪律，不执行命令，当李自成要他前去攻打吴三桂时，竟不听命令，不服调遣，并且在旧官僚的美人计和金钱的引诱下也日渐腐化。李岩对牛金星等在政治上只依照旧制行事不满；也不赞成在追赃索饷中不加区别地对待地主官僚；而对于某些将领的以功臣自居、目中无人的作风也很反对；特别在处理吴三桂问题上，使已经决定归降的吴三桂，反而投清和起义军作对，这使李岩大为失望。李岩提出的这些问题都是大顺朝的致命伤，不但未受到重视，反而遭到牛金星等谗言而被杀害。

李自成进京后，原想借重吴三桂的兵力守住山海关，以阻止清兵入关，即请吴父襄作书招抚吴三桂。因老父和爱姬在大顺军手中，吴三桂决定归降，但因传闻说陈圆圆落入李自成（一说刘宗敏）手中，又传闻说其父被索饷二十万两，一怒之下，移师急回山海关，反而向李自成军挑战，并斩获万余人。李自成得悉，知问题严重，乃决定亲自率军往讨。大顺永昌元年（1644年）四月十三日发兵，吴三桂闻报，即向清军多尔衮请求派兵救援。大顺军二十一日抵山海关，即与吴军展开激战，吴军失利，损失惨重。到二十三日，大顺军在鏖战中，眼看将要取得最后胜利，突然遭到清军骑兵的猛烈袭击，顿时乱了阵脚，乃纷纷向后溃退，混乱中，被砍死、射死、被战马踏死的不计其数。在军事失利后，大顺军即撤回北京。此时，京畿内外的地主武装闻讯即蠢蠢欲动，步步进逼。大顺军队认为北京已守不住了，久留北京不如速回西安以图再起。于是四月二十九日，李自成就匆匆忙忙地在武英殿即位称帝，并于三十日又匆匆忙忙地撤出北京，六月经由山西，至七月到达西安。永昌二年，在清军两路追击下，复由陕西沿汉水转入湖广，同年四月，这位年仅39岁的农民起义军杰出的领袖不幸在地主武装（一说在村民）袭击下，带着他的遗憾被害于湖北通山县的九宫山下。

十三、努尔哈赤初起兵

努尔哈赤（1559年~1626年），姓爱新觉罗，满族人。满族乃中国历史悠久的女真族的后裔。女真族，曾于宋徽宗政和五年（1115年）建立过"大金国"，年号"收国"，大金国在南宋理宗端平元年（1234年），为蒙古所灭。当时迁居中原的女真人，大部分留居中原，少部分回归故地。一直留居东北的女真族，分为建州、海西、野人（又称东海）三部。建州有九部，努尔哈赤为建州居辽宁新宾的觉罗部。

努尔哈赤在明嘉靖三十八年（1559年）出生于建州左卫猛哥帖木儿家，父塔世克，为建州左卫指挥，祖觉安昌，为建州左卫都指挥，塔世克有三子，努尔哈赤居长。他十岁丧母，因不堪继母虐待而分居自主。他生得身材魁梧，隆准大耳，声若洪钟，能过目不忘，被称为聪明贝勒。他为人果断，青年时常往来于马市，以出卖土产、药材、毛皮等为生。后来投到辽东总兵李成梁帐下当了兵，使他受到较深的汉文化的影响，同时也学会打仗的本领。他精通汉语和蒙语。明万历十一年（1583年）建州右卫古埒城主阿太章京，因其父被杀而起兵反明，而忠于明廷的苏克素护河部的图伦城主尼堪外兰暗与明总兵联合攻打古埒城。古埒城主阿太章京之妻，系觉昌安孙女，觉昌安恐孙女遭难，即同儿子塔世克率兵支援。尼堪外兰唆使古埒城城民作乱，混乱中杀了阿太，并将觉昌安父子擒获后，也加杀害。努尔哈赤闻父、祖被杀，遣使责问明廷："我祖父、我父亲何罪？为什么被杀!？"明朝官吏声称系误杀，想以将其祖父、父亲的尸体送归，赐敕三十道，马三十匹，封努尔哈赤为建州左卫都督，还加封为龙虎将军来平息此事。努尔哈赤仍发誓：决报此仇！首先要除去杀害自己父、祖的凶手尼堪外兰。努尔哈赤以遗甲十三副攻图伦城，尼堪外兰被迫退守保甲版，走抚顺欲入明境而被拒，遂逃往鄂勒珲筑城而守，以为这里隔董鄂、浑河诸部较为安全。努尔哈赤乃改变方略，先攻克附近的苏克素护河部的瓜尔佳城，再东去克浑河部的贝珲城、哲陈部的讬摩城，就进逼鄂勒珲，尼堪外兰被迫逃入明境。努尔哈赤以缉拿仇人为由，请明廷执尼堪外兰送还，并要求每岁赐银八百两，蟒缎十五匹，开抚顺、清河、宽甸、瑷阳四口为通商所。努尔哈赤乘胜攻克完颜部，四年后又征服了长白山的鸭绿江部，万历十九年（1591年）乃北向与海西扈伦部争雄。海西四部中叶赫部最强，其酋长叫纳林布禄，他见建州势力日益强大，就派使者往见努尔哈赤，说明互相之间语言相通，势同一国，今建州地多，要求努尔哈赤割地与海西，彼此相安共处。努尔哈赤自然不会答应割地要求。于是纳林布禄纠集海西四部、蒙古科尔沁、锡伯、卦勒察三部、长白山珠舍哩、纳殷二部共三万人，分三路进兵。努尔哈赤看出他们虽称三万，但乌合之众，不堪一击，遂对众将说道：只要挫其前锋，必溃散而退，到时乘势攻之，必获大胜。于是率军疾驰二百里，于古埒山据险而待，同时令百骑前往挑战。联军闻努尔哈赤军到古埒山，又见有人挑战，果然人心不齐，各顾各的，尚未对阵，个个保命奔逃而去，建州军即乘胜追击数十里，斩首无数。诸部大震，先后屈服，努尔哈赤势力愈益强大，统一了女真各部。万历二十七年（1599年）努尔哈赤命额尔德尼等人用蒙古文字母拼写女真语言，创制出满文（即老满文，又叫无圈点满文）。万历四十三年（1615年）除原设四旗外，又增设四旗，确定了兵农合一、军政合一的八旗制度，还根据统治的需要确立了以八旗贵族为中心的最高军事决策机构，设议政王大臣同八旗旗主共议国政、参决机务；而在此同时，建州和海西部的农业生产已有相当基础，与汉族地区贸易往来也已比较频繁。所有这些对于满族社会的发展和共同体的最终形成都起了很大的进步作用，也为努尔哈赤称汗打下了基础。

万历四十四年（1616年）正月，努尔哈赤以赫图阿拉（今辽宁新宾）为兴京，称帝，国号大金（史称后金），年号天命。

在原先，明廷对女真各部是采取封赏各部首领、分而治之的策略，并不断在他们之间挑动战争，使之互相残杀来削弱他们的力量。努尔哈赤统一各部后，情况完全改变了，明廷就采用以停止女真的入贡，关闭辽东马市等办法，企图用经济封锁的手段，使努尔哈赤屈服。但都不能达到目的，反而激起努尔哈赤兴兵犯明的决心。乃于万历四十六年（天命三年，1618年）以"七大恨"为理由，进兵抚顺。抚顺守将李承芳降，后金军还攻占其他一些据点。后金军占领抚顺城，并将人畜物资全部掳掠去后，夷城而去。同年秋，又攻克清河堡，朝廷震动。万历四十七年，明廷以杨镐为辽东经略，联合忠于明朝的叶赫部，号称四十万大军，分兵四路出沈阳：由山海关总兵杜松居中路之左，以广宁道张铨为监军，从浑河入抚顺关；由辽东总兵李如柏居中路之右，以辽阳道阎鸣泰为监军，从清河入鸦鹘关；由开原总兵马林会合叶赫部兵居北路，以开原道潘宗颜为监军，出三岔口；由辽阳总兵刘铤会合朝鲜兵居南路，以海盖道康应乾为监军，以游击崔一琦为朝鲜兵别监入宽甸。明军分四路对后金首府兴京进行合击，企图一举除去后金的威胁。而努尔哈赤则利用明军兵力分散、步调不一的弱点，集中八旗全部兵力六万人，以速战速决、各个击破的方针来与明军对抗。时逢大雪，兵不能进。明军杜松想立头功，不按统一规定时间，先行渡过浑河，连克三小寨后，乘胜进入萨尔齐谷口，以三万兵力屯萨尔浒山，自己引兵二万攻界藩。此时，努尔哈赤正领夫役一万五千人，以四百精骑为护卫在界藩构筑工事，闻杜松军至，即于谷口伏精骑而待，等到杜军过去后，从后击之，将杜松军赶到界藩渡口时，又以夫役千人相助反攻；而他则自率六旗兵直趋萨尔浒山大营。当时太阳尚未西斜，却突然阴霾四合。在咫尺不相辨时，明兵却燃起火炬。这火炬正好帮助努尔哈赤寻找到攻击的目标，于是后金军万箭齐发，发无不中；而明军却只能毫无目标地将铳炮向树林、向空中乱射一通。后金兵乃乘黑占领了萨尔浒山。杜松闻报赶往救援时，后金兵即从山上冲击，与山下兵一起对杜松军进行夹击，并把杜松军分割开来，混乱中，杜松中矢身亡。至此，明军中路左翼五万军马全军覆没。北路马林军出三岔口时，闻杜松军败，即结营自固，后金兵从上而下奋击，马林大败，逃回开原，监军潘宗颜力战身亡。杨镐闻耗后，企图控制李如柏和刘𬘩的行动。只是此时，李如柏已兵至虎栏关。当时守虎栏关的后金兵只有 20 人，见如柏军至，乃登山鸣号，做大军追击状，已经心胆俱寒的明兵，一闻号声队伍即自行散乱，奔突逃窜时互相践踏，死伤无数，余皆遗逃而去，诸将中只李如柏生还。而刘𬘩的部队，此时亦已深入三百里，至浑河，攻克了三寨时，尚不知杜松军已覆没，仍整队前进，正欲登上阿布达哩冈时，后金兵已捷足先登，同时，努尔哈赤已分遣一支队伍趋向刘𬘩军的西面，自高处冲下，而山下的后金兵则树起杜松的旗帜，着杜松军衣甲骗过了刘𬘩，等他受到夹击时才知上当，而队伍已经乱不成军，刘𬘩力战而亡。监军康应乾及朝鲜兵驻扎在富察郊外，努尔哈赤移师击破之，南路军仅康应乾带数百骑逃脱而去。崔一琦败走时投朝鲜营，朝鲜将帅姜弘立惧怕，率众向后金投降，崔一琦则投崖身亡。马林逃回开原后，努尔哈赤又挥师攻下开原及铁岭，进军到明边境。萨尔浒一战，使后金部队由战略防御转为战略进攻。

萨尔浒战役明军惨败后，杨镐下狱治罪。复派熊廷弼驻辽阳，经略辽东。廷弼招抚流亡，修养守备，加强防务，努力固守，使努尔哈赤年余无法进兵，无法继续取得进展。但不久，朝廷以熊廷弼不战为由，将他免职。免职后由袁应泰代之。袁应泰不懂用兵，防务随之松懈。到明熹宗天启元年（天命六年，1621年）春，努尔哈赤乘机攻占辽阳，总兵贺世贤战死。三月，进攻沈阳，袁应泰死守，后金兵乃冒炮火登城，刚一登城，城中就大乱，袁应泰自焚死，城陷。沈阳既下，又分兵四下进攻，攻下辽河以东的堡、寨、营、驿及海州、盖州、复州、金州等大小七十余城。努尔哈赤乃于明天启五年（天命十年，1625年）将都城由兴京迁来沈阳，称盛京。此时，明与后金冲突局势更加紧张，明廷不得已又起用熊廷弼，同时却以宦党王化贞为巡抚。由于两人意见不合，互相掣肘，使熊廷弼筹划水陆配合的"三方布置策"无法实施，从而使努尔哈赤得以西渡辽河，占领广宁，然后又连下四十余城，熊廷弼被杀。继后，由大学士孙承宗出镇辽东，他采用袁崇焕的建议，以宁远、锦州为重点，筑城置炮，扼守后金骑兵入关的通道，初步稳定了战局。但不久孙承宗亦遭排斥，由宦党高第取代。高第主张将汉人驱赶入关，然后放弃关外土地，他乃爱财如命、贪生怕死之人。袁崇焕在宁远拒不受命，与军民一起死守孤城。天启六年（天命十一年）正月，努尔哈赤得知高第系贪生怕死的人，认为时机已到，乃率铁骑等十三万人马进犯宁远。努尔哈赤意想不到的是，在宁远却遭到袁崇焕的狙击，而且竟相持数月不能下，最后还遭到袁崇焕猛烈炮火的轰击，不但军队受到前所未有的损失，自己也被炮火击伤，不得不知难而退。回到盛京后，曾感叹地说："自二十五岁以十三副遗甲发兵征讨以来，战无不胜，攻无不克，何此宁远一城竟不能下，岂非天意！""遂大怀忿恨"而终日郁郁不乐，不久乃于天命十一年八月病死于沈阳近郊叆鸡堡，终年六十有八。清立，被尊为：太祖武皇帝。

十四、拒不投降史可法

明崇祯十七年三月（1644年），李自成攻陷北京，崇祯吊死煤山后，阉党余孽马士英、阮大铖欲迎不可立、但便于他们控制的福王朱由崧（明神宗之孙，前福王常洵长子，原封德昌王，后嗣袭福王）为监国，东林党人史可法等虽对朱由崧极不满，但在当时，为了顾全大局，也不得不同意迎朱由崧到南京为监国。清顺治二年三月（1645年）朱由崧即帝位，建元弘光。

此时，南明政权尚拥有兵力近百万，驻守江北四镇，有总兵刘泽清、高杰、刘良佐、黄得功，以及驻守武昌的左良玉等，只要同心协力，尚可与清兵相抗衡，反清复明尚有望。只是南明小朝廷，内部矛盾重重，闹得不可开交。首先，他们（包括史可法）在清兵压境时，仍以剿灭农民军为主，曾数次遣使与清议和以共同讨"贼"。其次，福王登位后，到了生死关头，依然终日花天酒地，寻欢作乐，忙于选妃，置国事于不顾。阉党则利用他的弱点，把持了朝政，他们卖官鬻爵，排斥异己，将史可法排挤出南京，无所不为。再次，镇守各镇的总兵，则只知借口防务需要"增索金钱"，当时南明小朝廷全部收入只五百万两，他们索要三百六十万两，并经常煽动士兵"肆掠于野"，同时各镇将领之间互相猜疑，争权夺利，仇怨极深。这给清军以可乘之机，清军很快平定了关陕，控制了黄河流域各省，准备挥师南下。到了这时，南京政权才感到了危机。

此时，兵力最雄厚的左良玉军，与黄得功有隙，这次又因马士英要在板子矶修筑工事，以防西面之敌，左良玉提出：今西面防什么，是不是防我？两相猜疑而不和，更因马士英又裁其饷，左良玉索饷，不给。于是左良玉以"清君侧"为名，传檄远近，并上疏请诛马士英，继则于武昌起兵。马士英急调刘良佐等回师保卫南京，刘泽清也趁机以勤王为名，沿途大肆掠夺。时史可法督师扬州，对各镇将领之间的矛盾冲突虽然做了很多调解工作，但收效不大，以致发生许定国诱杀了高杰，黄得功、刘良佐被调去阻击左良玉的情况。史可法闻报清军将至淮，一连上疏告警，请勿调动各镇兵力。但马士英以为这是东林党的借口，想放左良玉进南京。这时左良玉兵至半途，就疾发呕血而死。这虽然减轻了一些内部压力，但此时清军除命吴亲王阿济格西讨李自成外，已派豫亲王多铎率师南下。

先前清摄政王多尔衮闻史可法拥立福王为监国，又即位称帝，即致书劝史可法学吴三桂降清讨"贼"。史可法拒绝降清，但希望继续共同讨"贼"，两国世通盟好，表示"法处今日，鞠躬致命，克尽臣节"，多尔衮知史可法无降意，于是派多铎南讨。多铎奉命出虎牢关，分三路进兵先克郾城、上蔡，再下归德（今河南商丘）后又分两路进兵，一路出淮北，一路出淮南，又趁势攻陷安徽颍州、太和，遣将夺取泗州淮河桥，连夜渡过淮河准备进攻扬州。史可法初闻清军将南下时，准备移师泗州护卫祖陵，辎重已发，因左良玉兵发，奉命回援，渡江抵燕子矶，闻黄得功破左良玉军。他乃移师天长，命令诸将设计救盱眙，议未定盱眙已降清，泗州援将侯方岩战败阵亡，清兵已渡过淮河，于是史可法急奔回扬州。怕现有兵力不足以固守扬州，史可法想集结各镇兵来援，可是只有刘肇基赶至。史可法开始意识到到此时，谁还听你指挥，为今之计只有"鞠躬致命，克尽臣节"了。刘肇基赶到，看到这种情况，提出背城一战的建议。史可法不同意，他知道现在的扬州只是一座孤城，被清兵包围得铁桶似的孤城，外无救兵，总兵李栖凤、监军副使高歧凤又出降，城内只剩数千守兵，但还存有一线希望，所以不同意背城一战。清军主帅多铎也以为史可法很快就会投降的，所以围而不攻。多铎见多日仍无动静，就派出使者进城劝降，却被史可法赶了出来。使者回报，史可法称：城存与存，城亡与亡，我头可断，而志不屈。多铎先后几次发出劝降书，史可法看都不看，只是那一句话。于是多铎下令发起猛攻。虽然城内兵力不足，但将士们齐心协力，抱定城存与存、城亡与亡的决心死守，一次次打退了清兵的进攻，还打死打伤许多清军将士，弄得多铎毫无办法。他见攻又攻不下，劝降又不成，乃大发雷霆，派使者发最后通牒，威胁说：如不投降，将以大炮轰击，城破鸡犬不留。史可法仍不予置理，乃调遣将士严加把守，城西门系险要之处，他亲自把守。他知道现在已到了最后生死关头了，城亡将玉石俱焚，乃留出他的母亲和妻儿，交代他尽节后，将他葬在帝陵之侧。四月二十五日，清军又发动进攻，以猛烈炮火轰击西门，不久城被打开一个缺口，清兵蜂拥而入。此时，史可法身先士卒，与清兵展开血战，他的行动大大鼓舞了士气，将士们全力拼杀，毕竟众寡悬殊，将士又多已疲惫不堪，如何抵挡得住！史可法知道城将失陷，乃仰天长叹，流下了英雄泪。在混乱中，他准备以死殉国，"克尽臣节"，乃抽剑自刎，却被一参将救下，并保护史可法出小东门，可是却被清兵截住。此时，史可法乃大义凛然地对清兵说："我乃督师史可法是也！"史可法被抓后带去见多铎。多铎面带怒容地指责史可法："你知道吗，因为你的顽抗，我们多死了多少人！你今日被俘，还有什么话可说！"面对死亡，史可法仍然大义凛然地回答："城存与存，城亡与亡，我头可断，而志不屈，今日我仍然是这句话。至于多死了多少人，请问，你们如果不兴兵犯我中原，会有人死亡吗!？你们杀我汉族人杀了多少，你们算得清吗！你们杀够了没有？来吧，我这里还有一个，你们再杀吧！"多铎闻言，不

第十三章 明

· 303 ·

禁勃然大怒，但又答不上话来。他知道再说也说不动他了，于是大刀一挥，史可法英勇就义！留下了一段可歌可泣的史事，连双手沾满史可法和无数汉人血迹的多铎也不禁对史可法忠贞不贰的英雄气概产生了无限敬意。

据说史可法死后，尸体难觅，到第二年，家中亲人以袍笏招魂，葬于扬州城外之梅花岭，即今日"史阁部衣冠冢"。

扬州城陷以后，清兵屠城十日，死者约80万，有人著《扬州十日记》以记其事，以表其惨，以志其哀！

史可法，字宪之，号道邻，生于明万历二十九年，卒于弘光元年（公元1601年~公元1645年），河南祥符（今开封）人，祖籍河北大兴，崇祯元年进士，与东林党关系非常密切，对阉党专权和明末腐败弊政非常不满。他那忠贞不屈的英雄气概永远值得人们敬仰和怀念。

第十四章 清

一、清初权臣多尔衮

多尔衮（1612年~1650年）是清太祖爱新觉罗·努尔哈赤与第四位福晋乌拉纳喇氏所生的儿子，排行第十四，有同母兄阿济格排行第十二，同母弟多铎排行第十五。

多尔衮自幼为努尔哈赤所钟爱。努尔哈赤诸子中，以第三子莽古尔泰和四子皇太极战功最大，莽古尔泰为人粗暴残忍，而皇太极则颇具谋略。乌拉纳喇氏见此情况，深恐努尔哈赤死后她母子日子艰难，便极力怂恿努尔哈赤早日定下多尔衮为他的继位人。努尔哈赤虽说喜爱多尔衮，但见他年纪太小，难下决心。到后金天命十一年（明天启六年1626年），努尔哈赤兵败宁远，自己受伤，退回盛京养伤。乌拉纳喇氏见努尔哈赤伤病危急，乃求努尔哈赤宣布多尔衮为继位人。到了此时，努尔哈赤只得推心置腹地对她说："我可以宣布多尔衮为继位人，可是他现在才15岁，能压得住哪一位年长的哥哥？恐怕他坐不了几天宝座，就会被赶下台，甚至人还要送命的，你难道愿意这样!?"乌拉纳喇氏疑惑地看着努尔哈赤，说不出话来。后来努尔哈赤想了一个万全之策，召来四大贝勒，宣布遗命："当初，我因你们的祖父和曾祖父被无故杀死，我乃以祖传的十三副盔甲起兵，五十多年南征北战，才艰难地创下了这个基业，我死之后，希望你们能共同守好这个基业，不要辜负我的苦心。我现在决定，我死之后，由多尔衮继位。他胆识过人，很有才干，足以担当此任光大基业，只是他现在才15岁，先由代善摄政，遇有大事，众王共商辅佐，等多尔衮成年后归政于他。"莽古尔泰以为自己当立，结果出乎意料，心中不满，但不敢开口。皇太极看在眼里，知道莽古尔泰的意思，开口道："父皇的决定，自当遵从，只是十四弟虽有才干，也聪明过人，但恐怕年纪太轻，缺乏处事经验和魄力，应该选一个年长的才能压住阵，请父皇考虑。"莽古尔泰也加以附和："请皇父再三考虑。"努尔哈赤坚持自己的意见，开导说："我一生经历过多少事，见过多少人，一生还没有看错过人。多尔衮现在年纪小，但他的聪明、机敏、才智都超过你们，你们要相信父皇，协力扶持，不要违背我的意愿！"由于临终遗命没有向众亲王宣布，结果努尔哈赤死后，他们四人就违背了皇父的遗言，代善被他儿子岳托说服，拥戴皇太极继位，所以在议政殿宣布遗言时，凭着众亲王不知遗言真正的内容，就改变了努尔哈赤原话，于是大家拥立皇太极，多尔衮继位的问题就这样被搁置了。皇太极挤掉了多尔衮，但他知道乌拉纳喇氏是个精明厉害的人，是个危险的人，她三个儿子各掌握一旗，她若不罢休，将是个祸害。他便说动代善和莽古尔泰，假传先皇遗言，逼迫乌氏殉葬。乌氏闻言乃大声痛骂皇太极，她知道已无法挽回，只好要皇太极、代善和莽古尔泰三人发誓会保护多尔衮他们的安全，然后自缢而死。多尔衮失去继承皇位后，又失去了亲生母亲。

明崇祯十六年（后金崇德八年，公元 1643 年），皇太极驾崩。多尔衮又面临继位问题。按太祖努尔哈赤的遗命，皇位是多尔衮的，当时不但皇位未继承，亲生母亲又因此遭残害。而母亲的惨死使他痛彻心肝，如今他兵权在握，又建有卓著的战功，与其兄弟等人形成一股很强的政治力量，归政于他是顺理成章的事。但好事多磨，此时，孝庄文皇后出面了。她是多尔衮的大姨子，有这一层关系，他们嫂叔之间就好说话多了。孝庄单刀直入地说："论当时太祖的遗命和你现在的功劳，以及你的才干，你都有资格继此皇位。但你如登位，一则太宗有子，长子肃亲王豪格头一个就会跟你争，其他诸子也不会放过机会的。二则，如你登位，你的诸多兄弟代善他们也会出来相争的，到那时你能说得清楚吗？"多尔衮陷入了沉思，他觉得皇嫂的话不无道理，但他不甘心："按太祖的遗命皇位本来就是我的，我称臣十七年，如今还不该还给我吗！""按道理是可以归给你，但是要考虑后果。"孝庄诚恳地说，"希望王爷能以大清朝为重，朝廷初创，千万不能发生意外。我有一个主意，不知王爷可愿意听？"多尔衮从来没有这样和皇嫂如此面对面地谈过话，如今见她说出的话，既达理又通情，态度是那样诚恳语气是那样温柔，多尔衮不禁多看了她几眼：皇嫂今年已 30，但风采神韵还是那样迷人，风度还是那样文雅。

此时的多尔衮不禁对皇嫂生出怜爱之情，委婉地开言道："皇嫂且说出来听听！"孝庄轻启朱唇一字一句地说道："你皇侄福临，今年六岁，我准备传先帝遗命，立他为继，王爷为摄政大臣。你虽不居位，但国政全由你做主，我将全力支持，这样众亲王既提不出反对的理由，自然也就避免一场因争夺皇位而可能发生的内乱，为巩固大清江山立下一大功。如此安排岂不是比你自己登位更好？不知你认为是否可行？"多尔衮早先耳闻皇嫂不但人生得倾国倾城，而且十分聪慧睿智，他只是半信半疑，今日亲见亲闻，才知道外间传闻只能得其万分之一。她的想法是如此周到，如此缜密，叫人无隙可乘，不能不令人既怜又敬。多尔衮到了此时，在皇嫂面前于情于理都只能放弃自己登位的打算，只有举双手赞成的份了。

明崇祯十六年（清崇德八年，1643年），福临继位，多尔衮以摄政王身份并在孝庄文皇太后支持下执掌国政，时年三十二。崇祯十七年三月十九日北京陷，明亡。四月底李自成撤出北京后，北京东北各州县纷纷向清军投降，多尔衮令先遣队进入北京，下令禁止兵士进入民宅骚扰。五月，多尔衮在吴三桂引导下进入京城，做好奉迎皇上迁都北京的准备工作。文武官员，出五里外迎接，然后由朝阳门入武英殿受朝贺。为了笼络人心，乃为明崇祯帝和后妃发丧，命在京的内阁六部，都察衙门官员，皆以汉官同满官一体办事，文臣的衣冠暂从明制，印信并铸满汉文字，下诏天下尽除明时的苛捐杂税，不加派田赋。六月，派肃亲王豪格平定了山东、河南；直隶巡抚卫国允、沈文奎又先后削平大名、顺德、广平等处；都统叶臣等乃出固关，克太原，下大同；巡抚马国柱攻汾州、平阳。山西遂定。七月，派武英亲王阿济格、吴三桂、尚可喜追击李自成于陕西。十月奉迎福临于盛京，多尔衮率诸王、贝勒、贝子及文武大臣迎驾入京城，即皇帝位，定都北京。多尔衮被加封为皇叔摄政王。多尔衮令副将韩拱薇，参将陈万春等携书往劝史可法共同讨"贼"，被史可法拒绝。多尔衮见山西、山东、河南等郡县已相继平定，除七月已命英亲王阿济格为靖远大将军率军西讨李自成外，更命豫亲王多铎为定国大将军（后加封辅政王）率军下江南。顺治二年五月定南京，六月克杭州，闰六月命内阁大学士洪承畴等招抚江南、广东、江西、福建、湖广、云贵等省。太宗崩时，郑亲王济尔哈朗欲立肃亲王豪格为君，豪格因未能继承皇位，常怀不满，常与顺治帝和多尔衮作对，着即革去郑亲王的亲王爵，降为多罗郡王，以肃亲王有战功免死入狱。大同总兵姜瓖（原明降将）于顺治五年十一月叛，曾谕其悔罪，姜瓖不从命，于是顺治六年二月多尔衮乃统兵征讨，攻下浑源抵大同，劝降仍不听。时闻胞弟辅政的豫亲王多铎出痘，即命班师。师次居庸关，闻已故，乃易素服，去缨，号啕急驰归京城料理丧事（后大同因粮尽，姜瓖兄弟三人被部将所斩。大同遂平）。十一月命定南王孔有德率部两万人前往广西，靖南王耿仲明率部一万人、平南王尚可喜率部一万人同往平广东（耿仲明因部将犯案受牵连，仲明惧乃自尽，下诏由其子继茂袭封）。

多尔衮与孝庄随着接触的增多，两心相知。多尔衮常以与皇太后相商国事为由，进宫见孝庄。在顺治五年，多尔衮又被加封为皇父摄政王，两人往来更加密切，以致民间有皇太后下嫁之说。顺治七年十月，多尔衮往边外喀喇城打猎，十一月到达后即病倒，于十二月初九日戌时终，年仅39岁。噩耗传至京郊，帝哀悼，下诏臣民着素服、举丧。灵柩运至时，帝率诸王贝勒、文武百官，易缟服出东直门五里外迎接，哭奠尽哀。

多尔衮摄政以后，难免威权日重。宫中见帝，多用家常礼节，帝事之惟恭惟慎，君臣之礼，不复存在。尊为皇父后，百官请示，多称臣；诸王贝勒相见和问事，无不跪拜。可见多尔衮威权之重。也因此，他必然得罪了许多人。顺治亲政后，近侍苏克萨哈首先告发多尔衮私制帝服等图谋不轨罪，于是郑亲王济尔哈朗亦起揭发。郑亲王原与多尔衮同为辅政大臣，因豪格事被皇太后和多尔衮革除，改多铎为辅政，他隐忍多年，多尔衮一死，他们一派即大肆活动，今见时机已到，乃趁机与苏克萨哈联合提出非追治其罪不可。顺治帝决定削去多尔衮爵位，家产籍没入官，母妻封典皆予追回，停止其嗣子多尔博的封爵。凡过去与多尔衮较亲近的王公大臣或被处死，或被贬官革职。终顺治一生，对铲除所谓多尔衮党羽都没有停止过。

二、大义孝庄文皇后

孝庄文皇后，生于明万历四十一年，卒于清康熙二十六年十二月二十五日（1613年~1688年），享年七十有五，谥号"孝庄文皇后"。孝庄系蒙古科尔沁贝勒宰桑的女儿，姓博尔济吉特。孝庄的姑姑先嫁给后金太宗皇太极为妃。崇德元年（1636年），皇太极建立了大清后，一次在伯都纳练军时，孝庄的父亲宰桑设家宴款待他。皇太极见到宰桑的女儿生得风姿绰约，光彩照人，乃一绝色丽人，不禁为之动心。后来皇太极提出要选他女儿入宫。孝庄入宫后深得皇太极宠爱，不久就被册封为永福宫庄妃，接着她姐姐也被册封为关雎宫宸妃。

肃亲王豪格，原是皇太极长子，本应继承帝位。后来多尔衮拥立庄妃之子福临（皇太极第九子）继了位。后公议由多尔衮和郑亲王济尔哈朗为辅政大臣。这引起肃亲王和他同党对顺治和摄政王的不满，经常与福临、多尔衮作对，并阴谋夺位。顺治五年（1648年），在孝庄和多尔衮发动下，揭发了郑亲王等在太宗崩时，欲立肃亲王为继，福临为太子的事。于是议定革去郑亲王的亲王爵，降为多罗郡王（后又复其亲王爵位），豪格以灭"贼"有功，免其死罪，系入狱囚之。不久，豪格忧愤而死。孝庄文皇太后为她十一岁的幼子除去了一个劲敌，避免了因夺位而可能发生的互相残杀的局面。

顺治继位时才6岁，至此也不过11岁，当时又处在立朝初期，一切典章制度、人事安排，以及平定反清力量、起义军势力和南明武装等等事宜，都靠她和皇叔摄政王共商决定，这花了她的不少心血，好不容易度过了十余年平静的生活。到顺治十七年（1660年），顺治的宠妃董鄂氏因失子，不久即抑郁而病死。董鄂死后，顺治痛不欲生，执意要出家，许多人劝阻都不听，最后孝庄费尽口舌，才打消了他出家的念头。可是不幸的事还是落到了她的头上。半年后，她的希望，年才二十四岁的福临，竟不幸夭折，这使她悲痛欲绝。但国不可一日无君。在这种情况下，成为太皇太后的她不得不又一次挑起辅助幼孙、八岁的玄烨登上皇帝宝座的担子。这一次担子更重，上次还有皇叔多尔衮可以商量。这一次更要殚精竭虑对玄烨进行谆谆教导，帮助他早日学会独立治国的本领，毕竟自己已是50岁的老人了，谁知还能活多久啊！根据顺治遗诏由索尼、苏克萨哈、遏必隆、鳌拜为辅政四大臣。四大臣中索尼资格最老已为人公正，但有些怕事，因而在苏克萨哈与鳌拜争执时，往往置身事外。苏克萨哈性刚正，敢直言，常因鳌拜的霸道滥权而与之争执，故鳌拜深恨之，必欲置之于死地。鳌拜也因自己曾数次随先帝南征北战，立过战功，而居功自傲，总想除掉苏、索后控制幼主、独揽大权。而遏必隆是一个随风倒的人，好控制。鳌拜仗着自己党羽遍布天下，竟专权滥杀大臣，在皇帝面前也敢攘臂挥拳，太皇太后闻知，心甚忧之。她为了笼络索尼，在玄烨十二岁时，娶索尼孙女赫氏为皇后，并绞尽脑汁想为幼孙除去欲夺权的鳌拜。到康熙八年，玄烨十六岁时，太皇太后与康熙计议后，定下了擒拿鳌拜的周密而可靠的方案，终于把这个势焰滔天、专横跋扈、权倾朝野、党羽遍布而又根深蒂固的鳌拜铲除掉。为幼孙除去一个野心勃勃的篡权者，为自己搬去一块压在心头上的大石头，也为大清又立了一功。

除去鳌拜以后，三藩问题成了太皇太后和康熙的心痛。孝庄知道三藩不撤，日久必生祸乱，她也知道撤藩不是件容易的事，搞不好就不可收拾，但反过来一想，如果现在不撤，将来势力更大了，那不是更难撤了吗？她又考虑到这么重的担子，这么大的风险，玄烨能挑得起吗？她反复考虑后，向康熙提出了这个问题，并要康熙下决心撤藩，但一定要找个适当的机会，更要通观全盘，详细分析，周密部署后施行，不可草率从事，招来可能的失败。由于当时"天下财赋，半耗于三藩"，朝廷财政极度困难，孝庄乃献出体己财宝，作为费用。在太皇太后的支持下，康熙下决心，按议定的步骤作了部署，对可能发生的情况作了充分估计，制订了应变方略，对兵力调度作了稳当而灵活的安排。于是在各方面配合和努力下，历时八年的"三藩之乱"，于康熙二十年（1681年）按孝庄和康熙的预见被彻底平息了。

在平定三藩的过程中，蒙古察哈尔亲王布尔尼乘京师空虚，率兵直逼距京师仅有数日里程的张家口。这一出乎预料的事变，弄得康熙一时束手无策，深为忧虑。孝庄闻知此变，也感到棘手，经过她冷静地思考后，认为大学士图海才能出众，可平此乱。孝庄果然慧眼识人，知人善任。图海出兵，很快就平息了布尔尼之乱，化险为夷，稳定了京师。接着图海又统兵往平凉征讨王辅臣。王辅臣被迫投降，挽回了关中、陕西危急之局势，破坏了吴三桂举兵北犯的计谋，又一次证明了孝庄的睿聪和果断。她又为大清立了一大功。

孝庄一生，以她的聪明才智、远见卓识，在清朝初建时期，在那样混乱的情况下，连续扶持两位幼主建基立业，把康熙培养成圣明之主，创下一代盛世，这不是一般女人都能做得到的，而更为难能可贵的是她毫无弄权之心，这在中国历史上是值得大书而特书的。

三、郑成功收复台湾

明万历二十九年（1601年），荷兰殖民者继葡萄牙、西班牙之后，率舰队来到东方，于万历三十一年以后，数次偷袭并企图强占我国澎湖地区，被击败后转而侵略台湾。台湾自古就是我国的领土，明代后期台湾的汉人已达十余万人，占台湾总人口的百分之九十以上，和台湾高山族人民一起对台湾进行了开发。荷兰殖民者在明天启四年（1624年）强占了台湾后，在台南筑"赤嵌城"（又称红毛城），修筑"热兰遮"（台湾城，今安平镇），征收高额人头税，把大批台湾人民抓去卖做奴隶引起台湾人民的强烈反抗。

当农民军在西南浴血抗清时，东南沿海一带人民在郑成功的领导下，也在进行着艰苦的抗清活动。郑成功，生于明天启四年，卒于明定武十七年（康熙元年）。名森，字大木，福建南安人。郑芝龙的长子，母翁氏（田川氏）是日本人。他出生于日本，七岁归国，幼时即稍通书史，15岁入南安县学，后入弘光时南京太学，师从钱谦益。顺治二年，唐王在福州称帝时，见郑成功生得英俊，人又机敏聪颖，且文武双全，奇之，赐朱姓，名成功，被称为"国姓爷"，封忠孝伯，令统领禁旅，以驸马都尉体行事。顺治二年五月，郑芝龙降清后被封为同安侯，亦封其子郑成功为海澄公，其弟郑鸿逵为奉化伯，弟郑芝豹为左都督。十月郑芝龙奏称：郑成功、郑鸿逵拒绝受封。12月又遣使敕赐郑成功为靖海将军，授海澄公印，仍不受。郑成功曾多次劝其父不要叛明降清，甚至哭跪于地。最后其父仍不听，郑成功即率百人迳赴厦门、金门，在离开他父亲时给他父亲写了一封决绝书。后郑成功在广东募得数千人，回到鼓浪屿，设明高皇帝神位。其父旧部亦多归附于他，兵势大盛，就与诸将共盟誓，共谋勤王之事，多次出击，清廷屡次招抚均不受。不久清军入闽南，他家中被大肆淫掠，其母自杀而亡（一说母受辱后愤而自缢）。郑成功得知愤恨至极，牢记国恨家仇，誓与清廷势不两立。他以厦门、金门两岛为基地，拥有十万大军，战舰五千艘，又招募漳、泉等处勇士合十七万。他治军有方，赏罚分明，成为东南沿海一支抗清的劲旅。

永历八年时，他先以"明招讨大将军忠孝伯"、后以"延平都王大将军"

为号召，发兵攻打漳州，守将刘国轩、朴世用等降，属县十邑俱下，又乘胜攻克泉州所属各县邑。福建巡抚佟国器奏迅速发兵来剿，并求救调潮州水师来厦配合对郑军进行夹击。而永历九年十一月，郑成功乃出兵围舟山，舟山副将出降，震动了宁波、定海。永历十二年夏六月，郑成功以少司马张煌言为监军，率师北伐。抵浙江海面时，天朗气清、风平浪静，不期突发飓风，遭严重损失，被迫退守厦门。永历十三年（顺治十六年），郑成功探知清军三路入滇，江南武备空虚，乃乘机复出北伐。夏五月，率舟师入崇明，见沿江各要塞防守严密，但郑成功以十七舟长驱而进，却无人敢与交锋。军抵瓜州，清兵出战，死伤千余人而逃，瓜州被攻克。六月克镇江，准备进取南京，东南震动。江苏、安徽的太平、宁国、徽州等四府三州二十四县，闻风相率归降，而淮、扬、常、苏四府亦准备旦夕响应。郑成功的北伐，有力地牵制了清军对西南的用兵。此时，郑成功的部将甘辉向他建议：一是北取扬州，以断山东来援。二是南据京口，以断西浙的漕运，扼其咽喉；三是号令各地，江南可不战而定。这本来是万全之策，取胜之道，可惜郑成功竟然不听，他已因"累捷"而"自骄"，以为取南京已易如反掌了。秋七月，郑成功已将南京团团围住。这引起顺治的震惊，顺治在南苑召集众臣商议，准备率师亲征；南京守军是战是降亦议而未决。正在此时，两江总督郎廷佐闻郑成功因胜而骄，知道是可利用的弱点，于是就派人说动郑成功，宽限30日，做好投降的准备工作，到时将隆重地开关迎接。诸将知此乃缓兵之计，劝郑成功不可接受。而此时的郑成功，已被胜利冲昏了头脑，竟然不听诸将的劝阻，而满口答应，并按兵仪凤门外，依山为营，连亘数里。时值炎夏，将士多于水中嬉戏，七月二十三日郑成功生日时，将士"释戈开宴，纵酒捕鱼为乐"，营垒空虚，防守松懈。适苏松水师、崇明总兵梁化凤援军至，探知详情，遂夜率轻骑五百冲破郑营，第二天一早，郑军造饭未就，即被梁化凤军冲来，城内亦出兵里应外合，郑成功令甘辉守营，自己往调舟师。各营见山上帅旗不动，既不敢退，又不敢去救援，经不起前后夹击，死伤无数，五百多艘战船被烧，损失惨重，甘辉被捉，不屈而死。郑成功乘船出海而逃，被迫退守厦门。

　　清廷实行迁海，以切断郑成功与内陆的联系。在这种情况下，郑成功才意识到自己的错误严重，又不听诸将特别是甘辉的话，致有今日困守孤岛的局面。而厦门地盘狭窄，粮饷无着，不但无发展前途，还很难久守。困守厦门终非长计，但往何处呢！正在一筹莫展之时，忽报道，熟悉台湾情况的荷兰通事何斌（一说何延斌）逃回厦门。台湾乃郑氏家族早年经营的地盘，故地难忘，郑成功乃召见何斌。攀谈中，何斌得实情后，就劝郑成功："为何不取台湾？台湾乃公先世故地，据台湾为基地，不愁军饷无所出，也不易受攻击，进可取，退可守！且台湾人民受荷兰人欺凌压迫，久思驱逐殖民者，回归祖国。此乃天时、地利、人和具备也，何某愿为向导！"一席话说动了郑成功的心。于是在永历十五年（1661年）三月二十三日，郑成功命其子郑经严守厦门和金门，自己率二万五千人（一说四万人），战船三百五十艘，由何斌领航，从金门（一说从厦门）出发。先抵澎湖，通过地势复杂、航道曲折的鹿耳门，出敌不意地逼近"赤嵌城"殖民者的要塞下，吓得侵略者以为这些人是从天而下的什么神人，要塞经不起郑家军炮火的轰击，侵略者只好放弃"赤嵌城"，退守热兰遮（台湾城）负隅顽抗，以待援军。郑成功为了减少伤亡，围而不攻，"俟其自降"，隔断它与外界的一切联系，派船在海上巡视，以阻击海上来的荷兰援军。围困几个月后，一支由几艘战舰组成的荷兰援军赶来，城内荷兰人以为反攻机会来了，企图出城配合夹击。谁知荷兰舰队在半途就遭到阻击，一艘被击中起火，一艘被击沉，二艘被击伤，于是各舰乃掉转船头飞速而逃。城内守军见此情况，只好又龟缩入城内。此时荷兰总督揆一只好给郑成功写信，请求给白银十万两，换取郑成功罢兵退出台湾，遭到郑成功坚决拒绝，严正声称："台湾自古属于中国！""自应由原主收回！"在荷兰殖民者一再据守顽抗下，郑成功下令切断城中水源。此时城中粮尽水干，二千余荷军，被困死一半，在经过八个月的困守后，终于在永历十五年十二月三日宣布投降。台湾回到了中国人民的手中，结束了台湾人民遭受38年苦难的日子。

　　郑成功收复台湾后，使之与金门、厦门成犄角之势。改赤嵌城为承天府，台湾城为安平镇，置天兴、万年两县；筑馆舍以安置来归的明宗室和故老；委派官吏，鼓励开垦，还从大陆漳、泉、惠、潮等沿海各县招来农民，使教驾牛犁耙之法，播种五谷割获之方，以振兴农业生产；开市场，促工商，兴富强之业；设官职，办设学校，颁礼制：一派建基立业、繁荣兴旺的景象，引来海内外许多有志之士。不幸的是，康熙元年五月初八日，这位抗清志士、

第十四章 清

· 313 ·

民族英雄，年仅 39 岁，正当盛年、壮志未酬时，带着遗憾病死于台湾。他死后，由其子郑经袭位。

四、清乾隆帝六下江南

　　清朝的第六个皇帝乾隆（爱新觉罗·弘历）从乾隆十六年（1751年）正月开始，到了乾隆四十九年（1784年）四月为止，曾六次南巡。前四次都是奉太后巡幸。乾隆四十二年皇太后病逝。第六次巡幸江南时，乾隆已76岁高龄。

　　表面上看，他是奉母览胜，其根本原因则是政治性的，是为巩固和发展"全盛之势"而南巡的。

　　江浙是"鱼米之乡"和"财赋之区"。据乾隆十八年记载，江苏省有民田68万余顷，征赋银337万余两，粮食215万余石；浙江省有民田45万余顷，征赋银281万余两，粮食113万余石。两省民田、赋银、赋粮总数，分别占全国田地、赋银、赋粮的16%、29%、38%。在每年运京供宫廷食用的400万石漕粮中，江浙竟占了257万石，为漕粮总数的64%。仅此几个数字，就足以证明江浙两地在全国经济总量上的特殊地位。

　　其次，江浙人文荟萃，文化发达，仅以科举，江浙两省的状元最多。顺康雍乾四朝61名状元，江浙两省竟占51名之多。

　　再者，江浙又是明末遗民活动中心，反清思想和反清行动一直延续不断。当年南明弘光朝廷就以江浙为统治中心。所以，乾隆要巩固大清江山，就必须控制这两省。

　　乾隆历次南巡一般都是在正月十五日前后从北京动身，陆路经直隶、山东到江苏的清口渡黄河，乘船沿运河南下，经扬州、镇江、丹阳、常州、苏州进入浙江境内，再由嘉兴、石门抵杭州。回銮时，绕道江宁（今南京），祭明太祖陵，检阅军队，大概四月底或五月初返回北京。整个南巡，水陆行程约六千里。

　　为了供皇帝车马行走，专门修筑了御道。御道要求路必须笔直。为此，许多民居被拆，坟墓被挖掘，良田被毁坏。凡是石板、石桥，都要用黄土铺垫。皇帝车仗经过之前，一律泼水清尘。途中建行宫30处，除行宫外，有些地方还搭盖黄布城和蒙古包帐篷以供住宿。每隔二三十里，设尖营，供小憩打尖用。进入江南后，主要是水路。共有船一千艘，皇帝和后妃乘坐的船名"安福舻"和"翔凤艇"，动用拉纤的河兵三千六百人，分作六班，每班六百人。整个南巡队伍上至王公大臣，下至章京侍卫，多达二千五百多人，另有夫役万人。队伍在陆上行进，浩浩荡荡，迤逦百里；在河上行驶，舳舻相接，旌旗蔽空。每到一地，"圣驾入境前一日"，地方官员便专程出境迎接，并准备大量美食佳肴。乾隆的生活条件和设施与在宫中无大差别，每天早晚照样鸣钟奏乐。茶房所用乳牛，多达75头，膳房用羊1000头，牛300头，都是从北京提前运到镇江、宿迁等地，随时宰用。乾隆的饮水多有讲究，在避暑山庄，一定要用荷叶上的露水烹茶。在南巡途中，饮用水都是远道运来，在直隶境内，用香山静宜园的泉水；到德州，用济南珍珠泉水；过红花埠入江苏境，用镇江金山泉水；到浙江，用虎跑泉水。饮水都如此讲究，其他就可想而知了。

为了迎接圣驾，地方上也是大肆靡费，竞相攀比。首先沿途搭建彩棚、牌楼、景点、香亭。那些彩棚富丽精工，无与伦比。如直隶保定长芦隘口搭起的各种各样的彩棚，有的像楼阁，有的像亭台，各自争奇斗妍，绵延几十里。其次是大肆修建园林，著名的苏州园林、狮子林、扬州九峰园，就是为供御览而改扩建的。九峰园中无数奇石，其中九个最高奇石，个个像苍颜白发的老人，乾隆见了喜不自胜，竟选中其中两个，命人搬到北京御苑中去了。扬州平山堂本无梅花，盐商捐资植梅万株，以备乾隆御览。乾隆南巡多在元宵节前后开始。第五次南巡时，临近镇江，只见运河南岸立着一个硕大无比的仙桃，用绿叶映衬，鲜嫩可爱。当御舟驶近，忽然烟火迸射，那颗仙桃砉然裂开，中间原来是一个巨大的舞台，上面有几百人，正上演寿山福海的新戏。这是镇江盐商为讨乾隆欢喜，挖空心思设计的。

乾隆如此安乐骄奢，喜游山水，纵恣声色，铺张浪费。而各地方官争相效尤，花费了国库和地方数不清的钱财，造成了极大的浪费。同时还对社会风气的败坏，起了推波助澜的作用，使献媚取宠、曲意逢迎成为一种时尚。所以乾隆中叶之后，贪污腐化风起盛行，乾隆自己也说："朕六次南巡，皆劳民伤财矣！"而这种结果，则是为清朝的最后垮台埋下了伏笔。

当然，乾隆毕竟还是一个有作为的皇帝，有人称他游乐而不废政务。比如，在南巡途中，他带着处理政务的班子，各地奏报直接送沿途驻地行宫，乾隆往往随时审批。第二次南巡时，正值平定准噶尔部战争，乾隆一边巡幸，一边阅读前方奏报，指示方略，发布命令。他还利用召见地方官机会，考察吏治，江西巡抚郝硕，就是在考察中就地免职的。其次是视察河务海塘工程。乾隆二次南巡时，视察了徐州治河情形，命令将土堤改筑为石堤。他大力表彰治河功臣，如裘曰修等。他两次视察了浙江海宁的海塘工程，命令修筑了柴塘与石塘两道塘坝，对于抗御海潮侵袭，起了重要作用。再者，他利用南巡机会，从政治、思想、文化诸方面做了笼络东南士人的工作。他到江宁，目的是祭明太祖陵。他喜欢吟诗作画，又善书法，江南名士沈德潜致仕在家，乾隆南巡曾与他诗歌唱和。某次游西湖，恰逢天降瑞雪，乾隆诗兴大发，吟道："一片一片又一片，三片四片五六片，七片八片九十片……"可是到第四句时，文思滞塞，怎么续也续不下去。还是沈德潜从容为乾隆皇帝解了围，他续道："飞入梅花都不见。"清纯之诗意，跃然纸上，乾隆当时大喜，把身上的貂皮大衣脱下赏给了他。有关乾隆南巡的野史轶闻还有许多，都在说明，作为一个封建社会的杰出政治家，他的南巡对于巩固康乾盛世的成果，是起到部分的作用的。这也是我们要用辩证法的观点看待乾隆功过的地方。

五、民族英雄林则徐

清朝的国力在乾嘉之际开始由盛而衰，与此同时，英美法诸国正逐渐完成工业革命，资本主义需要广阔的商品市场和原料产地，英国首先将目光投向了远东的庞大的帝国——中国。由于中国是自给自足的自然经济，英国只得求助于鸦片贸易来扭转巨大的贸易逆差。至道光年间，吸食鸦片已成为危及国计民生的祸害。有鸦片烟瘾的人，每至发瘾，浑身无力，眼泪鼻涕双流。平素也是耸肩缩脖、面焦骨枯、神衰情怠的病夫模样。满洲贵族、旗丁、太监、官吏、地主、绅士、士人、商贾、戏子、仆役、兵弁、和尚、道士、娼妓……上下九流无不染上烟霞恶癖。道光皇帝旻宁曾经大惑不解，写信问广东官吏："听说鸦片是死尸的肉做成的，洋夷在里面施了法，否则怎么会有这么多的瘾君子？"广东方面的官吏复信回道："没听说是死尸做的，倒是听说是用乌鸦的肉做成的。"皇上与臣下都如此无知，无怪烟毒泛滥成灾。面对清朝忧危局面，以林则徐为代表的严禁派官僚，大力疾呼彻底消灭烟毒。林则徐并上奏折道："若犹泄泄视之，是使中原数十年后无御敌之兵，且无可充饷之银。"极言烟毒大害。道光帝震惊之余，决定派林则徐赴广东查办禁烟。

林则徐是福建侯官（福州）人，生于乾隆五十年（1785 年）。其父林宾日秀才出身，以教书为业。林则徐出生时，就任福建巡抚的徐嗣曾的官轿正好从林家门口经过，其衣冠车驾威仪给林宾日留下深刻印象。他给刚出生的儿子起名"则徐"，就是希望儿子效法徐嗣曾，读书上进，光宗耀祖。林则徐小时候被塾师称为"神童"。某次，塾师带学童们登鼓山孖崩峰，一时兴起，叫学童们以"山"、"海"为题，各做一对七言联句。林则徐才思敏捷，随口吟念道："海到无边天作岸，山登绝顶我为峰。"塾师为林则徐小小年纪就能做出这样气势宏伟的联句而击掌叫好。

果然，林则徐没有辜负师长们的期望。他 13 岁中秀才，19 岁中举人，27 岁中进士。历官 14 省，任过监察御史、布政使、河道总督、巡抚、总督和钦差等官职。而且大清皇帝每遇棘手的问题时，总是派林则徐前去解决，他被中外人士视为忠心不贰的能臣干吏。他死的时候，道光皇帝给他谥号"文忠"，甚至连他的敌人英国侵略者也不敢轻视他，对他敬畏三分，所以英国伦敦蜡像馆矗立有这个伟人的蜡像。

嘉庆十六年（1811 年），当林则徐考中进士后，就被选为翰林院庶吉士。在京时期，他与南方出身的清流派小京官结成文学团体"宣南诗社"，社友中有陶澍、黄爵滋、龚自珍等人。他们常常诗酒唱和，议论时局，讨论经世致用之学，结成深厚的友谊，这自然为林则徐今后出任封疆大吏，建立斐然政绩打下基础。

道光十八年（1838 年）鸿胪寺卿黄爵滋上疏，请旨明令禁绝鸦片。这时林则徐正在湖广总督任上，他厉行禁烟，使两湖地区禁烟颇见成效。道光皇帝早已赏识林则徐，故这年十二月下诏任命林则徐为钦差大臣，节制广东水师，到广州海口查办鸦片走私案件。

林则徐水陆兼程，于翌年正月抵达广州。他会同两广总督邓廷桢，在钦差行辕——越华书院里，突然传见十三行洋商。原来道光时清朝只允许广州一口十三行官商与洋人贸易，而这些官商常暗中走私鸦片，中饱私囊。林则徐严厉地审问他们，要他们据实交代；另外让他们捎带一封勒令外商缴烟具结的谕帖。老奸臣滑的怡和行洋商伍绍荣准备行贿林则徐，因为他知道邓廷桢也曾受过贿的，主意一定，他说："我愿以家资报效钦差大臣。"林则徐勃然大怒道："本大臣不要钱，要你的脑袋。"

英国驻华商务监督义律一向认为中国官吏是雷声大，雨点小，准备采取拖延手段，而林则徐严正表示："若鸦片一日未绝，本大臣一日不回，誓与此事相始终，断无中止之理。"并下令对负隅顽抗的英国鸦片商人采取一些制裁手段。他先是包围商馆，继则撤走为商馆服务的中国工勤人员，同时再次晓谕义律："尔等售卖鸦片，贻害民生，正人君子，无不痛心疾首。"当义律指使最大的鸦片商人颠地化装逃跑，被清兵查出截回后，林则徐鉴于英方不合作态度，加大制裁力度，下令断绝中英贸易，并明确指出一俟事件解决，仍将恢复正常的中英贸易。义律黔驴技穷，只得就范，下令英国鸦片贩子向中国政府缴烟。

林则徐先是规定以虎门外的龙穴岛为缴烟地点。但龙穴洋面，时晴时雨，为了加快缴烟进度，免得节外生枝，缴烟地点又改到沙角。道光十九年五月十八日，缴烟工作告竣，共缴鸦片 19187 箱和 2119 袋。

六月三日，林则徐、邓廷桢等人到虎门视察焚烟，午后二时许，销烟池水沸腾，烟雾弥漫，顷刻间鸦片化为渣沫黑烟。销烟一共进行 20 天。

为了对林则徐的虎门销烟给予报复，更为了打开闭关锁国的中国大门，英国从本土和印度调派了远征军，并命义律为对华谈判全权大臣。1840 年 6 月英舰到达珠江口，因林则徐防范严密，英军无隙可乘，北上攻陷浙江定海，又直逼天津大沽口，以穆彰阿为首的投降派全力攻击林则徐，将罪过推在有功之臣林则徐身上。林则徐被革职充军到新疆伊犁。鸦片战争前后两次。1842 年 7 月，英国封锁瓜州，攻陷镇江，兵舰直驶南京下关，清政府与英国侵略者签订了中国近代史上第一个不平等条约——《南京条约》，中国从此沦为半殖民地半封建社会。

按理说林则徐大力禁烟，致力于海防建设是功勋卓著的。而且他能在中西两极初逢之时，敢为天下先，迈出了解、研究西方的第一步。在禁烟运动期间，他注意罗致人才，研究外情。比如他搜罗的一批外语人才，著名的有袁德辉、梁进德等他们都通晓西班牙语、英语。1839年，他派人与美国传教医师伯驾联系，请伯驾帮助翻译有关的国际法知识，伯驾协助翻译了《各国律例》。同时还向林则徐赠送了《各国地图册》。后来，林则徐还托伯驾帮助将他致英王的信件译成英文。他担心由华人译员翻译，措辞可能会有不太得体的地方，反映了他了解国际惯例的急迫性。此外林则徐还令人翻译外文报纸，如《广州周报》《广州纪事报》《新加坡自由报》等英文报纸中有关中国的时事报道和评论，按时间顺序编订成册，以备参考。尤其值得称道的是，他命人翻译《四洲志》。原书名《世界地理大全》，英国慕瑞著，《四洲志》是根据此书摘印的，译文八万七千多字，全部材料后来被魏源分类辑入《海国图志》中。《海国图志》影响极大，后来流传至日本，对明治维新产生了一定影响。这些事实足以说明林则徐在中西初次会面之时，在中国从相对封闭状态被迫纳入世界运行体系的转变时代，能以务实精神，及时调整"天朝中心"等不切实际的自大心态，算得上自觉调适，顺应转折的俊杰，也正如许多历史书所评价的，林则徐是"近代中国睁眼看世界第一人"。

当然，林则徐功绩远不止这些。他一贯清正廉洁，他曾任河道总督、巡抚、总督等显职，在赈灾、平冤、擢才、断案等方面口碑极好，民间呼之"林青天"。即使他落难充军新疆期间，也是心忧社稷，荷戈万里。他关心民疾，推广坎儿井、纺纱车，当地人称为"林公井"、"林公车"。

道光二十五年（1845年）十月，林则徐获赦，朝廷清流派官僚奔走相告，欢喜异常。此后，他任陕甘总督。二十九年旋又调任云贵总督。

道光二十九年（1849年）底，洪秀全运动反清，道光侦知后数次宣召林则徐入京，林则徐以病重不能应命。第二年，洪秀全起义爆发，道光强令林则徐以钦差身份赶赴广西，林则徐只得抱病启程。道光三十年十一月十九日，乘轿至广东普宁县城洪阳镇时，旧病加剧，只得暂住，请普宁县保和堂名医黄华诊治。黄医生切脉后，断定病状危殆，当即写下症论和方论，并配合药物治疗。由于随从医官是北方人，认为剂量太轻，不让林则徐服药。延误至第二日，黄医生再次诊脉，断定先前药未服，其病已入膏肓，无法救治。十一月二十四日，林则徐病死于洪阳，终年66岁。林则徐之死，另有一说：即林之死为广州十三行的汉奸买办买通的厨子在饭中下黄蜡毒死。据说林临死前曾说"新豆栏……"，新豆栏系广州十三行所在的地点。还有一说也是指十三行汉奸买通人在药里加了泄药，林则徐下泄不止脱水而死。

六、李鸿章创办洋务

　　李鸿章，1823年生，安徽合肥人。曾入曾国藩幕，咸丰十一年官至巡抚，同治九年（1870年）任直隶总督兼北洋大臣，掌清朝至要权柄，致力洋务，曾开办军事、民用工业，建立北洋水师，是《中法新约》《马关条约》《辛丑条约》的签署者。

　　19世纪60年代初，曾国藩、李鸿章、左宗棠等人发起的洋务运动是从兴办军工业开始的。同治二年至三年（1863年～1864年），时任江苏巡抚的李鸿章在上海设立三所制炮局，其中一所由英国人马格里监督生产。

　　起初，炮局设在松江的一座破庙里，只50人，规模极小，甚至连一台像样的机器也没有，产品是每天生产炮弹百多发。李鸿章遂决定从淮军中挪出部分军饷，由马格里从英国买了一批制炮机器，工作效益才有所提高。

　　同治四年（1865年）太平天国都城天京陷落后不久，李鸿章在两江总督曾国藩支持下，在上海成立了江南制造局，该局除了生产枪炮之外，还造过一些军用船只，并建立了炼钢厂、栗色火药厂等。江南制造局是当时国内最大的兵工厂，经费充裕，技术力量雄厚。

　　这一年，李鸿章还把马格里主持的苏州洋炮局迁到南京，扩充为"金陵制造局"。由于官办军事企业的产品不计算成本，不管盈亏，更不考虑市场需要，加上军医出生的马格里对技术是外行，所以该局生产的大炮、弹药质量都十分低劣。

　　光绪元年（1875年），大沽炮台的官兵们试放金陵制造局造的两门68磅重的炮弹时，发生了爆炸事件，当场炸死5名士兵，伤官兵13人。李鸿章闻讯大为光火，立即传令召马格里来天津。

　　马格里吊儿郎当地来见李鸿章，李鸿章让他亲自试放。马格里见李鸿章动起真格来，心里也犯怵，只好赶鸭子上架，结果又一次发生爆炸，李鸿章于是辞去马格里的职务。

不久后,李鸿章调任直隶总督,接管崇厚开办的天津制造局时,到任伊始,他就将英国商人密妥士撤职。

这些官办的工厂固然生产出了船只、枪炮军火等等,然而不但机器全部是买自外国,而且原材料,以至产品的许多部件、零件都是从外国买的。连李鸿章自己也说:"物料匠工多自外洋购致,是以中国造船之银,倍于外洋购船之价。"造船如此,其他亦可知。

19世纪70年代开始,李鸿章督办海防。早在太平天国战争末期李鸿章已经形成了一套唯武器论。由于70年代中期的日本侵台事件,中国赔款50万两白银,朝廷提出了六条"紧急机宜",以期早日达到"自强有实而外侮潜消"的目的。按照李鸿章的观点,同治十三年的这起事件对日本委曲将就,根本原因就在于铁甲船上。

此后,李鸿章先后委托总税务司赫德向美国的阿姆士特龙兵工厂买了十艘小型的兵舰,即所谓蚊子船和碰快船,在他提议下,山东、广东等省也纷纷购置蚊子船。但李鸿章认为这些还是不够的,他说:"欲求自强,定购铁甲不可。"此后,他终于通过驻德公使李凤苞向德国的伏尔舰厂订购了两艘六千匹马力的铁甲船(定远号、镇远号)和一艘两千八百匹马力的钢甲船(济远号)。这三艘军舰造好后在光绪十一年(1885年)驶抵中国。买这三只船的所有费用相加超过四百万两银子。光绪十四年(1888年),北洋海军正式成军,拥有二十几艘军舰,并建设有旅顺口、威海卫两个主要海军基地。光绪十七年(1891年)和光绪二十年(1894年)李鸿章两次检阅北洋舰队,并说:"渤海湾已成深固不摇之势。"话音未落,中日间爆发甲午战争,北洋舰队全军覆没。

当然,李鸿章在洋务运动中的活动远不止这些,他还筹办了一些民用企业,著名的如轮船招商局、开平矿务局、电报总局、上海机器织布局等。1871年,他首倡由容闳等人率华童去美国学习军政、船政、步算、制造等学科,这些赴美的人中就有后来成材的詹天佑、吴仰曾等。他们带回了西方先进的科学技术,传播西方的新思想、新观念,对中国知识界、思想界影响极大。

李鸿章等人积极从事的洋务运动,鼓吹"中学为体,西学为用"的自强新政最终以失败告终,但洋务运动引进了西方的一些先进科技和先进管理知识，又培养了一批科技人员，客观上有利于中国资本主义的发展，而且为后人在观念、思想上的转变打下了一定的基础。

光绪二十七年十一月，李鸿章因肝病去世。其时清朝已风雨飘摇，大厦将倾，孙中山领导的资产阶级革命正在积极地酝酿。

七、中日黄海大厮杀

甲午黄海之战是日清战争（公元1894年）中一次激烈的海战。这场战争的最后结果是中国战败赔款并割让了宝岛台湾。

早在明治时代，日本就确立了"大陆政策"，其步骤是先占领朝鲜和台湾，进而征服中国内地乃至世界。

1876年，日本强迫朝鲜签订了《江华条约》，朝鲜自给自足的自然经济开始逐步解体。1885年，日本又利用朝鲜的"甲申事变"，要清政府订立了中日《天津条约》，规定朝鲜今后若发生重大变乱事件，中日两国或一国需要出兵朝鲜时，必须事先相互通知，这样，朝鲜就陷入了"一仆两主"的尴尬局面，也为日本获得出兵朝鲜，爆发日清战争埋下隐患。

十九世纪八十年代以后，日本开始向帝国主义阶段过渡。随着经济危机的出现，九十年代后，日本加速了战争准备的步伐，用国家财政的60%来扩充军备，东北亚的局势陡然紧张，战争一触即发。

1894年4月，朝鲜爆发东学党农民起义，朝鲜国王请求清政府派兵镇压。6月5日，李鸿章派直隶提督叶志超、太原镇总兵聂士成率兵一千五百人渡海赴朝。日本探知消息，早于6月2日便开始向朝鲜派兵，又在6月8日在仁川登陆，控制了从仁川到汉城一线战略要地。7月25日，日军向牙山清军发起进攻，清军主将叶志超弃守，聂士成在成欢驿迎战也失败，而同日，日本联合舰队又在黄海海域截击了中国广乙、济远两舰和清朝租用的英国商船高升号，造成舰沉人亡的惨剧。

8月1日，中日两国同时正式宣战。

9月15日，日本陆军分四路攻平壤，平壤失守，主将叶志超仓皇狂奔五百里退回国内。

在海上，日本联合舰队气焰嚣张地寻找战机与北洋舰队决战。9月16日，海军提督丁汝昌率北洋舰队护送援军至大东沟，9月17日返航，上午十一时，行至大东沟以南黄海海面，正与日舰相遇，日舰共十二艘以松岛为旗舰。北洋舰队是十艘，以定远号为旗舰。丁汝昌发现日舰后，即令定远、镇远二艘铁甲舰居中，为"人"字阵列迎战。十二点五十分，双方开始交火。北洋舰队远远地发出第一排炮弹，都没有击中。日本吉野等四舰，凭着它的快速，横越定远、镇远两舰，而绕攻右翼超勇、扬威两小舰，超勇中弹起火沉没。扬威也中弹燃起大火，只得出阵救火，因为搁浅又丧失了战斗力。与此同时，在定远舰上指挥的丁汝昌却因船身猛烈震动，而从飞桥上摔下来，丁汝昌遂命定远号管带刘步蟾代他指挥。定远号等舰猛击日舰"比叡"、"赤城"、"西京丸"，并击毙赤城舰长——日军少佐坂元八太郎，比叡号、赤城号因受伤严重退出战列。

战斗延至下午两点半，北洋舰队被日舰南北夹击，尤以旗舰定远被号称日本海军精锐的"吉野"、"高千穗"、"秋津洲"、"浪速"四舰包围，情况危急。致远舰管带邓世昌见旗舰被围打，为保护旗舰，下令开足马力，疾速驰向阵中，被吉野等四舰围攻，激战中船身多处受伤。且弹药将尽，舰身马上就要沉没。"吉野"见致远号炮声沉寂，知道致远号已缺乏弹药，于是肆无忌惮地冲杀过来，连续向"致远号"发射重磅炸弹，妄图一举击沉"致远舰"。邓世昌对帮带大副都司陈金揆说："倭舰全靠吉野，如果把它撞沉，足使倭奴丧气！"吉野急忙躲避，同时施放鱼雷。其中一发鱼雷击中机器锅炉，船向左倾，邓世昌与大副陈金揆等全舰将士同时落水。

浪涛滚滚中，邓世昌的随从刘忠将自己的救生圈让与邓世昌。邓世昌说什么也不肯接受，正在争执之下，恰好一中国快艇驶来，艇上水手们大声叫道："邓大人，快上船！"邓世昌不为所动，他决心与致远舰、与将士们同生死。就这样他任海水浸袭，身体逐渐淹没。这一仗，致远号二百多名官兵，除二十多名获救，其余全部壮烈殉国。晚清坊间有《所闻录》说邓世昌之死："我海军定远舰管带邓壮节公，身短发秃，军中呼为邓小辫子。平素言笑不苟，爱一猎犬。黄海之战，致远沉没，公落海死。犬跳入海中，衔公辫，及尸身捞出，尚未放。"又：致远舰生还的水手说，当邓世昌落水时，那只叫"太阳犬"的爱犬，凫到主人身边，用嘴叼着邓世昌的衣袖，不让他沉下沉。

第十四章　清

溺。邓世昌用手将爱犬赶走，爱犬仍不肯离去，又凫过来叼着他的发辫往上拽。邓世昌仍坚持自沉，义不独生，毅然用手将爱犬的头部按入水中，一同没入汹涌的波涛。

再说北洋舰队右翼阵脚"超勇"、"扬威"二舰也中弹沉没，经远舰失去保护。"经远"在管带林永升指挥下，与敌舰激战。敌舰集中火力以排炮猛攻经远舰，一颗炸弹在林永升面前炸开，林永升中弹身亡。大副陈荣、二副陈京莹也相继中炮身亡。经远舰最后在烈焰中下沉，全舰仅生还十六人。

下午五点多，"靖远"舰在叶祖珪的指挥下，修复好漏洞。他主动代替定远舰指挥，北洋舰队向日舰猛击，声威大震，日舰这时损失惨重，掉转船身向西南海面远遁。

黄海之战，日本军舰重伤五艘，北洋舰队沉没五艘，有人说北洋舰队损失比日本联合舰队大，也有人说胜负相当，因为日舰先逃出战场，显然是战败。但不管争论是非如何，众口一词都是说北洋舰队主力尚存，李鸿章不该为保住自己的实力，而令北洋舰队龟缩在威海卫军港内，不敢巡海出战，白白将黄海、渤海的制海权让给日本人，致使整个日清战争中国失败，鸡飞蛋打，北洋舰队最后在威海卫军港内全军覆没，令中国海军含垢忍辱，李鸿章要承担这一罪责。

八、风雨中溥仪登基

溥仪——这位中国的末代皇帝，他登基时还未满三周岁。

那么，慈禧太后为什么决定让年幼的溥仪当皇帝呢？大清帝国咸丰十一年（1861年）八月，咸丰皇帝在热河承德避暑山庄因病驾崩。临死，遗命唯一的儿子、六岁的载淳为嗣，是为皇太子。载淳生母乃懿贵妃那拉氏，母以子贵，子既为帝，那拉氏便被称为慈禧太后，因居西宫，故称西太后。西太后权力欲望极其强烈，于京中发动政变。政变之日，西太后宣布垂帘听政。从此高踞大清帝国龙榻之上，前后达半个世纪。

同治帝没什么作为，在位13年，不到19岁便一命呜呼了。同治一死，慈禧太后为了继续垂帘听政，她施了一个诡计，声言祖上降梦，选立道光皇帝第七子和硕醇贤亲王奕譞的儿子、慈禧太后亲妹所生的载湉为帝，即光绪帝。光绪在位三十四年，与慈禧矛盾极深。此时光绪病危，西太后风烛残年，又面临再次择帝之大事。本来并不想再从醇亲王府中拖来一个烦恼累赘之帝，可是，术数和术士使西太后改变了初衷，竟然在与醇亲王府中所出皇帝光绪闹了几十年的别扭之后，再次选定了醇亲王府的子息继承帝位。

慈禧太后是一个极其迷信的人，凡有大事，必须卜筮课卦，以定吉凶。北京城西白云观内有一老道，姓高名云溪，与西太后年岁相仿，术数高超，慈禧特别信服。几十年如一日，凡有大事，就派大太监李莲英询问老道，有时还亲自召见。这次选择皇帝的大事，当然也不例外。

一天，李莲英在夜幕的掩护下，带着随从和护卫又来到了白云观。随从和护卫留在观外，李莲英独自入观。高道士在殿门前迎接，寒暄几句，然后将随侍小道遣散，开门见山就是："太后问，事关大清龙脉鸿运，你进殿来听我详详细细说与你知！"当晚，李莲英回至后宫，病卧榻上的西太后焦急之中，听了李莲英的回话。

高道士的判语便是："醇王府的妙高峰坟茔地中，长有两棵大白果树银杏，枝叶繁茂，果实累累，惹人注意。老醇亲王就葬于两树之中，所以'王'上加'白'，乃为'皇'。醇王府切中龙脉，出了一个光绪皇帝，还要再出一个皇帝。"慈禧听言，只"哼"了一声。她对醇王府所出的光绪皇帝，早已恨之入骨，除了活活拆散光绪珍妃一对恩爱夫妻，扑灭维新变法，囚禁光绪之外，还咬牙切齿地宣布，决不能死在光绪之前。而今又要立醇王府的后代为皇帝，西太后气坏了。她阴森森地道："小李子，明日就给我将醇王府那两棵白果树砍掉锯倒，连根也给刨掉！"李莲英不敢违背老佛爷的命令，就率了三十几人，把两棵白果树砍了，还连根也刨了。由于是老佛爷下的命令，醇亲王府敢怒不敢言。相传，在砍掉白果树两天后，树身里爬出了无数的蛇，四处乱窜。光绪三十四年（1908年）十月二十日，光绪病危，载沣被宣入中南海，跪在西太后的帏帐前。

慈禧开口说道："载沣，今幸你得了两个儿子。光绪晏驾，我又在病重之中，大清国运只怕不吉。现国家有难，朝廷不可一日无君。现颁诏，立你的长子溥仪为嗣，赐你为监国摄政王！"时年27岁的载沣，向来谦退，一闻此言，如五雷轰顶，手足无措，昏昏沉沉，不知如何是好，只反复念叨："溥仪仅仅三岁，溥仪仅仅三岁……"慈禧一咬牙，说道："这是神意，也是列祖列宗牌位前卜卦请准了的！你将溥仪带入宫来，举行登基仪式。"

西太后的决定传到醇王府，醇王府立即像热油锅里扔进一把盐——炸开了。溥仪的祖母不等念完谕旨就昏过去了。刚苏醒过来，便一把夺过溥仪紧紧抱在怀里，一把鼻涕一把泪地诉说："你们把咱家的孩子（指光绪）快弄死了，却又来要咱的孙子，这回咱是万万不能答应的！"对于西太后的歹毒，她是领教过的，所以她不忍心让孙子再落入西太后的魔掌，哭闹不止。后来，不得不把她扶进去。于是，来接皇帝的内监便要抱溥仪走，但三岁的溥仪见到这些生人，拼命地"抗旨"，他一点也不管"谕旨不可违"的说教，连哭带打不让太监来抱。奶妈王焦氏看到孩子哭闹挺可怜，慌忙露出奶头给他吸，才不哭了。于是，太监一商量，决定由载沣抱着"皇帝"带着乳母一起去中南海，再由太监抱他去见西太后。

当晚，一群太监将溥仪带入了皇宫。光绪三十四年十月二十二日（1908年11月14日），光绪帝驾崩。十月二十二日（1908年11月15日），西太后便一命呜呼。十二月二日，溥仪登基。

溥仪此时还不满三周岁，坐在皇帝的龙床宝座上，竟哇哇大哭起来。他父亲载沣侧身坐在宝座上，双手扶着皇帝，叫他不要再哭闹，以免搅了新皇帝登基盛典。

根本还不懂事的幼儿，怎么知道父亲的一片苦心，只是害怕这些不断地来磕头、高呼"万岁、万岁、万万岁"的黑压压的人群，害怕山崩地裂般的锣声、鼓声、钟声。加上大祚之礼的服饰之沉重和累赘，哭声更大了，嚷道："我不要这儿，我要回家！"性子较急的载沣，觉得如此盛典，皇帝却哭闹不止，太不像话，心中一急，不由冲口而出，叫道："别哭，别哭，就快完了！就快完了！"

典礼结束后，文武官员们窃窃私语起来："怎么说是'快完了'呢？""是啊，说'要回家'是什么意思呢？"王公大臣们议论纷纷，认为这是大清不祥之兆。

载沣这一语脱口而出，竟不幸言中。溥仪当皇帝不到三年，即1911年，辛亥革命就爆发了，在重重压力下，隆裕皇太后不得不替溥仪宣布退位，大清帝国灭亡了。